# 世界遗产（第二版）

晁华山 编著

SHIJIE YICHAN

本书分三个部分，系统介绍了世界遗产的概念、范围及具有代表性的遗产。第一部分重点介绍《世界遗产公约》产生的背景和基本内容，以及当今世界各国世界遗产的基本状况。第二、三部分分别选择具有代表性的文化遗产、自然遗产加以介绍，以使读者对于世界遗产生直观、系统的认识。书后附有作者精心制作的世界遗产目录，以便利读者查询。本书自2004年首次出版后，很快成为了解、认识世界遗产的权威指南。本次修订，根据十余年来世界遗产变更的状况，删旧增新，并全面更换了遗产图片。

北京大学出版社
PEKING UNIVERSITY PRESS

图书在版编目(CIP)数据

世界遗产/晁华山编著.—2版.—北京:北京大学出版社,2016.9
(博雅大学堂·考古文博)
ISBN 978-7-301-27524-5

Ⅰ.①世… Ⅱ.①晁… Ⅲ.①文化遗产—世界—高等学校—教材 Ⅳ.①K103

中国版本图书馆CIP数据核字(2016)第220442号

本书附有电子版教学材料,请根据书后附页表格进行申请。

| | |
|---|---|
| 书　　　名 | 世界遗产(第二版)<br>SHIJIE YICHAN(DI-ER BAN) |
| 著作责任者 | 晁华山　编著 |
| 责任编辑 | 张　晗 |
| 标准书号 | ISBN 978-7-301-27524-5 |
| 出版发行 | 北京大学出版社 |
| 地　　　址 | 北京市海淀区成府路205号　100871 |
| 网　　　址 | http://www.pup.cn　　新浪微博:@北京大学出版社 |
| 电子信箱 | pkuwsz@126.com |
| 电　　　话 | 邮购部 62752015　发行部 62750672　编辑部 62767315 |
| 印　刷　者 | 大厂回族自治县彩虹印刷有限公司 |
| 经　销　者 | 新华书店 |
| | 787毫米×1092毫米　16开本　19.25印张　380千字<br>2004年6月第1版　2016年9月第2版　2023年4月第3次印刷 |
| 定　　　价 | 64.00元 |

未经许可,不得以任何方式复制或抄袭本书之部分或全部内容。
**版权所有,侵权必究**
举报电话:010-62752024　电子信箱:fd@pup.pku.edu.cn
图书如有印装质量问题,请与出版部联系,电话:010-62756370

1999年10月,北大"世界遗产"课优秀生在联合国教科文组织北京代表处领奖,奖状由北大和北京代表处共同颁发。学生参观代表处的办公室,与代表处官员座谈,这是座谈后的合影。图中前排右起第2位是教科文组织驻北京代表野口昇先生,第3位是当时北大校务委员会主任郝斌先生,第4位是教科文组织文化专员木卡拉先生。这样的颁奖活动每学期举行一次。

2000年4月,北大"世界遗产"课学生参加联合国教科文组织北京代表处组织的长城公益活动筹备时,与活动的倡议者和参与者、徒步走完我国长城的英国友人威廉·林赛先生在北京长城饭店合影。

2000年4月，北大"世界遗产"课学生统一着装参加联合国教科文组织北京代表处组织的长城公益活动，参加这次活动的其他人大都是驻京外交使团的人员。

2000年5月，联合国教科文组织北京代表处代表野口昇先生在北大"世界遗产"课上讲课，介绍教科文组织的世界遗产工作。联合国教科文组织北京代表处管辖范围内的国家有中国、蒙古、朝鲜、韩国和日本。

1998年10月，北大"世界遗产"课优秀生在联合国教科文组织北京代表处办公处领奖时与代表处代表野口昇先生和文化专员木卡拉先生座谈，这是木卡拉先生在致辞。

2007年7月，联合国教科文组织经过多年考察，决定将世界遗产亚太地区培训与研究总部设在北京大学，这是最后一次专家考察时与北大世界遗产方面的老师，也是未来总部的学术委员在会议后合影。右起第5人是联合国教科文组织世界遗产中心派来的评审专家Helb Stovel教授。

# 目 录

序　言（青岛泰之）　/ 001

Foreword（Y. Aoshima）　/ 003

## 第一编　世界遗产

**第一章　《世界遗产公约》：文化遗产与自然遗产密切相关的当代意识　/ 003**

　　第一节　历史背景　/ 003

　　第二节　《世界遗产公约》的内容　/ 004

　　第三节　《世界遗产公约》生效以来的三十年　/ 007

**第二章　《世界遗产名录》：世代延续的遗产传承　/ 009**

　　第一节　世界遗产委员会　/ 009

　　第二节　世界遗产的标准　/ 012

　　第三节　《世界遗产名录》　/ 013

　　第四节　中国境内的世界遗产　/ 016

## 第二编　文化遗产

**第三章　悠久的城市文明　/ 023**

　　第一节　文化遗产的多样性　/ 023

　　第二节　名城历史中心　/ 024

　　　　巴西：巴西利亚　/ 027

　　　　俄罗斯：圣彼得堡历史中心区及有关建筑　/ 028

　　　　法国：巴黎塞纳河西勒桥至耶纳桥两岸市区　/ 030

　　　　意大利/梵蒂冈：罗马历史中心区、城内教廷管辖区和圣保罗大教堂　/ 034

　　　　加拿大：魁北克历史区　/ 036

　　　　墨西哥：墨西哥城历史中心和霍奇米尔科　/ 037

土耳其：伊斯坦布尔历史区　/039

波兰：克拉科夫历史中心　/040

捷克：布拉格历史中心区　/041

波兰：华沙历史中心区　/042

墨西哥：普埃布拉历史中心　/043

第三节　旧城与古城　/045

德国：吕贝克汉萨同盟旧城　/045

梵蒂冈教皇国：梵蒂冈城　/047

匈牙利：布达佩斯的多瑙河两岸和布达城堡区　/049

英国：爱丁堡旧城与新城　/051

以色列管辖：耶路撒冷旧城及城墙　/052

意大利：威尼斯及其环礁湖　/054

中国：丽江古城　/056

德国：班贝克旧城　/058

古巴：哈瓦那旧城及其防御工事　/059

第四节　特殊城市和城区　/060

摩洛哥：非斯旧城伊斯兰聚居区　/061

德国：威尔茨堡宫廷花园与居住区　/062

日本：兵库县姬路市贵族居住区　/063

巴西：里约热内卢从山上的基督雕像到海边的卡里奥克城市景观　/064

第四章　历史建筑与文化景观　/066

第一节　城堡与要塞　/066

英国：圭内斯郡爱德华国王城堡和要塞　/067

英国：伦敦塔　/068

中国：长城　/070

摩洛哥：伊特本哈杜防御城（乡村工事）　/071

第二节　宫殿与园林　/072

俄罗斯：克里姆林宫与红场　/073

法国：凡尔赛宫及其园林　/075

法国：枫丹白露宫及其庭院　/077

德国：波茨坦和柏林的宫殿与公园　/079

中国：布达拉宫　/080

中国：承德避暑山庄与外八庙　/082

印度：新德里红堡建筑群　/084

第三节　特殊建筑与雕塑　/086
　　德国：特里尔的罗马时期建筑、大教堂和圣玛丽亚教堂　/087
　　韩国：陕川海印寺《大藏经》版与版库　/089
　　日本：古京都历史建筑与园林（含宇治与大津）　/090
　　伊朗：伊斯法罕皇家广场　/091
　　美国：自由女神像　/092
　　智利：拉帕努伊国家公园（复活节岛）　/094
　　德国：魏玛和德骚的鲍豪斯建筑地点　/095
　　西班牙：巴塞罗那的古埃尔宫、花园及米拉宫等　/096
　　美国：独立大厅　/098
　　突尼斯：埃尔基姆椭圆形露天剧场　/099
　　澳大利亚：悉尼歌剧院　/099
　　中国：福建土楼　/101

第四节　工矿交通设施　/103
　　法国：阿尔凯特瑟南斯皇家盐场　/104
　　法国：庞杜加德罗马时期引水高架渠　/105
　　古巴：特立尼达城和洛斯印格尼奥斯谷地各糖厂　/106
　　瑞士：拉绍德封与勒洛克制表镇　/107
　　西班牙：维斯盖亚钢索高空拉索桥　/108
　　白俄罗斯等欧洲10国：测量子午线长度的地面设施群　/110

第五节　乡村田园与文化景观　/111
　　菲律宾：伊甫高地区山间连绵水稻梯田　/112
　　法国：圣米歇尔山及其海湾　/114
　　尼泊尔：加德满都谷地　/116
　　日本：艺术创作灵感源泉和朝圣地的富士山　/117

第五章　教堂与寺庙：宗教的延续与现代生活　/120
第一节　基督教建筑　/120
　　德国：科隆大教堂　/124
　　法国：沙特尔大教堂　/126
　　德国：亚琛大教堂　/129
　　英国：伦敦威斯敏斯特宫殿与教堂、圣玛格丽特教堂　/130
　　西班牙：通往圣地亚哥·德·孔波斯泰拉的朝圣道路　/132
　　法国：亚眠大教堂　/134
　　意大利：比萨的中央教堂广场　/135
　　埃塞俄比亚：拉利贝拉整岩教堂　/138

　　　　俄罗斯：谢尔盖耶夫颇沙德的三位一体武备修道院及其教堂　／140

　　　　法国：丰特奈原西妥教团修道院　／141

　　　　意大利：达·芬奇《最后的晚餐》所在的圣玛丽亚感恩女修道院和教堂　／143

　　　　保加利亚：博亚纳教堂　／145

　　　　巴勒斯坦：耶稣诞生地伯利恒的主诞教堂及朝圣线路　／145

　　第二节　东方宗教建筑　／148

　　　　日本：奈良法隆寺地区各佛寺　／149

　　　　印度尼西亚：婆罗浮屠大佛寺　／151

　　　　韩国：庆州石窟庵与佛国寺　／153

　　　　印度：阿旃陀石窟　／154

　　　　中国：敦煌莫高窟　／156

　　　　柬埔寨：吴哥窟　／158

　　　　中国：武当山古建筑群　／160

　　　　韩国：首尔宗庙　／161

　　　　以色列：海法和西加利利的巴哈伊信仰圣地　／163

第六章　人类遗迹与地下宝藏　／166

　　第一节　古人类遗址与史前遗址　／166

　　　　英国：斯通亨厄、阿韦伯瑞和附属的史前巨石文化建筑遗址　／166

　　第二节　考古遗址区　／168

　　　　土耳其：特洛伊考古区　／169

　　　　意大利：庞培、埃尔科拉诺和托莱安奴齐亚考古区　／171

　　　　利比亚：昔兰尼考古遗址　／173

　　第三节　历史时期遗址　／174

　　　　埃及：阿布辛拜勒至菲莱的努比亚遗址　／174

　　　　希腊：奥林匹亚考古遗址　／176

　　　　伊朗：波斯波利斯宫城遗址　／177

　　　　约旦：佩特拉遗址　／179

　　　　法国：奥朗日的罗马时期圆形剧场、凯旋门和环境　／181

　　　　马绍尔群岛共和国：比基尼环礁核试验场旧址　／182

　　第四节　古城遗址　／183

　　　　泰国：大城（阿育他亚）旧城及有关城镇　／184

　　　　阿尔及利亚：提姆加德古罗马遗址　／185

　　　　希腊：雅典卫城　／186

　　第五节　美洲遗址　／188

　　　　秘鲁：查文文化城址　／188

秘鲁：马楚比楚城址及古神庙 /189
洪都拉斯：科潘玛雅遗址 /190
美国：弗德台地国家公园 /192
秘鲁：昌昌城址 /193
墨西哥：特奥蒂瓦坎的西班牙人到达前遗址 /194
美国：查科文化史迹国家公园 /196
加拿大：梅多斯湾诺曼人移民遗址国家历史公园 /197

第六节 岩画与地面图形 /198
利比亚：塔德拉特阿卡库斯岩画 /198
法国：韦泽尔峡谷壁画岩洞 /199
秘鲁：纳斯卡及庞帕斯德朱玛纳的地面线纹和绘画图形 /201

第七节 陵墓与墓地 /202
埃及：孟菲斯与吉萨至达舒尔的金字塔墓区 /202
印度：泰姬·玛哈尔陵 /204

# 第三编　自然遗产及其他

## 第七章 自然遗产：优良的环境对人类至关重要 /209

第一节 自然遗产与人类生存 /209
第二节 地球演变 /211
澳大利亚：大堡礁 /212
厄瓜多尔：加拉帕戈斯群岛国家公园 /214
俄罗斯：贝加尔湖 /215
美国：科罗拉多大峡谷国家公园 /216
美国：黄石国家公园 /217
韩国：济州火山岛和熔岩洞 /220

第三节 生物进化 /221
澳大利亚：澳大利亚哺乳动物化石产地 /222
赞比亚与津巴布韦：维多利亚瀑布 /223
美国：红杉树国家公园 /225
坦桑尼亚：恩戈罗恩戈罗自然保护区 /226
新西兰：南极洲附属的五个群岛 /228
纳米比亚：具有砾石平原、岩石山和沿海潟湖的纳米布沿海沙漠 /229

第四节 景观稀有 /231
坦桑尼亚：乞力马扎罗国家公园 /231
中国：九寨沟 /233

　　　　中国：武陵源　／234

　　　　新西兰：新西兰西南部蒂瓦希普纳穆自然保护区　／236

　　第五节　生物多样　／237

　　　　坦桑尼亚：塞伦盖蒂国家公园　／238

　　　　澳大利亚：豪勋爵群岛　／239

　　　　南非：弗里德堡圆陨石坑　／240

第八章　双重遗产　／242

　　　　土耳其：戈雷梅国家公园和卡帕多基的岩洞建筑　／242

　　　　中国：黄山　／243

　　　　新西兰：汤加里罗国家公园　／245

　　　　澳大利亚：卡卡杜国家公园　／246

　　　　澳大利亚：乌卢鲁卡塔丘塔国家公园　／248

第九章　濒危遗产　／250

附录　世界遗产名录　／253

后记　开课与编写教材　／291

第二版后记　／295

# 序 言

联合国教科文组织驻华代表处代表 青岛泰之

1972年,联合国教科文组织大会通过了《保护世界文化和自然遗产公约》(通常称为《世界遗产公约》),目的在于更好地履行我们共同的义务,有组织、有计划地整理和保护全世界范围内的文化和自然遗产,并从中体现对历史、传统和一切文明成果的尊重。自从联合国教科文组织《世界遗产公约》通过以来,全世界已有754处文化遗产和自然遗产被列入《世界遗产名录》。中国于1985年正式签署《世界遗产公约》,成为缔约国。作为一个拥有悠久的文明史和深厚的文化传统的国家,中国从加入公约至今(2004),已有29处遗产被列入《世界遗产名录》,在联合国教科文组织成员国中名列第三。在这29处遗产中,21处为文化遗产,4处为自然遗产,另外4处为文化与自然双遗产。除此之外,还有120处遗产被列入世界遗产预备名单,等候将来申报审批,成为《世界遗产名录》中的新成员。

被列入《世界遗产名录》对某一特定的遗产地来说具有两点含义。一方面,它意味着该遗产地将从此享有一定的优势,增强了对游客的吸引力,提高了遗产地自身的经济效益。另一方面,它意味着该遗产地所在国的国家政府、地方机构和当地居民负有重大的责任,即更好地保护该遗产并与世界人民共享,因为该遗产自列入《世界遗产名录》之日起,就已成为全人类的共同财富。

中国在保护其文化与自然遗产方面取得了巨大的成就。然而,在遗产地的管理方面还存在一定问题,仍有待改进。联合国教科文组织对中国在保护人类共同遗产方面所做出的贡献表示赞许,并大力支持中国为解决现有问题而继续努力。由日本政府资助的保护世界遗产洛阳龙门石窟,以及保护新疆库车附近库木吐喇千佛洞的联合国教科文组织信托基金项目,就是联合国教科文组织履行其协助中国更好地保护在漫长文明史中遗留下来的文化遗产这一使命的实际证明。

作为历史文化传统的继承者以及建设未来的中坚力量,青年人对于世界遗产的保护有着至关重要的作用。我相信,这本《世界遗产》教科书的出版发行,意味着中国的世界遗产保护与宣传工作又向前迈出了重要的一步。它将增强年轻一代对本民族文化个性的自豪感，提高他们对世界遗产作为全人类共同财富的认识，并培养其保护与宣传世界遗产的意识和责任感。我谨代表联合国教科文组织，对参与此书编撰出版工作的各位专家学者与工作人员表示衷心感谢。

愿此书得到各界有关人士的关注与支持。愿我们共同努力，保护好人类的共同遗产，并把它传承给我们的子孙后代。

联合国教科文组织驻华代表处代表　青岛泰之

# Foreword

## Y. Aoshima

### Director and Representative, UNESCO Office Beijing

In 1972, the General Conference of UNESCO adopted the "Convention Concerning the Protection of World Cultural and Natural Heritage" (commonly known as the "World Heritage Convention") to address our common responsibility to safeguard the collective wealth and treasured memory of humanity through organization and planning, and to show respect for the history, traditions and achievements of all civilizations. Since the adoption of the World Heritage Convention, 754 cultural heritage and natural heritage from all over the world have been inscribed on the "World Heritage List". China ratified the World Heritage Convention in 1985. As a country with a long history of civilization and profound cultural traditions, China has already contributed 29 sites to the "World Heritage List" since its accession to the Convention, ranking third among UNESCO Member States. Among these 29 sites, 21 are Cultural Heritage sites, 4 are Natural Heritage sites and 4 are Mixed Heritage sites. Another 120 properties are put on the tentative list, waiting to be submitted for future nominations.

The inscription of a particular site as a World Heritage site has two indications. On the one hand, it means that this site will henceforth enjoy a certain privilege, which can be expressed in increased tourist attraction and financial advantage. On the other hand, it indicates serious obligation for the national government, the local authorities and local residents to better protect and share with the world their own heritage, which from now on will also be recognized as a common heritage of mankind.

China has made great achievements in preserving its cultural and natural heritage. However, there is still room for improvement in the site management as there are some problems emerging. UNESCO embraces China's effort in safeguarding mankind's common heritage and encourages it in the fight against existing problems. The UNESCO Funds-in-Trust projects financed by the Japanese Government on the preservation and conservation of Longmen Grottoes in Luoyang, a World Heritage site, and on the preservation and restoration of Kumtura Thousand Buddha Caves near Kuqa, Xinjiang Autonomous Region, are actual proofs of UNESCO's mission to assist China in better preserving the cultural relics produced in the course of its age-old civilization.

As the heir to cultural and historical traditions and the main force in building the future of the world, young people play a crucial role in the protection of World Heritage. I am confident that the publication of the textbook "World Heritage" marks another important step in the protection and promotion of World Heritage in China. It will build pride in young people of their own cultural identity, enhance their understanding and appreciation of World Heritage as a common treasure of mankind, and raise awareness among youth to protect and promote World Heritage. On behalf of UNESCO, I would like to extend my sincere gratitude to the experts and staff who have contributed to the compilation and publication of this book.

I hope that this book will gain support and recognition from relevant people in all disciplines, and greatly contribute to our joint effort in protecting and passing on our common heritage to future generations.

Director and Representative
UNESCO Office Beijing

World Heritage

# 世界遗产 第一编

# 第一章 《世界遗产公约》：
## 文化遗产与自然遗产密切相关的当代意识

### ▶ 第一节 历史背景 ◀

20世纪60年代至70年代初，联合国教育、科学及文化组织（UNESCO）从其参与的一些事件中看到人们对保护古迹、环境和本国文化的态度有了变化。

1954年，埃及政府为了发展本国经济，实现现代化，决定在尼罗河上游努比亚地区的阿斯旺修建高坝蓄水，但是这个工程面临文化方面的重大难题，因为高坝建成后形成的水库将淹没大面积遗址和几十座古代神庙。努比亚是古代法老时期的一个重要的战略地区，有许多神庙、防御工事和城堡，还有后来的许多许多城镇和陵园。有许多大型石柱、雕刻和碑刻保存至今，更不用说仍埋在地下的无数珍贵文物了。

为了解决这个难题，埃及政府一方面制定抢救努比亚古迹的计划，一方面于1959年与联合国教科文组织交涉，请求教科文组织制定和实施抢救古迹计划，在物资、技术和科学方面给予大力援助。埃及方面的主要理由是，抢救古迹的工程规模浩大，要耗费巨额资金，埃及政府难以全部承担。埃及方面还指出，努比亚古迹虽然是在埃及境内，但也是整个人类遗产的一部分，因而抢救它应该是全世界关注的问题。几个月之后，与这项工程有连带关系的苏丹政府也向联合国教科文组织提出了类似的要求。

教科文组织后来为此向全世界发出呼吁，要求各国政府、公营机构和民间团体，以及有可能提供援助的各方面人士，为抢救努比亚古迹提供财政、技术和科学方面的援助。国际社会对教科文组织的呼吁做出了积极的回应，于是，抢救努比亚古迹的运动得以顺利开展。抢救工程主要有两项，第1项是把阿布辛拜勒的两座岩体神庙从山腰迁至山顶的水库水面之上，第2项是把菲莱神庙从原来较低的岛上迁至位置较高的另一座岛上。第1项抢救工程由于两座神庙规模庞大而十分艰巨，整个神庙岩体被锯成大块，再运到山顶拼合。到1967年，这两座神庙已经在山顶新址落成。本书作者1982—1983年在当时的西柏林访问德国考古研究所时曾经看过保存在那里的寺庙迁移工程的两大箱图纸。这次抢救努比亚古迹的行动规模空前浩大，它之所以能够完成，正是因为有教科文组织主持下的国际援助。在联合国教科文组织的组织法里有这样一项规定：对于那些属于整个人类历史组成部分的重要古迹，各国都要集体承担责任。在这次抢救努比亚古迹的运动中，这个要求得以实现。

教科文组织1968年在巴黎召开第1次政府间环境会议，议题是各国共同利用和保护地球生物圈，制定了教科文组织的"人和生物圈计划"。1972年联合国在斯德哥尔摩举行关于人类环境问题的会议。在会议上，国际社会强调迫切需要采取措施来保护自然环境，以及人类创造的杰出成果。会议还确认了各国要对处于危险中的环境集体负责这一观念。

在20世纪60年代到70年代初，不论是发展中国家还是发达国家的公众和舆论，都强烈表示，他们国家和民族的重要古迹和建筑，以及长期以来居住和生活的自然环境应该受到充分的尊重。他们强调这些实物是祖先的杰出创造，而环境使他们的民族文化得到了最充分的发展，这两者正是民族文化特殊性最实际的，往往也是最高的体现。他们还认为，除了依靠每个国家来维护自己的文化特殊性以外，同时以国际集体责任的名义参加保护工作，也应是所有国家义不容辞的。

## 第二节 《世界遗产公约》的内容

联合国教科文组织大会（General Conference of UNESCO）于1972年10月17日至11月21日在巴黎举行第17届会议，原来只是想制订一项国际协议，以推动相互援助进行保护古迹和建筑物这类文化遗产的工作。后来由于形势有利和舆论推动，大会经过反复讨论，终于在11月16日通过了《保护世界文化和自然遗产公约》（Convention Concerning the Protection of the World Cultural and Natural Heritage）。11月23日会议主席和教科文组织总干事在两个正式文本上签字。

《公约》正文前的缘起部分叙述制定本《公约》的背景、必要性和紧迫性。近年来，文化遗产（Cultural Heritage）和自然遗产（Natural Heritage）越来越受到破坏的威胁，除了年久失修，现在社会条件和经济条件的变化，使遗产的存在条件更加恶化，它所造成的损害或破坏现象更加难以治理。而且，这种损害或破坏现象，对世界各国遗产造成的有害影响和损失往往难以挽回。现在许多国家保护遗产的工作不很完善，经济、科学和技术力量也不充分具备。有些文化遗产和自然遗产具有突出的重要性，因而需要作为全人类遗产的一部分加以保存。当代社会威胁这类遗产的新危险，往往规模庞大，而且十分严重，因而整个国际社会有责任，通过提供集体援助，来参与保护具有突出的普遍价值的文化遗产和自然遗产。这种援助尽管不能代替有关国家采取的行动，但可以是它的有效补充。鉴于以上原因，有必要通过制定《公约》，建立一个按现代方法组织而且永久有效的制度，以便集体保护这些遗产。

《公约》正文有8个部分，共38条。

第1部分是文化遗产和自然遗产的定义。这些不是学术意义上的定义，而是分类与

内涵。《公约》将文化遗产分为3类，即文物古迹、建筑群和遗址。就文物古迹和建筑群而言，它在历史、艺术或科学方面应当有突出的普遍价值（Outstanding universal value）。就遗址而言，它在历史、审美、人种学或人类学角度是具有突出的普遍价值的人类工程或自然与人联合工程以及考古地址等。

《公约》将自然遗产分为自然景观、地质与地文结构（从审美或科学角度看具有突出普遍价值的由物质和生物结构或这类结构群组成的自然面貌）、动物与植物生态区（从科学或保护角度看具有突出普遍价值的地质和自然地理结构以及明确划为受威胁的动物和植物生境区）、天然名胜和自然区域（从科学、保护或自然美角度看具有突出的普遍价值的天然名胜或明确划分的自然区域）。这些都应当是在审美、科学、保护或自然美方面有突出的普遍价值，或者已被明确划分为受到威胁的区域。

《公约》认为，缔约国都可以自行确定和划分上面所提及的本国领土内的文化遗产和自然遗产。

第2部分是文化遗产和自然遗产的国家保护和国际保护。

缔约国要承认确定、保护、保存、展出本国领土内的文化遗产和自然遗产，并将它传给后代，主要是本国的责任，要尽力而为。在适当时机利用能获得的国际援助与合作。缔约国还要承认这类遗产是世界遗产的一部分，因此，在最大限度地利用本国资源的基础上，必要时应取得国际的援助和合作，特别是财政、艺术、科学及技术方面的援助和合作。整个国际社会有责任进行合作，予以保护。缔约国承诺不故意损害其他国家的文化遗产和自然遗产。

为了实现这个宗旨，要建立一个国际合作和援助体制。《公约》各缔约国应视本国具体情况尽力做到以下几点：

a. 通过一项旨在使文化和自然遗产在社会生活中起一定作用并把遗产保护工作纳入全面规划的总政策；

b. 如本国内尚未建立负责文化和自然遗产的保护、保存和展出的机构，则建立一个或几个此类机构，配备适当的工作人员和为履行其职能所需的手段；

c. 发展科学和技术研究，并制定能够抵抗威胁本国文化或自然遗产的危险的实际方法；

d. 采取为确定、保护、保存、展出和恢复这类遗产所需的适当的法律、科学、技术、行政和财政措施；

e. 促进建立或发展有关保护、保存和展出文化和自然遗产的国家或地区培训中心，并鼓励这方面的科学研究。

第3部分是保护世界文化遗产和自然遗产政府间委员会，简称世界遗产委员会。这一部分有3项内容。

第1项是世界遗产委员会（World Heritage Committee）的组成。它由缔约国大会选出的21个国家组成，成员国任期为3届教科文大会常会，即自当选之应届大会常会结束时起至应届大会后第三次常会闭幕时止，通常为6年。但是，第一次选举中指定的委员中，有1/3委员的任期应于当选之应届大会后第1次常会闭幕时截止；同时指定的委员中，另有1/3委员的任期应于当选之应届大会后第2次常会闭幕时截止。这些委员由联合国教育、科学及文化组织大会主席在第一次选举后抽签决定。每届改选成员国1/3。成员国应选派在文化遗产或自然遗产方面有资历的人担任代表。委员会委员的选举须保证均衡地代表世界的不同地区和不同文化。另外有3个非政府的国际组织，即国际文物保存与修复研究中心（ICCROM）、国际古迹遗址理事会（ICOMOS）和国际自然及自然资源保护联盟（IUCN）可以各派1名代表，以咨询者身份出席委员会会议。而除此之外，应联合国教育、科学及文化组织大会常会期间举行大会的本公约缔约国提出的请求，其他具有类似目标的政府间或非政府组织的代表亦可以咨询者身份出席委员会的会议。

第2项是《世界遗产名录》（List of World Heritage）的制定。各国应尽力向世界遗产委员会递交本国适宜列入《世界遗产名录》的文化遗产和自然遗产预备名单（Tentative List），这份预备名录要尽量齐全，它应包括有关遗产的所在地及其意义的文献资料。委员会按照本条约规定的遗产定义和要求，经过一定的程序，及时制定、更新并公布《世界遗产名录》。一份最新目录应至少每两年分发一次。委员会还要制定一份《濒危世界遗产名录》（List of World Heritage in Danger），将受到严重特殊危险威胁的遗产列入。为制定《世界遗产名录》，委员会要确定可操作的文化遗产和自然遗产入选标准。

第3项是国际援助。委员会要接受并研究缔约国就本国遗产要求国际援助的申请。国际援助要按实际情况排出顺序。

第4部分是保护世界文化遗产和自然遗产基金。

《公约》规定设立"世界遗产基金"（World Heritage Fund）。资金来自以下各方面：缔约国义务捐款和自愿捐款；其他国家政府、联合国系统的组织或其他政府间组织捐款、赠款；团体或个人捐款、赠款或遗赠；基金款所得利息；募捐的资金、募款活动收入和世界遗产委员会拟订的基金条例所认可的所有其他资金。缔约国应考虑设立本国的类似基金会或者协会。缔约国应对在联合国教育、科学及文化组织赞助下为世界遗产基金所组织的国际募款运动给予援助，提供便利。

第5部分是国际援助的条件和安排。

缔约国均可要求对本国领土内具有突出普遍价值的文化或自然遗产给予国际援助。申请援助要提供必要的文件、资料和专家报告。对于因自然灾害或灾难而提出的申请，委员会应立即优先审议，委员会也应掌握一笔应急储备金。

国际援助大体分3类：第1类是世界遗产的保护、保存、展出或恢复，这包括已列入名录的和可能适于列入名录的，还包括鉴定缔约国提请研究审定的遗产。第2类是培训遗产鉴定、保护、保存、展出和恢复方面的各级工作人员和专家。第3类是向自行培训这类人员的国家提供援助。世界遗产委员会提供援助的形式有：研究名录中所列世界遗产的艺术、科学和技术性问题；为已批准的工程提供专家、技术人员和熟练工人；提供紧缺的设备；提供长期偿还的低息或无息贷款；在例外并有特殊原因的情况下提供无偿补助金。对于提供大规模国际援助，要先进行周密的科学、经济和技术研究，并考虑采用最先进的技术，还要合理利用当事国的现有资源。国际社会只担负必要工程的部分费用，受益国家要承担主要费用。

第6部分是教育计划。

缔约国要通过各种手段，特别是教育和宣传，努力在以下3方面使公众增强认识：对世界遗产的了解、赞赏和尊重；广泛了解当前有哪些危险因素对世界遗产造成威胁，广泛了解国际社会和本国政府为履行本《公约》进行的各项活动；国际援助的受益国要使人们了解受援助遗产的重要性和国际援助所发挥的作用。

第7部分是报告工作。

缔约国要向教科文组织报告本国政府为实施《公约》所通过的立法和行政规定，以及采取的其他行动的情况，并要详细叙述取得的经验。还应提请世界遗产委员会注意这些报告。委员会应在联合国教科文组织大会的每届常会上递交一份关于其活动的报告。

第8部分是最后条款。主要包括：

条约文本：本《公约》以阿拉伯文、英文、法文、俄文和西班牙文拟订，5种文本具有同一效力。会员国的批准或接受：本《公约》应由联合国教科文组织会员国根据各自的宪法程序予以批准或接受。

条约生效：就任何其他国家而言，本《公约》应在这些国家交存其批准书、接受书或加入书的3个月之后生效。

退约：缔约国均可通告废除本《公约》，废约通告应以1份书面文件交存联合国教科文组织的总干事。《公约》的废除应在接到废约通告书1年后生效。废约在生效日之前不得影响退约国承担的财政义务。

修订：本《公约》可由联合国教科文组织的大会修订。任何修订对《公约》缔约国均具有约束力。

按照《联合国宪章》第102条，本《公约》须应联合国教科文组织总干事的要求在联合国秘书处登记。1972年11月23日订于巴黎，两个正式文本均有大会第17届会议主席和联合国教科文组织总干事的签字，由联合国教科文组织存档，并将验明无误之副本发送到所有缔约国家以及联合国。

## 第三节 《世界遗产公约》生效以来的三十年

《世界遗产公约》于1972年11月由联合国教科文组织大会通过后，美国于1973年12月率先加入，到1975年有法定的20个国家加入，《公约》于是生效。中国在1985年加入《公约》。到2014年，《世界遗产公约》生效已经39年，联合国教科文组织的195

个成员国中已经有 190 个加入《公约》,《世界遗产公约》已成为遗产保护领域最具普遍性的国际法律文书。

现在遗产委员会每年开一次会确定新列入《世界遗产名录》的遗产名单。国际古迹遗址理事会和国际保护自然资源联盟通过其国际专家网,按照规定的标准对每处遗址进行评估,协助世界遗产委员会工作,近十多年来每年都进行提名、评估与确定入选名单的工作,列入《世界遗产名录》的遗产数目增加得很快。从 2003 年起,每年新增遗产数目已有限制,但无遗产或少遗产的国家则不受影响。就此本书在后面要详细讲述。

《世界遗产公约》认为某些自然和文化遗址具有突出的普遍价值,首次正式提出"人类共同遗产"的概念,这是具有划时代意义的事。《公约》还在全世界范围内积极致力于保护文化遗产和自然遗产,强调两种遗产紧密相连,不可分割。同时,还倡导建立保护领域中的有计划、有步骤的国际合作。

# 第二章 《世界遗产名录》：
## 世代延续的遗产传承

### ▶ 第一节 世界遗产委员会 ◀

在联合国教育、科学及文化组织内，建立了文化遗产和自然遗产的政府间委员会，即世界遗产委员会。委员会在1976年宣告成立，其日常办公机构为联合国教科文组织世界遗产中心。委员会由联合国教育、科学及文化组织大会常会期间召集的《世界遗产公约》缔约国大会选出的15个缔约国组成。委员会成员国的数目将自《世界遗产公约》至少在40个缔约国生效后的大会常会之日起增至21个，具体执行遗产保护的经常性工作，委员会每年举行一次会议。世界遗产委员会应由联合国教育、科学及文化组织总干事任命组成的一个秘书处协助工作。委员国任期6年，每两年改选三分之一。但是为了体现委员会公正的代表性和轮值制，委员国通常会被建议任期缩短为4年，也不要连任。

世界遗产委员会第1届会议1977年召开，会上通过了工作原则和方法。遗产委员会主要进行以下三项工作：

一是审议确定由缔约国申报要求列入《世界遗产名录》的项目，并提交缔约国代表会议通过并公布。

二是管理"世界遗产基金"，审定各缔约国提出的财政和技术援助的申请项目。这笔基金的来源主要是缔约国固定交纳其向联合国教科文组织所交纳会费1%的款项，以及缔约国政府和其他机构与个人的自愿捐赠。这笔经费虽然为数不多，但它对促进世界各国，特别是对发展中国家和不发达地区某些重要文化与自然遗产项目的保护起到了积极作用。

三是对已列入《世界遗产名录》的文化、自然项目的保护和管理情况进行监测，以促进其保护与管理水平的改善和提高。

委员会委员的选举须保证均衡地代表世界不同地区和不同文化，委员会成员国应选派在文化和自然遗产方面有资历的人员担任代表。世界遗产委员会已经制定了自己的议事规则，委员会可随时邀请公共或私立组织或个人参加其会议，以就具体问题进行磋商。委员会为履行其职能设有咨询机构。《世界遗产公约》各缔约国应尽力向世界遗产委员会递交一份关于本国领土内适于列入《世界遗产名录》的、文化和自然遗产的预备名单。根据缔约国递交的名单，委员会应制定、更新和公布一份《世界遗产名录》，最新目录应至少每两年公布一次。委员会应在必要时制定、更新和出版一份《濒危世界遗产名录》，其中所列均为载于《世界遗产名录》之中、需要采取重大措施加以保护并根据《世界遗产公约》要求给予援助的遗产。《濒危世界遗产名录》应载有这类措施的费用概算，并只可包括受到下述严重的特殊危险威胁的文化和自然遗产：损毁加剧、大规模公共或私人工程、城市或旅游业迅速发展计划造成的消失威胁；土地的用途变动或易主造成的重大变化；随意摈弃；武装冲突的爆发或威胁；灾害和灾变；严重火灾、地震、山崩；火山爆发；水位变动、洪水和海啸等。委员会在紧急需要时随时在《濒危世界遗产名录》中增列新项目并立即予以公布。

委员会负责制定其活动的优先顺序并在进行这项工作时应考虑到需要保护的遗产对世界文化和自然遗产所具有的重要性；对最能代表一种自然环境或世界各国人民才华和历史的遗产给予国际援助的必要性；开展工作的迫切性；拥有受到威胁遗产的国家现有的资源，特别是这些国家利用本国资源保护这类遗产的能力大小。委员会应制定、更新和公布已经得到国际援助的遗产目录。委员会应就根据《世界遗产公约》所设立的基金的资金使用问题作出决定，委员会应设法增加这类资金，并为此目的采取一切有益的措施。

委员会应与拥有与《世界遗产公约》相似目标的国际和国家级政府组织和非政府组织合作。委员会为实施其计划和项目，可约请这类组织，特别是国际文物保护和修复研究中心、国际古迹遗址理事会和国际自然保护联盟。此外可约请公共和私立机构及个人。委员会的决定应经出席及参加表决委员的三分之二多数通过，委员会委员的多数构成法定人数。

世界遗产委员会制定了审议国际援助申请的程序，确定了申请应包括的内容，即打算开展的活动、必要的工程、工程的预计费用和紧急程度，以及申请国的资源不能满足所有开支的原因所在。这类申请应当尽可能附上专家报告。对因遭受灾难或自然灾害而提出的申请，由于可能需要开展紧急工作，委员会应立即给予优先审议，委员会应掌握一笔应急储备金。委员会在做出决定前，应进行它认为必要的研究和磋商。

世界遗产委员会提供的援助可采取下述形式：

a. 研究在保护、保存、展出和恢复《世界遗产公约》所确定的文化和自然遗产方面所产生的艺术、科学和技术性问题；

b. 提供专家、技术人员和熟练工人，以保证正确地进行已批准的工作；

c. 在各个级别与层次培训文化和自然遗产的鉴定、保护、保存、展出和恢复方面的工作人员与专家；

d. 提供有关国家尚不具有或无法获得的设备；

e. 在例外和特殊情况下提供无偿补助金。

世界遗产委员会还可向培训文化和自然遗产的鉴定、保护、保存、展出等方面的各级工作人员和专家的国家和地区中心提供国际援助。

世界遗产委员会决定在什么样的条件下、以什么样的方式充分利用世界遗产基金帮助各国政府对其遗产进行保护。

世界遗产基金的建立使保护世界遗产不仅仅具有国际声誉和道义上的支持，更重要的是能为列入名录的遗产带来实际利益。以1988年为例，当年的基金支出共有270万美元，用途主要包括：确定可能入选的世界遗产，研究它们的保护状况及需要采取的保护措施（拨款10万美元）；提供专家咨询、技术帮助和保护设备（拨款约70万美元）；加强保护的培训工作（50万美元）；最后一项是在遗产因受灾而突遭破坏或威胁时提供紧急援助（20万美元）。虽然遗产基金与全世界的大量需求相比只是区区小数，然而它起了不小作用，补充了国家投资，促进了地方资源的利用；最重要的是，激励了社会各方面在国家一级和国际上对保护人类共同遗产的支持。比如海地，为保护古城堡圣苏斯宫和拉米埃斯遗址，制定了一项投资400万美元的遗产保护与人员培训综合计划。世界遗产基金为此捐款10万美元，教科文组织正常预算也捐款10万美元，联合国开发计划署捐款约120万美元。奥地利、加拿大、智利、法国、联邦德国和荷兰等国也由政府出资提供了双边援助。世界古迹基金也从美国慈善机构筹集了约20万美元。同样，世界遗产基金还支持发起了一场大规模的声援运动，保护非洲的北方白犀牛最后庇护地扎伊尔著名的加兰巴国家公园。

委员会在否决将一项遗产要求列入《世界遗产名录》和《濒危世界遗产名录》的申请之前，应与该文化或自然财产所在的缔约国磋商。委员会经与有关国家商定，应协调和鼓励为拟定《世界遗产名录》和《濒危世界遗产名录》所需进行的研究。

世界遗产委员会应接受并研究缔约国就遗产列入《世界遗产名录》和《濒危世界遗产名录》的申请，以及要求国际援助的申请。这种申请的目的可能是保证这类财产得到保护、保存、展出或恢复。委员会应该对这些申请所需采取的行动做出决定，必要时应确定其援助的性质和程度，并授权以它的名义与有关政府做出必要的安排。

每年对缔约国申报要求列入《世界遗产名录》的项目进行审议是遗产委员会的一项重要工作，各缔约国也十分重视这项工作。世界遗产委员会从成立到现在，一直扮演着一个非常重要的角色——它使得《公约》得以实施。

联合国教科文组织世界遗产委员会为促使其保护、评审、监测、技术援助等工作质量水平的提高，特约请国际上权威的专业机构国际古迹遗址理事会（ICOMOS）、世界自然保护联盟（IUCN）和国际文物保护和修复研究中心（ICCROM）为其专业咨询顾问。凡遗产的考察、评审、监测、技术培训、财政与技术援助等均由这几个专家团体派出专家予以帮助。ICCROM则主要负责文化遗产方面的培训、研究、宣传和为专家服务。

## 第二节 世界遗产的标准

### 1. 文化遗产

《世界遗产公约》规定下列各项应列为文化遗产：

a. 文物古迹：从历史、艺术和科学的角度看，具有突出普遍价值的建筑物、雕刻和绘画，具有考古意义的部件和结构、铭文、洞穴、居住区及各类文物的组合体。

b. 建筑群：从历史、艺术和科学角度看，在建筑形式、统一性及其与环境景观结合方面，具有突出普遍价值的单独或相互联系的建筑群体。

c. 遗址：从历史、美学、人种学或人类学的角度看，具有突出普遍价值的工程或自然与人类的结合工程以及有考古发掘遗址的地区。

世界遗产委员会在《公约》实施细则中明确规定，世界文化遗产必须具备以下标准中的一个或多个，并经过真实性检测合格，还要在保护管理方面达到要求。

世界文化遗产的具体评定标准共有6个：

a. 代表一种独特的艺术成就，一种创造性的天才杰作。

b. 在一定时期内或在世界某一个文化区域内，对建筑艺术、纪念物艺术、城镇规划或景观设计方面的发展产生过重大影响。

c. 能为一种现存的或已消逝的文明或文化传统提供一种独特的或至少是特殊的见证。

d. 可作为一种类型建筑物或建筑群或景观的杰出范例，展示出人类历史上一个（或几个）重要阶段的作品。

e. 可作为传统的人类居住地或使用地的杰出范例，代表一种或几种文化，尤其在不可逆转的变化之下容易损毁的地点。

f. 与某些事件或现行传统或思想或信仰或文学艺术作品有着直接和实质的联系。这一条只有在某些特殊的情况下或与其他标准一起使用时，才能成为列入《世界遗产名录》的理由。一般情况下，此条款不能单独成立。

### 2. 自然遗产

《世界遗产公约》规定下列各项应列为自然遗产：

a. 从美学或科学角度看，具有突出普遍价值的由自然和生物结构构成的自然面貌。

b. 有突出普遍价值的自然结构，以及明确规定的濒危动植物物种生态区域。

c. 从科学、保护或自然美的角度看，具有突出普遍价值的天然名胜或明确划定的自然区域。

世界遗产委员会在实施细则中规定，世界自然遗产必须符合下述一个或多个标准，

以及附带的完整性条件。

世界遗产委员会在《公约》实施细则中明确规定，世界自然遗产的具体评定标准共有4项：

a. 代表地球演化的各主要发展阶段的典型范例，包括生命的记载和地形发展中主要的地质演变过程或具有主要的地貌或地文特征。

b. 代表陆地、淡水、沿海和海上生态系统的植物和动物群的演变及发展中的重要过程的典型范例。

c. 具有绝妙的自然现象或稀有的自然景色和艺术价值的地区。

d. 最具价值的自然和物种多样性的栖息地，栖息着珍贵的濒危物种。

此外，如果被列入《世界遗产名录》的文化与自然遗产受到严重威胁，经过专家们的调查和审议，世界遗产委员会可以将其列入《濒危世界遗产名录》，以待采取紧急措施加以抢救保护。

## 第三节　《世界遗产名录》

缔约国应当尽力向世界遗产委员会递交一份本国领土内的适于列入《世界遗产名录》的遗产预备名单，并附有关的资料。遗产委员会委托国际古迹遗址理事会（ICOMOS）和国际自然保护联盟（IUCN）分别对提名的文化遗产和自然遗产进行评估，对文化遗产中的文化景观（Cultural Landescapes）则共同评估，决定其是否符合标准和真实性条件，并提供最终的评估报告。遗产委员会规定，评估应尽量严格。还规定在遗产委员会评审提名是否可列入《世界遗产名录》时，提名国政府的代表，无论是否为委员会成员，均不准对本国提名的遗产投赞成票。

遗产提名统一使用委员会制定的表格，表格要求填写多项内容，主要有以下各项：

a. 确切地点：国家；省、市；遗产名称；标明遗产地点和地理坐标的地图和平面图。

b. 法律资料：遗产所有者、公有或私有、有关本遗产保护和管理的法律和条例、开放程度、管理机构和组织。

c. 说明材料：遗产描述和图表、照片和影片资料、历史状况、文献资料。

d. 保存状况：现状描述、保护管理机构、此前的保管过程、保护措施、当地的开放计划。

e. 提议列入名录的理由：符合哪些规定的标准、在与其他同类地点比较的前提下评估本地点的保护状况、遗产的真实性。

f. 提名建筑群或遗址群所需的特别材料：不同范围内容和比例尺的地形图和平面图、多种照片幻灯片和光盘、有关本遗产研究成果的论著和相关机构的资料、有关保护的法律资料、各级管理机构的资料。

从遗产的提名到被列入《世界遗产名录》要经历若干程序和相对漫长的时间。世界遗产委员会每年7月1日前，按照统一规定的严格格式和内容将本国自认为条件已经完全成熟的预备项目正式申报文本（包括文字、图纸、幻灯、照片、录像或光盘等）送达世界遗产中心。世界遗产中心将把有关材料转达国际专业咨询机构，由相关的专业咨询机构从当年年底至下一年的3、4月份进行考察和论证，并向世界遗产委员会提交评估报告。世界遗产委员会于每年6月底至7月初召开一次主席团（7个成员国）会议，初步审议与世界遗产工作相关的事项，包括新的（上一年）世界遗产申报项目，提出建议；再于每年的11月底至12月初召开主席团特别会议，补充审议第一次主席团会议未尽事宜，然后将包括审定新的世界遗产申报项目在内的相关大事提交随后召开的世界遗产委员会全会通过。

办理申请的程序和时间表大体如下：7月1日，接受提名申请截止。9月15日，秘书处登记并索要所缺材料，材料完整的申请将被交给国际古迹遗址理事会或国际自然保护联盟，由这两个组织再次检查并索要所缺材料。到4月1日前，这两个组织根据委员会制定的标准进行专业评估并将结果通知秘书处，结果有3种：无保留地建议列入名录；建议不列入名录；不清楚是否适宜列入名录。4月，秘书处核对评估结果并通知委员会成员国。6月和7月，遗产委员会办公室检查提名申请并向委员会提出建议，建议有4种：无保留地列入；不列入；发回申请国要求补充说明和材料；由于要进一步评估或研究而推迟审理。7月—11月，秘书处将办公室的建议发送给遗产委员会的全体成员国政府和其他有关国家的政府。属于建议列入名录的，秘书处要等候各国反馈的信息，收到后再转递给国际古迹遗址理事会、国际自然保护联盟和遗产委员会各成员国。假如到10月1日收不到所需信息，在当年12月的委员会会议上就不再审议这项提名。对于要求补充材料的遗产，如果只是需要核对事实的材料，当年会再次审议。12月，世界遗产委员会召开全体会议，在委员会办公室建议、有关国家提供附加信息，以及国际古迹遗址理事会和国际自然保护联盟评估报告的基础上审核提名，最后通过决定，决定共有四种：列入名录；不予列入；推迟列入；退回待议。1月，秘书处将世界遗产委员会12月会议上的全部决定送交所有国家的政府。至此，一轮申报工作完成。也就是说，申报一项新的世界遗产，至少需要2年。从2002年起世界遗产大会改在每年的7月份举行。

近年上述时间表有调整。在第一年9月30日前将申报材料草稿提交到巴黎联合国教科文组织总部大楼的世界遗产中心，也就是世界遗产委员会的秘书处。在第二年的2月1日前将完整的申请文本提交到世界遗产中心。接着3月份开始到第二年5月，是前述的专家咨询机构评估时间。之后专家咨询机构向世界遗产中心呈交评估意见和建议。然后接着6月和7月是世界遗产委员会年度大会审议表决，做出决定，公布新遗产名录。

世界遗产委员会于1978年确定了首批12处世界遗产列入《世界遗产名录》，《世界遗产公约》自此开始发挥作用。每年都有新的遗产加入到这个行列中，由教科文组织负责遗产保护计划的官员组成的遗产委员会秘书处也已经开始工作。从1978年起遗产委员会每年都审议遗产提名。每年审议通过的遗产数目不等，70年代和80年代数目相对较少。进入90年代，每年通过的遗产数目增多。1997年世界遗产委员会大会在意大利召开，当年通过列入《世界遗产名录》的意大利遗产就有10处，是各年度一个国家的遗产被列入名录的最高纪录。后来由于遗产数目增加过快，而且各国遗产数目差别较大。在2000年的第24届大会上经过讨论决定，今后每个国家每年最多只能申请将1处遗产列入《世界遗产名录》，现在尚没有遗产的国家可以不受这项规定的约束。遗产数目已经较多的国家，应当减缓申请新的遗产。大会每年最多讨论37处。2003年7月在巴黎举行的第27届大会上新列入《世界遗产名录》的遗产数已经减少，当年通过的只有24处，有4个国家是第一次有遗产列入《世界遗产名录》，这些国家是冈比亚、哈萨克斯坦、蒙古和苏丹。

2004年世界遗产大会在苏州举行，在中国的推动下，对申请遗产数目的规定又有修改，今后每个国家每年最多可以申请两处，其中一处必须是自然遗产，以鼓励申请自然遗产。遗产比较多的国家，有的表示会减少申请，把每年的名额让给其他国家。鼓励遗产大国帮助遗产少的国家。此后每年大会讨论和接纳的新遗产大体就在这个数目上下。差不多每次大会都有一些国家首次有遗产被列入《世界遗产名录》，例如圣卢西亚、安道尔、朝鲜、冰岛、多哥、巴林、毛里求斯、波黑、巴布亚新几内亚、布基纳法索、巴巴多斯、巴勒斯坦、阿拉伯联合酋长国、加蓬、吉尔吉斯斯坦、基里巴斯共和国、马绍尔群岛共和国、纳米比亚、帕劳、圣马力诺、沙特阿拉伯和乍得，这些相对较小的国家有遗产列入《世界遗产名录》，体现了联合国下属组织的普遍性原则。

从本书2004年第一次出版以来，到2013年的大会，9年间新列入《世界遗产名录》的遗产数大约有250处，平均每年列入约27处。2013年6月大会新增遗产19处，斐济、卡塔尔、莱索托和塔吉克斯坦这4个国家首次有遗产列入《世界遗产名录》。到这次大会为止，列入名录的遗产总数有981处，其中文化遗产759处，自然遗产193处，文化和自然双重遗产29处。有遗产的国家达到160个。现在各国境内的世界遗产数目不等，数目较多的国家有意大利49处，中国45处，西班牙44处，法国38处，德国38处，墨西哥32处，印度30处，英国28处，俄罗斯25处，美国21处，澳大利亚19处，巴西19处。中国近10年来遗产数目增长很快。

现在世界遗产在全世界的分布情况大体如下：非洲90处，其中文化遗产49处，自然遗产37处，双重遗产4处，这里表示为90＝49＋37＋4。阿拉伯国家74＝68＋4＋2，亚洲和太平洋地区221＝154＋57＋10，欧洲和北美469＝399＋60＋10，拉丁美洲和加勒比地区127＝89＋35＋3，合计是981。欧洲和北美的文化遗产与自然遗产的比例高，接近6∶1，非洲的文化遗产与自然遗产的比例小，接近1.3∶1。其他地区的上述比例在这两者之间。

这将近一千处世界遗产的概况是怎样的呢？我参考世界遗产委员会公布的名单、遗产所在国的申报材料、世界遗产委员会的评审结语和正式的简要介绍，编制了一份《世界遗产名录》，这份名录把多数遗产项目的主要内涵包括在名称里，可以使读者对每项遗产有初步的认识，这比那种只有几个字的单纯名称所包括的信息要多一些，也便于读者根据自己的需要决定是不是要进一步寻找材料深入了解这项遗产，值得读者查看参考。这份名录按国别排序，每处遗产项下包含列入名录的年份，遗产的主要内涵和特点，还有在评审时被认可符合规定的理由，也就是它的价值所在。

## ▶ 第四节　中国境内的世界遗产 ◀

1972 年《世界遗产公约》在联合国教科文组织通过时，我国还处在"文化大革命"时期。直到改革开放初期，我国才有了加入《公约》成为缔约国的可能。在这里我应该特别提起北京大学教授侯仁之先生，他是推动我国加入《公约》的先驱。1984 年，侯仁之先生和夫人张玮瑛到美国和加拿大访问。一位美国教授对侯先生说："你们中国的世界遗产那么多，为什么不参加《保护世界文化与自然遗产公约》呢？"这位美国教授的提问使侯先生感触良多，他很快就有了行动。当即侯先生便从美国发信给国内负责这方面工作的中国教科文组织全国委员会（China National Commission for UNESCO，通常简称教科文全委会，办公地点设在教育部），询问我国是否打算加入《世界遗产公约》，他能够为这件事情做些什么。

其实，巴黎联合国教科文组织总部此前曾经给中国联合国教科文组织全国委员会发过公函，在公函里，教科文组织详细介绍了《保护世界文化和自然遗产公约》的基本情况，希望中国作为一个有影响的大国，能够签署《公约》，成为缔约国。后来大概巴黎教科文总部没有收到回复。

侯仁之先生回国后，以全国政协委员的身份起草了提案，建议我国尽早加入《世界遗产公约》。拟好提案后，侯先生征得同行的资深专家，也是全国政协委员的中国科学院的阳含熙先生、城乡建设部的郑孝燮先生和国家文物局的罗哲文先生的同意，并请他们在提案上署名。1985 年 4 月在第六届全国政协第三次会议上，他们 4 位联名提交的《建议我国政府尽早参加〈保护世界文化和自然遗产公约〉》提案获得通过。提案后来很快就由全国政协上报全国人大常委会。1985 年 11 月 22 日，全国人大常委会通过了中国加入《保护世界文化和自然遗产公约》的议案。当年 12 月 12 日，联合国教科文组织接纳中国成为《世界遗产公约》缔约国。

多年来，中国政府积极认真努力履行《保护世界文化和自然遗产公约》的责任和义务。在加入《保护世界文化和自然遗产公约》后不久，有关部门就参照世界遗产委员会制定的世界文化遗产的有关标准，向联合国教科文组织提交了包括长城在内的 28 项文化遗产作为"中华人民共和国预备名单"。1987 年，中国提名的长城、北京故宫、敦煌莫高窟、秦始皇陵及兵马俑坑、周口店北京猿人遗址和泰山六项遗产首次被世界遗产委员会通过列入《世界遗产名录》，在准备工作中，北京大学也积极参与。在1991年缔约国第11次大会上，中国首次当选为世界遗产委员会成员，在1992年、1993年的世界遗产委员会上，两次当选为副主席。到2013年，我国有45处遗产被列入《世界遗产名录》，已成为遗产被列入《世界遗产名录》最多的几个国家之一。其中文化遗产31处，按本书的遗产分类章节内容顺序排列如下：

○ 平遥古城、丽江古城、澳门历史城区

○ 长城

○ 北京和沈阳的明清皇宫、拉萨布达拉宫历史建筑群、北京皇家园林颐和园、承德避暑山庄与周边庙宇、苏州古典园林

○ 曲阜孔庙孔林及孔府、庐山国家公园、青城山与都江堰水利灌溉工程、登封天地之中历史建筑群

○ 杭州西湖文化景观、红河哈尼梯田文化景观

○ 安徽古村落西递和宏村、广东开平碉楼与古村落、福建土楼

○ 敦煌莫高窟、武当山古建筑群、大足石刻、北京皇家祭坛天坛、龙门石窟、五台山、云冈石窟

○ 周口店北京人遗址

○ 安阳殷墟、元上都遗址

○ 明清皇家陵寝、高句丽王城王陵和贵族墓葬、秦始皇陵

**自然遗产10处：**

武陵源风景名胜区、九寨沟风景名胜区、黄龙风景名胜区、云南三江并流保护区、三清山国家公园、中国南方喀斯特、四川大熊猫栖息地、中国丹霞、云南澄江化石遗址、新疆天山

**文化和自然双重遗产4处：**

泰山、黄山、峨眉山与乐山大佛、武夷山。

我国政府在对文化遗产中的古迹遗址和古代建筑的保护方面提出了"保护为主、抢救第一"的方针，以及"有效保护、合理利用、加强管理"的指导思想。在自然遗产方面提出了保护放在首位，合理利用开发，加强管理的方针，这与世界遗产委员会制定的规章和办法大体一致。首先要加强保护，另一方面保护的目的又在于发挥遗产的作用，如果利用得不好，反而会影响保护，甚至造成破坏，所以又必须"合理利用、加强管理"。近年来联合国教科文组织世界遗产委员会加强了对各国遗产保护的监督管理工作，不断派专家分别到《名录》中的各个遗产地去考察和监测。1994年联合国教科文组织世界遗产委员首次派专家组来我国，对长城和北京故宫实地监测，以后又不断派专家来我国考察其他的文化遗产和自然遗产。专家们对我国世界遗产的保护管理工作给予了充分

的肯定，同时也坦率地提出了存在的问题和改进建议。他们的建议得到了我国主管部门的积极采纳，这些都有力地推动了我国文化遗产和自然遗产的保护管理工作。

然而，当前我国世界遗产的发展，正面临市场经济冲击和旅游经济错位开发的严重威胁。一些早已超载开发的世界遗产地和风景名胜区，还在大兴土木、开山伐木，滥建索道、商店、宾馆和娱乐园，只要有利可图，什么建设项目都推行，把珍贵的世界遗产当作低层次的旅游经济开发区，从而导致世界遗产地，尤其是核心区域的过度人工化、商业化和城市化。使风景区的自然状况日趋恶化，改变了遗产高品位、高层次的精神文化功能和社会公益事业性质，使世界遗产成了少数单位的摇钱树。其结果使珍贵遗产的真实性和完整性遭到破坏。这些行为违背了我国对《世界遗产公约》的承诺，同时也使遗产的保护和延续大受影响。现在，如果这种局面得不到扭转，这些遗产就有可能被列入《濒危世界遗产名录》。这将严重损害我国的文明形象，并在全世界范围内造成不好的影响。

我国的世界遗产的管理和现状也存在一些问题。我国的文化遗产缺少大的历史文化名城，如首都北京和大城市。而在全世界，有二十多个国家首都的历史区被列入《世界遗产名录》，这些遗产面积庞大，内涵非常丰富，在世界上影响深远，如法国首都巴黎市中心、意大利首都罗马市中心、耶路撒冷旧城等。

中国认识世界遗产的价值观与世界遗产委员会的价值观在有些方面有所不同。如庐山，我国通常的看法是，庐山的价值主要在于风景秀丽，但是世界遗产委员会认为其价值主要在于那里有 20 世纪 20—30 年代建成的大量欧美风格的别墅建筑。由于认识不同，管理和保护的重点也就会有差别。

目前我国还没有国家统一的管理世界遗产的专门法律，也没有国家级的统一管理机构。这个问题虽然早就提出过，但一直没有能够解决。

在世界遗产管理方面，由于受经济利益驱使而偏重利用，保护不力。如前些年发生的武当山火灾，规划在都江堰附近修建高坝，迁移明孝陵石碑区，以及早前在泰山新建第二条索道，水洗古建彩画造成损失等等。

许多地方申请世界遗产的积极性很高，但动力首先是追求经济效益，吸引旅游，提升 GDP。曾经有过一百多个申请项目被列入预备申请的名录，后来被迫减少。到 2013 年年底，国家文物局和住房和城乡建设部把更新的预备名录压缩到三四十处上下。

几年前在武当山火灾发生后，教科文组织驻北京代表处的文化专员曾建议我国暂缓申报新项目。此外这位官员还指出，出现以上问题和我国世界遗产专家没能参与高层管理有关。

对于今后申请世界遗产，可考虑以下几方面：重视农业与农村区域、近代工业景观、近代建筑群。如天津旧建筑、上海外滩，要消除从意识形态考虑的偏见。显示大国风度，减少申请数量。

近10年来我协助一些旅游规划单位去过一百多个地方评估文物古迹和文化遗产，看到有些地方的领导对他们那里的文物古迹和文化遗产的价值评估很有兴趣，想知道他们的遗产够不够申请世界遗产的条件，他们希望藉此提高当地的知名度和美誉度，吸引更多人前去旅游观光。由此可看出联合国教科文组织倡导的世界遗产工作已经为人们认可，起到了正面的效果。

World Heritage

# 文化遗产

## 第二编

# 第三章　悠久的城市文明

## 第一节　文化遗产的多样性

现在人们提到当代重要的历史遗迹时，常常把本国的重要历史遗迹自封为世界第八大奇迹。而所谓的七大奇迹，是两千三百年前古代希腊人所认同的当时完整存在的七大建筑奇迹。那时希腊人所认识的世界范围主要是地中海周围，向东到西亚的两河流域。这七大奇迹中，希腊的是建于公元前5世纪的奥林匹亚的宙斯雕像。土耳其有三处，一是建于公元前4世纪的哈里卡纳苏斯城的摩索洛斯王陵，二是建于公元前5—前3世纪的以弗所的阿尔忒弥斯神庙，三是公元前3世纪建于罗得岛的33米高的巨人雕像。在埃及的有两处，一是公元前3世纪建于亚历山大里亚的130米高的法罗斯大理石灯塔，二当时已很古老的金字塔。最后一处是在距离较远的两河流域，是公元前7—前6世纪建造的巴比伦空中花园。上述这七大奇迹，现在除了埃及的金字塔幸存至今外，其余各处都已灰飞烟灭。但是现在世界上留下的古代奇迹其实还有很多很多。我们这一代人有幸看到这些奇迹，应该感谢前人，是他们有意无意地使这些奇迹保存下来，这是他们的贡献。对于这些奇迹，我们没有任何贡献可言。从这个意义上讲，把它们称为世界遗产确实非常恰当。如果你也认为这些世界遗产非常有价值，那么你能做的最好的事情，就是把它们保护好，让它们完好地留传给下一代，让后辈的人，也能看到这些遗产。到那时，这些遗产里也包含你做过的保护和贡献。每一代人通过自己的保护，把世界遗产传给后人，那么这些遗产就是连接过去和未来的桥梁。遗产在我们手里只是接力传递，并不需要我们添油加醋，也不需要所谓的发展。世界遗产今后代代相传，更是我们的期望。

除了文化遗产外，自然遗产对于人类生存也非常重要，也应当受到保护。将保护文化遗产和自然遗产相结合的思想最初是由美国提出来的。1956年，美国政府在华盛顿特区的一次会议上，提出了"世界遗产之希望"的倡议，旨在促进国际合作，"为现在和未来的世界公民，共同保护优美的自然风光和历史遗址"。1968年，世界自然保护联盟（IUCN）也向联盟的成员国提出了相同的倡议。1972年，这项倡议又在斯德哥尔摩的联合国人类环境大会上一起被提出。1972年11月联合国教科文组织的全体会议上，这一倡议为所有成员国响应，最后体现在会议所通过的《保护世界文化和自然遗产公约》中。

现在列入《世界遗产名录》的文化遗产有759处，所包括的种类和内涵非常丰富。由于数量相对庞大，讲述时有必要先适当分类，然后按类别依次讨论。按遗产的使用性质大体能分为9类。在本书中分为4章讲述。

① 历史文化名城。包括名城历史中心、古城、伊斯兰旧城等，如巴黎市中心塞纳河两岸、耶路撒冷旧城、意大利威尼斯及其泻湖、摩洛哥的非斯伊斯兰旧城。这一类数量相当多，还需要细分。

② 城堡与要塞。如英国与法国的中世纪贵族城堡、我国的长城和英国的哈德良长城。

③ 宫殿与园林。如法国凡尔赛宫与庭园、莫斯科克里姆林宫、我国的故宫和苏州古典园林。

④ 基督教建筑。包括各种大教堂、礼拜堂、修道院和圣地。如英国坎特伯雷大教堂、比萨主教堂。这一类数量也很多。

⑤ 其他宗教建筑。是指基督教以外各种宗教和地方信仰的建筑，如尼泊尔鲁明代的释迦牟尼诞生地、孟加拉国巴格哈特清真寺城、我国敦煌莫高窟和武当山道教建筑。

⑥ 陵墓与墓地。如埃及金字塔、泰姬陵，保加利亚的色雷斯墓地。这一类比较少。

⑦ 遗址与岩画。包括各个时期的遗址、露天岩画和洞窟岩画，如英国斯通亨厄巨石文化遗址、意大利庞培城、美国印第安人遗址、法国韦泽尔壁画岩洞。这一类数量庞大，也要再细分讲述。

⑧ 特殊建筑、工矿交通遗产设施与巨型雕塑。所含种类多样，如我国曲阜孔庙、孔林和孔府、奥地利塞默灵古老铁路、美国自由女神像和智利复活节岛巨石人像等。

⑨ 乡村田园与环境。如菲律宾伊甫高山间水稻梯田和美国印第安人村落。

## ▶ 第二节　名城历史中心 ◀

文化遗产大都和历史有关，这里我们从历史角度来介绍一些历史建筑和古代遗址。这些古代建筑和遗址是人类历史的有形的永恒记录，与人类的命运永远不可分割。这些遗产展现了人类创造的业绩，有崇高而且伟大的，也有英勇而且悲壮的。

首先讲历史文化名城，无论是已经毁坏成为遗址的，还是仍在利用的，它们都是人类文明的结晶。过去我们常说，这是劳动人民的伟大创造。但是实际上与帝王将相有更大的关系。在古代，只有皇帝、国王和君主、地方的最高统治者、军队的统帅和将领、割据的地方大军阀、雄霸一方的官僚、拥有实力的领主等等，才拥有雄厚的经济实力和各种人才，因而能够规划建造庞大的城市，以及城市中需要的各种公共建筑和场所。列入《世界遗产名录》的诸多历史文化名城都是这样建立起来的，如圣彼得堡、耶路撒冷旧城、摩洛哥的非斯旧城、日本兵库县姬路市等等。

城市在历史上是人类文明的结晶，有二十多个国家首都的历史街区或者旧城被评为世界遗产，列入《世界遗产名录》，这些都是大城市，在其国内，甚至在全世界都有很大影响。如圣彼得堡涅瓦河两岸、巴黎市中心塞纳河两岸、罗马历史中心区、魁北克历史区、巴西利亚等。被列为遗产的部分，正体现了本城的历史过程。这包括：

① 大城市的框架，有宫城、皇城、内城、外郭、街区划分和功能布局。

② 公共设施，有道路、桥梁、运河系统、市场、供水系统、医院、学校、寺庙、神社、教堂、园林和戏院。

③ 宫殿和官府，有皇家园囿、官邸、贵族住宅和富户宅院。

④ 一般民宅。

⑤ 特别居住区，有外国人居住区、使馆区等。

⑥ 近代历史区，有教堂、新式医院、洋行公司和买办阶层居住区等。

⑦ 新旧工厂和老式作坊的厂区和固定设施。

⑧ 铁路及其站场。

本节要讲到的罗马历史中心区，保留着两千年前罗马帝国时期的建筑和建筑遗迹，还有拜占庭时期的建筑，后来的巴洛克式建筑，以及当代的建筑，生动地展示出历时两千多年的帝国和首都的演进历程。耶路撒冷旧城有两千多年前的犹太圣殿围墙，有后来的基督圣墓教堂，有保存完好的圣岩清真寺，有耶稣的受难之路，还有奥斯曼帝国时期的古老城墙。每一处遗迹都有说不完的古老经历。我们到这些地方参观游览，就像亲历了古老的历史情景。

世界上有的历史文化名城历史很短，但是很有特色，比如巴西的新首都巴西利亚就是如此，它的规划和建成可以算是最正规的。

名城历史中心在欧洲和美洲较多，原因在于欧美国家近代在城市发展规划方面既重视社会经济发展对城市建设的要求，同时也重视保持城市在各个历史时期的面貌。这是几百年来重视文化价值的成果。他们尊重过去人类的成果，而不是砸毁旧世界的一切。

我国还没有直辖市和省会城市的历史中心区被评审为世界遗产。平遥古城和丽江古城虽被评为世界遗产，但这两处只是很普通的县级城市，过去在历史上的影响很小，在全国范围内的政治经济和社会地位不重要，知道的人也很少。我国现有的大中城市的历史区保护状况并不理想，原因是多方面的。传统的某些思想可能起了不好的作用，比如改朝换代要拆除旧朝代的城墙和宫殿，或者废除旧都，拆毁建筑，使之荒芜，另建新都。要彻底砸烂旧世界，要割断一切旧传统。1949年之后，曾将旧政权的一部分官府、衙门和官邸拆除，旧时代的达官贵人的宅邸有的也被拆毁。个别的被留下来，是为了作反面教材，或者是古为今用。宗教建筑也受到同样的影响。与社会生活有关的其他方面也不同程度受到影响。这样做的原因之一，首先是政治和意识形态的考虑，其次是文化因素。有神论与无神论的矛盾，也使宗教建筑的保存出现了问题。社会的主导意识认为，旧时代的一切都是为旧时代的政治制度服务的，认为当代的社会制度和文化是全新的，不可能从旧有的社会中自然生长出来。这样一来，最后就造成了我们经常称道的"旧貌换新颜"。前面提到的丽江和平遥，因为处在社会运动漩涡的边缘，才得以避开上述各种因素而保存了一些"落后"的旧貌。

近几十年来我国陆续命名了许多历史文化名城，但是这些历史文化名城的标准却和世界遗产的标准有重大区别。世界遗产中的文化遗产有3部分标准，第一部分是遗产的价值，包含6个方面，这在第一编里已经介绍过。第二部分是遗产的真实性，也就是我们通常所说的遗产必须是原来的、真实的，不是后来的、做假的。更通俗的说法是，不能是后代的复制品。第三部分标准是要有行之有效的保护和管理的机构、有相应的人员、有资金、有相应的法律和法规。此外，世界遗产委员会在解释遗产的价值标准时强调，对于城市历史中心来说，被评为文化遗产不是因为它过去的地位或者作为历史象征的价值，而必须是因为现在所保留的建筑群的布局、结构、材料、形式和功能等等各个方面都必须能反映它过去的实际文明或者是这个文明的延续。据我看，我国命名历史文化名城时，对上述第三部分标准和解释历史文化名城价值标准方面，并没有严格的要求，尤其是在保护方面。这样看来，中国的历史文化名城与世界遗产中的名城历史中心相去甚远。简而言之，我国命名历史文化名城时比较少考虑保护问题，而《世界遗产公约》所考虑的除了标准高，还要保护已经到位。我国在申请世界遗产的过程中已经体会到了这一点。

我国许多城市的规划，虽然也谈保护古城面貌，但从经济效益方面考虑较多，因而新建了不少仿古建筑和仿古街道，明显地是为了促进旅游。现在许多城市出现了大规模重建早已不存在的古建筑的风气。这种重建违背联合国教科文组织倡议制订的《威尼斯宪章》规定的保护文化遗产的原则，我国的《文物保护法》也不提倡这种重建。2004年，北京重建规模宏大的永定门城楼，可能是最突出的。北京近二十多年新建了一些传统文化街，但这些文化街大多没有历史的痕迹。

近代以来，国际社会在认识人文环境和文化遗产的价值方面经历了相当长的过程，到今天才有了保护世界文化遗产的高度，才认为文化遗产既反映了孕育它们的文化，也反映了全人类的远大理想，因而认为它也是人类共同继承的遗产。我们国家对人文环境和文化遗产的价值的认识曾经比较落后。今天，我国正在追求有更多的遗产列入《世界遗产名录》，所以我们在认识方面应该有更大的提高。北京大学开设《世界遗产》这门全校通选课，也是为了在这方面对同学有所帮助。

《世界遗产名录》中的名城历史中心相当多，除了以下要介绍的，这里再举出一些比较著名的：巴拿马城、德国古典时期的魏玛、法国里昂历史区、斯特拉斯堡大岛历史中心区、加拿大魁北克历史区、拉脱维亚的里加城历史中心、乌兹别克斯坦的布哈拉城历史中心、佛罗伦萨历史中心区、那不勒斯历史中心区等。

第二编　文化遗产

本书 2004 年首次出版以来，又有一些新遗产入选《世界遗产名录》，其中属于名城历史中心的如：巴西 2012 里约热内卢市从科尔科瓦多山上的基督雕像到海边的卡里奥克（Carioca）城市景观；朝鲜 2013 保存着高丽王朝时期城市布局、宫殿和城墙遗迹的开城（Kaesong）历史区；俄罗斯 2005 雅罗斯拉夫尔城历史中心；佛得角 2009 大里贝拉（Ribeira）欧洲殖民时期中心旧城；古巴 2005 西恩福戈斯（Cienfuegos）古城历史中心区；古巴 2008 卡马圭（Camagüey）历史中心；马来西亚 2008 马六甲（Melaka）与乔治城（Georgetown）的马六甲海峡历史名城；圣马力诺 2006 圣马力诺历史中心与蒂塔诺（Titano）山；中国 2005 澳门（Macao）的历史街区。

这一节我们介绍一些著名的并具代表性的历史文化名城。

**巴西：巴西利亚**

巴西利亚是巴西的新首都。1891 年巴西共和国建立时，考虑到工业和城市过分集中在东南沿海地区，当时就决定，为了开发内地，要将首都迁往内地。但是经过半个多世纪，这项决定一直没有实行。到了 1956 年奥利维拉总统时期，政府才决定在西部的亚斯州高原上建设新都，并定名为巴西利亚。当年通过竞争，选择建筑师卢西奥·阔斯塔的新都规划方案，并选定了总建筑师奥斯卡·尼迈耶。新都规划用地 152 平方公里，居住人口 50 万。1957 年新都开始建设，到 1960 年初具规模，便正式将首都从里约热内卢迁往新都巴西利亚。

巴西利亚城的规划很有特色，布局轮廓像一架机头向东掠翼的飞机。机头位置是三权广场，周围是三足鼎立的最高法院、政府大楼和议会大厦。机头斜前方约 1 公里处是总统府。从机头处沿机身向后，首先是大教堂，再向后是商业中心和文化中心，附近有体育场、动物园和植物园。再向后是州长和州政府办公楼。机尾处是火车站和向南北伸去的铁路线。再向后是小型工厂区。两侧机翼位置各有一条交通干道，干道两旁是住宅和分支道路。机翼前方有外国使馆区和大学，再向前则是大面积的人工水面，水面对岸是独户住宅区。市区南端有飞机场。

巴西利亚新建筑中最有特色的是三权广场、议会大厦、教堂法院和总统府。议会大厦由众参两院会议厅和超高办公楼组成。两院会议厅是扁平体，长 240 米，宽 80 米，扁平体平顶上安置一仰一覆的两

图 3.2.1　巴西利亚议会大厦

个碗形屋顶，上仰的是众议院会议厅，下覆的是参议院会议厅，分别象征民主和集中。两厅之间的后方是28层高的两座办公楼，两座楼的第11—13层有廊道连通，办公楼周围有水池环绕。议会大厦的各部分外观挺拔，内部开阔。

教堂外观为圆形平面，像一个上口张开的帐篷，有多根混凝土支柱，柱间是蜂窝式的落地蓝色大玻璃窗，悬挂有圣母和天使像，内部空间形状十分简洁，整个建筑庄严凝重。

巴西利亚的建成首次实现了由人规划的未来城市，它是真正的建在绿地上的首都，它的规划设计体现了人的精神和智慧的伟大创造力，这个新都也是建筑的现代精神的典范。但也有人对城市的规划提出批评，认为追求形式多于追求经济效益、文化和历史传统，对低收入者的就业和居住条件注意得不够。

**俄罗斯：圣彼得堡历史中心区及有关建筑**

300多年前，彼得大帝为了取得一处出海口，实现他将俄国建成海上强国的梦想，御驾亲征，从瑞典人手里夺得涅瓦河三角洲地带。然后下令在此建一座以他的名字命名的城市，并发誓要把它建成世界上最美的城市。1712年，他将首都由莫斯科迁往圣彼得堡。此后的200多年间，几代沙皇在城内和城郊建起一座座闻名于世的皇宫和行宫。

俄罗斯有句名言："不到圣彼得堡就等于没到过俄罗斯；不参观艾尔米塔什、彼得宫和皇村就等于没到圣彼得堡。"圣彼得堡是俄罗斯近代文明的摇篮，也是世界上最美丽的城市之一。

冬宫是18世纪中叶俄国巴洛克式建筑的杰出典范，1922年起成为艾尔米塔什博物馆的主体。冬宫是一幢三层楼的巴洛克式建筑，平面呈封闭式长方形，长约280米，宽约140米，高22米，建筑总面积4.6万平方米，占地9万平方米。它一面朝向涅瓦河，另一面朝向海军大厦和宫殿广场。外墙四周分布着上下两排倚柱和三层拱顶窗，立面顶端有200多座雕像和花瓶等多种装饰图案。宫殿内部以金、铜、水晶、大理石、孔雀石和各种艺术珍品装饰，色彩缤纷，豪华而又典雅。宫内大厅各具特色，其中乔治大厅、亚历山大大厅、孔雀石大厅、小餐厅尤为著名。在乔治大厅的墙上有一幅罕见的俄国地图，上面镶有4.5万颗各色宝石。冬宫与许多历史事件有关，曾是1917年二月革命后的临时政府所在地。十月革命攻占冬宫，在小餐厅逮捕了临时政府各部部长。

彼得宫是俄国历史上最伟大的皇帝彼得一世的意志体现，是圣彼得堡最豪华的行宫。彼得大帝亲自领导了宫殿园林的规划设计，有的甚至亲绘草图，极力在各个方面仿效欧洲，包括欧洲宫廷最流行的时尚，意图建造豪华程度不逊于凡尔赛宫的行宫。在大帝去世后，工程一度停止。后来的两个世纪曾反复扩建改建。

大宫是彼得宫的结构中心，东西长300米，以南高北低的地势将园区分为上园和下园。上园占地15万平方米。园内景致分割为若干几何形景区，疏朗而不空旷，以修剪整齐的树木草坪和藤蔓围成的花墙与甬道，以及池塘内外的雕像和喷泉为主景，构成18

世纪上半叶欧洲宫廷花园的典型特征。上园最醒目的装饰要算居于园中央的海神涅普顿青铜群雕喷泉，雕像由纽伦堡的艺术家创作于17世纪中叶。

图 3.2.2　冬宫面向涅瓦河一侧

　　从上园进入大宫，华丽的雕花楼梯将游人引向金碧辉煌的舞厅，这里曾是王公贵族高歌达旦、恣意欢娱的天堂。古典主义风格的切斯梅厅饰有12幅油画，描绘了切斯梅海战俄军打败土耳其舰队的恢宏场面。在富丽而不失典雅的御座厅，罗曼诺夫王朝代表人物的画像突出了它在宫中所占的重要位置。客厅、书房、休息室和卧室等私用房间也呈现出与其功能协调的各种装饰艺术风格。这些风格反映了欧洲两个世纪的艺术发展历程。彼得时代的爱好与18世纪中期的时尚为伍，古典主义的严谨简约同洛可可的奢华繁缛互邻，这些由不同流派的艺术大师创造的杰作，令当代人惊叹不已。而以中国为代表的东方文化当时也受欧洲上流社会的崇尚，建于1766年、1769年的两个中国厅在一系列华丽厅堂中独树一帜，令人耳目一新，始终是参观者感兴趣的地方。四壁的木板漆画描绘了当时中国人的生活场景，雕龙绘凤的瓷壁炉和宫灯，成套的中国瓷器和家具，把人带入那个遥远神秘的东方国度。

　　宫殿中央部分保留着初建原貌，著名的橡木大厅就位于这里，因墙面全部采用橡木板装饰而得名。像木板上雕刻着彼得一世的肖像和颂扬俄国科学、艺术、贸易和军力的画面，反映了俄罗斯帝国的繁荣强大。厅内的家具物品，均为彼得大帝所用。凭窗眺望，浩渺的芬兰湾和园中胜景几乎尽收眼底。

　　然而彼得宫最吸引人之处，并非其宏伟富丽的殿宇厅堂和巧夺天工的稀世珍宝，而是它举世无双的喷泉艺术，园中步步有泉、处处见水，或喧闹似涛或潺潺如歌的水声不绝于耳。除三座瀑布外，彼得宫共有喷泉150余个，水道5条，满园的水景得益于得天独厚的地势和附近丰富的水资源。宫内的所有喷泉瀑布全靠水的自流形成，而非水泵，因此，不论其近乎完美的艺术观赏性还是高超绝妙的技术工艺，均为古今罕见。

皇村在沙皇离宫中主要反映了叶卡捷林娜二世的理想和品位，全面展示了各种园林艺术风格，巴洛克式的华美、古典主义的自然、浪漫主义的伤感以及中国风格的异国情调，共同编织成一个结构完整、丰富多彩的园林建筑综合体，成为世界园林艺术中一颗璀璨的明珠。

皇村与普希金的名字紧紧地联系在一起。作为其文学生涯的摇篮，这片充满灵性的土地哺育着诗人，赋予他源源不断的灵感，1937年诗人逝世100周年之际，皇村改称"普希金城"。

圣彼得堡是世界上古典建筑保存利用最好的城市之一，市内古典建筑群体密集，每座宫殿各具特色，体现了欧洲不同时代的建筑艺术风格，反映出主人杰出的文化个性，是人类共同的宝贵财富。

### 法国：巴黎塞纳河西勒桥至耶纳桥两岸市区

两千年前的巴黎只是塞纳河上斯德岛和附近几个小岛上的渔村，后来逐渐扩大，到3世纪开始有巴黎这个名字。巴黎的建筑艺术、名胜古迹和优美市容举世闻名，市中心塞纳河两岸的老市区是其精华所在。塞纳河流经巴黎市区，河道有三个大弯，上游第一大弯处是市中心。塞纳河水位多年稳定，少有洪涝灾害。全年不结冰，利于航行。从12世纪起，巴黎的城市规划和建设就十分重视和珍惜传统文化，同时也积极适应经济和社会生活发展的需要，力求保持城市面貌的统一与和谐。最早建成并保存到现在的是斯德岛上的巴黎圣母院。17—18世纪波旁王朝时期，城市建设有较大发展，修建了塞纳河右岸著名的香榭里舍大街和其他几条干线大街，建造了几座纪念性建筑物，如卢浮宫东院和卢森堡宫。另外还建造了4个封闭式广场。到了19世纪，拿破仑一世建成了凯旋门和星形广场，也就是现在的戴高乐广场。后来在拿破仑三世时期（1852—1870），巴黎的城市建设有了更大的发展，建成了以香榭里舍大街为东西向干线、以塞瓦斯托波尔大街为南北向干线、以卢浮宫为中心的大十字街道，还修建了两圈环路。此外又新建一批广场和建筑物，把卢浮宫继续向西延伸，扩展到现在的规模。拿破仑三世还把卢浮宫和凯旋门之间的道路、广场、绿地、水面、林荫带和大型纪念建筑物改造组建成完整的统一体。19世纪末至20世纪初，在巴黎举行的几次世界博览会又为塞纳河畔增添不少新建筑，有埃菲尔铁塔（1889）、大宫和小宫（1900），以及夏约宫。20世纪60年代起，巴黎再次大规模建造城市建筑，但是并没有在市中心拆除旧建筑，而是沿香榭里舍大街向西北方向延伸和扩展，新建了完全现代化的德方斯新市区。现在当你沿着市中心香榭里舍大街和塞纳河岸乘车游览市容，能够亲眼看到一座座12世纪到20世纪的各种辉煌建筑，看到过去不同时代和风格的街区，看到巴黎几百年来发展变化的轨迹，而不是只从书本上才能知晓。

在塞纳河两岸分布着许多有纪念意义的建筑物，从西端的西勒桥起，在斯德岛上有巴黎圣母院和原巴黎裁判所附属监狱。向西在右岸临河的是规模宏大的卢浮宫，现在是博物馆，左岸则是由原巴黎老火车站改建成的奥尔赛博物馆。改建很成功，现在主要收藏近代绘画和其他艺术品。沿河再向西不远是波旁家族宫殿，是仿古希腊式的建筑，现在是国民议会所在地。从这里过桥到右岸是协和广场，广场中央矗立着仿古埃及式的方尖碑。沿河向前，紧接着是大宫和小宫，建筑物比较新。由此过桥到左岸，可以看到较小的美国教堂，建筑外观十分别致。前方河对岸是一处金碧辉煌的大型建筑现代艺术博物馆。在它背后有一座小的两层建筑，是集美博物馆，主要收藏东方艺术品，其中不少出自中国。再向前是规模庞大的两座对称建筑夏约宫。从这里向河对岸看，是雄伟高大的埃菲尔铁塔。在左岸稍远的地方，从西向东还有联合国教科文组织总部的三叉形楼房，它的建筑形式和结构在现代建筑史上有创新意义。它附近有拿破仑纪念馆、军队博物馆和罗丹雕塑纪念馆。再向东有卢森堡宫。在右岸东部离岸稍远处是巴士底广场，原先这里有著名的巴士底狱。向西在卢浮宫北面是皇宫和收藏善本书稿的老国家图书馆。再向西有旺多姆圆柱和广场，以及古希腊式正门的歌剧院。前方在离香榭里舍大街不远的地方，有一座不大的宫殿，是总统府爱丽舍宫。右岸最远的是高大壮观的凯旋门。以上二十多处建筑中，以下 4 处具有非同一般的意义。

一是埃菲尔铁塔，位于市中心区的西部，临塞纳河左岸，塔东南方有大片绿地。铁塔于 1889 年建成，当时是为庆祝法国大革命 100 周年和迎接巴黎世界博览会而建造，多年来已成为巴黎的象征。铁塔的设计人是埃菲尔，塔也因此而得名，塔下有埃菲尔的等身铜胸像。塔身原高 300 米，后来塔顶安装了无线电发射架，增高到 320 米。塔身为全钢结构，由 1 万多个部件铆接而成。前几年局部调整结构，塔身重量减轻到 7000 吨。塔身从四面看都是 A 字曲线形轮廓，下部向四角张开，四个塔脚以混凝土固定在地面，塔脚在地面上的连线为正方形，每边长约 100 米。塔下四面敞开。塔身向上逐渐平滑内收，越高内收越少。塔身的不同高度处有三层平台，现在设有电梯，供登临眺望。下层平台还可经步梯登上。在埃菲尔铁塔建成之前，人类建筑物高度没有达到过 200

图 3.2.3　图画铁塔

米，而埃菲尔塔一举上升到300米，是近代建筑史上的重大成就，也是世界建筑史上的里程碑。这座塔的建成，显示了钢结构的巨大建筑能力，表明钢结构建筑也可以优美动人。这座塔的建成还是当时钢铁工业发展的结果，也是建筑结构科学和施工技术发展的产物。它打破了几千年来石构建筑造成的传统建筑观念的束缚，促成了现代建筑的诞生。建塔之初曾有不少人反对建造这个"钢铁怪塔"，但是法国政府最终还是选中了这个方案。

二是星形广场凯旋门，位于塞纳河右岸香榭里舍大街西端星形广场（戴高乐广场）中央。1806年拿破仑一世为颂扬法军在奥斯特里兹战役中打败俄奥联军的战绩而开始建造，1836年完成。它的形状是模仿罗马现存的古凯旋门，略有简化，但规模加大。整个门体全用石材建造，高约50米，宽约45米，进深约22米。中心大拱门高36.6米，宽14.6米。两侧拱门较低。这个广场在高地上，因而凯旋门也更显得高大雄伟。现在人们有时也把它作为巴黎的标志。凯旋门朝向香谢里舍大街的一面是正面，正面和背面的拱门两侧各有一幅大浮雕，共4幅，构成一组。4幅的主题分别是《马赛曲》《胜利》《抵抗》与《和平》，正面右侧的《马赛曲》最精美，画幅中心是自由女神，右手握剑挥动，左臂上扬高呼，号召人们起来战斗。这一组浮雕是法国浪漫主义雕刻家F.吕德的代表作。在大门拱券前后口外两侧，以及侧门拱外上方各有一幅横长方形的浮雕，共6幅，幅面比上述浮雕略小，题材是拿破仑指挥的历次重大战役。拱门上方的一周女墙面雕刻一横列共数十个圆形盾牌，牌面刻着法国大革命时期和拿破仑帝政时期重要胜利的名称，而次要战役的名称则刻在大拱门内壁，内壁还刻有法国大革命

图 3.2.4　巴黎市中心——星形广场（原名戴高乐广场）

到第一帝国时期参加作战的386位将军和军官的姓名。凯旋门顶部女墙内是陈列馆，有电梯和步梯从地面通达，馆内展出有关凯旋门的文献资料和拿破仑一世生平的图片。女墙外有一圈围廊，人可以站在那里眺望市区。1920年在凯旋门内下方增建无名战士墓，埋葬第一次世界大战期间阵亡的无名战士。墓顶在地平面，点有长明灯。凯旋门建成后，到19世纪中期，又在其周围修建了圆形广场，以及12条放射状道路，于是大体上形成现在这样的格局。

三是卢浮宫与卢浮宫博物馆，位于市中心塞纳河右岸边，既是著名的王宫，又是博

物馆的所在地。王宫最初建于12世纪末，从15世纪至18世纪末曾经4次改建和扩建。1792年法国国民议会宣布这里作为博物馆，并于第二年开放。此后又大规模扩建，到1868年卢浮宫的建筑全部完成。卢浮宫分为东中西三个院落，东院建成最早，是较小的方形院。后来向西延伸，建成向西敞开的较大的西院，也是方形院。此后南北立面的房屋

图 3.2.5　卢浮宫入口玻璃金字塔

再向西延伸，形成现在西面的部分。这三部分都是三层楼，有的位置建有地下层。各部分因为建筑时期不同，风格有所不同。其中中院的东立面是古典主义风格，最为人们推崇。鉴于卢浮宫作为博物馆在观众分流方面有困难，加之要实现大卢浮宫计划，于是，法国总统密特朗请美国华裔建筑师贝聿铭设计，于1982年在中院内建造1大4小共5个玻璃金字塔形透明屋顶，其中大金字塔下用作观众入口，在地下分流进入北东南三翼各展室。卢浮宫博物馆是世界著名的艺术博物馆，从16世纪初就开始收藏艺术珍品，现收藏有极其丰富的绘画、雕塑、陶瓷、珠宝和家具。陈列面积有5.5万平方米，藏品2.5万件。其中有被誉为世界三宝的《维纳斯》雕像、《蒙娜丽莎》油画和《胜利女神》石雕像。

四是巴黎圣母院，位于巴黎市中心塞纳河中的斯德岛上，是天主教教堂。初建于1163年，到1345年完工。建筑与雕刻是哥特式早期与盛期风格。后来由于战火而遭到严重破坏，1845年开始在保持原有风格的前提下修建，到1864年完工重新开放。从1991年起，法国政府拨款1亿法郎再度整修，重点是南侧外墙，把约占全墙一半的残损块石替换下来。巴黎圣母院建筑的正面是竖长方形，上下三层，左中右分成三竖条，如九宫格形，面宽47米，总高63米。左右两侧上层是方柱形塔楼，中间没有塔楼，缺一格，

图 3.2.6　巴黎圣母院正面

因而较低。中层中心是一个圆形光环式的大玫瑰窗，镶嵌彩色花玻璃，象征天国。中层两侧是双窗。底层是三个尖拱双扇门。一层和二层之间有一列 28 个浅像龛，排列着犹太和以色列 28 个国王的雕像。其他位置也有许多雕像。正门内是纵长方形大堂，宽 48 米，进深 130 米，高 35 米。堂内也有许多大理石雕像。在回廊、墙壁和门窗布满圣经故事雕刻和绘画。大堂屋顶外上方中央矗立圆锥形尖塔，高 90 米，是 19 世纪整修时增加的。几百年来，巴黎圣母院一直是法国宗教和政治生活的重要场所，许多重要活动在这里举行。它是法国历史的见证之一。由于雨果的长篇小说《巴黎圣母院》流传很广，所以这座教堂也广为人知。本书教学材料中有巴黎塞纳河遗产项目照片 160 幅。

**意大利/梵蒂冈：罗马历史中心区、城内教廷管辖区和圣保罗大教堂**

罗马历史中心区、城内教廷管辖区和圣保罗大教堂作为文化遗产，简称罗马历史中心区，1980 年被列入《世界遗产名录》。它位于罗马奥勒利安城墙内，是当今一国首都内完美保存古城建筑及布局结构的典范。

罗马是意大利首都和最大的城市，也是文化和交通中心，约在公元前 510 年成为罗马共和国首都。公元前 1 世纪废除共和之后仍为罗马帝国首都。这时城市文化和建筑大为发展，兴建了许多神庙、教堂、廊柱、凯旋门、纪功柱和竞技场。4 世纪时它又是西罗马帝国都城。756—1870 年是教皇国首都。14—15 世纪是欧洲文艺复兴的中心，艺术、建筑、文化和经济再次得到发展。1870 年意大利王国统一后成为王国首都。

罗马历史中心区面积占现在罗马市的 40%，是该市 12 个行政区之一。从高空俯瞰该中心，罗马古城犹如一巨型的露天历史博物馆，7 座山丘上，珍贵的古迹和古建筑比比皆是。在奥勒利安城墙内还有一道塞尔维乌斯·图利乌斯城墙，保存着 17 座雄伟的城门。帕拉蒂尼和卡皮托利尼山之间曾是古罗马宗教、政治和商业活动中心，卡皮托利尼山上还有米开朗琪罗设计的市政厅广场和罗马城大部分著名的艺术陈列馆，在埃斯奎利尼山坡上有著名的罗马斗兽场，无论从建筑技术还是从建筑材料的使用上都是古罗马建筑最杰出的成就之一。罗马历史中心宽广的帝国广场两旁，耸立着帝国元老院、神殿、贞女祠、恺撒庙等。还有著名的建于公元 203 年、记载着塞维罗皇帝远征波斯功绩的凯旋门；有记载着第度皇帝东征占领耶路撒冷的第度凯旋门；还

图 3.2.7　18 世纪时的罗马竞技场

有为纪念君士坦丁大帝于 312 年在密尔维桥上战胜马克森提乌斯而修建的罗马最大的凯旋门。位于罗马市中心的几座广场也很著名：始建于公元前 5 世纪的罗马努姆广场，是早期最主要的广场；恺撒广场，建于公元前 42—2 年，它的一端矗立着高大的战神殿；图拉真广场是古罗马最大而又最壮丽的广场，它建于公元 111—114 年，由一系列建筑和广场组成。还有市中心的威尼基亚广场，长 130 米，宽 75 米，是几条主要大街的汇集点，十分繁华。它的左侧是文艺复兴时期的维尼基亚宫，现已成为文艺复兴艺术陈列馆和国家考古艺术史研究所图书馆。广场上还有一座 1885—1911 年为纪念意大利独立和统一而建的无名英雄纪念碑。在碑中央的高台上，是意大利开国国王伊曼纽尔二世的贴金铜像。

罗马城内还有 3000 个喷泉，以建于 1762 年的特雷维喷泉最著名，喷泉池中央立着海神像，两侧为象征着富饶和安宁的女神。

万神庙是供奉众神的庙宇，初建于公元前 27 年，公元 120—124 年重建，是古罗马建筑的代表作之一。它的门廊宽 33 米，16 根石柱前后分三行排列，最前面是 8 根深红色花岗岩石柱。神殿屋顶为穹顶，底面直径 43.5 米，殿内空间总高也是 43.5 米，穹顶中心有一个直径 8.9 米的圆洞用来采光，没有覆盖玻璃。这是古代建筑物中最大的穹顶。穹顶和柱廊顶原来覆盖有镀金铜瓦，公元 663 年被拜占庭皇帝掠走，735 年以铅瓦覆盖。柱廊的铜制天花于 17 世纪上半叶也被拆走。万神庙早期建筑本体一直保存到现在。它体现了古典建筑和谐、稳定和庄严的特征。

图 3.2.8　万神殿内

竞技场也是古罗马建筑的典型代表，始建于公元 1 世纪的弗拉维王朝，3 世纪和 5 世纪重修过。竞技场平面为椭圆形，长轴 188 米，短轴 156 米，外墙高 48.5 米，用浅黄色巨石砌成，分为 4 层，下面 3 层砌成拱门样式。场内中心是竞技表演场，铺有木地板，板下有地下室，供乐队堆放道具和关闭猛兽用。表演场四周是椭圆形分布的看台，可容纳观众四五万人。表演场除用于竞技外，还用于阅兵、赛马、歌舞表演和斗兽。现在竞技场的高大围墙已残缺不全，表演场也已残破，露出地下室，但周围看台保存得相当好。

圣保罗大教堂是基督教初期教堂，初建于 4 世纪，19 世纪初被烧毁后按原状重建。教堂主厅为纵长方形，长 120 米，宽 60 米。中心部位的纵长方形主厅最高，两侧有列柱，列柱上方是连续的拱券，再向上是壁柱和明窗，天花是木板平棋格形。圣坛在东端，上有半圆穹隆顶。圣坛前有祭坛。主厅内镶嵌的壁画是5世纪的原作。主厅前是三面有围墙的方形庭院。这种长方形平面的教堂又称巴西利卡式教堂，是西欧中世纪天主教堂的原型。

世界遗产委员会把罗马历史中心区列入《世界遗产名录》的理由是："从传说的公元前753年建成之日起，罗马就同人类的历史紧密相连。它曾是统治地中海世界五个世纪之久的帝国的首都，后来又成为基督教世界的首都，今天仍然履行着这些重要的宗教和政治功能。"

**加拿大：魁北克历史区**

魁北克市是北美最古老的城市之一，是加拿大东部魁北克省首府。位于圣劳伦斯河北岸。1608年建立，形成上城和下城两部分。居民95%是法国人后裔。上城是宗教活动区和行政管理区，以古城堡为中心，四周有城墙环绕，集中了许多豪华宅第和宗教建筑；下城主要是贸易、港口、运输建筑和古老的居民区。上下两城由一条空中缆车连接。魁北克历史区包括上城中心和下城中心的古老部分于1985年列入《世界遗产名录》。

这里原为印第安人居留地，法国探险家萨姆埃尔·德·桑普兰于1608年在俯视圣劳伦斯河的陡峭高原上建立居住地，命名为魁北克城，并设立了皮毛交易所。1663年魁北克城成为新法兰西首府，以圣路易堡垒保护的钻石角为中心发展起来。海拔近百米，悬崖陡峭，形势险要，是历史上的著名要塞、殖民中心以及欧洲工业品和北美裘皮的集散地。19世纪上半叶圣劳伦斯河是最重要的港口，促进了造船业的发展。人口不断增加，城市不断扩大，这一点在城市布局上得到体现。

图 3.2.9　上城区

1759—1867年间，魁北克在英国统治下，向西部呈扇形发展，直抵1720年加斯尔·朝塞格罗·德列利修建的城墙脚下。钻石角东南端的城堡（1819—1831）和环城修建的炮台工事，都没有破坏城市最初的空间布局。

魁北克老城区占地135公顷，为城市总面积的5%。最古老的城市核心区集中在下城，下城在上城以北的狭长地带，城中是一排排石头砌成的房屋和石铺的狭窄而曲折的街道，工厂企业沿圣劳伦斯河而建。皇家广场四周和圣母街两旁均为17和18世纪建筑，其中维多利亚圣母教堂系由克德·伯利弗设计，始建于1688年，1759年城市被困期间遭焚毁，后又重建。远望下城，房屋、仓库、商店层层叠叠，宛如一个庞大的迷宫。其中，小商普兰街的历史最为悠久，是商业广告、雕木招牌云集的场所。拉瓦尔大学建于1663年，是北美最古老的大学。

上城是省市行政机构的所在地和主要的商业区和住宅区。古堡耸立在钻石角的最高点。保留着北美唯一的城墙。这里有现代化的办公大楼和豪华的商厦。突出的建筑是耶稣会士修道院（1625）、清教徒修道院（1629）、乌尔苏里纳派修道院（1624）和神学院（1663）、医院、军火库。军火库现改为博物馆。这些建筑虽然经过修缮，但其古建部分仍存在。在本区700余座古老的民用及宗教建筑中，2%为17世纪的作品，9%属于18世纪，另有43%建于19世纪上半叶，当时的魁北克城已具备现在的风貌。现在在老城区游览，能够看到三百年来不同时期的房屋和建筑，回味殖民时期和工业化时期不同风格的街区和房屋。二战时期美国总统罗斯福和英国首相丘吉尔在这里举行过会议，作出了开辟欧洲第二战场的决定。

魁北克是北美堡垒式殖民城市的完美典范，同时又是近代美洲殖民化及其发展的关键地点之一。

### 墨西哥：墨西哥城历史中心和霍奇米尔科

墨西哥城，现墨西哥首都，高原城市，位于中央高原墨西哥谷地，海拔2230米，面积1.5万平方公里，人口1700万，是世界上最大的城市之一。市区呈长方形，街巷公路纵横交错，密如蛛网，不同时期的建筑物风格迥异，比肩而立。虽地处北纬19度25分，但气候温和，四季如春。墨西哥城是美洲著名古城之一。城内建筑可分为3个时期。

第一期为特诺奇蒂特兰墨西哥城（1325—1521）。墨西哥城所处地区最早为印第安人阿兹特克部族聚居地。城市名字的意思是"特诺奇祭司所在地"。1325年，特诺恰人和阿兹特克人按照传说中"神鸟"的启示，在特斯科科湖中心小岛上建城，该城随后成为疆土辽阔的阿兹特克帝国的首都和经济、军事和宗教中心。在西班牙人入侵以前，是西半球最大的城市。这一时期的建筑物目前仅存一些遗址。墨西哥城中心的阿兹特克大神庙发现于1978年，神庙的主殿坐东朝西，建在一个巨大的平台上，基座由四部分组成，其中包括分别通往两个殿堂的两道阶梯。南边殿堂供奉战争保护神维特兹洛波奇特利，北边的殿堂则供奉雨、水和丰产之神特拉洛克。围湖造田是这一时期对农业生产的重大贡献。

第二期为新西班牙墨西哥城（1521—1810）。墨西哥城被以科尔斯特为首的西班牙人占领，遭到严重破坏。其后，科尔斯克在阿兹特克人中心祭坛的废墟上建立起教堂和广场（现在是东城区的宪法广场）。1535年被定为新西班牙总督辖区的首府。由于湖面逐渐缩小和防洪水利工程的建造，昔日的水乡泽国景象消退，城市面积扩大，墨西哥城成为包括圣多明各、危地马拉、瓜达拉哈拉和菲律宾群岛的马尼拉在内的辽阔的西班牙殖民地的中心。许多寺庙、教堂、修道院、学校、医院拔地而起，较著名的建筑如圣弗

图 3.2.10　宪法广场大教堂

朗西斯科、圣奥古斯汀、圣弗利普修道院、圣地亚哥加利马亚宫（现为城市博物馆）和圣伊德丰索学院等都体现了西班牙建筑风格。

第三期为独立后的墨西哥城（1810年起）。1821年，墨西哥城正式成为国都。依照改革法令，教会土地和财产收归国有，取缔修道院。环绕殖民时期的城市建造了大量的公共和私人住房。1910年民主革命后，许多重要建筑物如民族宫、美术馆、公共教育部大楼和其他一些大型建筑都装饰上出自名家巨匠之手的大幅壁画。进入20世纪60年代以来，城市规模急剧膨胀，大量的现代建筑和新修的公路将古城中心和市郊连成一片，仅霍奇米尔科少数地区还保留着过去的自然风貌和历史文化传统。

霍奇米尔科位于霍奇米尔科湖畔，包括一片与外界隔绝的土地和湖田，在湖田里发现了殖民时期之前的重要文物。建筑布局为西班牙风格，有一个中心广场和17个区，每个区内都有本区教堂和寺院。

城内名胜古迹众多，阿兹特克文化遗址有太阳金字塔，特诺奇蒂特兰城孪生古城特拉特洛尔科等，此外还有宪法广场、三代文化广场、查普特佩克公园、索切米尔科水上花园、国家宫、艺术宫、国家人类学和考古学博物馆、瓜达卢佩贞女教堂等历代和现代建筑，主要街口均有街心花园和壮美的纪念碑。建筑物多壁画，有"壁画之都"之誉。拉美塔高44层，为全城最高建筑物。

墨西哥城在历史上屡遭洪水和地震的破坏，现存古迹多为殖民地时期的建筑。进入本世纪以来，城市化进程突飞猛进，城市人口急剧增加，污染日益严重，古迹保护面临巨大困难。为解决古迹保护与城市化的矛盾，市政当局1931年颁布了有关法令，划定了古迹保护区、但收效甚微。1980年，有关部门以1931年保护区为基础再度确定古迹保护范围和等级。古迹保护分为A、B两级。A级包括新西班牙时期前后的遗址；B级包括自国家独立到19世纪末的建筑。保护区面积9平方公里，含668片建筑群，其中包括67座宗教建筑、按照1971年联邦法令确定的671座古建筑、731处重点建筑、111处民居、17处名人故居、78处广场和花园、13座博物馆和画廊、12座装饰有巨幅壁画的建筑和6座新修的寺庙。

由于墨西哥城曾在历史上起到重大影响，是独特的印第安文化和西班牙殖民地文化的特殊证明，是历史时期的典范，是难于保存的特殊例证，1987年，它被列入《世界遗产名录》。

**土耳其：伊斯坦布尔历史区**

伊斯坦布尔是土耳其最大的城市和港口，位于巴尔干半岛东端，伊斯坦布尔海峡南口西岸，由于东岸的于斯屈达尔也已划入市区，所以伊斯坦布尔是地跨欧亚两洲的城市。1985年列入《世界遗产名录》。

这里是世界古老名城，始建于公元前658年，当时位于金角湾和马尔马拉海之间的地岬上，名为拜占庭。公元4世纪初成为罗马帝国新都，君士坦丁大帝把这里定名为君士坦丁堡。15世纪成为奥斯曼帝国首都，改称伊斯坦布尔。1923年土耳其共和国成立后，迁都到小亚细亚内陆的安卡拉。

伊斯坦布尔的历史区即是指旧城，位于前述地岬上，是本城最古老的地区，三面环海，西面大陆部分有城墙。现在这里主要是住宅区，有许多古老的建筑和街道。主要是几座大清真寺，此外有宫殿和其他纪念建筑物。旧城最早的遗迹是君士坦丁堡时期的城墙，保存不多。早期教堂是圣索菲亚教堂，建于6世纪30年代东罗马帝国皇帝查士丁尼一世时期。教堂把罗马的长方形平面和东方的方形底座上的穹隆顶结合起来。屋顶中心是直径33米的穹隆，基座为正方形，借助长轴顶端的两个圆角小穹隆和长轴上的拱券架起穹隆顶。各处壁面镶嵌大理石和彩色玻璃拼接的图案画，安置有许多雕塑。在8世纪和9世纪的圣像破坏运动时期，以及后来13世纪的第四次十字军东征时期，教堂遭到严重破坏。后来曾经多次修复。15世纪奥斯曼帝国时期又将教堂改作清真寺，并在四周增建了4个土耳其式的尖塔。现在这里是国家博物馆。

奥斯曼帝国时期的主要建筑是清真寺。大都建于16世纪，有苏莱曼清真寺、蓝色清真寺和塞利姆清真寺等。

图 3.2.11 圣索菲亚教堂

图 3.2.12 圣索菲亚教堂内

### 波兰：克拉科夫历史中心

克拉科夫位于波兰南部，是波兰第三大城市，至今已有一千多年历史，1040 年至 1596 年，波兰王朝在此建都，至今城里还保存着当时的许多城堡、宫殿、教堂。克拉科夫也是第二次世界大战中波兰唯一幸免于战火的城市，众多精美的罗马式、哥特式古建筑和宏伟的凯旋门完好无损，克拉科夫因此成了波兰最富历史文化气息的城市。克拉科夫历史中心是东欧最杰出的艺术与文化建筑群之一，它包括 4 个部分：瓦维尔山、中世纪的克拉科夫城中心、南部维斯杜拉河对岸的姊妹城卡齐米日，以及位于这两城之间的斯特拉多姆镇。1979 年，克拉科夫历史中心被列入《世界遗产名录》。

瓦维尔城堡位于瓦维尔山上，建于 8—9 世纪。起初是维斯瓦人的城堡，10 世纪末起改建成王宫。王宫原为哥特式建筑，后来由意大利的两名杰出建筑师于 1507—1536 年间改建，改建后的王宫是文艺复兴时期的佛罗伦萨风格。现在这里用作博物馆。城堡内有建于 10 世纪的圣母玛丽亚圆堂、13—17 世纪的大教堂及附属建筑罗马式地下小圣堂和小教堂。大教堂为哥特式，始建于 1322—1346 年，里面有一覆钵形墓冢，埋葬着波兰历代国王。还有一座以老齐格蒙特国王的名字命名的大钟。城堡的北面是克拉科夫广场，也是苏金尼策古市场，当年曾是欧洲商业中心和规模最大的露天市场。广场呈长方形，地面铺石子，广场周围古代的市政厅和商店，以及 14—16 世纪宏伟的德拉佩斯豪华住宅等建筑依然保存着。波兰历史上的多次民族起义和人民革命与广场有关。广场中央有纪念波兰著名诗人密茨凯维支的纪念碑。克拉科夫约有 60 座教堂，其中最著名的是建于 1257 年的玛丽亚教堂，其主要部分于 1497 年重建。教堂有哥特式双塔，保存有维特·斯特沃斯于 1477 年制作的彩绘木雕祭坛，高约 2 米，祭坛正中是圣耶洛尼姆的木雕像，还有 15 世纪克拉科夫的几百个人物，形态逼真，栩栩如生。1364 年由卡齐米尔大帝创立的雅盖隆大学是欧洲最古老的大学之一，也是 14—16 世纪东欧的学术活动中心之一，著名的天文学家哥白尼曾在此学习。大学里

图 3.2.13　克拉科夫市政厅

至今还保存着一些稀有的文化与科学珍品,如哥白尼在此做学生时的一些天文仪器。

中世纪古城克拉科夫至今仍保持着它13世纪时的面貌。城中心有一个大广场,广场四周耸立着古老的建筑,有哥特式的市政厅钟楼和著名的圣玛丽亚教堂,教堂的双塔高耸入云,顶上有金色的王冠。城的西南部是创建于1364年的雅盖隆大学的一些建筑物。

中世纪的卡齐米日城是在国王卡齐米日三世时代修建的,比克拉科夫大约晚100年。城内的两座隐修院是14世纪建筑的典范。

斯特拉多姆镇是沿连接克拉科夫与卡齐米日的通衢大道发展起来的小城。城内建于15世纪和17世纪的教堂,是巴洛克风格建筑中引人注目的典范。

老城中的犹太人居住区曾经是犹太科学文化中心,第二次世界大战中曾被德军占领,部分遭到毁坏,16世纪和17世纪的犹太教堂,以及16世纪的犹太人墓地幸存下来。其中始建于15世纪的一座犹太教堂是城内最古老的建筑之一,业已修复。

整体修复工程从19世纪末已经开始,现在仍在进行。工程的主要目的在于保护克拉科夫历史中心,并尽可能与城市现代的建设协调。

### 捷克:布拉格历史中心区

布拉格有近千年的历史,众多的古迹仍保存完好,查理大桥的西端矗立着古朴典雅的布拉格城堡。它雄踞于市中心一座山岗之上,自公元10世纪起,经过几百年扩建而成。由圣维特大教堂及众多宫殿组成的建筑群,高低错落,气象万千。远望城堡,乳黄色的楼房,铁灰色的教堂,淡绿色的钟楼,白色的尖顶,构成一幅美丽的图画。

城堡建于9世纪,是波希米亚皇帝的官邸。17世纪时,曾是奥匈帝国省长官邸。后来许多财物陆续被盗窃,宫殿大部荒废。自1918年捷克斯洛伐克共和国成立以来,历届总统办公室均设在城堡内,故又称"总统府"。现仍为捷克共和国总统府所在地。

这里有罗马式、哥特式、巴洛克式以及文艺复兴等时期风格的建筑。城堡内有教堂、王宫、画廊、大厅、喷泉、塑像等各种著名建筑。

城堡建筑群以圣维特教堂为核心,教堂位于总统府大院中间,始建于1344年,它是城堡里最高的建筑物,教堂顶尖高97米,远望巍然拔地而起,塔尖触苍穹;近处细看教堂大厅结构精巧,内外都有塑像和纹饰。教堂里收藏着捷克国王从14世纪以来一直沿用的王冠和权杖,陈列着国王的塑像和画像,悬挂着许多油画和木刻画,每幅都描绘一个有趣的宗教故事。教堂外墙布满花纹图案,刻工细腻,精巧玲珑,数不清的石雕形象,千姿百态,栩栩如生。

总统府前院三面楼房中间的广场是接待外国元首时检阅仪仗队的场所。北楼内是最有名的西班牙大厅(建于1545—1563年间),厅内金碧辉煌,是举行盛大宴会和总统接见贵宾的地方。

图 3.2.14　圣维特教堂

在广场南面有座16世纪捷克国王的故宫。弗拉基斯拉大厅（建于1487—1500年，长62米，宽16米，高13米）是这座哥特式王宫的重要部分，过去，这里是国王举行加冕礼的地方；现在，在此举行共和国总统的选举仪式。

在圣维特教堂东面有座圣乔治教堂。教堂呈长方形，建于10世纪，是布拉格古老的罗马式教堂之一。教堂内陈列中世纪至18世纪的捷克民族画家的作品。

在圣乔治教堂东面有一条古老的小金街，原是王宫卫队和金银首饰匠的住地。如今在街两侧的砖瓦屋内，开有许多小酒店和小杂货铺。其悠久的历史和奇特的小商品吸引了许多游人。

第二次世界大战后，捷克政府对布拉格城堡进行了全面修缮。除总统府外，有些宫殿辟为博物馆并对外开放，每天游人络绎不绝。

**波兰：华沙历史中心区**

华沙在1280年由玛佐维亚的公爵建立，他们先在那里建造了城堡，以便控制维斯瓦河上的通道。1344年华沙成为玛佐维亚公爵领地的首都。15世纪时公爵在华沙确立其领地范围，随着华沙地位的加强，公爵的政治地位也日益强大。1596年波兰国王将都城由卡尔克迁至华沙，一个繁忙的建设时期从此开始。1656年和1702年，华沙曾两次遭到瑞典人的破坏，后又两次重建。18世纪末，华沙成为欧洲大陆最大的城市之一。第二次世界大战期间，华沙城市的80%被纳粹德国军队摧毁。到1960年旧城建筑大部分修复。1980年列入《世界遗产名录》。

华沙历史中心区位于华沙城内，东邻维斯瓦河，南至皇家城堡广场（包括城堡），西到波德瓦莱、德乌加和博尼弗拉泰尔斯卡大街，北靠孔维托尔斯卡和桑古什基大街。分为老城和新城两部分。老城建于13—14世纪，由于城市迅速扩展，新城随之建立。城市建筑初为哥特式，但在后来的17和18世纪大多被改建。

新城和老城组成一个城市整体。老城为长方形，道路以四角为起点，纵横交错，形成网络。新城由梯形的集市广场和中轴线上的弗莱塔大街组成。两区所有建筑均为18世纪城市建筑风格，但房屋内外一般都带有一些精美的哥特式和文艺复兴式的装饰。

王宫坐落在老城心脏地带，已有几百年历史。它是波

图 3.2.15　华沙市中心的美人鱼铜像

兰国王的寝宫，是与波兰历史、传统和文化紧密相关的主要建筑物之一。1944年，第二次世界大战期间，历史中心区85%的建筑被炸毁。1949—1963年，在18世纪风格的基础上，严格按照原设计修复。历史的发展把老城、新城与波兰最重要的民族传统紧密联系在一起。

**墨西哥：普埃布拉历史中心**

普埃布拉城是墨西哥宗教文化名城，位于墨西哥中部马切林火山西南，阿托亚克河与圣弗朗西斯科河汇流处，向西北距墨西哥城100公里，面积7平方公里，现为普埃布拉州首府。该城创建于1531年，因地处战略要冲，所以屡经战乱。城内有多种建筑遗迹，显示出墨西哥从殖民地时代到独立战争时期，从改革到民主革命长达4个世纪的历史进程。

这里是一座典型的西班牙式城市，建筑与西班牙古城托莱多相似。市区以一座长168米、宽84米的长方形广场为中心，多条大道由广场向四方辐射。城中心地区5.97平方公里被划为A级保护区；周围的B级保护区有1.02平方公里。纵横交错的道路将城市分割成391片，有2619处古建筑要保护，其中包括61座教堂，遍布全城。多数教堂建于16、17世纪，以中心广场的带双塔式钟楼的普埃布拉天主堂最雄伟壮观，也最负盛名。传说在建此教堂时，墙刚砌好就无缘无故地倒塌了，后来两位天使闻讯降临，每天晚上守卫着教堂，终于使教堂工程得以完成。为了感谢天使，人们把普埃布拉城称为"天使之城"。普埃布拉天主堂富丽堂皇，用许多玛瑙、大理石和黄金装饰。天花板全用金箔粘贴镶嵌。登上教堂钟楼塔顶，可以俯瞰古城全景，以及远处带有雪冠的火山。许多教堂有彩釉瓷片镶嵌的圆顶，闪闪发光的瓷砖在阳光照耀下熠熠生辉，使一座座圆顶更加迷人。还有许多教堂以印第安人高超的彩绘图案和栩栩如生的人物与神像雕塑而闻名于世。27处花园像珍珠般镶嵌在各片建筑之间，为整座城市增添了光彩和魅力；特兰

图 3.2.16　私人住宅

托神学院是宗教教育中心，神学院的帕拉福西亚诺图书馆的古书收藏量居拉丁美洲各国之首。城内有多座博物馆，被称作教长屋的博物馆收藏有美洲殖民地时期最早的整幅壁画。

普埃布拉城西12公里处有乔卢拉小城，共有187组建筑，其中有公元前3世纪的塔庙、22座16—19世纪的神殿、37所民居和一些现代建筑，交相辉映，宛如五彩缤纷、排列有序的建筑博物馆。城内多数房屋为有长廊的平房，平房自身合围，组成一座座庭院。中心广场一侧有1549年建成的方济各会圣·加勒列尔修道院，面积3900平方米，内部以立柱分隔成7条长廊，屋面覆盖有49个穹顶。修道院占地宽阔，建筑风格独特，在美洲大陆同类建筑中独树一帜。乔卢拉小城在16世纪之前是土著居民的宗教祭祀中心，有10万居民和400多座神庙殿堂。阿兹特克人于公元前3世纪用风干泥砖垒砌的大塔庙保存至今，方形塔基每边长300米，底面积之大列世界同类塔庙之首。塔内出土有许多幅公元3世纪的壁画，其中大型壁画《醉酒图》长62米、高2米，是美洲古代壁画之最大者。塔庙顶部有1529年修建的本城最早的隐修院。

图 3.2.17　从普埃布拉城市区外望

从 1880 年到本世纪初，普埃布拉人口增加到 10 万，修复了许多古建筑，同时新建了许多街道和周边的现代化公路。到 20 世纪中期，城市面积又扩展了 3 倍，人口现已达百万，但古城建筑和遗址保持完好。

## 第三节 旧城与古城

旧城一般规模不大，主要是那些仍保留 18 世纪以来面貌的城市，各有历史与文化特色。仍以欧洲为多。

**旧城举例：** 玻利维亚的苏克雷旧城、德国的班贝克旧城、多米尼加的圣多明各城殖民时期区域、加拿大的卢宁堡旧城、克罗地亚的杜布罗夫尼克旧城、老挝的朗勃拉邦城及其王宫和佛寺、瑞士的伯尔尼旧城、乌克兰的利沃夫城、西班牙的萨拉曼卡旧城和叙利亚的大马士革旧城等。

古城主要是指 18 世纪之前已发展起来并保存当时风貌的城市。

**古城举例：** 秘鲁的库斯科城、菲律宾的维加历史城、斯里兰卡的锡吉里亚古城、土耳其的古赫梯国旧都哈吐沙、希腊的罗得岛中古城市、中国的平遥古城等。

本书 2004 年首次出版以来，又有一些新遗产入选《世界遗产名录》，其中属于旧城与古城的，现举例如下：德国 2006 雷根斯堡（Regensburg）旧城区，法国 2005 哈夫勒城（Le Havre），法国 2010 阿尔比（Albi）中世纪以来主教旧城，斐济 2013 欧洲人在斐济群岛建立的第一个定居点并曾作为首都的港口城市莱武卡（Levuka），摩洛哥 2012 拉巴特（Rabat）老城与新城，土库曼斯坦 2005 库尼亚乌尔干赤（Kunya-Urgench）古城，希腊 2007 科孚（Corfu）岛上的科孚老城，意大利 2008 曼图亚（Mantua）城与萨比奥内塔（Sabbioneta）城，越南 2010 河内李朝、陈朝和黎朝等 3 朝升龙（Thang Long）皇城。

### 德国：吕贝克汉萨同盟旧城

吕贝克旧城位于德国石勒苏益格-荷尔斯泰因州的吕贝克市，是一座典型的中世纪山地城市。自 1143 年建城以来，一直是欧洲著名的港口及商业城市，它的影响与汉堡、哥本哈根、不来梅等其他汉萨同盟城市相当。回顾历史，早在 819 年，此地便建有一座城堡，称为"老吕贝克"。11 世纪时，吕贝克改名为"留比斯"，意为可爱之城。1143 年，荷尔斯泰因伯爵阿道夫二世在"可爱之城"的基础上重建吕贝克，形成了如今旧城的雏形。1159 年的一场大火之后，吕贝克城重新布局，其鱼骨状的大街和四通八达的小巷成为日后北欧城市布局的模式。1226 年，该城成为自由城邦；1358 年，吕贝克成为汉萨同盟的总部所在地，确定了它在欧洲的重要地位。16 世纪，随着北欧诸国的逐渐强大，吕贝克失去了往日的辉煌。进入 20 世纪后，该城早已风光不再，二战后盟军的空袭摧毁了旧城五分之一的建筑，其中包括著名的教堂和市政厅。战后德国政府努力修缮和保护残存的文物古迹，使得吕贝克旧城成为北欧地区一座保存良好的中世纪古城。

图 3.3.1　临河房屋

吕贝克旧城分为三部分，第一部分是旧城东部和北部区域，第二部分是旧城的西南区域，第三部分是圣玛丽亚教堂及市政厅。

旧城区的东部和北部现已被划为保护区，保持着中世纪的完整格局。这一区域建筑的最大特点是将10世纪城市特有的宗教性和世俗性和谐地融为一体。城市上空轮廓由7座高耸的教堂塔楼构成，突出体现了该城特有的风格。它同时又是一座活的建筑博物馆：哥特式、巴洛克式、洛可可式、非经典式，从中世纪到现代的各种建筑风格都有。其中哥特式的圣玛丽亚教堂、罗马式的大教堂等众多教堂尖顶簇拥在旧城区上空，仿佛是一片教堂的森林。1942年，圣玛丽亚教堂和圣彼得教堂的尖塔曾在空袭中被毁，1956—1962年间重修。不足的是续建的建筑在结构、造型比例和组合形式上与相邻的原有建筑风格相异，未能与旧城传统形式相统一；幸而续建范围小，未对整个城市景观造成损害。

旧城北区是中世纪城镇特色的典型代表，而这些特色主要通过当地独特的砖造房子和建筑阶梯形的山花显示出来。中世纪由于对空间需求的增长，建筑结构上出现了内院和背街，临街的房子将内院与大街隔离开来，形成了相对封闭的内向性格，同时也造就了旧城的独特风貌。城东区保存了一些手工艺人的朴素住宅，这些住宅大都设有内院，有一定的虚实开阖变化。城内的贵族

图 3.3.2　老城建筑

宅邸则更为讲究，它们结构坚固，设施完备，空间富于变化，装饰精巧细致，艺术价值很高。其中颇具特色的有：变化丰富的大厅、古色古香的壁炉、彩绘的木制天花、房间嵌板细工和拉毛粉饰吊顶，还有花园的侧厅。现在这些建筑都得到保护，精心修补。

旧城的西南区是幽静而略显拘谨的城区，也有一些浪漫的田园风格，吕贝克人将这里称为"画家角"。

在旧城中心的制高点，坐落着圣玛丽亚教堂和市政厅，这二者毗邻，成为吕贝克最重要的建筑物，并因其艺术的价值而在欧洲享有盛名。这两座建筑当时曾在整个北欧有广泛影响，以至于波罗的海沿岸的大量建筑都纷纷模仿。其中圣玛丽亚教堂被作为哥特式砖构大教堂的典型；而市政厅则被当作该地区市政厅建筑的样板，具有独特的建筑风格，它的一半是哥特式的，而另一半是文艺复兴式的。在后来的几个世纪，市政厅一直是远近城市争相效仿的典范。

旧城西侧坐落着霍尔斯滕门，这座古城门一直是吕贝克城的象征。它建于1466—1477年，为晚期哥特式风格。登上城门，可以眺望整座吕贝克旧城。城堡现已成为博物馆，陈列着古代的作战地图、兵器和战船模型。二战中，吕贝克的许多古建筑遭到战火毁坏，但霍尔斯滕门侥幸保存下来。

吕贝克旧城的建筑物组合自然，风格统一，有着动人的城市景观效果，表现了吕贝克城市艺术的高度成就。所以联合国教科文组织将这座包括近千座建筑的汉萨同盟古城列入《世界遗产名录》。

**梵蒂冈教皇国：梵蒂冈城**

梵蒂冈城位于罗马城西北部，台伯河右岸。公元4世纪君士坦丁皇帝时期首次在梵蒂冈高地十二使徒之一的彼得的墓地上建起了第一个长方形大教堂，这就是圣彼得大教堂。从1377年起，梵蒂冈宫成为教皇的主要住所，教皇大力提倡艺术，聘请文艺复兴时期的建筑大师和画家大兴土木，绘制壁画。在世界上这个最小的国家里，它的博物馆、图书馆和文献档案馆里却收藏着大量珍贵文物、手稿和图籍。1984年列入《世界遗产名录》。

保存到现在的主要建筑，有15世纪建造的梵蒂冈图书馆、西斯廷礼拜堂和城墙。有

图 3.3.3　远望梵蒂冈城

图 3.3.4　圣彼得大教堂大堂大理石地坪纹饰

16—17 世纪重建的圣彼得大教堂，这是文艺复兴时期规模最大的建筑，也是世界上最大的天主教教堂。

圣彼得大教堂由三部分组成，从西向东依次是教堂、梯形广场和圣彼得广场。教堂从 1506 年开工重建，历时 120 年完成，最初设计人是布拉曼特，后来由拉斐尔、佩鲁奇、小桑迦洛和米开朗琪罗等人继续设计建造。起初教堂平面是正方形，有希腊式十字，中心是大穹隆顶。后来教皇保罗五世把希腊十字平面改为拉丁十字平面，即把竖划向下（向前）延长，在延长位置建造长方形大厅。教堂穹隆顶外部最高点距地面 137.8 米，是罗马城的最高点。内部顶点高 123.4 米。教堂外部从西向东长 213.4 米，室内长 183 米。十字厅南北宽 137 米，室内平面面积 1.5 万平方米。东部正面高 51 米。教堂内十字厅中心是教堂中心，有教皇的祭坛，呈正方形，四角有铜立柱，上有铜华盖。祭坛下面是彼得墓地，向东开口有坡道。大穹隆顶的鼓形座内径 41.9 米，半球面一周开 16 个采光窗。人可以登临穹隆顶上方外部的小亭，观览梵蒂冈城全景。教堂内鼓形座圆周的廊道也可登临，用于向下观看厅内宗教仪式。大厅内壁有许多壁画和雕像。

教堂东门外是梯形广场，东口小，南北边是房屋和柱廊。再向东是椭圆形的圣彼得广场，两个广场由贝尼尼设计，于 1667 年建成。圣彼得广场南北向是长轴，南北两侧有柱廊房屋，柱高 18 米。廊顶内环有一列石雕人像，包括梯形广场南北廊的上方，共有人像 140 尊。广场中心有 30 米高的整石方尖碑，重 327 吨。碑原在埃及，公元 37 年运到罗马，1586 年运到现在的位置树立起来。广场可容纳 50 万人，供罗马教廷举行重大宗教活动用。

梵蒂冈的其他重要建筑还有梵蒂冈博物馆，在圣彼得大教堂北面，原是教皇宫廷。前述的西斯廷礼拜堂里有米开朗琪罗的名画《创世纪》和《最后的审判》。

图 3.3.5　西斯廷教堂券顶偷吃禁果壁画

## 匈牙利：布达佩斯的多瑙河两岸和布达城堡区

布达佩斯是欧洲著名的中世纪古城，它位于风景如画的多瑙河两岸。河右岸多山，称为布达，左岸地势平坦，称为佩斯，将布达与佩斯连为一体的是横跨河上的8座大桥和穿越多瑙河底的一条现代化地下铁道。布达佩斯最主要的历史遗迹都集中于多瑙河岸那座海拔167米的布达城堡山上，可以说，布达佩斯的历史主要就是布达城堡山的历史。1987年列入《世界遗产名录》。

据考古发现，公元前3000年前后，便有原始居民在布达这块土地上居住，公元1—2世纪，这里是罗马帝国潘诺尼亚行省的首府。公元896年，来自乌拉尔山的马扎尔族人来此处定居，并将其王宫建于布达佩斯以北险峻的维舍格拉德的山顶上。1241—1242年鞑靼人入侵后，国王贝拉四世终于决定在河右岸的山嘴上构筑城堡，建造围墙，这一年是公元1247年，也是城堡山真正得名之时，此后又用了几十年的时间，这座城市才初具规模，这就是最早的布达佩斯。14—15世纪可以称为城堡山的全盛时期，这里逐渐发展为全国的政治经济和文化中心，工商业之发达和艺术之繁盛享誉全欧。1541—1686年间，这里被土耳其人所占，沦入异族铁蹄之下达145年，在此期间，各种古迹遭到严重破坏。18—19世纪得以重建，被毁的王宫改为巴洛克式建筑，1872年，布达与佩斯正式合并。

布达依山而建，地处河岸台地和山坡之上，地形奇特，风光别致，这座狭长的古城长约1500米，宽约500米，只有3个城门可以通行，易守难攻。

全城共有4条平行的主要街道，大大小小的广场是城内最独特的景观，这是当年居民们自由交易的场所。纵横的街道和频繁出现的小广场反映了欧洲中世纪城市的特点，城堡区的中心是圣三神广场，广场上原有一座哥特式教堂，土耳其人占领期间被毁，19世纪末得以重修。此外，圣埃蒂安国王的雕像和巴洛克式的圣三神圆柱是广场的焦点，为整个广场增色不少。坐落于西城门附近的是当年的市政大厅，即布达城行政长官的府邸，整个建筑分为5层，基座为石制，高耸的尖顶尤其引人注目。

城堡山另外两处著名的景点是有700余年历史的圣玛丽亚教堂和造型别致的渔人堡。

圣玛丽亚教堂又称马加什教堂，这是由于1470年，匈牙利国王马加什曾命手下将自己的王徽悬挂于教堂的南门上。这座教堂始建于13世纪中叶贝拉四世时，此后的几百年间，众多国王在这里举行加冕仪式，故此又称为加冕教堂。此外，许多国王的婚礼，王室庆祝军队出征凯旋等仪式也多在这里举行，可以说，圣玛丽亚教堂是布达佩斯历史的见证。这座教堂从风格上来说属哥特式建筑，在穹形尖顶的西大门两侧有一高一低不对称的两座尖塔，南塔高80米，带有彩石花纹，是教堂外观最美丽的部分，另一座很矮很粗的贝拉塔带有4个角楼，拱顶都用彩色玻璃镶嵌，在阳光下熠熠生辉，墙壁和墙角造型多变，给人灵巧而雅致的感觉。教堂的圣玛丽亚门额上有描述圣母归天的14世纪

图 3.3.6　布达佩斯圣玛丽亚教堂

浮雕，教堂内部壁画描绘了圣徒们的事迹。教堂前耸立着一座八角形石塔，雕刻十分特别。这座教堂在土耳其人占领时曾被改建为清真寺，布达城光复后又恢复为天主教堂，它现在的外观是在 1874—1896 年修缮时定下来的，当时许多杰出艺术家参与了城堡的修缮。

白色渔人堡是在中世纪城墙的根基上建造的一段 100 多米长的白石墙。墙内沿阶梯拾级而上，可看到宽敞的城顶和两侧半人高的护墙，城内还有烽火台似的圆塔楼。

此外，还有匈牙利末代皇帝和摄政王霍尔蒂的皇宫，这是一座巴洛克式的华丽皇宫，现已辟为博物馆，匈牙利民族画廊、城堡博物馆和国家图书馆都设于皇宫内。

城堡山不仅具有重要的历史价值，而且还是一处独特的自然景观。美丽的多瑙河在这里形成一个半圆，城堡山就坐落在河套中间，山南端的椭圆形主峰耸立在多瑙河畔，俯视着佩斯城。从凹进去的对岸看，山水相映，城堡山巍峨壮丽。山后则是格列特山的巨大剪影，构成一幅美妙的山水画。

佩斯虽然没有布达那么悠久的历史和众多的古迹，却也是布达佩斯不可或缺的重要组成部分。佩斯地处平原，是全国的行政和工商业中心。这里林木繁茂，道路笔直。小林荫道环绕的内城，是老佩斯的中心。内城有古老的王宫、博物馆、科学院和大学区，也是政府机关和议会所在地。

位于多瑙河畔的匈牙利国民议会大厦建于 1884—1904 年，是一座新哥特式建筑，长 268 米，高 96 米。

另外，值得一提的是河畔历史悠久的大教堂。它始建于 13 世纪，原是罗曼式建筑，后改为哥特式。奥斯曼王朝时再次遭到破坏，至 1739 年重建完成。目前，这座教堂里仍有一个朝向麦加方向的壁龛室，表明它在奥斯曼王朝时期曾是一个清真寺。

布达佩斯是一座历史悠久、风景秀丽的城市，悠久的文化使它具有浓郁的古老气息。美丽的多瑙河穿城而过，又为它增添了迷人的自然色彩。再加上这里的保护工作十分得力，使布达佩斯这座古城一直像一幅迷人的画卷一样展现在世人面前。

### 英国：爱丁堡旧城与新城

爱丁堡是苏格兰的首府，坐落在北海西部的福斯湾南岸，面积 135 平方公里，人口 44 万。这座城市依山近海，地貌多姿，景色佳胜而且富有文化遗产。这里有古堡雄踞，有王宫屹立，市区建筑古色古香，典雅宏丽，使人想起欧洲的文化名城雅典，因此人们授予爱丁堡"北方雅典"的称誉。1995 年爱丁堡的旧城区和新城区被列入《世界遗产名录》。

爱丁堡的历史至少可以追溯到罗马帝国时代。那时罗马军队的前锋抵达这一带安营扎寨。罗马帝国衰亡后，不列颠成为盎格鲁-撒克逊人的天下，形成列国纷争的局面。其中北方的一国叫诺森伯里亚（Northumbria），国王爱德温（Edwin，617—632 年在位）率兵占领了爱丁堡这块土地，在山上修起堡垒，爱丁堡这个地名即由"爱德温的城市"演化而来。公元 11 世纪时，苏格兰人在古堡上扩建了宫室、教堂，从此国王常来巡幸。后来人们在古堡以东一英里的地方建起有名的十字架修道院。两者之间出现街市，形成爱丁堡老城的核心，主要街道被称为"王家一英里"。爱丁堡扼守英格兰通往苏格兰的要道，不久商贾云集，市面繁荣，并于 1329 年设市。15 世纪时它又成为苏格兰的王都，城市更加兴旺，筑起王宫，开办大学。1603 年英格兰女王伊丽莎白一世死后无嗣，苏格兰国王詹姆六世以亲戚关系到伦敦继承王位，改称詹姆斯一世，于是苏格兰和英格兰共戴一君，斯图亚特王朝开始。爱丁堡则仍为苏格兰国会所在地。1707 年两国正式合并，苏格兰国会解散，爱丁堡不再是都城，政治地位有所下降。1582 年建立了爱丁堡大学，此后城市的艺术和文化建筑逐渐增多。1603 年苏格兰和英格兰联合王国成立时，拥挤的居民被重新安置到伦敦。虽然 1707 年大不列颠联合王国的成立使苏格兰议会的权力受到限制，但它并没有阻碍爱丁堡城市发展。1767 年到 1890 年间，新城有 7 处文化工程相继建成，爱丁堡成为欧洲学术中心。

现在爱丁堡旧城与新城一起形成一种整体的效果。虽然在不规则的中世纪旧城与几何设计的新城之间存在鲜明的对比，但两者都以公园为最主要的组成部分。城市的具体规划围绕两条干线展开。第一，以主要大街联结老城的两端、城堡的广场、庙宇和宫殿

图 3.3.7　城郊

的遗址。第二，其他街道与主要大街平行延伸但有更长的路程，沿着山谷连接新城，并为老城形成了一道壮丽的景观。

爱丁堡整个城市的建筑都由石头建成。城郊教堂的尖顶和一些塔，连同那些优美的、安排得极为合理的古典和新古典主义的各种建筑，在城市中构成特殊景观，并且一直伸展到新城之中。在老城中，有几座19世纪末的旧建筑一直保存至今。

### 以色列管辖：耶路撒冷旧城及城墙

耶路撒冷位于地中海东岸，距地中海56公里，向东距死海24公里。大耶路撒冷面积627平方公里，旧城在中部偏东，面积仅1平方公里。

旧城现存的古建筑有以下5座。

犹太教希律圣殿的西墙，现在犹太人称之为哭墙。公元前10世纪犹太大卫王率领各部落攻占耶路撒冷，并以此为统治中心建立了以色列犹太国家。后来他的儿子所罗门在耶路撒冷锡安山上建立圣殿。公元前6世纪圣殿被入侵的巴比伦人焚毁，半个世纪后重建，后又被被毁。最后一次是公元前35年由希律一世重建，名为希律圣殿。到公元70年和135年圣殿被罗马人再度焚毁。现在保存的12米高的西墙是圣殿被焚毁后在西院残留墙基上修复起来的。

基督教圣墓教堂。这座教堂在公元335年由罗马皇帝君士坦丁一世的母亲圣海伦娜建于耶稣被钉上十字架的小山包上，规模庞大，由几座邻近的教堂组成。

图3.3.8　犹太圣殿的西墙

圣岩清真寺。公元636年阿拉伯哈里发欧麦尔攻占耶路撒冷，他的继承人马利克在犹太人圣殿遗址上建造了这座八角形的清真寺。清真寺之所以建在这里，是因为这里有被认为是先知穆罕默德有过梦境的那块岩石，要建清真寺把那块岩石保护起来。

旧城城墙。1517年后奥斯曼帝国统治耶路撒冷，苏莱曼苏丹时期重修了城墙，长约5公里，一直保存到现在。

其他古建筑主要还有圣岩清真寺南面的艾格撒清真寺，以及耶稣走到被钉在十字架上的地点所经过的"受难之路"。

第二编　文化遗产

耶路撒冷被犹太教徒、基督教徒和穆斯林均看作圣城，是人世间唯一享有这项殊荣的城市。那么，他们为什么把耶路撒冷看作圣城呢？

犹太人从《旧约》前5章得知，先知们预言的弥赛亚最终将出现在耶路撒冷的锡安山上，那时候所有的民族都将融合为一。为了尽可能接近实现这一预言，世界各地虔诚的犹太教徒都梦想着死后能安葬在这一圣山旁的墓地里。经文里写得很清楚，直到那时犹太人

图 3.3.9　表现耶稣行走在"受难之路"上的故事画

都应当仍然是一个神圣的国家，而不与其他国家融合为一。这正是犹太人建立以色列国家和以耶路撒冷为其永恒首都的根本理由之一。前面所述的圣殿山就被犹太教徒看作最重要的圣地，而圣殿残余的哭墙就成了最重要的崇拜物了。

基督教徒依据的则是《新约·启示录》，他们相信人间的耶路撒冷终将变为天堂。上帝之子耶稣基督在耶路撒冷托胎人形来拯救世界，经历了他人间生活最痛苦也最壮丽的时刻，尤其是被钉死于十字架和死后的复活。多年来基督教朝圣者在基督教各主要节日期间涌入耶路撒冷，他们的首要目标是圣墓教堂。

图 3.3.10　伊斯兰教穆罕默德升天岩石纪念堂

按照穆斯林的传统，信徒们期待着穆罕默德在犹太人的圣殿广场上降临，去会见易卜拉欣、穆萨和先知耶稣，并作为末日审判和死后复活的预言者同这些人一起祈祷。此外，耶路撒冷作为穆罕默德骑马被带往天国的神秘夜行的目的地，乃是伊斯兰教仅次于麦加和麦地那的第三大圣地。有关这件事已载入《古兰经》，因而被看作绝对真理。由于这个原因，建在圣殿遗址上的圣岩

清真寺便成了穆斯林朝拜的圣寺。本书教学材料中有作者2014年5月在旧城现场拍摄的110幅大像素照片。

耶路撒冷从16世纪初起受奥斯曼帝国统治，是它独立行省的首府。1917年被英国占领，是委任统治地的首府。1947年联合国决议确定耶路撒冷为国际城市。1948年第一次中东战争后，约旦控制了旧城及其东北地区，以色列则占领了新城。1967年第三次中东战争中以色列占领了整个耶路撒冷，1980年宣布耶路撒冷为其首都。现在，耶路撒冷的地位和归属问题还有待解决。

现在的耶路撒冷旧城内分为4个区。东北部是穆斯林居住区，原来的犹太人圣殿就在其中，圣殿遗址上建有圣岩清真寺，此外本区还有艾格撒清真寺和基督教"受难之路"。东南部是犹太教区，有圣殿西墙，即哭墙。西北部是基督教区，有圣墓教堂、耶稣受难之路的一小段，以及耶稣的墓地。西南部是亚美尼亚教会区。

联合国教科文组织为了对耶路撒冷这个跨国家、跨文化和跨宗教的重要城市的地位表示赞赏，并使该城成为各族人民和平与理解的中心，在1991年推出了一个"信仰之路"活动项目，后来由于以色列与阿拉伯开始了和平对话，这个项目取得了积极的成果。

**意大利：威尼斯及其环礁湖**

威尼斯位于意大利东北部，在亚得里亚海西北部滨海地带，是港口和工业城市，也是著名的水上城市和旅游中心。1987年列入《世界遗产名录》。

图 3.3.11  市区卫星地图

威尼斯外海由许多狭长的小岛和半岛形成一道天然屏障，隔开了亚得里亚海，内海是月牙形的环礁湖，长约50公里，宽约10公里。威尼斯城就坐落在这环礁湖的中央。城市建于离大陆4公里的118个小岛上，市中心一带有大运河流过，支流河道有100多条。大运河上有3座桥，支流河道上有400多座桥。来往交通全靠大小船只。

威尼斯城最早建于5世纪，主要居民从北方内陆迁来，这些人由于西迁的匈奴人和北方的伦巴德人向南侵扰和

图 3.3.12　市内有无数大桥小桥

掠夺而被迫南迁。7 世纪建立共和国，9—10 世纪是意大利北部的手工业和商业中心。10 世纪和 11 世纪海上商业发展，14 和 15 世纪早期文艺复兴时期城市经济更加发达，兴建了许多富有中世纪文化艺术和建筑特色的教堂、宫殿、塔楼和官邸。16 世纪威尼斯经济衰落。18 世纪末拿破仑打败了威尼斯人，共和国结束。1866 年威尼斯被并入意大利王国。

市区大运河两旁和泻湖岸边保存有古老的建筑。主要有圣马可广场及其周围的瞭望塔楼、执政官（总督）官府、执政官宫、叹息桥和监狱等。大运河口有圣玛丽亚教堂，市中心大运河上有里阿尔托廊桥，另有圣马可教堂，海关府邸等。

威尼斯的大部分房屋都建在木桩之上，而木桩则打在稀软的淤泥之中。近年来由于抽取地下淡水使陆地连年下沉。大潮时，海水就倒灌回陆地。1966 年 11 月 4 日，一场罕见的长时间风暴潮扑向威尼斯，环礁湖岸边的圣马可广场被海水淹没 1.40 米深。

威尼斯的工业发展带来了环境污染，有害气体侵蚀了古建和古代艺术品；污水破坏了水源、污染了生物，因而造成了环礁的销蚀和污物的沉积。环境污染也破坏了环礁的生态平衡，因而也就危及这些岛屿的安全。

1966 年风暴潮后，联合国教科文组织动员国际力量拯救这座古城。1975 年将全市两万口深水井全部封闭，改用管道从山区引水。鉴于工业和居民排放的烟尘中含有较多的硫酸，对古代建筑腐蚀严重，现规定只能用煤气和电能作为民用热源，工业烟雾粉尘也必须过滤。

图 3.3.13　因为地面沉降近年有时会被水淹

**中国：丽江古城**

丽江位于云南西北部，云贵高原和青藏高原的结合部，坐落在玉龙雪山下的一块海拔 2400 米的平原高台上。包括白沙民居建筑、束河民居建筑在内共 3.8 平方公里。丽江古城具有鲜明的民族特色和地方特色，是少数民族民居建筑和平民文化的典型，集中了纳西族文化的精华，完整地保留了宋末元初以来形成的历史风貌，可称为历史的活化石。一个世纪以来，丽江以其独特的自然风光及保留完整的历史文化吸引着全世界人民的关注。

古城西北靠山，东南敞开。城内潺潺的小溪穿墙过屋，流遍窄街小巷，形成家家门口有清泉流水的独特风貌。泉水的源头是城北的黑龙潭，潭水由北向南蜿蜒而下，至双石桥处分为东、中、西三条支流，与散点状井泉一起构成了一个完整的水系。"城依水存，水随城在"是丽江的一大特色。水多，桥自然多，水网之上各式桥梁竟多达 354 座，堪称中华之最。

由于城内有清澈的泉水，而美丽的金沙江又从玉龙雪山脚下流过，于是这里获得丽江的美名。丽江城在山水的环抱中宛似一方大砚，故名"大研镇"。大研镇始建于宋末元初，丽江纳西族土司的先祖将统治中心由白沙迁至这里，随即开始了丽江的建设工作。1253 年木氏先祖麦良归附元世祖忽必烈，并协助蒙古军队统一纳西各部、从征大理，受到器重，被元政府委以要职，其子孙承袭丽江宣抚司。明洪武十五年（1382），麦良四世孙阿得率众归附，明太祖"钦赐以木姓"，次年阿得又任世袭丽江土知府。清雍正元年（1723）"改土归流"，木氏被降为土通判。到任的第一任流官知府按朝廷礼制在这里建起了流官府衙和府城。可以说，丽江古城的出现，是木氏土司在元明清三朝，连续统治这里 470 年、苦心经营的结果。

丽江古城东、西、北区划功能清楚。城东为清朝"改土归流"后中央政府派驻的流官府衙所在地，城南设有土司署，是"改土归流"前木氏土司办公之所，周围建有宫室苑囿，城北邻街均设有商业区及普通居民生活区，也是滇西北地区的集贸和商业中心。丽江未受"方九里，旁三门，国中九经九纬，经途九轨"的中原建城礼制的影响。城内店铺密集，前店后院，别有洞天。街道布局看似规矩的井字形，实际是个丁字形，若干的丁字形相套，扑朔迷离，透而不通。此外，丽江大研镇还没有城墙，据说这是因为纳西族木氏土司姓木，木氏住城里，城外筑起城墙就成了"困"，所以不筑围墙。

丽江民居是中国民居中具有鲜明特色和风格的类型之一。房屋没有统一的模式，其平面布局有三坊一照壁、四合五天井、前后院、一进多院等多种形式，且往往随地势高低而就，错落有致，披顶灰瓦，鳞次栉比。同时又根据各自的风俗习惯结合中原建筑及藏族、白族民居的传统，在抗震、防雨、抗风等方面进行了大胆的创新发展，显示出"穷中出智，拙中藏巧，自然质朴"的创造性。

其中，三坊一照壁是明清以来一般纳西人的住房样式。其结构是：一般正房为两层楼房加两侧房为三方，中有正方形天井。正房对面为一照壁。正房居中那间待客，内置八仙桌，正房与左侧房间为厨房，在天井与照壁间有大门。这种房屋墙基用石头砌成上大下小的形状，墙向内倾斜给人以稳实感，上段用木板隔窗，房檐外伸，在横梁的两端加封火板保护不被雨淋，上挂有叶状木片的"垂鱼"，略为装饰。照壁上画有水墨山水，整个庭院古雅而有生气。走廊及院内的地面皆用小石头铺成几何图案。

丽江古城的真正魅力在于它不是无生命的古董，不是遗址，而是活的文化。文化包含着一个民族的基本生活方式，丽江古城是纳西文化的一种重要载体，而纳西文化本身就是集多民族文化精华的开放式系统。长期以来，这里形成了重文化、识礼仪、淳厚质朴、开拓进取的民风，这样的民族文化，生动、丰富、自然地展示在世人面前，赢得了世人的尊爱。丽江人更以自己的儒雅大度、温良谦和给世人留下了深刻印象。这一点正是纳西文化的精髓，也正是这种文化的修养才使得丽江享有文化名城的美誉。

纳西族是一支南迁的古羌族，自古以来，这个勤劳质朴的民族便对文化有着独特的偏爱。纳西族女子几乎担当包括家务和田间的一切劳动，对丈夫极为恭敬顺从，她们一生勤劳就是要让丈夫和孩子有更多的闲暇从事精神劳动。在纳西族看来，人的幸福就在于陶醉在自然之中，人的最高修养就在于音乐与绘画。

此外，在距古城7公里的白沙村子，有着举世闻名的白沙壁画。这里的壁画绘于明代，表现佛、道、释、喇嘛以及纳西传统东巴教的内容与风格，甚至在一幅壁画中各种宗教内容并存，显示了纳西族木氏土司当时作为一个边疆土司为发展壮大、兼收并蓄的迫切心情。白沙壁画璀璨多姿，尽领相邻文化的风骚，既有汉画的纤细和精秀，又有藏画用色平铺、色彩艳丽、富于装饰的特点，还有唐代道释画那种画面设计均匀、衣饰头饰多贴金、人物形象丰富的特点，更有纳西族传统宗教东巴画质朴凝重的风格。

图 3.3.14　明代白沙壁画

除了以上所述的古城民居外，这笔遗产中最重要的一份就是举世瞩目的东巴文化，它像古城的灵魂一样守护着丽江纳西人。"东巴"纳西语为"山乡诵经者"，即智者。他们平时从事生产，受请即外出进行祭祀、婚丧、除病禳灾等宗教活动，经文就用象形图案记载。保留至今的东巴经典书籍，多达1500种、20000多册。东巴文字是世界上唯一存活的还在使用的象形文字。东巴绘画、东巴音乐被外国学者誉为"真正未被污染、加工、改造过的中国传统艺术"。

1996年2月3日大地震后，仅仅两年，丽江古城就被列入联合国教科文组织《世界遗产名录》。2000年，云南计划委员会又批准丽江建设一批新项目，总投资1.88亿元。新项目包括：丽江古城消防系统、供水管网系统、固体废弃物处理、古城核心区狮子山生态与绿化等基础及环保项目。有关人士表示，这些项目建成后，将使丽江古城和古城外围协调区得到更好的保护。

**德国：班贝克旧城**

班贝克旧城是一座位于德国南部法兰克福地区的主教城市，古朴庄重，典雅幽静，与德国北部小城吕贝克遥遥相望。1993年被列入《世界遗产名录》。

班贝克的城市建设和发展无与伦比地反映了中欧历史以及现代社会政治与经济诸方面的变化。历史与现实在这里密切相连。班贝克市中心充满了宗教气息，山坡上教堂林立，颇有梵蒂冈的格调。同时，城中的教堂建设又与兰斯大教堂的工匠行会、教团僧侣的建筑活动有密切关系。这些建筑形式的影响甚至越过德国中部，一直延伸到匈牙利；而富丽堂皇的巴洛克建筑又反映出它与波西米亚尤为密切的关系。

城市的创建来源于皇帝海因里希二世的意愿。他想把这座小城建成当时全欧洲的首都，一座伟大、繁荣、富饶而坚固的城市；他凭借皇帝的意志建起了一座圣城，使班贝克不久后即获得了国际威望。由此，这座城市被视为一个新觉醒的世界之都。后来兴建的大教堂成为中古时期艺术上的杰作，并且成为完美的艺术鉴赏力的象征。海因里希二世所创建的班贝克在世界上树立了一座城市建筑的丰碑。

图 3.3.15　海因里希二世铜像

在此后的几百年中，这座城市由于主教们在经济上的大力投入，成为一座在德国独一无二的"教堂城市"。旧城中的建筑充分显示了宗教的创作意志。许多教堂、修道院和教堂田庄被多次改建或重建，这种城市面貌正是班贝克宗教统治的写照，是一些杰出的主教们千百年来不断为这座城市添砖加瓦的结果。古城同时也保持着历史的传统。高耸入云的米歇贝克修道院与大教堂遥相呼应，徜徉其间，能感受到中世纪教会的古老传统和习俗。如骑士团成员列队行进，从大教堂广场走向圣人墓地以纪念十字军远征的传统。

在宗教与世俗统治的二元化历史背景中，班贝克成为主教们表达造型意志的产物，他们以自己的方式与对艺术的鉴赏力，更以对富丽堂皇的热爱与倾心，采用古典雅致的风格来表现与塑造班贝克，使这座城市日益成为一颗建筑艺术的明珠，和世界建筑艺术史的重要组成部分。

除了宗教传统外，世俗生活的影响在班贝克也随处可见。有"小威尼斯"之称的雷格尼茨河畔的渔村体现了5世纪市民阶层的进取精神；独具特色的市政厅地处小岛，则是世俗权利的象征。

今天，这座拥有众多建筑珍宝的城市仍然散发着吸引力。它并未成为一座死气沉沉的石头博物馆，而是在千年来总汇而成的整体美与历史中持续发展。

**古巴：哈瓦那旧城及其防御工事**

哈瓦那旧城及其防御工事位于古巴哈瓦那省，这座昔日的殖民地城市及其防御工事是西班牙在美洲建立的、用于征服新大陆的重要基地之一。它是新大陆最古老最美丽的城市之一，是所有标志着南北美洲历史上重要里程碑的新兴城市的缩影，也是艺术和建筑完美结合的典范。1982年列入《世界遗产名录》。

1492年哥伦布发现了古巴岛后，1510年建立了哈瓦那城，发展迅速，1550年就成为古巴的主要城市。在加勒比地区海盗猖獗的年代，哈瓦那城曾经两次被入侵的海盗烧毁，这促使当时的宗主国西班牙在哈瓦那构筑了美洲独一无二的强大军事防御工事并围绕哈瓦那建筑起一道石砌城墙，精心设计和建筑了哈瓦那城，这就是现在所说的哈瓦那旧城及其防御工事。1860年哈瓦那城墙拆除，开始有了哈瓦那新区，旧城区逐渐衰落。

哈瓦那旧城包括城墙旧址，即现在蒙塞拉特大街、埃希多大街和哈瓦那湾之间的整个地区，面积142.5公顷，居民约7万人。旧城区内古旧建筑布局整齐，主要集中在兵器广场、大教堂广场、圣弗朗西斯广场和老广场附近。广场周围是有平民色彩和传统风情的民居。这些民居在整体上营造出一种独特的历史氛围，使哈瓦那旧城成为加勒比地区最重要的历史中心，也是美洲最有意义的历史中心之一。

在众多广场中以大教堂广场最著名。大教堂位居中心，是1748年由耶稣会士开始兴建的，具有明显的巴洛克风格，展现了各种形式的美感，既是一部内涵丰富的石造建筑的综合体，也蕴涵着优美的音乐旋律。它还是把西班牙宗教

图 3.3.16　哈瓦那旧城街道

建筑加以改造以适应西印度群岛需要的突出例子。大教堂的立面形象是古巴保存下来的最好的巴洛克风格建筑,它以简朴而有动感的线条独树一帜。教堂内的一个壁龛供奉着发现古巴的哥伦布的画像。大教堂广场四周排列着许多贵族宅邸,这是哈瓦那旧城保存最完好,也是最和谐的建筑群,被誉为殖民地时期美洲最优雅的广场。

哈瓦那旧城区建筑的最大特色就是与自然景色融为一体,无论是住宅、教堂、狭窄的街道和广场,还是喷泉、城堡和要塞,都是石砌的,它们与岩石,树木和大海交相辉映,十分协调。代表着独树一帜的古巴风格。五颜六色的窗玻璃减弱了耀眼的阳光,狭窄的街道覆盖着遮阴的天棚,阳台上点缀着鲜艳的花朵,墙壁上布满了化石般的白色纹理,每一幢房子都朝向大海,万物都在迎候海风习习吹来。

在20世纪上半叶,哈瓦那旧城的许多古建筑被拆毁,直到1959年革命后,这场以现代化和文明为借口的破坏活动才未进一步扩大。哈瓦那旧城的修复与保存工作仍是今天古巴当局的一个严重问题。

## 第四节 特殊城市和城区

伊斯兰旧城是穆斯林聚居的城市,保存着历史上的旧貌,反映过去人民的生活状况。**伊斯兰旧城举例**:埃及的伊斯兰城市开罗、马里的杰内伊斯兰城和前伊斯兰城、摩洛哥的得土安城伊斯兰区、马拉喀什旧城伊斯兰聚居区、突尼斯城伊斯兰区、也门的札比德城伊斯兰区等。

**圣城与圣地举例**:斯里兰卡圣城康提、阿努拉德普勒圣城、土耳其的桑索斯城址及拉托纳圣地等。

**城镇的特别区域举例**:法国的圣爱美乐审判区、芬兰的劳马旧城木屋区、瑞典的毕尔卡和霍夫加登的诺曼人居住区等。

**港口城市举例**:阿曼的瓦迪达瓦卡哈、霍尔罗里和巴里德港的乳香生产与贸易遗迹,挪威贝尔根的港口城市布吕根,瑞典的卡尔斯克鲁纳海港,坦桑尼亚的桑给巴尔石城,委内瑞拉的科罗城历史中心区及其港口,越南的会安古城等。

**古商城举例**:毛里塔尼亚撒哈拉沙漠中的古代商队城瓦旦诺、清维提、提契特和瓦拉塔。

本书2004年首次出版以来,又有一些新遗产入选《世界遗产名录》,其中属于特殊城市和城区的,现举例如下:巴西2010圣克里斯托旺(sao Cristov)16世纪末—17世纪初圣弗朗西斯科(Francisco)广场;波黑2005莫斯塔尔(Mostar)旧城古桥区;波黑2007维舍格勒(Višegrad)的穆罕默德·巴夏·索科罗维奇(Mehmed Paša Sokolović)大桥;法国2007波尔多(Bordeaux)月亮港;法国2012加来(Calais)北部的采矿盆地及其工人城;科特迪瓦2012,19世纪末至20世纪初的殖民城镇大巴萨姆(Grand-Bassam);毛里求斯2006路易斯港地区阿普拉瓦西·加特(Aapravasi Ghat)契约劳动者住宅区；乌克兰2011布科维纳（Bukovinian）与达尔马提亚（Dalmatian）的19世纪城市民居、教堂、花园、神学院和修道院等。

**摩洛哥：非斯旧城伊斯兰聚居区**

非斯是摩洛哥著名古城。位于摩洛哥北部，向西距离首都拉巴特约160公里。最早建立于9世纪初。859年建立卡拉维因大学，是世界最早的大学之一。11世纪成为伊斯兰教圣城之一。13世纪和14世纪是非斯的大发展时期，在城西另建新城，建造了宫殿、市场、大清真寺和许多穆斯林学校，当时它在知识、艺术和宗教方面的影响已经超出了北非的范围。随后的几百年间，新城区继续扩大。新城和旧城有相同的伊斯兰教聚居区风格。20世纪起在新城西南的高地上另建现代化城市。1981年列入《世界遗产名录》。

非斯以精美的伊斯兰历史建筑闻名于全世界，现在保存的军事工程有城墙、城堡、门楼、碉堡和桥梁。有历经千年的国王陵墓。伊斯兰教建筑有清真寺、礼拜堂和学校。有宫殿、官邸、民居花园。有延续千年的卡拉维因大学校舍。还有历史悠久的手工艺作坊与工厂，如制革厂、马具厂、鞣皮厂和陶瓷厂等。

非斯城的位置布局与周围的环境十分协调，非斯河穿过市区，河上架设的每一座桥梁都玲珑别致，颇具匠心。城内的给水排水设备也相当完备。各处清真寺、官邸和学校内都有样式不同的喷水池。

新城和旧城阿拉伯人聚居区从空中望去，是茫茫一片白色小屋，鳞次栉比，绵延不绝，也有许多高大的寺院建筑蔚为壮观。去聚居区游览，如同在迷宫探险，到处是熙来攘往的行人、弯弯曲曲热闹繁忙的街巷，到处是毛驴、生意人和手艺人，这样的景象历

图3.4.1 非斯伊斯兰聚居区的作坊

图3.4.2 室内装饰图案

经数百年而变化不大。不过近几十年来，原旧城和新城的经济生活日渐衰落，因而许多古老的建筑濒临危境，其中有143座清真寺、7所穆斯林学校和64处纪念性喷泉。

1981年非斯的伊斯兰聚居区被列入《世界遗产名录》，经过5年调查研究，摩洛哥政府和教科文组织拟定了修复古城的计划，共有50个建筑项目，其中包括修复纪念性建筑、住宅、市政公用设施，并逐渐恢复相关的经济生活。工程于1989年开始，到1997年完成的主要工程项目有纳贾林集市、木工露天市场、卡拉维因大清真寺、布伊南尼亚穆斯林学校和达拉迪尔宫等。修复后的建筑，由于社会生活的变化而放弃了原有的功能，一般改作市场、博物馆、清真寺、试验室或学校。原有的污染作坊已经迁出市区。正在修复的具有历史意义的纪念性建筑物有十几幢，其中多数是历史名人的住宅。

**德国：威尔茨堡宫廷花园与居住区**

维尔茨堡位于德国巴伐利亚州下法克尼亚区。它的历史悠久，可以追溯到公元前居住在此的凯尔特部落。

维尔茨堡的"堡"最初含义就是依山而建的原始城寨，亦即后来城市的雏形。凯尔特人紧临美因河与维尔茨山建筑"城堡"，世代捕鱼为生。公元6世纪被法兰克人纳入管辖区，并就此成了法兰克公爵的世袭领地。从8世纪初开始，维尔茨堡人大量修建教堂，并推举布卡德为第一任地区主教。于是这里成了莱茵河右岸地区的宗教中心。1030年10月13日，国王康拉德二世宣布成为该城主教，并获得税收、制币和司法的自主权。到了德国中世纪的辉煌盛世施陶芬时期，维尔茨堡再次繁荣昌盛。1573年，尤利乌斯·艾希特当选地区大主教，他的上任标志着维尔茨堡进入了一个新时代。开创了一种"尤利乌斯流派"的建筑风格。1802年，主教统治结束，巴伐利亚人统治该城。但仅过了两年，拿破仑军队又征服了这里，并将它划归哈布斯堡大公管辖。1814年，巴伐利亚人卷土重来，收复失地，真正成为维尔茨堡的主人，并一直延续至今。

图3.4.3  维尔茨堡宫内景

维尔茨堡宫是德国最大、最宏伟的巴洛克式王宫之一，包括宫殿、花园和广场三部分，由巴洛克式建筑专家、宫廷建筑师巴尔塔萨尔·诺伊曼与马克西密里安·冯·维尔什于1719年合作设计建造。后来由于当地两任主教兼大公极力保护而保存至今。它既是维尔茨堡主教兼大公府邸的代表性建筑，也是欧洲封建王权的登峰造极之作。

这座号称"万宫之宫"的建筑平面呈马蹄形,长宽各为175米和90米,两翼有环绕两个庭院而建的宏大侧楼。其中主楼三层,配楼两层。主楼有大理石雕刻装饰,突出的门厅朝向花园。侧楼中央部位正面也有椭圆形大厅,这些大厅属典型的巴洛克风格,十分庄重,但又明显受法国建筑的影响。

主楼内的宫廷教堂是巴洛克风格的代表作,它在设计理念上运用了椭圆形与三角形的巧妙结合,配以富丽堂皇的立柱雕塑,辅之以欧洲名画家的大手笔,使得这座教堂简直成了艺术宫殿。主楼会客厅的装饰宏伟壮观。从前厅起,越向里走,装饰越气魄宏大。

巴尔塔萨尔在南楼设计修建的宽大楼梯分为三段,匠心独具。皇帝寝室的装饰表现出18世纪艺术如何从类似法国摄政时期的装饰风格发展到洛可可风格。其中最有价值是当时威尼斯画派的吉奥瓦尼·巴蒂斯塔·提坡埃罗的巨幅群像天顶画。

在宫殿的东侧是一片宫廷花园。与法国人不同,德国人在修建宫殿时对于花园的设计并不十分重视。倒是花园里大大小小的雕塑十分引人入胜。19世纪花园重新修缮,改变布局,在东侧增修了一座堡垒式建筑,使得花园和古堡相映成趣,这在宫廷花园的建筑设计中实属罕见。

最后值得一提的是由许多巴洛克式建筑围成的正方形宫殿广场,至今仍保留原来的石制路面,是德国屈指可数的几座保存完好的宫廷广场之一。

### 日本:兵库县姬路市贵族居住区

兵库县位于日本本州岛南部,兵库县南部的交通要冲姬路市是历史名城,名胜古迹多,最突出的是风格典雅的姬路城堡。姬路城堡盘踞在46米高的小丘顶上,主要城郭高31米,城堡外形好似一只高雅的白鹭,所以又称"白鹭城",是日本现存的古代城堡中规模最宏大、风格最典雅的代表性城堡。

由于地理位置重要,1333年姬路一带已经驻扎军队;1346年,开始建筑城堡;1580年战国时代末期的武将丰臣秀吉在这里建立起的一座三层城堡,为姬路市的建立奠定了基础。这座城堡经历了姬路城的昌盛期和接下来的伊多时期,那时姬路成为繁忙的交通中心,巨大的产粮区中心和周边地区产品的集散中心,这一阶段的繁荣铸造了姬路成为现代化城市的基础。1681年,德川幕府的第一代将军德川家康

图3.4.4 姬路市白鹭城城楼

的女婿池田辉政又重建城堡并扩大成今日的规模。

池田辉政兴建城堡的工程极其浩大，用木材387吨，还用了75000块重达3048吨的瓷砖以及大量每块重约1吨的岩石。城堡的设计，巧妙地糅合了军事需要和艺术取向，这在日本城堡建筑中是个创举。这个城堡建成后先后有13个家庭入住，历时530年。至今"姬路城"仍是原始真迹，这在日本十分珍贵而独特。城堡的中心部分是5层的天守阁，它纯白亮丽的外形和充满和谐的美感，越发显出姬路城的出类拔萃与高雅。姬路城结构严密，固若金汤。这里的防御工事建筑精巧，从3条同心圆护城河开始，城壕环绕高大曲折的石城郭，城郭之间设置几座大门和瞭望塔。城墙和瞭望塔上有可以射箭和打枪的孔洞；城堡内庭的道路，千回百转，如同迷魂阵，从顶楼却可以看得清楚；屋顶上装饰着呈动物形状、突出在屋檐上的、巨大而华丽的鯱鉾，这是防火的避邪物。

1868年，明治皇朝开始；1889年，姬路设立了当地的地方行政机构。之后，姬路纺织工业的发展带动了化学工业的发展，铁路的开通则推动了当地制造业的大发展。

姬路城的整个城堡地区由一条宽宽的复式壕沟与外界隔开，而城堡区本身又以白墙为界线分为墙内和墙外两个部分。整个城堡区的核心主楼矗立于墙内区中心最高的地方。主楼周边的三个小楼作为瞭望塔存在。门楼和白墙的位置都是从战略防御的考虑出发来设计的。威严宏伟的主楼外面有五个突起的屋顶，而实际上它有六间房子和一个地下室。典雅的姬路城，已成为日本的国宝。

近400年来，姬路市城堡区经受了几场灾难，有台风也有地震。1895年1月关东大地震时，姬路市受到了相当大的破坏，一些走廊墙上的白灰剥落，防御土墙上沿屋顶上的瓦片也被震落了一些。幸而主楼没有受到任何伤害而保存下来，甚至主楼神灶祭坛上放着的测震瓶都完好地立在原地。

## 巴西：里约热内卢从山上的基督雕像到海边的卡里奥克城市景观

图 3.4.5　里约热内卢海岸

里约热内卢位于巴西东南部，南临大西洋，是巴西第2大城市，也是最大的海港。1960年前是巴西的首都，后来首都迁到了内陆的新城巴西利亚。里约热内卢的卡里奥克（Carioca）景观指的是科尔瓦多山和瓜纳巴拉湾之间的市区，这里原是瓜纳巴拉湾的冲积平原。2012年这里作为文化遗产被列入《世界遗产名录》。遗产范围内主要有1808年建立的植物园、科尔瓦多山、山上的基督雕像以及瓜纳巴拉湾附近的山丘，还包括科帕卡巴纳湾沙滩和相连的街区，以及其他建筑和景观。

科尔瓦多山在里约热内卢的西部，瓜纳巴拉湾边上，山顶海拔709米，山上树木郁郁葱葱，常年云雾缭绕。山上有一个高大的耶稣基督雕像，所以这里又被称为耶稣山。耶稣基督像建成于1931年，用混凝土建造，高38米，重1145吨，张开的双臂宽28米。这座雕像由法国纪念碑雕刻家保罗·兰多斯基设计，由巴西工程师海托·达·席尔瓦·科斯卡负责建造。

耶稣基督身着长袍，双臂向两侧平举，构成象征性的十字架形状。耶稣面向前俯视城市，像是在呵护山下的民众，显出对世人的博爱，也有对巴西独立的赞许。雕像选址十分精妙，无论白天黑夜，从市内的大部分地区都可以看到。在塑像旁，也可以一览全城景色。夜晚灯光下的耶稣像显得更加高大和醒目。基督雕像显示了这里人们的宗教信仰。

图3.4.6 俯瞰基督像和里约热内卢市区

科巴卡巴纳海滩呈新月形，长4.5公里。在1970年的填海造地工程中，在与海滩连接的街区修建了新步行街和停车场。步行街开放而且宽敞，路面用黑白和棕红色的石块拼接成蜿蜒曲折海浪般的波纹形，形成一列列连续的图案，自然流畅，形状没有重复。海滩连接的街区适于市民的生活，有学校、图书馆、运动场、酒吧、舞厅、摇滚音乐厅、运动中心，也有医院，还有写字楼。

里约市所在地区气候宜人，周围树木和植被丰富多样。1808年，葡萄牙摄政王若奥六世为了培植印度的香料作物而创建了植物园，这是巴西最早建立的植物园，园内树木高大壮观，树干从下到上密密麻麻攀附着多种苔藓和蕨类植物，还有许多种凤梨和仙人掌科的植物，植物物种有8000多种。

里约的卡里奥克景观以现代遗产类的文化景观被评为世界文化遗产，这对建立现代城市具有示范意义。基督像传递着"神爱世人，神爱所有的人"的信念，这里的基督雕像比其他许多地方的基督像更具有震撼力。卡里奥克景观也是许多音乐家、园林设计师和城市规划师艺术灵感的来源。这里的海滩景观设计充分利用了山海相交的地形，把人与环境和谐地融合在了一起。

# 第四章 历史建筑与文化景观

## ▶ 第一节 城堡与要塞 ◀

上一章我们讲的是城市、旧城、古城、特殊城市和城区，都是规模和范围相当大的。它们在保护方面共同的特点是，保存下来很不容易。这一章我们要讲的是规模、范围和体量较小的建筑、设施和环境，包括许多类型，有城堡、要塞、防御工事和防御草原民族进攻的长城；有皇城、宫城、皇家园林和民间园林；有历史建筑、广场、巨型雕塑、特殊风格建筑、特殊意义建筑和特殊用途建筑；有工矿设施、工业景观、交通设施和水利工程；还有乡村田园、文化景观和人文环境。

这一节介绍和防御有关的设施，包括城堡要塞、防御工事和防御草原民族进攻的长城，除了以下详细介绍的以外，这里举出比较著名的几处：

**城堡举例：**巴基斯坦拉合尔城堡及沙利马尔花园、巴拿马加勒比海岸的波多贝罗及圣罗伦佐城堡、丹麦的科隆堡城堡、法国卢瓦尔河流域叙利·苏尔·卢瓦尔宫和沙洛纳宫之间的多处城堡、宫殿与园林、韩国的水原城、美国在波多黎各的弗塔莱扎城堡和圣胡安历史区，以及印度的阿格拉红堡。

**要塞和防御工事举例：**阿尔及利亚的贝尼哈迈德山寨、阿曼的巴赫拉要塞、荷兰的阿姆斯特丹防御工事系统、卢森堡旧城区和防御工事、西班牙的库恩卡及其历史上的防御工事、卢戈的罗马墙、英国在百慕大群岛的圣乔治历史名城及相关工事。

**长城：**英国哈德良长城。

本书 2004 年首次出版以来，又有一些新遗产入选《世界遗产名录》，其中属于城堡与要塞的如：埃塞俄比亚 2006 哈勒尔（Harar）中世纪伊斯兰要塞城市；奥地利 2010 格拉茨（Graz）历史中心与埃根博格（Eggenberg）城堡；巴巴多斯 2011 布里奇敦（Bridgetown）及其军事要塞；法国 2008 工程师沃邦（Vauban）的堡垒建筑；肯尼亚 2011 建于蒙巴萨（Mombasa）的 16 世纪有护城河和周围附属建筑的葡萄牙军事要塞耶稣堡；葡萄牙 2012 埃尔瓦斯（Elvas）17 至 19 世纪边防城及其防御工事；斯洛伐克 2009 斯皮斯基赫拉德（Spissky Hrad）城堡及周边历史建筑；叙利亚 2006 柯拉特切瓦力

(Crac de Chevaliers) 十字军城堡；印度 2013，8 世纪到 18 世纪拉吉普特人建造的拉贾斯坦邦（Rajashtan）山城和堡垒群。

**英国：圭内斯郡爱德华国王城堡和要塞**

圭内斯的爱德华国王城堡位于英国威尔士北部的圭内斯地区，为爱德华一世征服威尔士后修建。

英格兰国王爱德华一世在位期间（1272—1307）一直处心积虑地巩固并扩张其疆域。他坚持军事和垦殖政策并举的方针。1283 年，征服圭内斯公国后，他制定了一个规模空前的建造城堡的规划。20 年内共建造城堡 10 座，还不包括征服后修复的原有城堡。其中主要有：昂里西东南海岸的博马利斯城堡、威尔士郡西北海岸的卡那封和康韦城堡、卡迪根湾北岸的哈里克城堡。这四座城堡属 13 世纪末至 14 世纪初欧洲军事建筑中的佼佼者。几处城堡都出自著名建筑大师詹姆斯·赛因特之手，因而形态和风格相似。博马利斯与哈里克城堡是军事建筑；卡那封与康韦城堡则是警卫驻地，是军事设施核心。圭内斯城堡为我们提供了一部中世纪英国军事建筑的大全。

图 4.1.1 爱德华一世修建后的城堡

博马利斯城堡为厚重坚固的方形建筑，周围是一道塔楼据守的八边形双层城墙。13 世纪末的军事建筑大多有这种城墙。现在，博马利斯城堡除八边形城墙有一小部分损坏外，其内部各圆形塔楼大部分保持原貌。哈里克城堡内部的石阶和石径保存也相当完好，塔楼和房间也都保持原貌，并未被改建。

卡那封和康韦两座城堡内的宫殿是总督和警卫队驻地，也是这座军事设施的核心。城堡外附带一个严密设防的长方形军事村镇，里面居住着发生动乱时可组成民兵的英格兰移民。1284 年的豁免赋税法允许在镇内建一个市场，从而把当地经济生活完全置于来自

图 4.1.2　卡那封城堡

英格兰的新主人控制之下。现今，无论是卡那封城堡还是其附属军事村镇都没有太大改变，城堡没有任何损坏，而村镇也依原貌留存下来。在康韦城堡周围虽然有常住居民，每年也有无数游客前来参观，可是城堡的外观和内部设施丝毫没有进行改建，周边的建筑也尽量与之和谐，不去影响城堡的整体效果。城堡周围没有新建旅游设施，游客在那里看到和体验到的仍是城堡当年的环境。

圭内斯的城堡和堡垒化城市是 13 世纪末至 14 世纪初欧洲军事建筑的典范。它们基本上保持原貌，箭楼、吊桥、加固门、纪念塔和高大的炮台等等为我们提供了一部中世纪军事建筑形式的大全。1986 年圭内斯国王城堡被列入《世界遗产名录》。

**英国：伦敦塔**

伦敦塔是英国罗马风格时期的一座城堡式建筑，位于伦敦泰晤士河北岸、伦敦塔桥附近。伦敦塔既是坚固的兵营要塞，又是富丽堂皇的宫殿，还有天文台、教堂、监狱等建筑。围墙内占地 18 公顷。

其历史可追溯到 1078 年，当时是因军事需要而建，防止敌人逆河入侵，但却从未在战争中派上用场。伦敦塔原先的主人征服者威廉，曾对君主制度、封建制度、绝对王权以及世袭制等表示反对，因此，伦敦塔也就成了一种反叛的象征。其实该塔在伦敦历史上也一直扮演着这样一个作为监狱和刑场的不光彩的角色，英国史上许多失宠的王侯后妃及叛国者都被关押在此。带血的枷锁、斧子等死亡的象征也被保存在此。二战后伦敦塔成了一座博物馆，在与塔相连的古堡内展出历代兵器和盔

图 4.1.3　伦敦塔全景鸟瞰

甲，珍宝库里陈列着数百年来英国王室的珠宝、王冠、权杖及帝王所用的器皿、王袍等。游人可在身着古色古香的都铎王朝制服的禁卫引导下游览参观。伦敦塔还有一个特殊的仪式，即每晚塔门关闭之前都要例行上锁仪式，自1485年沿袭至今，从不间断。

伦敦塔最重要而且最古老的建筑是位于要塞中心的诺曼底塔楼，它是整个建筑群的主体，因其是用乳白色石块建成，故又称白塔。白塔因系主人居住与守备部队驻扎之所，所以最为坚固。楼高27.4米，东西长35.9米，南北长32.6米，底部墙厚4.6米，顶部厚3.3米，双层墙壁，窗户很小，用坚硬粗糙的毛石砌成。塔楼四角外凸，耸出四座高塔，高塔三方一圆，在角隅设有螺旋楼梯，通达顶层。白塔楼分为3层，设有胸墙和雉堞，四角小尖塔覆以葱头形小穹顶。白塔的建筑可以说是当时的典型，最吸引人的也许是其中的圣约翰小礼拜堂，这是一座小型的仿罗马式教堂，不仅举行宗教仪式需要，也供领主召开私密性会议之用，因为这时不会有家臣出入。12—13世纪又进行扩建，以白塔为中心，四周建内外两层城墙，设多座防御性建筑。内城墙有13座塔，建成于亨利三世时期，以威克非塔、血塔、比彻姆塔最为著名。

血塔是一座楼梯窄得只容一人通过的监狱，专门用来关押特别重要的政治犯和国王的死敌。现在塔内大致还保持着多年前的陈设，甚至还陈列着大斧和砍头砧。离血塔不远的空地，是处决犯人的断头台，木砧上有一个搁置头颅的半圆形凹处和血沟，在昏暗的灯光下倍显恐怖。

伦敦塔的入口通道设在西南角，人们需先进入位于壕沟外缘的一座碉楼，经过一座桥梁再进入位于堤梁上的米德碉楼，然后再跨过一座桥梁，继而通过壕内缘的贝瓦德碉楼，才能进入外墙防御区内。贝瓦德碉楼是三座碉楼最关键的一座，是入口防御的最后一道防线。

滑铁卢塔是伦敦塔内最迷人之处，是威灵顿公爵于1846年建造。威灵顿曾作为欧洲联军统帅于1815年在滑铁卢一役中打败法国皇帝拿破仑。今天塔内陈列的是英国王室的一批珍宝，包括王冠、王笏、权杖和各种贵重器皿。在这里，人们可以看到现代化防盗系统严密警卫下的嵌着光彩夺目钻石的圣爱德华王冠，从17世纪查理二世以来它一直是英国君主的正式王冠。

自1458年迄今，伦敦塔每晚9:55都要举行关闭各主要大门的上锁仪式。夕阳西下，最后一线余晖照耀在伦敦塔上。晚上9:55，禁卫长在四名携带古老步枪的卫兵的护卫下，手提一盏点燃蜡烛的灯

图4.1.4　夕阳下的伦敦塔

笼，将外围城堡的三座大门关闭上锁。然后进行一套固定的口令对话，之后所有的禁卫一齐举起武器，禁卫长脱帽高呼："上帝保佑伊丽莎白女王！"禁卫一齐高喊："阿门！"仪式隆重气派而又古典传统，有浓郁的英国皇家风格。

伦敦塔现为英国著名博物馆之一，陈列有珍贵的各种文物，是英国人心中的"故宫"，历史文化价值突出而典型，是当之无愧的世界文化遗产。

**中国：长城**

长城最早修建于公元前7世纪，大规模修建的时期是秦汉和明代，长度和位置都有所变化。现在一般所说的长城，东起河北省山海关，经天津、北京、内蒙古、山西、陕西和宁夏到甘肃的嘉峪关，蜿蜒曲折，总长约6300公里。

春秋时期和战国早期的长城是当时诸侯国为相互防御修建的，和后来长城的意义不同。公元前4世纪中叶后的战国晚期，北方的诸侯国燕国、赵国、秦国在打败北方的游牧民族后，为防止他们再度侵扰开始修建长城，这就是后来真正意义上的长城。

在公元前7世纪到前4世纪，欧亚内陆草原的游牧民族开始学会骑马和用马牵引重物后，作战力量增强，于是不断南下侵扰南面的定居农业民族，抢掠人口和财物。长城当时就是南方农业民族为阻挡这些骑马作战的游牧民族的抢掠而建造的。

长城和它附属的烽燧、城障组成一个体系，它与城堡的功能不同。游牧民族南下主要是为抢掠财物人口，并不是为了抢占城镇和地盘。所以不和农业地区的人打阵地战。游牧民的骑兵机动神速，流动范围大，可以日行千里，以逸待劳，使农业民族疲于奔命，防不胜防。游牧民被打败，迅速逃回北方，一走了之。修筑长城是农业民族最理想的防御办法，但却不一定有效，可以说是无奈的办法。

秦代在华北北部沿用燕国和赵国的旧长城，只是略加整修。汉代在华北北部仍沿用秦整修过的长城，但在河套以北则向北扩展，并向西延伸，有一段进入蒙古境内。再向西到额济纳旗向南，到酒泉再折向西北，过敦煌到阳关和玉门关。这就是后来的"劝君更尽一杯酒，西出阳关无故人"中的阳关。长城在秦汉时期所阻挡的是赫赫有名的匈奴。

西汉时期政府为了自己休养生息，避免草原民族的侵扰，也曾采用和亲和回赠等办法，求得暂时的和平，但那是委屈的不得已之举，一旦自己实力积蓄强大，或者草原民族有自然灾害，或者有内乱，农业民族也会发起进攻，驱逐草原民族。

图 4.1.5　甘肃敦煌玉门关汉长城遗址

汉代之后到明代以前，我国北方长城一线有相当长的时期由草原民族统治，所以虽然增修过长城，但规模不大。

明代为阻挡草原上的蒙古人和其他游牧民侵扰，又大规模修建长城，但是由于国力相对较弱，长城比秦汉时期南移。长城并不是边界，长城以北仍然有明政府管辖的州府，长城是它退守过程中便于坚守的一道防御工事。当时重点保卫的是华北北部，这段长城大都用砖石建造，比西段坚固。

图 4.1.6　北京司马台长城

北方草原民族南下能否得手，主要取决于它的实力，也取决于农业民族的实力。长城所起的阻挡作用并不很大。农业民族在对抗中始终处于被动地位，威胁无时无刻不存在，防御任何时候不能松懈，而政治解决往往有效。

草原民族和农业民族的这种关系延续了两千年。在中国、中亚、南俄罗斯，向西直到英国，大体都是如此。在英国有类似的哈德良长城，也是一处世界遗产。

自汉代以来，北京西北方的州县政府和民众，由于草原民族的侵扰，经常内迁到昌平一带，待到游牧民退回草原，长城外平安时，他们再迁回到关外原住地。本书教学材料中有长城照片 78 幅。

### 摩洛哥：伊特本哈杜防御城（乡村工事）

伊特本哈杜防御城位于摩洛哥瓦尔扎扎特省，在马拉喀什东南方 165 千米处，以堡垒式住宅和城堡式粮仓组成的"卡斯巴斯"蜚声于世。目前在摩洛哥上千处古城堡中仅瓦尔扎扎特地区就有"卡斯巴斯"建筑物 300 余处。伊特本哈杜建筑群为一座村庄，由 6 座"卡斯巴斯"组成，坐落在岩石上的这些建筑用黏土、水和稻草建造而成。风格奇特、经久耐用。这些建筑设计造型优美，对空间充满想象力，引起了学者们的极大兴趣。

伊特本哈杜是在摩洛哥南部地区古老建筑中保存最完整

图 4.1.7　防御城外观

的村庄。堡垒式住宅和城堡式粮仓一般为2层或3层，只有一个入口，建筑物的四角建有塔楼，屋顶露台建在棕榈树干搭建的横梁上。以干泥坯垒砌墙体，墙面涂红褐色碎稻秸泥层，窗口和通气孔的格栅构成图案，整体外观主线条横平竖直，因而显得整齐端庄，朴素雅致。

这个古老偏僻安静的小镇每年吸引世界各地成千上万的游客，成为繁忙的旅游中心。然而，以土为建材的建筑并非坚固不可摧。在时光和气候的腐蚀下，许多建筑已经破烂不堪。伊特本哈杜村建于11世纪，共有6个城堡和大约50所房屋，它们现在已经全部变为废墟。一般来说一个设防村庄只能保存大约两个世纪。在过去，村里的居民会随后搬出并在附近另建一处。但摩洛哥和整个地区近几十年中的社会和经济变化，对村庄的搬迁和更新造成了巨大打击，使得这些村庄逐渐走向衰落。

挽救这些古老设防村庄的唯一有效措施是说服村民返回那里去生活，对它进行日常保护。现在，村庄的维修工作正在进行，但村庄还未恢复生机。伊特本哈杜是受到由国家主持的拯救摩洛哥南部城堡计划保护的第一个村子，并在1987年被列入《世界文化遗产名录》。

## 第二节 宫殿与园林

世界各国的历代皇亲贵族有的也具有丰富的想象力和才能，为自己和家族建造了一座座富丽堂皇的宫殿和景色秀丽的园林。宫殿建筑都十分壮观，富有灵感，这也显示皇家和贵族的权力、威严和富有。这一节先举出一些宫殿和园林的名称和所在国家，然后介绍其中著名的几处。

**皇城举例**：意大利都灵的萨伏伊皇家居住区，意大利卡塞塔的18世纪皇宫、园林、引水渠和圣路西奥式建筑群，越南顺化皇城。

**宫殿举例**：奥地利的舒恩布伦宫殿和园林、贝宁的阿波美皇宫、德国布吕尔的奥古斯图斯堡宫和法尔肯卢斯特宫、法国阿维尼翁的罗马教皇宫及周围建筑、韩国的昌德宫、瑞典的德罗特宁霍尔摩夏季王宫、英国的布莱尼姆宫、约旦的库赛尔阿姆拉沙漠宫殿、我国的北京故宫。

**皇家园林举例**：德国的德骚沃利茨皇家花园、英国的斯塔德利皇家花园及其喷泉修道院遗址、我国的颐和园。

**园林举例**：捷克的克罗梅里兹花园与城堡、意大利的帕多瓦植物园、我国的庐山国家公园、苏州古典园林。

本书2004年首次出版以来，又有一些新遗产入选《世界遗产名录》，其中属于宫殿与园林的，现举例如下：塞尔维亚和黑山2007加姆济格勒—罗慕利亚纳（Gamzigrad-Romuliana）的加莱里乌斯宫（Galerius）、伊朗2011自公元前6世纪以来分布在9个省的9座有精密水流灌溉系统的波斯风格园林、伊朗2013德黑兰建于卡扎尔王朝时期的戈勒斯坦宫（Golestan）、印度2007新德里红堡建筑群、越南2011修建于14世纪胡朝时期在连接长山（Tuong Son）与东山（Don Son）山脉轴线上的平原城堡、中国2011杭州西湖文化景观。

**俄罗斯：克里姆林宫与红场**

克里姆林宫是俄国历代帝王的宫殿，位于俄罗斯首都莫斯科中心，与红场毗连，它们一起构成了莫斯科最有历史文化价值的地区，被列入《世界遗产名录》。

红场是莫斯科的中心，是来莫斯科的游客必去之处。红场正中是克里姆林宫东墙，宫墙左右两边对称耸立着斯巴斯基塔楼和尼古拉塔楼，双塔凌空，异常壮观。步入红场等于步入了俄罗斯精神家园的大门，红场的一切同样代表了俄罗斯民族悠久的历史。红场面积很大，长695米，宽130米，总面积9.035万平方米。长方形，南北长、东西窄。红场是莫斯科最古老的广场，虽历经修建改建，但仍然保持原样，路面还是过去的石块，已被鞋底磨得光滑而凹凸不平。

图4.2.1　红场

红场与克里姆林宫并非同时建造，15世纪90年代的一场大火使这里变成了"火烧场"，空旷寂寥。直到17世纪中叶这个地方才有了"红场"之说，意即"美丽的广场"。红场上除了以克里姆林宫为主要建筑外，还有一些其他的建筑物，如列宁墓。1924年1月27日收殓列宁遗体的水晶棺安置在这里，后不断修葺陵墓内部。如今的列宁墓，色调肃穆、凝重，外面镶嵌贵重的大理石、黑色和灰色的拉长石、深红色的花岗石和云斑石。陵墓一半在地下，一半在地上，墓顶为平台，供全民节日时俄领导人检阅游行队伍和军队之用。

红场南面还有一座由大小9座塔楼组成的教堂，极富特色，被戏称为"洋葱头"式圆顶，在俄罗斯以及东欧国家中独具一格，已成为红场的标志性建筑。另外，红场北面是19世纪时用红砖建成的历史博

图4.2.2　克里姆林宫内的大炮

物馆，为典型的俄罗斯风格。东面是一个超大型商场，由 240 家商店组成。虽然其地位已经下降，被附近更高级、更新颖的商场取代，但其设计之独特、装修之豪奢，完全可以与欧美最现代化的商场相媲美。

如今，在广场上散步时能体会俄罗斯民族的伟大历史与辉煌往昔。红场已成为各国游客最津津乐道的旅游胜地之一。

克里姆林宫为红场最主要建筑，是俄罗斯民族最负盛名的历史丰碑，也是全世界建筑中最美丽的作品之一。它初建于 12 世纪中期，15 世纪莫斯科大公伊凡三世时初具规模，以后逐渐扩大。16 世纪中叶起成为沙皇的宫堡，17 世纪逐渐失去城堡的性质而成为莫斯科的市中心建筑群。

图 4.2.3　克里姆林宫会场

克里姆林宫南临莫斯科河，西北接亚历山大罗夫斯基花园，东南与红场相连，呈三角形，周长 2000 多米。20 多座塔楼参差错落地分布在三角形宫墙边，宫墙上有 5 座城门塔楼和箭楼，远看似一座雄伟森严的堡垒。宫殿的核心部分是宫墙之内的一系列宫殿，建筑气宇轩昂，体现出历代俄罗斯人的聪明才智。另有政府大厦和各种博物馆。最具特色的是一组有洋葱头顶的高塔，它们是在红砖墙面用白色石头装饰的，再以各种颜色如金色、绿色以及少量黄色和红色等加以装饰。它由俄著名建筑师巴尔马和波斯尼设计，不同于欧洲古代的哥特式与罗马式，而与东方清真寺风格颇为相似。克里姆林宫也吸收了西方建筑的精粹，它的几幢主要建筑都是由意大利设计师设计的，所以，克里姆林宫建筑艺术博采众长又独具特色，获得普遍赞誉。

克里姆林宫中，原苏联部长会议大厦、苏维埃最高主席团大厦、克里姆林宫会议厅和大克里姆林宫最为重要。原苏联部长会议大厦平面为三角形，有巨大的绿色圆顶，建于高大的基座之上。克里姆林宫墙内，朝莫斯科河有 3 列高窗的漂亮建筑物就是大克里姆林

图 4.2.4　红场上的检阅

宫,由古老的安德列夫斯基大厅和阿列克山德洛夫斯基大厅联结而成。宝石大厅以精美的装饰别具一格,墙边竖立着许多有华丽浮雕的螺旋柱。宫殿西侧为一列别致的房间和冬季花园,有600多个各具特色的房间。

索皮尔娜雅广场位于克里姆林宫中央,周围环以历史、艺术和纪念性建筑,中心是大伊凡钟楼,高81米,曾经是莫斯科最高建筑。钟楼旁有一沙皇钟,号称世界最大,重200吨。附近一件16世纪的遗物是沙皇大炮,长5.35米,口径40厘米,重40吨,本用于守卫莫斯科河渡口与斯巴斯基大门,但一直没发射过。克里姆林宫,既是最富丽堂皇的帝王住所,又是坚固的堡垒,还珍藏大量的文物。它与红场一起构成了今日莫斯科最迷人的风景线,让各地游客流连忘返。

克里姆林宫与红场之所以被列入《世界遗产名录》,原因之一是它曾产生过重大影响,是20世纪社会主义国家修建广场的典范,也是每年举行节庆庆典和游行、展示武装力量的典范。其他国家保存领袖遗体也是仿效红场的列宁陵墓。本书教学材料中有克里姆林宫照片142幅。

**法国:凡尔赛宫及其园林**

凡尔赛宫及其园林,简称凡尔赛宫,位于巴黎西南20公里的凡尔赛城,17、18世纪是法国的王宫和行政中心,现在是博物馆。作为文化遗产被列入《世界遗产名录》。

1624年国王路易十三在这里修建了三合院式的狩猎行宫。路易十四于1661年开始在这里扩建狩猎行宫,并在南北两翼增建新宫。到1682年,路易十四和王室成员以及官员随从两万多人从卢浮宫迁到这里。1685年至1689年再次修建宫殿和园林。到1756年路易十五时代又新建了教堂和歌剧院,形成现在所看到的规模。从路易十四起直到1789年法国大革命爆发,法国历代国王都住在这里,凡尔赛宫当时是法国的政治中心。1837年路易·菲利浦将凡尔赛宫改为博物馆。20世纪50年代戴高乐总统时期曾经整修凡尔赛宫。

图 4.2.5　凡尔赛宫正面

凡尔赛宫占地6.7平方公里,从东向西由练兵场、宫殿和园林3部分组成。中轴线长3公里多,贯穿东西。向东延伸穿过凡尔赛城,向西穿过整个园林。宫殿、园林的布局南北对称,最宽处约2公里。

练兵场是向东张开的扇形,中心角为60度,有3条放射状的大道向东伸展出去,大道旁有巨大的马厩。

图 4.2.6 镜廊内部

练兵场向西是宫殿区，宫殿建筑连接在一起，南北长 400 米，是 3 层的石建筑，为古典主义风格。中心位置的光荣殿是三合式的御院，面向东，是国王、王后和公主的居住区。其中最著名的是二楼西侧的镜廊大厅，大厅长 73 米，宽 10 米，厅内中脊高 13 米，朝向园林的西墙有 17 个巨大的拱顶落地玻璃窗，东墙对应镶嵌 17 面大玻璃镜，由 483 块镜片镶拼而成。半柱面的天花绘有历史题材的油画。宫殿南翼是王太子和亲王的住处。北翼是官员和贵族的住地与办公处所，还有教堂和歌剧院。整个宫殿富丽堂皇，外墙有许多大理石人物雕像。宫殿东部是官员住地和铁栅围成的前院。

宫殿向西是大面积的园林，大体均等地分布在中轴线两侧。园林从东向西分为 3 个区域，分别是花园、小林园和大林园，越向西面积越大。花园东西宽约 200 米，南北长约 1000 米。中心有一对大水池。南半部是规则的绣花形花坛，最南部地坪下降约 5 米，是一处桔园。有对称的水池和盆栽大树。北半部有绣花形花坛和树林，最北端是面积 2 万平米的大水池和海神喷泉。

花园向西地坪下降约 5 米，进入小林园，面积是花园的 3 倍。规则的道路把小林园分为 12 块林地，每块林地中有不同的小路、迷宫路、水池、水剧场、岩洞、喷泉和亭台。小林园中轴线上的大道称为王家大道，道心有草坪，道旁排列雕像。大道东西两端各有一个喷泉水池，池中分别有阿波罗之母和阿波罗组合雕像，这表明王家大道的主题是歌颂太阳神阿波罗，也就是歌颂号称太阳王的路易十四。

小林园再向西即进入大林园，中轴线长度超过两公里，变成一条宽大的人工河，在中点还有一条横向的人工河，两条人工河十字相交，如同十字架。十字架南端有动物园，北端有大小特里阿农庭园各一座，小特里阿农庭园掇山叠石，是仿中国式林园。大林园

图 4.2.7 拉冬纳喷泉

内全是高大的乔木林，树木郁郁葱葱。

凡尔赛宫是早期古典主义建筑的代表，建筑造型严谨，普遍应用古典柱式，内部装饰华丽而丰富多彩。园林的规模在世界王家园林中首屈一指。它不仅创立了宫殿和园林的新形制，而且在规划设计和造园艺术上都被当时欧洲各国所效法或直接模仿。

凡尔赛宫和许多重大历史事件有关联。1783年英国和美国在此签订关于美国独立的《巴黎和约》。1870年普鲁士军队占领凡尔赛，在宫中设立司令部，第二年德国皇帝威廉一世在镜廊大厅宣布成立德意志帝国，举行加冕典礼。同年法国梯也尔政府据守凡尔赛宫，策划镇压巴黎公社。法兰西第三和第四共和国总统在宫内选举产生。1919年在此签订近代史上著名的《凡尔赛和约》，结束第一次世界大战，引发了中国的五四运动。

**法国：枫丹白露宫及其庭院**

位于法国北部墨纳-马恩省，距巴黎东南65公里。这座宫殿位于一片美丽的园林之中，具有意大利建筑风格，体现了文艺复兴与法国传统建筑艺术的完美统一，众多的建筑家与艺术家参与了其建设，1981年被列入《世界遗产名录》。

枫丹白露由5座形状各异的庭院连贯而成，四周是纤丽清绝的花园。作为别宫，枫丹白露的地位与凡尔赛宫不可同日而语，但也气势恢宏。

背倚三一教堂的白马庭是枫丹白露的主要入口，原先这里是一所由圣路易修建的古老寺院。庭院的正面屡经改建，其中最重要的一次是由建筑师塞尔梭完成的，其代表作品即是这里著名的马蹄铁形台阶。白马庭一名源自凯瑟琳·德·梅迪奇时期铸造的一匹白马像，这尊铸像后被卫兵用长矛破坏，1626年被封存。

拿破仑与枫丹白露渊源甚深。1804年，他在此登基并接待专程前来参加其加冕仪式的庇护七世教皇。如今殿内的陈设基本上保持了原貌，是他使这座历史悠久，已趋式微的古老宫殿恢复了往日的风采。

台阶下一条幽静的长廊直通背后的泉庭。泉庭南面正对一池湖水，其余三面则是造型和风格都相差甚远的宫殿，但在整体上却未给人以凌乱的感觉。

池塘对面是弗朗西斯一世画廊。弗朗西斯画廊是枫丹白露乃至整个文艺复兴时期最著名和最完美的艺术品之一，它作为结合部将钟塔庭和白马庭连成一体。画廊内陈列、装饰

图 4.2.8 枫丹白露宫及庭园

着精美的壁画、绘画、石膏雕塑，及一块块护壁镶板。装饰工作由来自佛罗伦萨的画家和装饰家乔瓦尼·罗索率其助手们于1534—1537年间完成。

走出弗朗西斯一世画廊便是狄安娜花园。园以泉名，园内的狄安娜喷泉是亨利四世时代于1602年在著名的狄安娜雕塑位置构筑的。为使原大理石雕像免遭侵蚀，雕刻家普里厄又用青铜复制了一件。

狄安娜花园又称皇后花园或橙园，16到18世纪，花园内散布着花坛和雕塑；橙树漫园而生，橙香浮动，清风徐来，令人心骨皆清。如今这座花园的形态虽亦可人，但已不复旧貌，其历史应追溯到第一帝国和七月王朝时代。

走过白马庭、泉庭、弗朗西斯一世画廊、狄安娜花园，就到了钟塔庭。钟塔庭也称椭圆形庭，是枫丹白露宫殿群中最庄严的部分。当初，热爱自然的弗朗西斯一世决定重建枫丹白露时，路易七世建造的中世纪宫殿在他眼中无异于残址败石，索然枯槁，有损周遭的景致。因此，他只保留了古老、凝重的钟塔，仅在其外观上稍加修饰，而钟塔庭的其他建筑则尽由吉尔·勒布雷东设计的文艺复兴式建筑取代。

图 4.2.9　狄安娜喷泉

由钟塔入口至拱廊的建筑，建于1528年开始的第一工期。圣萨蒂南教堂稍后于1545年建成。

舞厅始建于弗朗西斯一世时期，原先设计为意大利式柱廊，向外敞开，作为教堂和国王房间之间的通道。在原设计中舞厅呈穹形，以使窗户之间柱廊的存在更为合理。直至弗朗西斯一世辞世，舞厅也未完工。

菲利贝·德洛尔姆接过前人的设计又加以修改：他最终完成了塞利奥设计的分格镶板的天花板以及壁炉，壁炉上饰有两个萨蒂尔神青铜雕像，这是德洛尔姆根据普里马蒂斯从罗马带来的塑像仿制的。而普里马蒂斯本人则负责绘画和壁画，这些未完成的作品由阿巴特及其助手创作于1552—1556年间。

舞厅的鼎盛时期是在16—17世纪，宫廷宴会和舞会时常在此举行，国王的座位便设在壁炉前方。

### 德国：波茨坦和柏林的宫殿与公园

德国历史名城波茨坦是第二次世界大战期间同盟国领导人举行最后一次峰会的地方，1989 年柏林墙被推倒后，这里的 20 多个宫殿再次成为全世界游客向往的地方。波茨坦距柏林 26 公里，位于哈弗尔河畔，原先是一个小渔村，现在成为一个拥有千年历史的世界名城，与柏林的宫殿与公园一并列入《世界遗产名录》。

无忧宫耸立在一处坡地上，占地 725 英亩，装潢华丽，变化无穷，是德国最著名的洛可可式建筑，周围是葡萄园。这种设计考虑到腓特烈大帝对自然景色的爱好，将室外之美景带到了室内。

波茨坦新宫在宫殿区的西端，规模很大，现在用作波茨坦大学的校舍，从 2010 年起开始大修，所有被空气污染而变黑的石雕像都被拆下整修。

波茨坦宫殿区还有一座中国宫，是一座圆形的双层楼阁，外立面有十多个镀金的中国奏乐人雕像，比真人略高。虽然并不是很像中国人，但是形象优雅。看来 9 世纪时，德国皇室很赞赏中国人，认为中国人很有音乐素养。

采琪莲霍夫宫是游客们最向往的地方。《波茨坦宣言》就是在宫内的一张圆桌上签订的，建筑式样具有英国古建筑的浪漫风格。

图 4.2.10  新宫配楼

巴伯尔斯贝格公园也是人们非常喜欢的公园，这里的草地与树林延伸到哈弗尔河边，人们可乘坐"白色舰队"号游船在河上和附近的湖泊上巡游，欣赏这里的美丽风景。

柏林是德国第一大城市，有 750 多年的历史，于 1244 年才第一次出现在历史文献中，1871 年普鲁士国王称帝，柏林就成为帝国首都。柏林是一个河流湖泊众多、空气湿润新鲜的花园城市，其三分之一的面积都是河流湖泊与草地，风景奇佳。

柏林是一座博物馆城市，有众多著名的宫殿与公园。印度艺术博物馆展出印度史前史、古代史、雕像和画像，还有中国新疆出土的古代佛教壁画与塑像。民俗博物馆展出中南美洲哥伦布发现美洲前的文化珍品以及澳洲的珍品。东亚艺术馆展出中国、韩国、日本的艺术品。还有德国民俗博物馆、史前及古代历史博物馆、邮政博物馆和乐器博物馆等等。

图 4.2.11　无忧宫花园冬景

柏林著名的孔雀岛古堡建于 18 世纪末期，系威廉二世建立，是威廉三世及皇后路易斯的夏宫。夏洛滕堡宫为柏林名宫之一，建于 1695 年，为女侯爵索菲·夏洛滕之宫，巴洛克式建筑，金碧辉煌。二战期间遭到破坏，战后重修。宫中陈列着腓特烈大帝皇宫及古堡的绘画珍品及各种文物。贝莱乌宫，1785 年为腓特烈大帝最小的弟弟建造，现为德国总统的行宫。泰格尔宫建于 1822—1824 年，是威廉·冯·洪堡及妻子加霍里娜的一座乡村别墅式宫殿。

本书作者于 1981—1983 年首次住在当时西柏林西南部美国占领区内的柏林自由大学，离波茨坦宫殿区不远，但是因为波茨坦是在东德管辖区内，要去波茨坦，先要从东面过海关进入东柏林，然后向南再向西经过很远的路程。2013 年 12 月作者又一次去柏林开会，仍然住在早先的柏林自由大学里，再去波茨坦就不算远了。作者在参观波茨坦的几处宫殿时拍了一些照片，放在本书附带的教学材料中供读者浏览。作者曾在柏林的印度艺术博物馆工作两年，这里现在改名亚洲艺术博物馆，也拍有照片放在本书附带的教学材料里。

### 中国：布达拉宫

布达拉宫是原西藏喇嘛教首领达赖喇嘛的驻地，清朝和民国时期是西藏政、教最高机关所在地，位于拉萨市西北部红山上。1994 年作为文化遗产被列入《世界遗产名录》。

"布达拉"是梵文译音，原意是"佛教圣地"。布达拉宫最初建于 7 世纪，当初是吐蕃首领松赞干布为迎娶唐文成公主而建，9 世纪毁于兵火。1645 年五世达赖喇嘛开始重

图 4.2.12　从后湖看布达拉宫

建，历时50年完成。此后历代达赖喇嘛继续扩建。20世纪30年代十三世达赖喇嘛大规模修缮增建，形成现在的规模。1988—1994年再次大规模修缮。

布达拉宫面向南，按位置和功能分为三区，主要的一区位于红山山顶，是宫殿区。它的南面山下是宫城区。宫殿区后面（北面）山麓是花园区。

宫殿区建筑盖住了一个山头，东西长360米，南北最宽处110米，高117米。建筑用大块花岗岩依山势建造，总体平面为不规则形，从东向西依次是白宫、红宫和僧房，白和红是指宫殿外墙的颜色。

图4.2.13　布达拉宫左侧面街上早晨右旋绕宫礼拜的藏民

白宫是达赖喇嘛起居和理政的场所，高7层，平面为梯形。第1—3层是基础和结构层，第4层中央是主要殿堂东大殿，长宽各约28米和26米，内设达赖宝座，是达赖举行继位大典等重大宗教和政治活动的场所。向上各层的中心有天井，第5、6层是摄政与经师的办公与生活用房。第7层是达赖喇嘛的两套寝宫。

红宫是达赖喇嘛举行佛事活动的场所，高9层，平面为方形。主要包括历世达赖的灵塔殿和佛堂。第1—4层是结构层，第5层中央是主要殿堂西大殿，面积略大于东大殿，是五世达赖喇嘛灵塔殿的享殿，空间高大，装饰金碧辉煌。红宫西部是十三世达赖灵塔殿，建造最晚。红宫殿堂建造最早的可能是法王洞和圣者殿，传说最初建于吐蕃时期，约在7世纪，其中有松赞干布和文成公主的塑像。其他殿堂有释迦牟尼殿和坛城殿等。

宫殿区南面有5米宽的蹬道曲折通到山下的宫城区，东西两侧各有一道城墙向下连接宫城区东西城墙。

红山前地面上的宫城是东西南北各长300米的方城，东西南三面有6米高的城墙，每

图4.2.14　大昭寺门前

面各开一个城门，东南角和西南角建有角楼。方城内是布达拉宫的附属建筑，原有行政管理机关、藏军军部、僧俗官员宅第、印经院和监狱等。这些建筑的风格与山上宫殿大体一致。

山后花园区有两片湖水，名为龙王潭，西湖岛上有楼阁，这里是达赖会亲用的家院。

布达拉宫显示了西藏民族建筑的特点和成就：宫殿依山用大石块垒砌，包裹着山头，下部几十米高的实墙如同植根于山岩之中，宫殿连同山基高达117米，犹如破山而出，直插蓝天。上山蹬道的外栏墙顶端有深色横线层层向上，从形象上拉长了蹬道的长度，烘托出宫殿建筑的高耸和雄伟，具有很强的艺术感染力。各宫殿建筑随山势的前后高低而错落布置，与山丘浑然一体，利用山势增大了宫殿的体量。块石外墙墙身侧脚显著，收分大，结合山体形状增加了整座建筑的稳定感。绝大部分建筑外墙均刷白色，仅中央红宫刷红色，各平顶建筑的檐口均有棕色横带，红宫上面金顶耀眼，色彩对比强烈。

布达拉宫建筑的门厅、佛殿、经堂和日光殿等的室内梁架、柱头、栏杆都有雕刻和彩画，许多殿堂内供奉着大尊佛塑像或达赖喇嘛塑像，在不少殿堂内有大幅壁画描绘布达拉宫建造的历史、汉族和藏族之间的往来和文化交流，这是了解西藏文化、艺术、历史和民俗的宝贵实物。本书作者2008和2009年10次到拉萨考察历史建筑，本书教学材料中有多幅布达拉宫照片。

### 中国：承德避暑山庄与外八庙

避暑山庄与外八庙位于河北省承德市市区北部，距离北京约250公里。避暑山庄是清代的离宫和庭园，又名热河行宫或承德离宫。外八庙是避暑山庄外北面和东面的寺庙群。两者有连带关系，总面积约20平方公里。1994年列入《世界遗产名录》。

避暑山庄原是从北京向北去往400公里外的木兰围场途中的行宫之一，后来几经扩建，成了最大的行宫，也是每年3月至9月皇帝处理朝政，举行庆典和居住游乐的地点。

避暑山庄最早建于1703年，当时是康熙四十二年，5年之后初具规模。以后多次扩建和改建，到1790年建成。这时已是乾隆五十五年，前后延续80多年。

避暑山庄占地5.6平方公里，东南部低平，是宫殿、湖泊和平原区，占地1/5。中西北部是山岭区，占地4/5。整个山庄是山、水、平原和宫殿组成的宫廷园林。

宫殿区在山庄的南端，有正宫、松鹤斋、东宫和万壑松风4组建筑。正宫在西侧，是皇帝处理政务和居住的主要所在。建筑布局按前朝后寝的顺序，由前向后共有9进院落，布局十分规整。当年康熙建园时确定的原则是"自然天成就地势，不待人力假虚设"。所以房屋结构简朴，装饰素雅，房屋基座低矮、灰砖灰瓦，梁柱不用油漆彩绘。庭院花草树木种植得当，环境宜人。

湖泊区在宫殿区东北，是山庄主要景区，大湖中的洲、岛、堤、桥将大湖分隔为大小和形状不同的7块水面。各种形式的建筑分散布置，形成多个景点。康熙帝和乾隆帝分别为山庄内的36处景点取名，共72景。康熙所取名用4字，乾隆所取名用3字。其中有31景在湖泊区。不少景点构思出自江南水乡。有的景点既是游览观赏之处，也是皇帝宴饮和会客的场所。

平原区在湖泊区以北，临湖分布4座凉亭，向北是辽阔草地，间有高大树木，但是现在大都已被砍伐。草地和林中当年曾养有多种野生动物，并曾搭建过蒙古毡房。草原西边原有文津阁藏书楼，收藏一套《四库全书》，现已移到北京图书馆。平原北端高塔仍在。

山岭区向西向北渐高，有4条峡谷，山上林木葱郁，谷间原有许多建筑和寺院，已全部不存，现在看到的凉亭是近年修复的。

外八庙实有寺庙12座，但是当年只有8座驻有喇嘛，并受北京的理藩院管辖。当时理藩院在全国范围内管辖的寺庙共有40座，其中在北京的有32座，而承德这8座因在北京和长城以外，所以叫外八庙。理藩院派驻这里管辖8庙的官员称为总理堪布，住在普宁寺内。其余7庙是溥仁寺、溥善寺（现已不存）、安远庙、普陀宗乘之庙、殊像寺、须弥福寿之庙和广缘寺。八庙之外另有4座庙，其中普佑寺附属于普宁寺，位于其旁边；普乐寺、广安寺和罗汉堂不住僧人，只驻扎绿营汉军八旗，以守护山庄和寺庙。

外八庙有两座建于康熙年间，其余均建于乾隆年间，最晚的建于1790年。外八庙的建造大多与安抚边疆的蒙古族、藏族政教领袖有关，其余的则是为蒙藏王公贵族来山庄觐见皇帝临时居住而建造。

最早建造的是位于东南部的溥仁寺和溥善寺，是蒙古诸部王公为祝福康熙帝六十寿辰而请旨建造的。建于乾隆二十年（1755）的普宁寺是为纪念平定厄鲁特蒙古准噶尔部族首领煽动的武装叛乱而建造的。建于乾隆二十九年（1764）的安远庙是为从新疆迁到承德定居的蒙古族达什达瓦部提供礼拜场所而建造。乾隆三十一年（1766）兴建的普乐寺是为纪念土尔扈特、左右哈萨克和布鲁特诸部归顺清廷而建造的。普陀宗承之庙是为接待蒙古和土尔扈特王公进贡朝贺乾隆帝六十寿辰而建，后来达赖喇嘛到热河参见皇帝常住此庙。最后建造的须弥福寿之庙是为西藏班禅喇嘛到热河祝贺乾隆七十寿辰，供班禅作行宫用。

外八庙虽然都是蒙藏佛教（喇嘛教）的寺院，但建筑各不相同，总体来说包含汉地佛寺和蒙藏佛寺两种风格，各寺两种风格的成分和结合方式也有所不同。有的寺庙就是仿照西藏和新疆的佛教寺庙的，如

图 4.2.15　普陀宗乘之庙

普宁寺仿西藏扎囊桑耶寺，安远庙仿新疆伊犁固尔扎庙，普陀宗乘之庙仿拉萨布达拉宫，须弥福寿之庙仿日喀则扎什伦布寺。但是这些寺庙也应用了汉族建筑的琉璃瓦顶、方亭、牌楼和彩画等。

普宁寺在山庄东北约 2.5 公里处。占地面积 4.88 万平方米。主要建筑纵深分布，左右布局对称。前半部是汉式传统佛寺布局，主要建筑属典型的 7 座式，以大雄宝殿居后。后半部以藏式建筑为主，在高台上有主要殿堂大乘之阁，周围有白台，象征藏传佛教的宇宙和世界。大乘之阁高 37 米，阁内有主尊木雕千手千眼观音像，高 22.28 米，是我国最大的木雕佛教造像。

普陀宗乘之庙在山庄之北，占地 22 万平方米，是各庙中规模最大的。庙内原有单体建筑 60 余座，现存 40 余座。全庙布局分前中后 3 部分。前部有五孔石桥、山门、碑亭和五塔门。山门碑亭是汉式建筑，碑亭中有 3 个珍贵的大石碑，记载建庙和土尔扈特部归顺情况。中部有琉璃牌坊和白台塔院。后部大红台是本庙的主体建筑群。在 7 层窗的大红台内建有高大的万法归一殿，另有其他白台建筑。后部建筑整体造型是单体汉式建筑融汇在藏式建筑群体之中。这里虽说是模仿布达拉宫，但又不全相同。

须弥福寿之庙在山庄之北偏东，占地 4.3 万平方米，布局也是纵深均衡式，分前中后 3 部分，前部以碑亭为主体。中部是本寺庙核心，有大红台群楼和妙高庄严殿。大红台有 3 层盲窗，上为平顶，四角各有角殿，大红台中心的妙高庄严殿是三层重檐鎏金瓦顶，大殿是六世班禅讲经、乾隆皇帝为其册封之处。后部既有藏式院落，也有汉式的八角七层琉璃塔。

安远庙在山庄东方偏北，占地 2.75 万平方米。前后三重院落，按中轴线左右对称布置建筑，主要建筑普度殿在寺庙后部，总高 29 米，重檐歇山顶汉式建筑，但外墙壁面装饰藏式小窗。

殊像寺在山庄之北偏西，占地面积 2.62 万平方米，全寺建筑布局错落有致，别具一格。既是寺院，又是园林。

普乐寺在山庄正东约 2 公里的山坡上，占地 2.17 万平方米，面向山庄，寺院前部是典型的汉式布局，也是 7 座典型建筑。后部建筑全在高台上，高台中心是本寺主体建筑旭光阁。旭光阁的形状像北京天坛祈年殿，高 24 米。殿内中心有木雕的立体坛城曼荼罗，是全国同类中最大的。

**印度：新德里红堡建筑群**

新德里红堡，位于印度新德里东北部的老城区，紧邻亚穆纳河，因整个建筑用暗红褐色的砂岩建成，而且有绵延 2 公里长的暗红褐色砂岩围墙而得名。它是莫卧儿帝国时期的皇宫。在沙贾汗皇帝时，莫卧儿的首都从阿格拉迁移到这里。红堡属于典型的莫卧尔风格的伊斯兰文化建筑。这里的建筑融合了伊斯兰、波斯、蒙古和印度文明的建筑风格，是莫卧儿王朝建筑的典型代表。2007 年，联合国教科文组织将红堡建筑群列入《世界遗产名录》。

红堡的正式名称是"红色城堡",平面是不规则的八角形,由莫卧儿王朝第 5 代皇帝沙贾汗为爱妻泰姬玛哈尔所建,也是为了显示帝国的强大。整个建筑群从 1639 开始建造,到 1647 年建成,南北长 915 米,东西宽 548 米,最高处 33.5 米,是印度最大的皇宫。

这座巨大的城堡由厚重的城墙和护城河护卫,里面有许多宫殿。城堡上竖立着用洁白大理石刻成的小塔,还用黄金、钻石和宝石镶嵌装饰,后来又添加多种彩色宝石拼贴的墙面,宝石精心加工后嵌入大理石板的凹槽中,然后抛光,所以平滑而又光亮。城堡上有美丽的亭阁、阳台和透雕的大理石窗户。全城堡有 5 座城门,两大 3 小,西边的正门叫拉合尔门,高 12.05 米,门上建有八角形尖圆形的城楼和瞭望楼。

红堡的内殿用大理石和其他名贵石料砌成。殿宇间和立柱间壁上有花卉人物浮雕,整块大理石镂空的窗棂上,镶嵌着各色宝石,显得灿烂夺目。城堡里的觐见宫是昔日国王亲理朝政的宫殿,三面敞开,东墙上有用宝石镶嵌拼成的色彩绚丽的图案,1857 年民族大起义时宫殿被洗劫一空。宫殿内的墙中央有一个壁龛,上面刻有花鸟,壁龛前面是皇帝的大理石宝座,有 3 米高。堡内最豪华的白大理石宫殿叫枢密宫,是皇帝与大臣商议国家大事宫殿,有"人间天堂"的美名,也是用白色大理石建成。宫殿内原有一座举世闻名的"孔雀王宝座",长约 2 米,宽 1 米多,用 11.7 万克黄金制成,上面镶嵌着钻石、翡翠、青玉和其他宝石,下部镶嵌着黄玉,背部是一棵用各种宝石雕成的树,树上站着一只用彩色宝石镶嵌成的孔雀。底座上有 12 块翡翠色宝石。台阶是用银子铸造的。这个宝座已经丢失,只有宝座上方的墙上还能看到当年皇帝沙贾汗下令雕刻的波斯文诗句:"如果说天上有天堂,天堂就在这里。"枢密宫北面是一座三室相连的宫殿,是皇帝的寝宫、礼拜堂和密谈厅。在寝宫与礼拜堂之间,有一面用黄金镶嵌着月亮和星星的大理石屏风,四周装饰着各种宝石。城堡内宫中央的娱乐宫,被称为"沙贾汗后宫的天宫宝石",宫中有一个白色大理石喷水池,专为国王消暑,聆听流水声而修建。此外堡内还有美丽的珍珠清真寺等几座建筑,至今都还保存完好。

德里红堡在设计时兼顾美学及战略因素。可从德里门或拉合尔门进堡,拉合尔门朝向曾是莫卧儿朝国都的拉合尔(现位于巴基斯坦境

图 4.2.16　红庙群外景

内)。城堡内的建筑群中还有明珠清真寺、公众厅、私人厅,以及专供皇帝使用的冉玛哈勒宫等。

印度德里红堡存在至今已经500多年,它可以帮助人们了解印度历史文化,这座城堡的辉煌过去曾见证莫卧儿王朝的不可一世,寄托了王朝的第五任国王沙杰贾汗对爱妻泰姬玛哈尔的无限怀念,记载了当年英国人入侵印度的殖民遗迹,具有很高的文化价值。

## ▶ 第三节 特殊建筑与雕塑 ◀

有些国家的统治者是外来民族,他们修筑的建筑有意参照本国或者其他地方、其他时期的风格。中南美洲西班牙和葡萄牙殖民时期的城市中,就有不少欧洲风格的城市布局和建筑。以前,有人认为这些建筑已经属于当地传统。现在许多人明白这不是事实。有欧洲传统就是有欧洲传统,没有必要隐讳,何况有些已经是消逝了的历史和生活的见证。这些国家在申请世界遗产时对此很明确。从这个历史过程看,我国庐山国家公园的价值之一,是有一批保存完好的20世纪20—30年代建造的欧美风格的别墅,但是我们在正式场合很少提到这一点。其中的原因难以说出。天津市原来租界区的建筑也曾有人提议申请世界遗产,但是出于意识形态的考虑,可能会不了了之。上海外滩也面临同样的尴尬。

在《世界遗产名录》中还有两处建筑引人注目,它们代表了人类历史的黑暗时期。一处是塞内加尔戈雷岛的黑奴囚禁地,这里从15世纪到19世纪是非洲海岸最大的奴隶贸易中心,先后由葡萄牙、荷兰、英国和法国统治。今天,这里提醒着人类铭记剥削的历史与和解的作用。另一处是波兰奥斯维辛集中营,这里在20世纪第二次世界大战期间是德国纳粹大屠杀的典型性场所,是在纳粹占领和统治下人类遭受苦难的标志和活生生的代表。它也提供了反人类和种族屠杀的历史罪证。1970年代到1980年代,教科文组织系统里苏联东欧国家的影响较大,这两处遗产是在20世纪70年代被列入《世界遗产名录》的。美国和英国在这一背景下退出了联合国教科文组织。进入1990年代,世界遗产委员会的成员发生变化,关于这类遗产,1999年世界遗产委员会还曾经讨论与苏联古拉格集中营和乌克兰切尔诺贝利核电厂旧址有关的灾害环境问题。

下面先举出不同类别的世界遗产的名称,从中也可略知这遗产有些什么,然后详细介绍一些有特色的遗产。

**历史建筑举例**:阿根廷的库多巴耶稣会管辖区和庄园,比利时布鲁塞尔的主要建筑,德国柏林的博物馆岛,德国埃斯莱本和魏滕堡的马丁·路德纪念地,俄罗斯白海的索罗维茨基群岛上的历史与文化建筑,哥伦比亚卡塔根纳殖民时期海港、要塞和建筑,加纳阿散蒂的传统建筑,日本奈良古建筑,希腊萨洛尼基早期基督教建筑和拜占庭建筑,我国曲阜孔庙、孔林及孔府。

**广场举例**：比利时布鲁塞尔大广场，伊朗伊斯法罕皇家广场，法国南锡的斯坦尼斯拉斯广场、卡里埃勒广场和阿里昂瑟广场。

**巨型雕塑举例**：埃塞俄比亚蒂亚田野中散布的石刻。

**特殊风格建筑举例**：荷兰乌特莱希特城内里特维尔德·施廖德尔设计的特殊住宅、捷克奥洛穆茨的三圣一体纪念柱、塞内加尔圣·路易斯岛的城镇建筑，西班牙阿拉贡的穆迪加建筑、意大利阿尔贝罗贝洛的特卢利圆形建筑、意大利累奈散斯城的费拉拉式建筑、意大利克莱斯庀·德·阿达城 19 世纪至 20 世纪典型职工住宅区、意大利萨西迪马泰拉的崖壁建筑、意大利维森查城和维涅提地区的巴拉迪奥式别墅。

**特殊意义建筑举例**：日本广岛和平纪念碑。

**特殊用途建筑举例**：波兰奥斯维辛集中营、美国夏洛茨维尔的蒙蒂塞洛庄园和弗吉尼亚大学、墨西哥瓜达拉雅拉城的霍斯皮茨奥·卡巴纳斯救助所及其壁画、南非罗本岛不同时期的建筑、塞内加尔戈雷岛黑奴囚禁地、西班牙埃那雷斯堡的大学和历史区、西班牙瓦林茨亚的拉龙加德赛达丝绸交易所、英国格林尼治近代海事建筑群。

本书 2004 年首次出版以来，又有一些新遗产入选《世界遗产名录》，其中属于特殊建筑与雕塑的，现举例如下：阿尔巴尼亚 2008 培拉特（Berat）和吉诺卡斯特（Gjirokastra）历史中心博物馆；白俄罗斯 2005 奈斯维兹（Nesvizh）和拉德兹维尔（Radziwill）家族建筑群；澳大利亚 2007 悉尼（Sydney）歌剧院；比利时 2005 安特卫普普朗坦-莫雷图斯（Plantin-Moretus）的住宅工厂与博物馆建筑群；比利时 2009，20 世纪初由分离派建筑师约瑟夫·霍夫曼建造的斯托克莱（Stoclet）公馆；波兰 2006 弗罗茨瓦夫（Wroclaw）百年厅建筑；德国 2008 柏林现代风格的住宅建筑；德国 2012 拜罗伊特（Bayreuth）的巴洛克侯爵歌剧院；德国 2013 威廉高地（Wilhelmshöhe）公园内始建于 1689 年有液压气动装置的大力神雕像和大瀑布水景景观；墨西哥 2007 墨西哥国立自治大学大学城核心校区；墨西哥 2010 墨西哥城通往美国新墨西哥州的皇家内陆白银贸易大干线建筑群和遗址；葡萄牙 2013，1290 年始建于古都的科英布拉（Coimbra）大学：阿尔塔（Alta）和索菲亚（Sofia）；瑞典 2012 赫尔辛兰（Hälsingland）19 世纪的源自中世纪木质建筑传统的彩画农舍；意大利 2006 热那亚（Genoa）新街和罗利（Rolli）宫殿群；意大利 2013 托斯卡纳（Tuscany）地区建于 15 至 17 世纪的梅第奇（Medici）家族特殊风格的别墅和花园；印度 2010 斋浦尔（Jaipur）18 世纪初的简塔·曼塔尔（Jantar Mantar）天文台；中国 2010 登封中岳嵩山历史建筑群。

### 德国：特里尔的罗马时期建筑、大教堂和圣玛丽亚教堂

特里尔（又称特雷维斯）位于德国莱茵兰-普法尔茨州，有"北方的罗马"之称，城内有大量古迹，使该城成为古罗马文明的杰出见证，1986 年被列入《世界遗产名录》。

这座古罗马城市建于公元 41—45 年，当时名为"科隆·奥古斯都·特雷维罗鲁姻"。大约公元 2 世纪中叶，特里尔四周修筑起 6500 米长的城墙，并构筑碉堡和城防工

事，巩固其军事重镇的地位。

公元293年罗马建立"四头政治"，特里尔成为首都之一，从此繁华起来，被称为"第二个罗马"，康斯坦齐奥·克洛罗进行城市重建工程，公元306年由君士坦丁继续，修复了露天剧场和公共浴池，修建了马克西姆马戏院和宏伟的皇宫。公元326年，君士坦丁为纪念其执政20周年，建造了大教堂和圣玛丽亚教堂。

哥特人入侵后，帝都迁往米兰，特里尔开始衰落。但它一直保持着2世纪的城建布局。城内两条主要街道交叉组成拉丁十字形，构成整座城市的主轴线，名胜古迹按十字分布，其中有摩泽尔河上建于公元45年的罗马桥、"巴巴拉"公共浴场和皇家浴池，依佩特里斯山而建的安菲剧场、大会堂和波塔尼加广场。

图4.3.1　波塔尼加城堡兼城门

波塔尼加广场仅为一块空地，旁有一座名为"波塔尼加"的城堡。"波塔尼加"在拉丁语中意为黑门，据说是因建筑用料中的黑色沙石而得名。

黑门建于公元2世纪，是罗马人为抵御日耳曼人进攻而修筑的，长36米，宽21米半，高30米，由两座半圆城门和上面的双层碉堡构成。1041年黑门被改建成教堂。现在这里用作高档酒店，1983年这里还不是世界遗产，本书作者曾在这里住过几天。黑门两面的拱形石窗现在是客房的落地窗，从这里可以观看市区主要街道，左前方一百多米外就能看到马克思诞生的临街门面房，房屋墙面上挂有说明牌。对于中国人来说，值得一看。从酒店另一面的窗户向后可以看到市区外面。

特里尔城内教堂已堪称欧洲少数教堂建筑的杰出代表，它始建于4世纪，由连接在一起的圣彼得教堂和圣玛丽亚教堂组成。圣彼得大教堂集钟楼、祈祷室、唱诗班排演厅、神职人员寓所和墓区殡葬室于一身，由于年代久远，经反复修整，其建筑风格十分复杂，有古罗马时代的围墙，中世纪时期的城堡，巴洛克风格的屋顶和19世纪建造的光塔。教堂内部有耶稣与圣玛丽亚和彼得在一起的雕像，还有早期文艺复兴的壁画和许多价值连城的宗教器皿，以及经典善本和金银珠宝。

圣玛丽亚教堂是德国最古老的哥特式建筑之一。教堂的地基像一朵玫瑰，既象征了圣玛丽亚的美丽纯洁，也代表了耶稣的几个门徒，教堂内随处可见极具基督教色彩的五彩玻璃窗和惟妙惟肖的壁画，其中，屋顶画描述了圣母玛丽亚领受天使传递的上帝的旨意，告知她将由圣灵感召而生耶稣的故事，画中人物多达30余个，个个栩栩如生，神态各异。二战期间，圣母堂遭到严重毁坏，特里尔人在战后进行全力整修，使建筑基本恢复原貌。现圣母堂除一部分留作宗教场所外，大多殿堂布置成为文物展览馆。

**韩国：陕川海印寺《大藏经》版与版库**

海印寺坐落在韩国庆南和天郡伽倻山的中谷，是韩国的三大古寺之一，又因为其中保管着8万块《大藏经》木刻版，所以又称法宝寺。这座寺院是公元802年爱藏王为了感谢佛祖治好了王妃的病而修建的。

《大藏经》版殿是海印寺中最古老的建筑物，其中保存着高丽时代制作的8万块《大藏经》版。殿堂始建的年代记载不明，在高丽王朝世宗三年时重建；世宗十九年，学巢大师在王室的帮助下完成了这项工程，并称之为保安藏。由于坐落在深山之中，所以殿堂在壬辰倭乱时基本保持原样，未遭到破坏。史料记载，光海郡十四年及仁祖二年曾整修过。

殿堂前面有15间房屋，侧面有2间房屋，排列有序。南边的建筑称经藏，北边的建筑称法宝殿。在西边和东边，前面和侧面分别有两间和一间书库。在建筑物中并没有特别的保护装置，但是为了保证通风效果，南边的窗户和北边的窗户稍稍不同，且每个房间都有自己的窗户。为了调节房间内空气的湿度，房间内放了大量的泥土、石灰、食盐等物质。

因良好的自然环境与合理科学的设置，直到今天《大藏经》版仍得到了良好的保管。藏经版殿是15世纪的建筑物，是世界上唯一的用来保存藏经版的建筑物。1995年被列入《世界遗产名录》。

海印寺的《大藏经》指经、律、论三藏，是佛教经书的选刊。它刊印发行于高丽王朝高宗24—35年，又称为"高丽《大藏经》"。又因其数目超过8万余块经版所以又称为"八万《大藏经》"。宪宗时代因蒙古的侵略，原先制作的初祖《大藏经》被焚烧一空，宪宗于是下令重新制作。设立在庆尚南道南海郡的分寺大藏道监担负起了制作的重任。

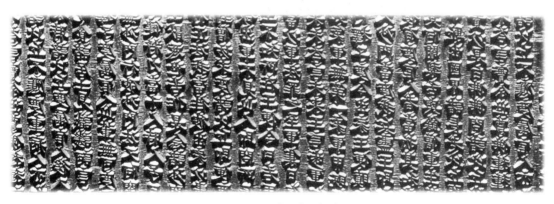

图 4.3.2 《大藏经》版

经版横宽为 70 厘米，竖长 24 厘米，厚度为 2.6—4 厘米。重约 3—4 公斤。经文共有 1496 种，6568 卷。其内容是由主管此项目的秀吉大师参照契丹《大藏经》和初祖《大藏经》等经文制作的。

海印寺高丽刻版是雕刻着高丽时代的佛教经典、高僧著作、诗文集等的木版。本刻版和海印寺《大藏经》版有区别，它是在地方官厅及庙宇中制作而成的，保管于寺院刊版殿之中。在此木刻板上刻有《金刚经》《华严经》等大乘经典及新罗、高丽、中国高僧或个人的诗文集等等。从中可以看出高丽时代佛教经典的流通及佛教信仰的倾向。其中高僧及个人的诗集著作也是研究当时历史人文的宝贵资料。

中国从北宋时代就开始刊刻《大藏经》，所谓《大藏经》是指佛教的全部典籍，包括经、律、论三部分。中国刻过的《大藏经》大约在 10 部以上，但只有最晚的清朝藏经版保存下来了。学界认为韩国的经版和所刊刻的"高丽藏"很有学术价值和文物价值。

### 日本：古京都历史建筑与园林（含宇治与大津）

京都为日本故都，位于本州岛中部偏西，京都盆地北部。京都市又名西京，古称平安京。公元 794 年，日本首都从今京都府西南的长冈京迁至地势险要的京都盆地内。仿照 7 世纪中国唐代长安和洛阳城的建筑式样，在此建立新都，并命名为平安京，意为和平与安宁。1467 年毁于战争，后经安土桃山时代重建，人口增至 20 万。京都作为首都的时间长达 1075 年，故有千年古都之称。1869 年迁都东京之后，京都仍是宗教和文化中心。1889 年设京都市。

京都城市道路呈棋盘状，贯穿南北的大街朱雀大道将城市分为左京和右京。名胜古迹众多，城内外古色古香的寺院、神社和亭台楼阁，与现代化建筑错落相间，组成一幅瑰丽的都市风情画，这里集中了日本全国最丰富的历史和文化遗产。著名的古迹有京都御所、二条城、平安神宫、桃山城、修学院离宫、鹿苑寺、慈照寺等等。京都是一个受宗教影响极深的地方，全市有西本愿寺和东本愿寺等寺庙 1500 多所，还有平安神宫等神社 200 余座，珍藏有经书典籍和历史文物。

京都也被称为园林城市，在日本堪称杰作的园林，约半数在京都。京都的许多寺院本身就是一座秀丽古雅的园林，

图 4.3.3　平等院

坐落在京都市区西北角的鹿苑寺，以用金箔装饰的舍利殿——金阁而闻名。城西龙安寺的石庭，占地450平方米，庭中铺着白色沙砾，15块巨石根据历史故事加以雕琢、布局，形成特有的意境，是山水庭园的代表作。京都的各个建筑都体现中国隋唐时期和佛教的风格。日本室町时代北山文化的代表作鹿苑寺金阁与同一时期北山文化结晶的慈照寺银阁齐名，金银两阁分别坐落在京都的西、东两侧，遥相呼应，金阁为一座三层楼阁，一、二层大小相同，为日本样式；三层为中国式样，带有明显的禅宗风格。

京都从被设计为都城到19世纪的1000多年时间里，起到了文化中心的作用。它经历了日本木制建筑，尤其是宗教建筑，以及园林艺术发展的洗礼，已经影响了全世界园林景致的设计。并且不断地促进各种文化的融合，这样一个有很多历史建筑和园林的城市，记载了日本每一个纪元的历史。

本愿寺是日本最大的佛教宗派之一净土真宗的大本营，位于京都堀川大寺东西两侧的东西本愿寺以信徒众多、建筑宏伟和珍藏丰富而被认为是当今日本最负盛名的庙宇，被列为国宝。西本愿寺的寺门正面有唐代风格的狮子，侧面刻着中国古代尧舜禅让和许由颍川洗耳的故事，充满盛唐文化色彩。

由于大多数古建筑都是木质结构的，因此京都的很多古遗迹都遭到了火灾及国内战争的破坏。但是这样一些具有破坏性的事件对四周环山地区的影响不是很大。也就是说自然形成的地理环境，使得10世纪中期及以后的古建筑及园林一直留存至今，并且保存完好。

在市中心，许多16世纪后期的建筑避开了火灾的破坏，与现代的环境相融合。与欧洲石制风格的古建筑被现代都市环绕相比，京都以古建筑包围现代化中心城市的存在方式显得更为特别。此外，京都是日本文化的中心，一些传统的文化活动，像节庆、茶道、花展都广泛融入了现代都市的节奏。这对于京都的人民来说，无论从生活上，还是精神上都具有永不磨灭的意义。

长期以来，日本没有被占领过，也没有被殖民统治，它特有的文化也就没有受到外来文化的侵扰；再加上，在世界大战期间，京都也未曾被轰炸，它的古建筑也就未曾遭受破坏，在所有类似的木制建筑古城中，京都是唯一一个作为文化中心长达1200年之久的城市。

另外，创建于19世纪末的京都国立博物馆，收藏和陈列从日本古代到中世纪时期的文物和中日文化交流的珍品。1966年，博物馆建筑被重建为独树一帜的西洋古典风格建筑，并保留至今。

### 伊朗：伊斯法罕皇家广场

伊斯法罕是伊朗第二大城，也是最古老的城市之一，位于西南部伊朗高原边缘，扎因代河上游两岸。始建于公元前6世纪中期，多次作为王朝都城。4世纪和5世纪是皇家夏宫。中世纪时是商业和手工业中心。现在的伊斯法罕有旧城区和新城区，旧城区在河北岸，人口密集，有古老的商场、宫殿和众多的清真寺，皇家广场在旧城区。

16世纪末萨法维王朝国王阿巴斯一世迁都伊斯法罕，开始大规模改建城市，最突出的就是新建皇家广场。在伊朗传统的穆斯林城镇里，房屋通常十分密集，街道狭窄，只有在旅社和大清真寺里才有比较宽阔的庭院。阿巴斯一世新建的皇家广场规模宏大，广场四周还有整齐的建筑。

皇家广场平面呈长方形，内侧南北长500米，东西宽165米。广场内有环形道路和交叉道路，路间是草坪和树木。广场四周长短边都是整齐划一的双侧廊房，即廊道两侧都有房屋。广场用于集会、重大仪式、阅兵和马球比赛，据说这里也是伊朗马球戏的发源地。广场四边的中心有四座建筑。南端是皇家清真寺，最为雄伟，主要礼拜堂高54米，整个清真寺内外镶嵌着各种彩色的瓷片。东面是路特夫拉清真寺，专供皇家祈祷使用。西面是5层的入口门楼，在第3层附有带篷的舞台，当年每天在此举行音乐会。北面是高门宫，由这里通往附近的花园和其他宫殿。

图 4.3.4　广场南部

图 4.3.5　南端大清真寺

伊斯法罕被列入《世界遗产名录》，主要是因为建筑的整体显示了人类杰出的创造力；伊斯兰世界保存下来的古代广场很少而且很小，特别是能反映古代生活方式的更少。

本书作者因为在新疆甄别发现伊朗的日月教石窟寺庙，而受伊朗政府邀请，到伊朗访问，曾在伊斯法罕皇家广场等地考察。拍摄的照片收入本书教学材料。

**美国：自由女神像**

自由女神像，作为美国的象征，位于美国纽约市曼哈顿以西的一个小岛——自由岛上，她手持火炬，矗立在纽约港入口处，日夜守望着这座大都会，迎来了自19世纪末以来到美国定居的千百万移民。1984年，它被列入《世界遗产名录》。

自由女神像是法国人民赠给美国人民的礼物，是自由的象征，女神像高46米，连同底座总高约100米，是那时世界上最高的纪念性建筑。其全称为"自由女神铜像国家纪念碑"，正式名称是"照耀世界的自由女神"。整座铜像以120吨的钢铁为骨架，80吨铜片为外皮，以30万只铆钉装配固定在支架上，总重量达225吨。铜像内部的钢铁支架是由建筑师维雷勃杜克和以建造巴黎埃菲尔铁塔闻名于世界的法国工程师埃菲尔设计制作的。

女神双唇紧闭，戴光芒四射的冠冕，身着罗马式宽松长袍，右手高擎象征自由的几米长的火炬，左手紧握一铜板，上面用罗马数字刻着《美国独立宣言》发表的日期——公元1776年7月4日，脚上散落着已断裂的锁链，右脚跟抬起作行进状，整体为挣脱枷锁、挺身前行的反抗者形象。女神气宇轩昂、神态刚毅，给人以凛然不可侵犯之感。而其端庄丰盈的体态又似一位古希腊美女，使人感到亲切而自然。当夜幕降临时，神像基座的灯光向上照射，将女神映照得宛若一座淡青色的玉雕。而从女神冠冕的窗孔中射出的灯光，又在女神头上缀了一串金黄色的亮光，给

图4.3.6　自由女神像头部

热闹而喧嚣的大都会平添了一处颇为壮观的夜景。创造这一艺术杰作的是法国雕塑家巴特尔迪，女神的形象源于他在17岁时目睹的激动人心的一幕：1851年，路易·波拿巴发动了推翻法兰西第二共和国的政变。一天，一群共和国党人在街头筑起防御公事，与政变者展开巷战。暮色时分，一位忠于共和政权的年轻姑娘，手持燃烧的火炬，跃过障碍物，高呼"前进"的口号向敌人冲去，不幸中弹牺牲。从此，这位高擎火炬的勇敢姑娘就成了雕塑家心中追求自由的象征。另外，女神像的形体以巴特尔迪后来的妻子为原型创作，面容则取自他的母亲。

1869年，巴特尔完成了自由女神像的草图设计。1874年造像工程开工，到1884年完全造竣，前后历时十年。雕像仅食指就有2.5米长，1米宽，指甲则有25厘米厚。

1884年7月6日，自由女神像正式

图4.3.7　自由女神像外部施工

赠送给美国。8月5日，神像底座奠基工程开始，基座高约27米，由花岗石混凝土制成。基座下面是打入弗特伍德古堡中心部位6米深处的混凝土巨柱。该古堡是一座军用炮台，呈八角星状，于1808—1811年为加强纽约港的防卫而建，1840年翻新。1885年6月，整个塑像被分成200多块装箱，用拖轮从法国里昂运到了纽约。1886年10月中旬，75名工人在脚手架上将30只铆钉和约100块零件组合起来。28日，美国总统克利夫兰亲自主持了万人参加的自由女神像揭幕典礼。1916年，威尔逊总统为女神像安装了昼夜不灭的照明系统并主持了竣工仪式。1942年美国政府做出决定，将自由女神像列为美国国家级文物。1989年本书作者曾沿雕像内部的螺旋步梯，登上自由女神像头部的光芒冠窗口，向外张望。

一个多世纪以来，耸立在自由岛上的自由女神铜像已成为美利坚民族和美法人民友谊的象征，永远表达着美国人民争取民主、向往自由的崇高理想。

**智利：拉帕努伊国家公园（复活节岛）**

复活节岛位于南太平洋东部，向东距离智利大陆本土约3600公里，南纬27度，西经109度。荷兰航海家罗赫芬于1722年4月5日复活节发现并登上该岛，该岛因此而得名。当地人则称之为拉帕努伊岛。这个岛在地理上属于波利尼西亚群岛，位于群岛东端，是世界上最偏僻的岛。现在每年有5000名游客乘飞机到该岛，在小机场上降落。该岛最引人注目的是巨大的神秘石雕人像，此外还有岩画和洞窟壁画。这里从1888年起归属智利。

英国考古队1914年在这里进行过考古调查。1934年法国和比利时联合考古队也进行过考古调查，重点是石雕像。1955年挪威考古队在岛上进行过考古发掘。近年也有人进行考察。

复活节岛外形是不规则三角形，东西长23公里，南北宽11公里，面积118平方公里。现有2000多人。全岛由火山凝灰岩构成，现在仍有好几座火山，地面崎岖不平，土地贫瘠。

现在发现的石雕人像有867个，一般高3—6米，头上还有石冠。最大的雕像高11.5米，重82吨，石冠重11吨。雕像大都成组建在石砌的平台上，面向大海，但也有背向大海的。这样的平台大都用碎石砌成，高3—4米，平台共有300多个。台上雕像数目不等。最大的平台上建有15座雕像。

石像大体上建于前后两个时期。前期从公元700年开始，石像制作粗糙，大都是中小型的，与真人大小相当。后期在公元1000—1700年，雕像巨大，短腿或无腿，长耳朵，头部巨大，呈上下长方形，下颌前伸，鼻梁凹下，额上方向后倾，没有后脑勺。

雕像与平台都属于宗教性质，平台起初用于祭祀，后来才在台上建雕像。这种巨人的石雕像是复活节岛所独有的。

大约在1680年岛上发生动乱，人口减少。后来多数石像被推倒，有些还被半掩埋在土中，仅仅露出头部。

图 4.3.8　石像与参观者

图 4.3.9　石像发掘

关于雕像年代以及岛上居民的族属和起源，现在还有许多争议，有待进一步研究。1995 年全岛作为国家公园被列入《世界遗产名录》。

### 德国：魏玛和德骚的鲍豪斯建筑地点

魏玛是德国东部的一座城市，1999 年由欧洲共同体定为"欧洲文化首都"。它是近代德国古典文学圣地，城镇周围有很多具有很高艺术价值的公共或私人建筑和公园，表明古典时期的魏玛具有繁荣的文化。鲍豪斯（Bauhaus）是 1919 年由一位名叫格罗皮乌斯（Walter Gropius）的艺术家创建的建筑学校。它由魏玛艺术学院和魏玛美术与工艺学校联合创建，这所新学校里的学生要接受艺术家和手艺精湛的工匠的双重训练。这些艺术家能够将精工细做的实践经验和创造性的想象力结合起来，从而发展一种新的功能设计的意识。

1919—1933 年间，鲍豪斯学派在魏玛兴起。1919 年，德国国民议会在这里通过宪法，建立魏玛共和国。二战时遭到严重破坏，战后得到修复，城内主要建筑有雅各布教堂、魏玛市场、城堡、贝尔维德莱宫、歌德故居、席勒路魏玛观景公园、莫扎特纪念牌等。这使得魏玛今天成为欧洲的文化中心。

1925—1926 年鲍豪斯研究所迁到德骚的一幢由格罗皮乌斯设计的带有激进主义色彩的现代建筑物当中，这个复杂建筑的主体由钢架和玻璃建成，它被认为是建筑上的一个奇迹。新的鲍豪斯学派艺术学院从而于 1926 年 12 月 4 号正

图 4.3.10　鲍豪斯建筑学校

式建成。鲍豪斯学派后来在德骚逐渐发展起来，在这里建造了鲍豪斯建筑，对继承文艺复兴时期建筑和美学的理念和实践提出了革命性的改进。当时政府从魏玛迁到德骚给鲍豪斯学派的创造工作提供了最佳的机会，那就是由他们自己设计新居，以展示和验证自己的建筑构想。所建的大楼分为3个部分：带有著名的玻璃门面的工作室侧翼、技术学院大道和带有悬空阳台的绘画工作楼。这些楼由廊桥连接，廊桥的下边原来是路，现在是行人区。还有一个带餐厅、舞台和大厅的中心楼。在德骚，对现代艺术、工业艺术和建筑的研究正在逐渐回归生活。建筑的设计和装饰掀起了一场逐渐形成20世纪建筑新风格的现代化运动。这栋鲍豪斯大楼至今还是为德骚鲍豪斯基金会的客人提供食宿的地点。这个基金会的任务是保存鲍豪斯的历史遗产并向普通民众开放。

和鲍豪斯大楼在一起的还有一处小的房地产公司，它包括为主人设计的3座半独立的房子和一座独立的房子。这些房子和房地产公司的一部分在战争中被毁，1994年恢复，现在由库特维尔中心使用。

这项文化遗产还包括鲍豪斯在魏玛的居住地、学校和邻近的办公楼，以及1923年为第一次鲍豪斯展览而在霍伦建造的大楼。

二战期间纳粹政府下令关闭了鲍豪斯建筑学校，随后原学校的教师和学生移民美国。1937年一所鲍豪斯学校在芝加哥建成，鲍豪斯在艺术教育和建筑学方面的思想对美国、乃至全世界都有巨大的影响。鲍豪斯建筑地点在1996年被列入《世界遗产名录》。

### 西班牙：巴塞罗那的古埃尔宫、花园及米拉宫等

在西班牙的巴塞罗那曾经举办过一届夏季奥运会，从而使这座不大的城市广为人知。它位于西班牙东北部，背靠加泰罗尼亚山地，面向地中海。

19世纪下半叶，巴塞罗那由于经济发展，城市要扩大，当时政府在老城周围开辟了大片土地，用于建造工厂和住宅区，这种有计划地开发城市土地、安排建筑物，在当时是一种创举。在当时的住宅区规划与建设过程中，摆脱了传统的束缚，兴起了一种极具

图 4.3.11　古埃尔宫

图 4.3.12　古埃尔公园主入口

个性的现代派建筑艺术风格,这就是后来所说的加泰罗尼亚新艺术风格,这种风格的建筑在1900年前后达到高潮,此时巴塞罗那新城也初具规模,此后这种艺术风格一直延续到20世纪30年代。

这种现代派的建筑有一部分在市中心的埃克萨普莱区,既有著名的建筑,也有普通住宅、医院、音乐厅、政府机关和工厂等大型建筑。另有许多建筑在近郊区。最能体现这种风格的是各种档次的住宅、街区布局和园林绿地,这些建筑有的是新建的,也有不少是将旧建筑改建、修理或重新装修而成的。

这种新风格的建筑,其特点主要有两方面。第一,建筑师和艺术家把美学的各种表现形式尽可能地综合运用到建筑中,形成优美的生活与家居环境。这不仅包括街区布局和房屋外观,还包括室内装修、家具制作、室内陈设。他们设计的室内装潢,使人感到建筑物外观的精美似乎透过墙壁和屋顶进入了室内,室内空间分割、地面、墙壁、天花、门窗和隔断都精益求精。可移动的家具,如桌椅、床柜、屏风等,都制作精良、布置巧妙。其他灯具和地毯等都力求和整体环境协调。

这种建筑风格的第二特点是把环境、建筑、独立雕塑、空间、色彩和光线与大自然和谐地融汇在一起,力争把人为的部分和大自然形成的部分和谐地安排在一起。

当时属于现代派的建筑师和艺术家有许多,安东尼奥·高迪(1852—1926)就是其中杰出的代表。他既是建筑师,又是雕塑家,也是一位杰出的工匠。他设计的建筑中最有代表性的是古埃尔宫、古埃尔公园和米拉公寓大厦。

古埃尔宫是由欧塞维奥·古埃尔委托建造的,1890年建成,是古埃尔家的住宅。1944年由政府购买,1954年改为博物馆。

古埃尔公园由高迪设计并参与建造。它实际上是一处住宅区,包括大街、林荫路、广场、行道和步行街。1900年开工,30年代完成。它最能体现现代派的艺术风格。

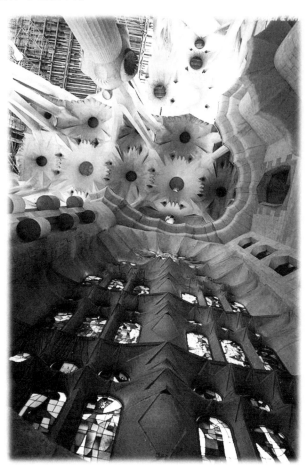

图 4.3.13　仰视建筑内景

米拉公寓大厦在1905—1910年间建成,由米拉委托建造。整幢建筑外轮廓由曲线构成,墙面、柱面、天花是拉毛的粗糙面,因而整个建筑物如同在岩石中开凿而成。

**美国:独立大厅**

独立大厅是美国著名的历史纪念建筑。它是一座深土红色的三层楼房,位于宾夕法尼亚州费拉德尔费亚城彻斯特努特大街。这座建筑与美国历史上最重要的节日,1776年7月4日美国独立日联系在一起。这一天,13个英属美洲殖民地在此宣布脱离英国本土独立,这里成为美国的诞生地。费城老城中心从此时起成为国家历史的圣地。独立大厅于1732—1749年建造,原为殖民时期宾夕法尼亚州的议会大厦。1774年9月和1775年5月在此召开第一次和第二次美洲大陆会议。1776年7月2日,13个英属美洲殖民地代表组成的大陆会议在此举行,7月4日通过了由杰克逊起草的《独立宣言》,宣布北美殖民地脱离英国,建立"自由独立的合众国"。

在美国独立战争中,国会曾在独立大厅指挥作战,并在此创建联邦政府,订立了北美合众国永久性联邦条例。1787年5月25日,13个州的代表在此召开制宪会议,华盛顿主持,通过并签署了美国宪法。这两部文献中阐述的普遍性原理对世界各国的立法产生了重要影响。现在,独立厅的一切陈设仍保持原样,13张会议桌上铺着绿丝绒台布,放着纸张、文具盒、书籍及当年使用的蜡烛台,藤木扶手椅也放在原地。

原先陈列在独立厅的著名自由钟,在美国独立200周年时移至独立大厅前面的草坪上,建有玻璃保护房。钟上刻有"宣布自由遍施于全部国土,全民均得共享"铭文。1948年美国国会通过法案,将独立大厅及其周围具有历史意义的建筑加以保护,成立了国家独立历史公园。独立大厅已被列入《世界遗产名录》。

图 4.3.14 独立大厅 当年13州会议在此举行

图 4.3.15 自由钟复制品

## 突尼斯：埃尔基姆椭圆形露天剧场

突尼斯古罗马椭圆形露天剧场坐落在突尼斯东部苏塞城与斯法克斯城之间的杰姆村，建于230—238年，是世界上保存最好的古罗马帝国时代椭圆形露天剧场，是全世界第三、古代北非地区最大的公众娱乐场所。1979年被列入《世界遗产名录》。椭圆形露天剧场长径148米，短径122米。用长1米、宽0.7米、高0.5米的大石块砌成。位于中央的表演场亦呈椭圆形，长65米，宽39米，周围有3米高的安全石墙。外围有3层希腊科林斯式柱子和拱门组成的通廊，每一层有拱门60个，外墙总高36米，显得十分壮观。看台宽广，结构与现在的露天体育场相似，可容纳观众约3.5万人。1726年，奥斯曼帝国的皇帝为镇压抗拒捐税的义民，下令向场内开炮，竞技场遭到严重破坏，仅留下原建筑的五分之三左右，但大部分安全石墙、地下通道、拱廊以及部分阶梯式座席保存较好。

图 4.3.16　外　观

图 4.3.17　场　内

## 澳大利亚：悉尼歌剧院

悉尼歌剧院位于悉尼港的便利朗角，其独特的帆船造型，加上作为背景的悉尼港湾大桥，与周围景物相映成趣，在现代建筑史上被认为是巨型雕塑式的典型作品，代表了一种独特的艺术成就，一种创造性的天才杰作，2007年作为文化遗产被列入《世界遗产名录》。

建造悉尼歌剧院的计划开始于19世纪40年代。那时第二次世界大战刚刚结束，战后的悉尼没有专门用于音乐、喜剧表演的剧场。于是，当时悉尼音乐学院的院长尤金·古森斯游说政府建造一个能够表演大型戏剧作品的场所。1954年，古森斯得到新南威尔士州州长约瑟夫·卡希尔的支持，卡希尔要求的是设计一个专门用于歌

图 4.3.18　丹麦建筑师约恩·伍重

剧演出的剧院。卡希尔于1955年9月13日发起了歌剧院的设计竞赛，共收到了来自32个国家的233件参赛作品。后来丹麦建筑师约恩·伍重的设计方案中选，约恩·伍重的设计灵感来自于切开的橙子。在建造过程中，澳大利亚新政府与约恩·伍重失和，这位建筑师于1966年离开澳大利亚。之后的建筑工作由澳大利亚的3位建筑师彼得·霍尔、莱昂内尔·托德和大卫·李特莫尔负责，工程共耗资1200万澳元，历时14年完成。

图 4.3.19　隔海看外观

悉尼歌剧院的外观为3组巨大的壳片，耸立在南北长186米、东西最宽处97米的现浇钢筋混凝土结构的基座上。这些"贝壳"依次排列，前3个是1个盖着1个，第1组壳片在地段西侧，4对壳片成串排列，3对朝北，1对朝南，内部是大音乐厅。第2组在地段东侧，与第1组大致平行，形式相同而规模略小，是歌剧厅。第3组在它们的西南方，规模最小，由两对壳片组成，里面是贝尼朗餐厅。其他房间都巧妙地布置在基座内。整个建筑群的入口在南端，有宽97米的大台阶。车辆入口和停车场设在大台阶下面。贝壳形尖屋顶，是由2194块每块重15.3吨的弯曲形混凝土预制件用钢缆拉紧拼成

图 4.3.20　内景

的，外表覆盖着105万块白色或奶油色的瓷砖。

悉尼歌剧院代表了一种独特的艺术成就，除了建筑结构部分的精彩，这个建筑还有着建筑业内另外的成就。首先是屋顶的瓷砖，瓷砖的哑光与抛光部分相间排列，在太阳的照射下闪闪发光，它经过了特殊的处理，不怕海风的侵袭，也不需要清理。其次，整个悉尼歌剧院采用的是集成式的设计

体系，所有的地板都是水泥预制件，用四根螺丝固定在地面上，随时可以拆卸。这为维修地面下的管线提供了最好的解决方案，是上世纪五十年代第一次有人尝试的建筑方法。还有一点更加令人惊叹，这个剧院没有空调系统，它的恒温性能来自周围的海水。一系列工程学、材料学、建筑学、设计学上面的突出表现，让悉尼歌剧院成为人类建筑史上的璀璨明珠。本书教学材料中附有多幅照片，是本书作者2011年在现场拍摄的。

2003年4月，悉尼歌剧院设计大师约恩·伍重先生获2003年普利茨克建筑学奖。2008年11月29日，约恩·伍重在丹麦去世，享年90岁。然而令人遗憾的是，这位悉尼歌剧院的设计大师，直至去世都没能亲自来现场看过他自己的杰作。

**中国：福建土楼**

福建土楼散布在闽西的永定、武平、上杭及闽西南的南靖、平和、华安、漳浦等地，历史悠久、规模宏大、结构奇巧、功能齐全、文化内涵丰富。因为这些土楼大多数是由福建客家人所建，所以又被称"客家土楼"，是客家文化的象征之一。2008年，永定、南靖、华安三县的"六楼四群"共46座福建土楼被列入《世界遗产名录》。这些土楼主要分布在福建西部和南部山区，其中包括包括永定的下洋初溪、湖坑、洪坑、高投、高北土楼群、衍高楼、振福楼、永康楼，南靖的田螺坑土楼群、和贵楼、怀远楼，华安的大地土楼群等。

福建土楼是世界上独一无二的山区大型夯土民居建筑，创造性的生土建筑艺术杰作。土楼墙体以生土作为主要建筑材料，掺上细沙、石灰、糯米饭、红糖、竹片、木条这些材料，经过反复揉、舂、压建造而成，楼顶则覆以火烧瓦盖。土楼高可四五层，供三代或四代人同楼聚居。

福建土楼产生于宋元，在明末、清代和民国时期逐步演变成熟。上述土楼中最古老和最晚近的都在初溪的土楼群中，直径66米的集庆楼已有600年的历史，直径31米的善庆楼则仅有30多年历史。福建土楼的形成与历史上中原汉人几次南下大迁徙相关。西晋永嘉年间，即公元4世纪，北方战乱频仍，天灾肆虐，中原人南迁入闽。进入闽南的中原移民与当地居民相互融合，形成了以闽南话为特征的福佬民系；另一支辗转迁徙后经江西赣州进入闽西山区的中原汉人则构成福建另一个重要民

图 4.3.21　土楼外景

系，即以客家话为特征的客家民系。

福建土楼所在的闽西和闽南山区，地势险峻，人烟相对稀少。聚族而居既是根深蒂固的中原儒家传统观念要求，更是聚集力量、共御外敌的现实需要。福建土楼依山就势，布局合理，吸收了中国传统建筑规划的堪舆和风水理念，适应聚族而居的生活和防御的要求，还巧妙地利用了山间狭小的平地和当地的生土、木材、鹅卵石等建筑材料，具有节省材料、坚固耐久、防御性强的特点，又极富美感。这些独特的山区民居建筑，将当地传统的生土夯筑技术推向极致。

福建土楼主要有三种典型建筑风格，即五凤楼、方楼、圆楼3种。"三堂两落"的五凤楼保持了明确的中轴线，也保持了规整、内向的传统布局。两侧横屋是四合院厢房的加高，后进的正房变成高大的主楼，这种主次分明，高低错落，和谐统一的建筑构思，既显示了封建宗法制的尊严和古朴庄重的艺术风格，又体现了土楼与中原文化千丝万缕的联系。方楼的布局同五凤楼相近，但土墙坚固厚实，从上堂屋扩大到整体外围，防御性得到加强。圆楼有两大特征，一是在圆形建筑中，三堂屋隐藏，尊卑主次削弱，二是楼构成堡垒，防御功能上升到首要地位。福建土楼建筑具有多种优越性：简易的经济性、持久的坚固性、实用的物理性、突出的防御性、独特的艺术性等等。

图 4.3.22　土楼内景

福建土楼的防御功能表现在诸多方面。其外墙厚1米以上，一二层不开窗，与外界仅有坚固的大门相通，大门一关，土楼便成封闭的堡垒，在冷兵器时代，防御盗贼抢劫，可谓固若金汤。为防火攻，门上设有漏水漏沙装置，紧急时楼内居民还可从隐蔽的地下暗道逃逸。如今，土楼早已不再是堡垒，但那些完备而精致的防御设施，仍让人们拍案叫绝。福建土楼虽是原始的建筑，但是很合乎生态的理念，就地取材，循环利用，冬暖夏凉，节省能源，以人们今天所追求的绿色节能理念来衡量也很有独创意义。

福建土楼不仅是东方血缘伦理关系和聚族而居传统文化的历史见证，还是世界上独有的大型原生土夯筑的建筑艺术成就的典范。众多家庭聚族而居于一楼的均等居住形式，使之不同于世界其他任何建筑，可谓天下一绝。土楼的子孙往往无须族谱便能侃侃道出家族源流。此外，就地取材，用最平常的土料筑成高大的楼堡，化平凡为神奇，又体现了客家人与自然和谐相处过程中的创造精神。

## 第四节 工矿交通设施

**工矿交通设施举例**：奥地利塞默灵铁路、奥地利哈尔施塔特-达赫施泰因皇家盐田文化景观、比利时路维勒和鲁尔克斯主运河上的4个船闸及环境、比利时斯皮诺斯新石器时代石英矿群、波兰维耶利奇卡盐矿场、玻利维亚波脱西城及银矿区、德国伏尔格林根炼铁厂、德国拉摩尔斯堡矿场和哥斯拉旧城、芬兰维尔拉的锯木场与木工厂、荷兰弗里斯兰省乌达蒸汽抽水站、荷兰金德代克-埃尔斯豪特的磨坊网、墨西哥瓜纳尤阿托历史城和矿场、挪威勒罗斯城与矿场、瑞典恩格堡炼铁厂、西班牙拉斯麦杜拉斯的金矿场遗址区、印度大吉岭喜马拉雅铁路、英国铁桥谷工业旧址、英国南威尔士的布莱纳文19世纪工业区景观。

**运河与输水道举例**：法国杜米底运河、西班牙塞戈维亚旧城及其输水道、我国青城山和都江堰水利灌溉工程。

本书2004年首次出版以来，又有一些新遗产入选《世界遗产名录》，其中属于工矿交通设施的，现举例如下：白俄罗斯等2005测量子午线长度的地面设施群，沿途经过白俄罗斯、爱沙尼亚、芬兰、拉脱维亚、立陶宛、挪威、摩尔多瓦、俄罗斯联邦、瑞典和乌克兰等国；比利时2012瓦隆尼亚（Wallonia）的欧洲工业时代早期乌托邦建筑风格的4处主要矿区遗址；波兰2013维利奇卡（Wieliczka）和巴普莱尔（博赫尼亚，Bochnia）皇家盐矿；巴林2012由穆哈拉格（Murharraq）城、近海牡蛎养殖场和卡拉布马希尔要塞（Qal'at Bu Mahir）组成的采珠业场所；德国2010上哈尔茨山（Upper Harz）采矿和冶金水力资源管理系统；德国2011初建于1910年的下萨克森州阿尔费尔德（Alfeld）的法古斯鞋楦厂；法国2009沙林斯-莱巴辛（Salins-les-Bains）盐场；荷兰2010辛格尔（Singel）运河内的阿姆斯特丹16世纪末至17世纪同心圆型运河区；加拿大2007丽多（Rideau）运河；墨西哥2006特奇拉（Tequila）山麓和格兰德河（Rio Grand）河谷龙舌兰景观和古代龙舌兰酿酒工业设施；日本2007岛根县石见（Iwami Ginzan）银矿遗迹C；瑞士2008阿尔布拉-伯尔尼纳（Albula-Bernina）的雷提安（Rhaetian）铁路；瑞士2009拉绍德封（La Chaux-de-Fonds）与勒洛克（Le Locle）制钟表镇；斯洛文尼亚2012阿尔马登（Almdén）和伊德里亚（Idrija）的水银采矿遗址，斯洛文尼亚与西班牙共有；西班牙2006维斯盖亚（Vizcaya）钢索高架桥；西班牙2009拉科鲁尼亚海港的希腊罗马时期的海格力斯（Hercules）灯塔；意大利和瑞士2008阿尔布拉-伯尔尼纳（Albula-Bernina）文化景观中的雷塔恩（Rhaetian）铁路；伊朗2009舒什塔尔（Shushtar）的古代至今的桥梁、堤坝、运河、供水和灌溉系统；英国2006康沃尔（Cornwall）郡和西德文（Devon）郡采矿区景观；英国2009威尔士的旁特斯沃泰（Pontcysyllte）水道桥与运河；智利2005亨伯斯通和圣劳拉（Humberstone and Santa Laura）盐矿场；智利2006塞维尔（Sewell）采矿城市。

### 法国：阿尔凯特瑟南斯皇家盐场

阿尔凯特瑟南斯皇家盐场位于法国东部边界附近、杜布斯地区朱拉山脉西侧。它是幻想派建筑师克洛德·尼古拉·勒杜设计的"理想城"中唯一得以兴建的建筑，也是法国近代工业建筑时期最杰出的建筑，体现了启蒙运动的设计理念，是工业建筑发展史一个阶段的见证。这个半圆形的庞然大物，把一个近乎幻想的难以实现的纸上作品，变成了一个有条有理的、清楚的现实建筑。

图 4.4.1　盐场大门

杜布斯地区的制盐业从中世纪开始，阿尔凯特瑟南斯盐场的建造使这一传统的造盐工业进入前所未有的规范化时代。盐场最初是根据路易十五的意愿，在 1774 年至 1779 年建造的，适逢法国大革命爆发前的 10 年，制盐在当时是相当重要的产业，盐税给国家带来丰厚的财政收入。

阿尔凯特瑟南斯皇家盐场是一家设施全面的工厂，在建筑物内部设有办公室、接待室、厨房、面包房、教堂。所有的工人都住在里面，达到了行政、宗教和政治职能的统一。更为人性化的是，在工厂里为工人建立了活动和休息室，充分考虑到工人的实际需要，并把他们与建筑巧妙地结合在一起。为了安全和卫生，所有建筑分散布局。在这个由 11 座楼房组成的半环状建筑里，呈现出设计者多姿多彩的艺术想象力和实用性的巧妙结合。

皇家盐矿厂房围绕经理楼成半圆形。坐落在盐场中央的经理楼，是一座俭朴的十字形建筑，正面为高大的列柱廊，一根根廊柱是由圆形和方形石块逐次交叠而成，棱角分明。柱廊上方为带眼孔窗的三角墙。经理室的窗户被誉为经理之眼，从这里能看到厂区的任何地方，同时也被别的地方看

图 4.4.2　经理楼和车间

到，以便监督调整整个盐场的运行。分布在经理楼两侧的宽敞建筑是制盐车间，它与经理楼一起构成盐场的心脏。盐水通过21公里长的木制地下管道从盐田流到这里，经过许多道工序后被制成盐粒。车间两侧是两栋职工楼，楼后是马厩。车间对面的平房是铸造、铁匠、桶匠和工人住房。经理楼对面是门房。它位于盐场的路口处，把具有古代风格的陶立克式廊柱与岩石奇妙地结合在一起，岩石棱角分明，晶莹剔透，类似盐粒结晶。下面墙上的砖石也是凹凸起伏，好似水波粼粼。整个建筑被赋予一种朦胧之感。

19世纪末的工业革命和新技术的出现，使皇家盐场越发显得陈旧和落后，终于在1895年关闭停业。它从1778年到1895年运行了117年。1918年，皇家盐场被遗弃，继而被抢夺和焚烧。20世纪60年代，法国政府收购了盐场，并开始修复。阿尔凯特瑟南斯皇家盐场于1982年被列入《世界遗产名录》。

今天盐场的一处旧址被改建为勒杜博物馆，在这里我们可以看到这位建筑大师的一些建筑设计模型。它们中有的已经实施，有的只是想象中的草图。这些没有实现的草图表现出了这位幻想家更为独特的艺术风格。

**法国：庞杜加德罗马时期引水高架渠**

庞杜加德罗马时期引水高架渠位于法国南部朗格多克鲁西荣大区加尔省省会尼姆市，建于公元前不久。1985年被列入《世界遗产名录》。

横跨加尔河的尼姆水渠是罗马人修建的最古老的水利工程之一。修渠目的是解决周围无河流的尼姆城的用水问题。尼姆水渠全长约50公里，依地势的高低逶迤南下。为了保证每一段流程的坡度，工匠们需要在有些地段开山凿石。工程最大难关为跨越加尔顿深谷，为此修建了"加尔桥"。

加尔桥因加尔河得名，高48.77米，分上中下三层，每层都有数目不等的半圆形桥拱。其最下层的桥拱跨度达25米，保证了河水的流畅及来往船只的通行无阻。下层中世纪时期为人行道，有6个半圆形拱；中层11拱，上层35拱。三层长度自下而上递增，分别为142.35米，242.55米和275米。

加尔桥的建筑充分考虑到了加尔河的水文情况。鉴于河水多有泛滥，建筑师们在桥墩底部设计了分水角，桥身设计了轻度曲线，以减缓洪水对桥基的冲击。

加尔桥底层和中层用6吨重的巨石建成。这些巨石来自距该桥600米远的采石场。上层内铺巨大的长板石，形成水源通道。

加尔桥虽然从整体上看依旧完好无损，但由于自然力的侵蚀以及人为的影响，其状况令人担忧。由于河水的长年冲击，桥墩已经严重受损，桥体上许多钙质石块和长石板的内部也已出现了蜂窝状的洞孔。由于大量游人到来，随之而来的空气和噪音污染成为加尔桥的最大威胁。

图 4.4.3 交叉地段

图 4.4.4 过河

为了修复加尔桥，清理其周围的不良环境，1989年6月，法国古迹管理委员会确定了拯救加尔桥的方案。同年，加尔省成立专门治理小组并决定由建筑师让·保罗·维基埃负责计划实施。整修后的加尔桥将坐落于180公顷的保护区内，那里草木葱郁，优美的自然景观与人类的建筑杰作相映成趣。

**古巴：特立尼达城和洛斯印格尼奥斯谷地各糖厂**

特立尼达城位于古巴中部埃斯坎布拉伊山脉南麓，始建于16世纪，其命名表示了对圣三位一体的敬意。它是欧洲人征服美洲大陆过程中的一个前方据点，距离大海约几公里。这座小城历史悠久，并且完整地保存了各个时期的建筑风貌。它与附近的洛斯印格尼奥斯谷地的多个糖厂于1988年被列入《世界遗产名录》。

特立尼达城于1514年由哥伦布的部下迪戈·贝拉斯克斯始建，次年建成，为西班牙殖民者在古巴创建的第三座城市。特立尼达方圆约6平方公里，鹅卵石的街道、殖民风格的建筑和公众广场使人们想到了当年西班牙统治之下古巴省的生活。这里有殖民时代典型的巴洛克式或新古典主义的宏伟庄严的大楼和教堂。街道整齐，房舍红瓦白墙，一般高两到三层，除一座塔和一座钟楼约有三四十米高外，再无更高大的建筑。

图 4.4.5 特立尼达城民居外观

这座小城以其特色建筑著称，从16世纪直到19世纪的建筑艺术风格在此地和谐地统一在一起。城内街道均由石子铺砌，道路两旁是有巴洛克式和新古典主义建筑风格的住宅。马约广场是该城的象征。

广场上耸立着高大的国王棕榈和城市保护神特尔西科雷女神雕像。广场旁边是现在已成为建筑博物馆的桑切斯·伊斯纳加宅院。坎特宫因空间布局和墙壁的装饰而闻名,现已成为城市历史博物馆。特立尼达还有无数至今保存完好,仍由普通居民使用的庭院式住宅。

特立尼达城今天已经成为众所周知的"活的博物馆"。虽然它的外表使它看起来像是想停留在过去,但是它的经济发展却并非如此。相反,这个城市在传统经济活动上又加入了旅游业。特立尼达城有一个重要的海港——卡斯尔达,距离安科海岸不远。该海岸以长达10公里的干净沙滩和水晶般的海水而闻名。离海岸不远的地方是非常适于潜水的暗礁和海床地带。这里也有许多保存有早期印第安土著遗址的山洞。所有这些结合在一起,使此地成为古巴最具吸引力和最有趣的旅游景点之一。

洛斯印格尼奥斯谷地位于特立尼达城东。这座山谷是一块面积有上百平方公里的山间盆地,土地肥沃。特立尼达城兴起后,这里被逐渐开发为上等的甘蔗种植园,榨糖厂也随之兴起。20世纪以前,由于技术水平的限制,种植园和榨糖厂的规模一般都不大,但数量很多,有一百多家,是昔日古巴制糖工业繁荣和发展的生动例证。现在这里保存着75家榨糖厂主的庄园遗址,还有旧时的别墅、茅屋、仓库以及与制糖有关的其他设施。这70多处遗址在建筑和装饰方面具有极大价值。著名的伊斯那卡塔高35米,1840年前后建于一家糖厂附近。其上的钟声曾经是糖厂上下工的标志。伊斯那卡塔建筑华美,作为谷地的象征至今仍高高耸立。

洛斯印格尼奥斯谷地后逐渐成为世界最大的食糖生产地之一,而这项工业也决定了特立尼达城的建立和成长。繁荣的经济为19世纪时这座城市的重建提供了资金。建于17、18世纪的老建筑被改造,特立尼达变成了古巴人均石瓦房最多的城市。

**瑞士:拉绍德封与勒洛克制表镇**

制表城镇拉绍德封(La Chaux-de-Fonds)与勒洛克(LeLocle)位于瑞士西北部偏远的不适于耕种的汝拉山区,是相邻的双子城,这两座钟表城市是特殊工业化的代表,2009年被列入《世界遗产名录》。

拉绍德封和勒洛克是单一制造产业城镇的杰出典范,保存情况良好而且相当活跃。从18世纪末至今,这两座城市因其整体感、原始感和真实感为人所喜爱。拉绍德封和勒洛克早年为适应逐渐崛起的钟表业,在几十年期间在海拔1000米高的地方把村落发展成了城市。拉绍德封和勒洛克作为完整的工业时代的特殊遗产,见证了整个工业时代。

拉绍德封和勒洛克原有的城镇从17世纪起依靠制表业这个唯一的行业存在,有平行的长条形街区,作坊和住户混杂在一起。现在的都市发展起步于19世纪初,是在一场大火过后,拉绍德封重新进行规划,城市布局方式是将住宅和工厂沿着一个开放式的平行带布置。用来进行生产作业的房屋位于业主的私人房屋、厂房和最近的工厂旁,呈现出一个均匀合理的城市结构。街道、建筑和工厂都是为满足当时日益兴盛的钟表业而建。其目的在于促使钟表工业和钟表制作师达成共识。当地适合制表业的建筑特色包括：各个制造单位之间快速便捷的运输、充足的天然采光和最佳的空气流通；除此之外也考虑到卫生和舒适的居家环境。两个城市的规划都已经适应了从最初的家庭手工作坊到19世纪后期和20世纪更加集中的工业生产的转变。

图 4.4.6　拉绍德封镇

双子城的发展延续了这种特殊的生活方式和著名的制表传统，并且这种传统成功地应对了当代社会的技术变革和经济危机。

拉绍德封市靠近法国，16世纪宗教改革时，从法国逃亡来的胡格诺教徒定居这里，于是逐渐形成了这个城市。拉绍德封的国际钟表博物馆收藏着从古代计时器到现代最精密钟表的各种展品，是瑞士最大、最引以为傲的钟表博物馆。

这个钟表博物馆是由一所钟表学校改建而成的，从外面看上去就像一个普通的家庭庭院。不大的门牌上写着博物馆的名字，而门上面的横梁上用法语写着"人和时间"，点出了钟表和两者的关系。20世纪初著名的手表制造商法夫赫收集了一些手表制造工具和各种手表，建立了这个博物馆。目前，它的馆内约有4000件展品，基本覆盖了15世纪末便携式手表出现，16、17世纪珠宝手表兴盛，18世纪一批世界级钟表大师制造出技术精湛、工艺精美的钟表，以及20世纪手表工业快速发展的历史。

这个博物馆还附设一个古董表修复中心和一所钟表学校。因此，博物馆内还能见到学生的钟表习作，这些学生充满奋斗的激情，让人感觉到瑞士钟表业后继有人。

### 西班牙：维斯盖亚钢索高空拉索桥

维斯盖亚桥位于西班牙北部巴斯克自治区西北部比斯卡亚省的毕尔巴鄂市，建于1893年，是全球第一座可供行人和车辆同时通过的高空拉索桥，后来欧洲、非洲和南、北美洲的很多大桥都是仿照这座桥建造的，不过保存至今的为数不多。由于维斯盖亚桥功能和建筑美学的完美结合，2006年被列入《世界遗产名录》。

维斯盖亚桥横跨毕尔巴鄂西面的伊拜萨巴河入海口，由巴斯克建筑师阿尔贝托·德·帕拉西奥设计。桥高45米，跨度160米，融合了19世纪的钢铁传统和当时新兴的轻质螺纹钢筋技术，因而显得线条流畅、体型轻巧，是世界工业建筑史上的典范。

图 4.4.7　钢索高空拉索桥

维斯盖亚桥是现在世界上惟一一座仍在使用的高空拉索桥。在当时，由于轻量螺纹钢筋技术的创新，维斯盖亚桥被称作工业革命时期杰出的钢铁建筑代表之一。这座独特的大桥是世界上第一座能够同时在空中用吊篮运送人和车辆的桥梁，是世界工业建筑史上一大完美的杰作。

图 4.4.8　吊箱

维斯盖亚桥是西班牙列入《世界遗产名录》的第一个工业类遗产。说它是一座桥，但是却没有桥面，桥身高出河面很多，下面悬挂着一个吊篮。吊篮中间的部位可以停放车辆和物品，两侧是用来运送乘客的座舱。这样既节省了空间，又增加了这座桥的功能，使它不仅具有观赏性，而且功能也很好，是当时桥梁产品的杰出范例。

维斯盖亚桥从纵向看很苗条，从横向看，大桥被一些钢缆维系着。河边的房屋鳞次栉比，从远处看，工业海港的特质展露无遗，站在桥上可以看到沿岸以及海面风光，非常壮观。

毕尔巴鄂是巴斯克最大的城市，也是巴斯克自治区原来的航海人聚落，在西班牙的17个自治大区中，它有着纷繁复杂的历史和独特的民族人文气息，以出口铁矿石和制造铁器闻名。毕尔巴鄂是巴斯克地区社会经济发展的中心，也是比斯开湾现代化成果的根本体现。毕尔巴鄂景色宜人，同时拥有森林、山区、海滩和海岸景色，每年吸引无数游人前来观光休闲。现代化的交通和四通八达的公路网络将巴斯克地区内毕尔巴鄂、维多利亚和圣塞巴斯蒂安周边地区的主要城市连接在一起。巴斯克语言是最欧洲最独特的语言之一，巴斯克地区处于西班牙语和法语地区的包围之中，但它的语言系统却和西班牙语及法语完全不搭界。整个西班牙境内，"少数派语言"包括了加泰罗尼亚语和加利西亚语，都和西班牙语接近，唯独巴斯克语言例外。巴斯克人是热情的民族，文化内涵丰富，毕尔巴鄂是一座很酷的城市，这里有大名鼎鼎的古根海姆博物馆，它的造型可以用"天外飞仙"来形容。毕尔巴鄂的地铁非常方便，从市区到维斯盖亚桥虽然有些距离，但乘坐地铁就十分方便了。维斯盖亚桥使这里多了一道风景线。

**白俄罗斯等欧洲 10 国：测量子午线长度的地面设施群**

斯特鲁维地理探测弧线北起挪威北角（North Cape）附近的呼格兰尼斯（Fuglenes，北纬 70°40′11″），南至黑海旁乌克兰的伊兹梅尔（Izmail，北纬 45°20′03″），穿越白俄罗斯、爱沙尼亚、芬兰、拉脱维亚、立陶宛、挪威、摩尔多瓦、俄罗斯、瑞典和乌克 10 个国家，全长 2820 公里，是一个三角测量链。

斯特鲁维地理探测弧线是天文学家弗里德里希·格奥尔格·威廉·斯特鲁维（Friedrich Georg Wilhelm Struve）于 1816—1855 年期间进行测量的测量点。斯特鲁维对大地测量学作出巨大贡献。1822—1827 年他领导对芬兰湾苏尔萨里岛至雅科布什塔特城的 3°35′子午线弧的测量工作。1828 年这个测量弧与卡尔·伊万诺维奇·滕纳（Теннер，Карл Иванович，1783—1860）对俄罗斯西南部测量的另一弧连接，总长度为 8°2′。后来这项测量延伸到北部的呼格兰尼斯和南部的黑海，总长度达 25°20′，被称为斯特鲁维地理探测弧线。

2004 年，国际测量联合会和芬兰文化部长坦亚·卡彼娜女士向联合国教科文组织提出申请斯特鲁维地理探测弧线为世界文化遗产，2005 年通过审核。原始弧线包含有 258 个主要三角形和 265 个测量站

图 4.4.9　测量设施纪念碑

点。列入《世界遗产名录》的弧只有 34 个原始测量站点，这些点带有各种不同标记，如岩石钻孔、铁十字、堆石标或方尖石碑。

斯特鲁维地理探测弧线代表着人类首次对子午线长度的精确测量。这一测量结果帮助人类掌握了地球的确切大小和形状，是地球科学和地理绘图学发展中的重要一步。这个弧线不仅是多国科学家通力合作的一个特例，也是多国领导人为科学事业联袂协作的一个特例。作为人类测量地球的创举，对全人类具有极其深远的意义。这是第一次由 3 个以上国家共同申报并获得世界遗产大会批准的项目，成为跨国遗产的典型代表。

图 4.4.10　拉脱维亚 2011 年纪念邮票

斯特鲁维地理探测弧线作为世界遗产的突出价值在于：首先，它属于"现代遗产"。现代遗产在世界遗产中被定义为 19 世纪以后产生的人类的杰出创造，是符合世界遗产标准的文化遗产，在一定时期内作为一个纪念物艺术，产生过重大影响。其次，它是见证人类文明发展过程的一项"科技遗产"。以往的科技遗产以"点"为主，如瓦特蒸汽机、广播电台；以"线"为特点的也仅限于一国之内，如铁路。这次"点""线"结合，跨越了近 3000 公里的地域，是极大的突破。最后，斯特鲁维地理探测弧线作为文化遗产，既不涉及日常生活，也不涉及山水景物，但却具有很高的学术价值，它是人类不断发现自然和探索世界的见证。

为了纪念这一跨国的现代遗产开创 195 周年，2011 年相关各国纷纷发行《斯特鲁维地理探测弧线》邮票，联合国发行了世界遗产系列邮票的第 15 组——《北欧国家的世界遗产》全套 6 枚，其中面值 0.70 欧元邮票上的图是挪威哈默菲斯特弧线起点纪念碑。

## 第五节　乡村田园与文化景观

**乡村田园举例：** 爱尔兰斯凯林麦克岩石岛上中古早期修道院的垦殖区、法国斯万奈提恩山村、古巴维纳勒斯河谷农田与村落、荷兰比姆斯特填海农垦区田园与村社、捷克霍拉索维茨乡村保留地、美国陶斯-普埃布拉的印第安人村落、日本岐阜县白川乡与富山县五筒村村落、斯洛伐克沃尔克林奈克农民村舍木屋保留地、西班牙埃尔切古代农业区、匈牙利赫洛克的传统村庄、匈牙利霍尔托巴吉草原景观国家公园、意大利戴尔卡赛拉的罗马时期村庄、中国安徽南部古代村落——西递村和宏村。

**文化景观与环境举例**：埃塞俄比亚奥莫河下游河谷，埃塞俄比亚阿瓦什河下游河谷，奥地利瓦豪文化景观，波兰卡尔瓦利亚·泽布日多夫斯卡城的别致建筑、公园和朝圣地，荷兰斯阔克兰及其周围地区，加拿大牛急跳崖处，捷克莱德尼斯和瓦尔梯斯文化景观区，莫桑比克的莫桑比克岛，塞尔维亚和门德内格罗（原南斯拉夫）的科托尔自然史与文化史地区与海湾，尼日利亚苏库尔的宫殿、村落与工厂文化景观，瑞典厄兰岛南部的农业景观，意大利阿玛尔菲海岸人文景观，意大利波托维尼勒、琴库依和附近三岛的人文与自然景观。

本书 2004 年首次出版以来，又有一些新遗产入选《世界遗产名录》，其中属于乡村田园与文化景观的，现举例如下。

**乡村田园类**：埃塞俄比亚 2011 孔索（Konso）高地 16 世纪以来恶劣环境下的干旱梯田与村落景观；阿曼 2006 阿夫拉吉（Aflaj）水力灌溉系统；法国 2011 位于法国中南部山脉与深谷交错地区的喀斯（Causses）和塞文（Cévennes）的地中海农牧村落文化景观；哥伦比亚 2011 哥伦比亚咖啡农业景观和城市文化景观；韩国 2010 始建于 14 至 15 世纪的河回（Hahoe）村和良洞（Yangdong）村历史村落；加拿大 2012 格朗普雷（Grand Pre）沼泽地和遗址构成的农耕文化景观；美国 2010 夏威夷帕帕哈瑙莫夸基亚（Papahanaumokuakea）低海拔岛屿、环礁及附近海域保护区；瑞士 2007 拉沃（Lavaux）葡萄园梯田；塞内加尔 2012 塞内加尔东南部巴萨里（Bassari）、贝迪克（Bedik）、富拉（Fula）地区村落农田和遗址景观；西班牙 2011 马略卡（Mallorca）岛西北海岸特拉蒙塔那山区具有水管理设备网络的农业文化景观。

**其他文化景观**：加拿大 2013，16 世纪由西班牙和法国船员在拉布拉多贝尔岛海峡岸上建造的红湾（Red Bay）巴斯克（Basque）人捕鲸站；克罗地亚 2008 斯大丽葛拉德（Stari Grad）平原；肯尼亚 2008 米吉肯达圣林（Mijikenda）森林；毛里求斯 2008 山丘文化景观；南非 2007 里希特斯韦特（Richtersveld）文化和植物景观；南非 2013 尤克哈兰巴·德拉肯斯堡（Ukhahlamba-Drakensberg）洞穴与环境公园（2013 年扩展到莱索托，称为塞莱拜特博国家公园）；尼日尔 2013 建于 15 世纪保存有清真寺和苏丹皇宫并有撒哈拉大沙漠门户之称的阿加德兹（Agadez）小镇；尼日利亚 2005 奥孙奥索波（Osun-Osogbo）圣树林；挪威 2010 勒罗斯（Roros）矿城及周边地区工农业文化景观；日本 2013 长期以来被视为艺术创作灵感源泉和朝圣地的成层火山——富士山；塞内加尔 2011 萨卢姆（Saloum）河三角洲岛屿、红树林、大西洋海洋环境和人居环境；瓦努阿图 2006 马塔（Roi Mata's）王酋长领地。

### 菲律宾：伊甫高地区山间连绵水稻梯田

两千年以来，伊甫高地区高产的水稻田已经覆盖了整个山脉。智慧，宗教的传统，完美的社会平衡的成果从一代传向下一代，在这里的人与自然之间描绘了一幅具有和谐之美的巨幅图画。1995年被列入《世界遗产名录》。

菲律宾伊甫高地区的水稻梯田是居住地风景文化的典型例子，展现了传统的技术对人类与自然环境之间显著的协调能力。

菲律宾群岛覆盖海洋面积50万平方英里，一边毗邻太平洋，一边临中国南海。由于该群岛由7000多个岛屿组成，所以地理情况绝少相同，无法做出对该国地理和环境的总括描述。或许在这些岛之间差异最大的因素是温度，平均低地气温华氏80度，高地64度。菲律宾是热带环境气候。然而，由于吹过岛屿的风不同，并非所有的岛屿都能够得到热带的丰沛降雨。人们趋向于集中在对农业最有利的地区，有广阔肥沃土地的河谷平原——位于吕宋岛的卡加延河和棉兰老岛的阿古桑河的河谷平原地区。

图4.5.1　落差很大的山坡水田

伊甫高地区位于吕宋中部，被称为"菲律宾群岛的谷仓"，不但有大量的降水，而且还有四条河流汇聚，土壤肥沃。而且此地的山谷和河谷也正是菲律宾两个最大的低地平原。这里分为两个季节：旱季和雨季。虽然每年只能耕种六个月，但是稻米的产量仍然很高。随着现代灌溉技术的发展，它的产量已经远远地超过了马尼拉的需求量。在本世纪以来，又引进了蔗糖、花生和烟草等经济作物。

最近几年，受厄尔尼诺现象的影响，科迪勒拉山区出现了干旱现象，影响了这里的农业。包括伊甫高西部的卡林阿-阿巴尧省、本格特省等地

图4.5.2　民居草房

和东部的山地地区。最近,梯田受到大蚯蚓的威胁。记录显示,梯田过去从科迪勒拉山东北部的卡加延河一直延伸到南部的奎松城。而现在,只剩下3万公顷。

在伊甫高种植的传统大米品种有好几种,有的大米非常香,好吃但不容易剥壳。有的适合酿造米酒。有的用来供奉神灵。有的水稻到收获季节长得很高,农妇们一边站着收割,一边歌唱伊甫高以前的英雄。

今天,越来越多的人从吕宋移居到棉兰老岛去寻找机会种植经济作物。这影响到了人口不断减少的高山居民,带来了越来越多的问题。

### 法国:圣米歇尔山及其海湾

圣米歇尔山是法国著名古迹和基督教圣地,位于芒什省的一座小岛上,距海岸两公里。小岛呈圆锥形,周长900米,由耸立的花岗石构成。海拔88米,经常被大片沙岸包围,仅涨潮时才成为岛。古时这里是凯尔特人祭神的地方。公元8世纪,一位神父在岛上最高处修建了一座小教堂,奉献给天使长米歇尔,成为朝圣中心,这里因而得名圣米歇尔山。公元969年在岛顶上建造了本笃会隐修院。1211—1228年间在岛北部又修建了以梅韦勒修道院为中心的6座建筑物,具有中古加洛林王朝古堡和古罗马式教堂的风格。岛上现存11世纪罗马式中殿和15世纪哥特式唱诗班席、13—15世纪的部分城墙和哥特式修道院围墙等。

圣米歇尔山经大自然的造化,本身就是世界的一大奇观,而山上的古迹修道院和大教堂则在基督教徒的心目中有着至高无上的地位。

圣米歇尔大教堂的建造,从1017年投下第一块基石到1080年落成,持续了60多个春秋。教堂分祭坛、耳堂和大殿三部分。由于高低不平的山顶无法提供宽阔平整的地基,人们便沿山坡修筑了几处建筑,以使教堂建在同一个水平面上。大教堂呈十字形,而祭台、耳堂和大殿下的墓穴或祈祷间实际上也成了罗马式建筑工艺的杰作。教堂的正面是建有三扇拱门的大门廊,从门前的平台上即可俯瞰大海。教堂集罗马与哥特建筑艺术于一身,大殿为典型的罗马风格,其穹隆的开间多达7道,两侧的拱门式长廊之上的楼廊砌有罗马式的拱窗,以保证教堂的通风与采光。与大殿形成鲜明对照的,是哥特式的三层

图 4.5.3 俯瞰山和大陆

圆形祭坛，祭坛四周的回廊不带祈祷室。这种教堂的建筑风格在诺曼底一带很有代表性，曾经风靡一时。

就中世纪的水平而言，圣米歇尔山大教堂顶部开间的匀称布局与颇具立体感的垂直分隔、大殿与耳堂之间宽大的连拱，以及楼廊上饰有雕刻物的门窗，都展现着建筑师们独具匠心、巧夺天工的造型艺术水准，也为后人留下了一笔丰富的文化遗产。大教堂建成之后，吸引了越来越多的朝圣者，把对大天使圣米歇尔的崇拜推向了巅峰；圣米歇尔山更披上了神奇的面纱，在诺曼底无数教徒的眼中无异于东方的耶路撒冷。由于圣米歇尔山的无限感召力，在相当长的时期内，它一直是这一广大地区行政管理与精神统治的支柱。

从13世纪开始，法兰克王国的王权得到了加强，加佩王朝的腓力二世在教士们的鼎力支持下，开始了统一国家的征伐和加强中央集权。圣米歇尔山修道院因为新文明的介入而迅速发展起来。在不到25年的时间里（1204—1228），人们在原有的基础上大兴土木，最终形成了当今"西方奇迹"的宏伟规模。

修道院虽然经诸多建筑师设计，但依旧保持着朴实无华、古色古香的格调，令人无处不感受到本笃教徒那静思冥想、严苛简朴的苦行僧生活。整个修道院分3层，被一堵高墙隔成两部分，共有六座建筑物。修道院的公共入口在东南角，接着便是接待室和食品储藏间。二层颇具档次，有一间带有两个壁炉的会客厅，专门接待有身份的人。会客厅的顶部也显示出非同一般的气魄，呈宽阔的穹隆形，并有交叉拱肋加固；另一间结构相同的屋子专供修士们从事誊写手稿等脑力劳动，以及冬季取暖。相传法国国王路易十一确定了圣米歇尔山的神品级别后，这座大厅便更名为骑士殿。在修道院的第3层，与修道士的用膳室紧紧相连的，便是那西方奇迹的精华所在，即内院及其回廊。内院与回廊面朝大海，背靠教堂的北大殿。这里是修道院最隐蔽的地方，外人不允许越雷池一步，只有修士们才有资格自此拾阶进入教堂。修道院的内院与回廊堪称"奇中之奇"，它们被二层的花岗岩墙垛或巨型石柱支撑着，近看恍若镶嵌于大教堂之上，远眺则犹如悬浮于天水之间，其景致之壮观，好似天上庭院错落人间。与内院相映成趣的回廊又是中世纪建筑艺术的精品，其圆柱看似纤圆脆弱，但实际上它们却支撑着回廊的页岩大屋顶。廊柱的排列错落有致，其梅花形的格局使柱头又是对角拱顶的台基，从而形成了柱林之上的连拱廊。如此廊中有廊的布局，足以反映出设计者的聪明

图 4.5.4　教堂内的天使雕像

才智。如果说教堂以其雄伟挺拔的阳刚气派显现着博大精深之道，那么内院与回廊则刚柔相济，展示着修道院诗情画意般的和谐。说其诗情，是因为内院宽阔而静谧，给人以远离尘世、宠辱皆忘之感，人们在此不但获得了完美的自我，还似乎可以直接聆听神的心声；言其画意，是因为回廊本身便是一幅幅绝妙的立体几何图，它们所表现出的阴柔娇媚之秀色，使来访民众无不赏心悦目。

圣米歇尔山与其附近的海湾也是一处优美的自然景观，它的文化和历史与自然完美结合，使其成为人类的宝贵遗产，我们期待着它能得到很好的关爱。

### 尼泊尔：加德满都谷地

加德满都谷地位于喜马拉雅山南麓尼泊尔的一个肥沃河谷，在巴格玛蒂河和毗湿奴河交汇处。作为世界遗产的加德满都谷地包括 7 个大区域：有 3 个大城镇，即加德满都、帕坦和巴德冈（巴克塔普尔王家广场），以及斯瓦杨布、博得纳特、帕苏帕蒂和昌古纳拉杨的圣庙。这 7 个地方列入保护名单的共有 132 座建筑。由于位处北方的中国西藏和南方的印度之间，所以它的宗教受到藏传佛教和印度教的影响。两种宗教的繁荣与共存，对建筑和艺术产生了特殊的作用，在公元 1500—1800 年的 3 个世纪中，这种作用达到了最高程度。这里在 1980 年列入《世界遗产名录》。

加德满都谷地的中心地带是加德满都市，它始建于 8 世纪初，原名"坎提普尔"，意即"美丽的城市"，至 12 世纪最盛，16 世纪改名加德满都。悠久的历史和优越的地理位置使加德满都市成了寺庙之城。可以说是五步一庙，十步一寺。房屋有多少，寺庙就有多少。没有一条街道没有寺庙或神龛。大多数寺庙位于街道两旁，与民宅和商店并列在一起，是市民宗教活动的方便场所。整个加德满都谷地寺庙约有 2700 多座。庙宇各有特色，有的以形状特殊著称，有的以内部雕刻优美著称，有的以庙外的设施著称。在这里，各种艺术风格很好地融合为一体。

斯瓦杨布大佛寺位于加德满都市西北的山顶，寺院没有正规的山门，主体是斯瓦杨布大佛塔。从山脚到大佛塔有几百级台阶。大佛塔是尼泊尔早期佛塔的典范。大佛塔结构简洁，宏大庄重。覆钵和台基低平，而相轮和华盖高耸。覆钵下有 3 层台基，台基为四出方形，即

图 4.5.5　帕坦王城中心的杜尔巴尔
　　　　　广场上的建筑

四边中间向外突出。覆钵上有平头和多层铜质镏金相轮与华盖。平头也称为宝箧，宝箧四立面绘有四对鲜明的彩色慧眼，平视前方。慧眼下画出问号形的鼻子。这种图像是尼泊尔人的独创，非常醒目，很有特色。慧眼代表太阳和月亮。在佛塔上画慧眼，意为警告世人：佛的眼睛永远注视着你，那问号似乎在问你是否行善。

帕苏帕蒂圣庙，是尼泊尔最古老的寺庙之一，也是印度教圣地之一。圣庙坐落在加德满都市中心以东约五公里，背靠大山，面向圣水巴格玛蒂河，气势雄伟。大河两岸的山坡上苍松挺拔，林木葱郁，风景绮丽。帕苏帕蒂圣庙庄严肃穆，藏于浓荫之中。帕苏帕蒂圣庙已有一千五百年以上的历史，14世纪中叶，来自印度的穆斯林入侵加德满都河谷时遭到严重破坏，数年后重建。圣庙主殿为二重檐金顶银门的典型尼泊尔塔庙式建筑。主殿面向巴格玛蒂河，殿顶为尖塔式镏金宝顶，状如金钟倒置，四角有小塔陪衬。两层殿顶和檐脊全部以镀金铜制板瓦铺盖。纯银制的三进大门和半圆形门楣上镂刻着精美细致的花纹图样。窗棂和檐柱上雕满了色彩绚丽、千姿百态的男女神像。镶嵌在殿墙上的片片白石光洁如镜。殿底檐廊、石阶和基座全部铺着方形纹瓷砖。整个殿堂构思巧妙，装饰金碧辉煌，形态庄严神圣。圣庙主殿前有一只巨大的铜牛，是湿婆神的忠实坐骑。

图 4.5.6　斯瓦布扬大佛寺

这只跪卧于长方形石基之上的神牛高约2米，长约6米。如此精美硕大的铜牛像在尼泊尔绝无仅有。另一座重要的印度教建筑群是昌古纳拉杨圣庙，位于加德满都谷地东端的山上。主体建筑是一座建在四方院内的18世纪的殿堂，院内保存着5世纪的雕像珍品。

加德满都谷地独特丰富的历史遗产向人们展示了一个独立王国传奇的历史，以及这个王国独特的价值观和审美观，为保护这些遗产，20世纪80年代起尼泊尔政府与联合国教科文组织和联合国开发计划署曾一起做了大量富有成效的工作。

### 日本：艺术创作灵感源泉和朝圣地的富士山

富士山海拔3775.67米，是日本第一高峰，横跨静冈县和山梨县，临近太平洋，向东距东京约80公里，面积90多平方公里，被日本人誉为"圣岳"，是日本民族的象征。富士山是世界最大的活火山之一，2013年被列入《世界遗产名录》。

富士山曾是临近伊豆半岛的岛屿，距今几十万年前，由于地壳变动，伊豆半岛与本州激烈互撞，隆起一座山，即富士山。有史以来，富士山曾18次爆发，第一次是在公元

图 4.5.7 富士山远景

800 年，最后一次在 1707 年。山顶是直径约 800 米、深 200 米的火山口，山体是平缓的圆锥体，现在虽然是休眠状态，但不时仍有气体喷出。山体基底为第 3 纪地层。第 4 纪初，火山熔岩冲破第 3 纪地层，喷发堆积形成山体，后经多次喷发，喷发物层层堆积，成为锥状成层火山。

环绕锯齿状的火山口边缘有"富士八峰"，即剑峰、白山岳、久须志岳、大日岳、伊豆岳、成就岳、驹岳和三岳。从更大的范围来看，富士山处于富士火山带之中，这个火山带从马里亚纳群岛起，经伊豆群岛、伊豆半岛到达本州北部。

富士山是典型的成层火山，从形状上来说，属于标准的锥状火山，具有独特的优美轮廓。富士山在山体形成过程中，大致可以分为 4 个阶段：先有小御岳、古富士和新富士。其中，先小御岳年代最早，是在数十万年前的更新代形成。古富士是从 8 万年前左右开始，直到 1.5 万年前持续喷发的火山灰沉降后形成，标高接近 3000 米。富士山的山顶位于宝永火山口北侧 1 千多米处。在 1.1 万年前，古富士山山顶西侧开始喷发出大量熔岩，这些熔岩形成了富士山主体的新富士山。此后，古富士山与新富士山的山顶东西并列。约 2800—2500 年前，古富士山的山顶部分由于风化作用，发生了大规模的山崩，最终只剩下新富士山的山顶。大约在 1.1 万年前到 8 千年前，新富士山山顶仍在不断喷发熔岩。此后，山顶部没有新的喷发，但是长尾山和宝永山等侧火山仍断断续续喷发。

山上有植物 2000 多种，垂直分布明显，海拔 500 米以下为亚热带常绿林，500—2000 米为温带落叶阔叶林，2000—2600 米为寒温带针叶林，2600 米以上为高山矮曲林带。山顶终年积雪。北麓 5 个堰塞湖（即富士五湖：山

图 4.5.8 富士山下

中、河口、西、精进、本栖），映照着皑皑白雪，湖光山色，风景幽美，是日本的游览胜地。辟有各种公园、科学馆、博物馆和各种游乐场所。夏季适于露营、游泳、钓鱼等，冬季则是滑雪滑冰的好场所。

由于火山口的喷发，在山麓形成了无数山洞，有的山洞至今仍有喷气现象。最美的富岳风穴内的洞壁上结满钟乳石似的冰柱，终年不化，是罕见的奇观。山顶上有大小两个火山口，大火山口直径约800米、深200米。天气晴朗时，在山顶看日出、观云海是世界各国游客来日本必不可少的游览项目。

富士山由于天气原因，规定一年中只有夏季的一段时间可以登山，一般为每年7月1日的"山开"到8月26日的"山闭"之间。主要的登山道，在静冈县一侧有富士宫口第炘口、御殿场口，在山梨县一侧有吉田口等。

# 第五章 教堂与寺庙：
## 宗教的延续与现代生活

### ▶ 第一节 基督教建筑 ◀

　　本节所指的基督教是指广义的基督教，即信奉耶稣基督为救主的所有教派。主要包括罗马天主教、东正教和新教三大派以及其他小教派，也统称为基督宗教。狭义的基督教指的是新教。耶稣是基督，按希伯来语发音又译作弥赛亚，意为受膏者。基督教在1—2世纪间逐步同犹太教分裂，成为新的宗教。基督教一词最初见于2世纪初，此后传遍地中海东部沿岸各地。4世纪成为罗马帝国国教。中世纪时在欧洲占统治地位，是欧洲封建制度的重要支柱。11世纪分裂为罗马天主教和东正教。16世纪宗教改革运动中，新教又从罗马天主教中分裂出来，出现了路德宗、归正宗和安立甘宗三大新教主流派，后又陆续分化出其他许多宗派。以后，基督教各派系逐渐传遍世界各大洲，对欧美各国历史和文化有深远影响。

　　早期基督教会曾利用犹太教会堂或信徒家庭举行宗教聚会。4世纪初，基督教国教化后，才开始有专门的教堂。起初曾对异教神庙或宽敞的建筑物加以改建，同时模仿古罗马长方形大会堂形式建造基督教堂。最早的具有代表性的是罗马圣彼得教堂（建于4世纪20年代，1506年拆毁，在原址重建今圣彼得大教堂），这种长方形大会堂式结构被认为是最完美的教堂建筑形式，其风格曾在东西方教会中流行数百年。其主体建筑为一长方形大厅，入口在西端，从入口沿水平轴向东延伸，大厅被两行柱子分隔成中殿和侧廊。中殿末端为一半圆形圣所，与入口遥遥相对，祭坛设于圣所前沿。外墙无窗，光线从中殿的天窗透入。中殿和侧廊之上为木架屋顶，半圆形圣所上为拱形圆顶。地面常为大理石拼花地板。在连拱柱廊和圣所上部，布满用小块彩色玻璃和大理石拼成的镶嵌画，内容有圣像、圣经故事等。如罗马圣母大教堂保存了大量以圣经故事为题的古代镶嵌画。

　　4世纪的罗马城建于公元311年，君士坦丁大帝在罗马帝国内建立基督教会的权力之初，遭遇到许多困难。教堂不能以古代神殿为模型，两者的功能迥然有别，它必须有足够的空间供大众集合，来听神父在高高的圣坛上作弥撒或读圣诫。结果，教堂以古罗马时代的巨大会堂"巴西利卡"（意思是"皇家会堂"）为蓝本。这些作为室内交易市场和公共法庭的建筑物，主要由长方形的大厅与低窄的侧区构成，成排的柱子将这两部分隔开。厅堂尽头有个半圆形的凸台，是会议主席或大法官的座位。多数巴西利卡本堂的屋顶都是简单的木材结构，还露出横梁，侧廊通常是平顶的，隔间往往有华丽的缀饰。这些早期的巴西利卡式教堂有两个鲜明的特点。首先，它们避开了罗马浴场穹隆顶上那种复杂技术，于是能降低造价，重新使用造普通墙的方法和以柱子支撑木屋顶这类简单构造方式。其次，这类教堂通常建在城郊，这很可能是因为贫穷的基督教社区负担不起在城里建教堂的昂贵费用，或许是因为他们更喜欢将教堂造在埋葬某个圣徒的地方，且将墓地安排在教堂围墙的外面。

早期基督教建筑可以说是一种新建筑文化的开端，这种文化在基督教渐占优势后，在罗马和其他地区盛行许多世纪，其成果包括了建筑史上几种代表性建筑，如圣索菲亚大教堂、仿罗马式教堂、哥特式教堂、罗马的圣彼得大教堂等。教会的神职人员所居住的修道院或大教堂，在公元10到12世纪是欧洲主要的学术和艺术中心。一个教会组织通常有好几百位修士或修女，他们住在由围墙包围的建筑里。修道院大多建在欧洲国家的边疆地区，处于各游牧民族之间。修士们把教堂建造得像堡垒，因为他们认为教堂就是这个罪恶世界里神的堡垒，人们来教堂躲避世间的暴力和战争，寻求心灵的安宁。修道的禁欲主义是因为反对教会逐渐世俗化，在三四世纪时兴起。"隐士"的希腊文是"沙漠"，"修士"的希腊文是"独自"，这两个词成为虔敬的象征。他们持守贫穷、圣洁和顺服的誓言，每天祈祷和工作，有些还向外传播福音。大部分修道院的住所有一道回廊，就是一条围绕着方形花园的有盖顶的通道。自从罗马帝国在5世纪灭亡后，许多建筑技术也随之失传，石匠要重新摸索教堂的防火石穹顶的建筑技术，这种穹顶被称为罗马式。

随着古罗马的衰微以及基督教的兴起，4世纪到14世纪的1000年中，西方进入了中世纪。中世纪可分为早期基督教时期、拜占庭时期、仿罗马时期和哥特时期。它们的共同特征是，一切形式与发展，都以"神"的荣耀为终极目标，完全没有"人"的存在。早期基督教时期是对基督教崇高的追求，是直接将罗马时期人民会堂横向入口所塑造的包容性空间，转换为前向入口，而获得纵深的庄严气息。另外，为了加强基督教"仰之弥高"的观感，早期基督教建筑在造型上开始使用高塔，并在技术上发明可承载圆顶的三角拱与弧三角拱，这些都反映出当时人们对于基督教的崇高情怀。罗马帝国分裂后，东罗马帝国迁都拜占庭，又称君士坦丁堡，即今日的伊斯坦布尔，而形成所谓的拜占庭建筑。这个时期的特色在于内部巨大的空间，以及融合西亚特色的形式，其中最著名的建筑是今日伊斯坦布尔的圣索菲亚教堂。到了哥特时期，由于基督教与教皇的权力主宰了一切，为了更强调崇高精神所需的垂直向上空间，哥特式建筑在技术上放弃了传统以墙支撑屋顶的建筑构造方式，取而代之的是以尖拱、肋筋拱顶、扶壁和飞扶壁等新发明而构成的外骨架结构系统，以便追求建筑上史无前例的高度感；另外再透过描述圣经故事的彩色玻璃雕塑，强化建筑的基督教时代精神。

**拜占庭式**：在拜占庭，教堂建筑风格到查士丁尼一世时有了明显改变。8世纪后，拜占庭教堂建筑由长方形发展为正方的希腊式十字架形（十字架的四臂等长）。查理曼亲自推动"加洛林复古运动"。所谓的加洛林复古运动的重点，就是将北欧凯尔特、日耳曼的精神和地中海的文明融合在一起。君士坦丁堡圣索菲亚大教堂的建筑风格即这一时代的典型。古代教堂建筑除长方形会堂外，还出现过为数不多的中心式教堂。这种形式的教堂以垂直轴代替长方形会堂的水平轴，其平面呈圆形、八角形或希腊式十字架形，重心在建筑物中央，祭坛暴露在会众中间。在476年西罗马帝国灭亡后的数百年中，中欧和西欧文化发展缓慢，这一时期的教堂建筑保存下来的甚少，亚琛大教堂的建筑风格是仿拜占庭式教堂的代表。西班牙这一时期的教堂建筑则受伊斯兰教文化的影响。

**罗马式**：11世纪欧洲经济复苏，教堂建筑进入一个新时期。尽管封建割据的局面使其风格出现多样化，但因其共同渊源而被总称为"罗马式建筑"。其特点是，教堂建筑空间宏大，宽阔的横厅和纵深的中殿使大堂平面呈纵长方的拉丁式十字架形。在建筑结构上运用厚实的石墙和圆形的穹隆或半圆形的拱券与层层叠叠的连拱柱廊。教堂的各个部分均可独立，自成单元，但又互相联结成一整体。意大利比萨主教堂的大堂可为代表。当时欧洲的主要教堂大都供奉有圣徒遗物，因此改木屋架为石制拱券，以利防火，教堂的建筑与装饰也日趋奢华。如英国的坎特伯雷大教堂用了大量宝石进行装饰。

**哥特式**：12世纪后半叶至15世纪末，由法国开始，教堂建筑进入哥特式时期。当时欧洲封建势力削弱，修院盛行，教堂建筑形式渐趋一致，罗马式风格逐渐被哥特式取代。哥特式教堂的特点是高耸，运用尖拱券、小尖塔、飞扶壁和修长的立柱，增加建筑物的高度，用色彩斑斓的玻璃花窗增添神圣感。这一时期的著名教堂有法国沙特尔大教堂、意大利米兰大教堂、德国的科隆大教堂等。

文艺复兴时期——文艺复兴是西方历史发展中的一股洪流，出于扬弃一切仅为宗教奉献的观念，并以"复兴"古希腊罗马的人文秩序为目的，使得源自人体比例的古典柱式及古典样式再度居于建筑的主导地位。文艺复兴一方面要恢复并继承古希腊罗马的样式，另一方面又在历史的进程中有新发展。一方面提倡古典文化形式，巍峨高耸的哥特式逐渐为仿古的希腊罗马形式所取代。罗马式的圆顶穹隆和希腊式的石柱以及水平的过梁重新出现。具有这一时期建筑风格的教堂内部，圣坛和中殿不再截然分开，大厅面积扩大，座位增多，圣坛部分缩小为仅容一个祭坛的圣所。这一时期最著名的教堂建筑是罗马圣彼得大教堂。此外教堂建筑在历史的进程中又有新发展。从文艺复兴晚期开始，建筑的形式逐渐走向动态变化与华丽装饰，再加上宗教改革对教堂的影响，建筑逐步具备大胆而强烈的表现手法，被称作巴洛克风格，其原意为不规则形式的珠宝。巴洛克建筑的特征是大量使用椭圆与曲线，以及装饰、雕刻和颜色等的华丽风尚。我们经常可以在欧洲看到这种巴洛克宫殿与教堂。巴洛克风格后期又特别着重室内金碧辉煌的装修和艳丽的家具，这时期也称为洛可可时期。

宗教改革时期——新教废除天主教的弥撒，简化了礼拜仪式，主张信徒直接与上帝沟通，尤其是归正宗，反对教堂中的神秘气氛。教堂内的圣像、圣画、雕塑和彩色玻璃等装饰均被摒弃，并取消圣坛。教堂建筑趋向简朴，一般为一长方形礼堂，不用柱廊间隔，空间扩大，以容纳更多的会众。新教注重讲道，讲台一般置于显著地位，且多面向会众，以缩短牧师与会众的距离。圣餐桌取代了祭坛，唱诗班的位置一般在会众的右首。如美国纽约河滨教堂。

另一方面，哥特式教堂在近代又得到复兴，即新哥特式，如纽约的圣约翰大教堂，被认为是世界上最大的新哥特式教堂，可容纳7000人。现当代，欧美各国采用现代化建筑艺术，应用新型的建筑材料，摆脱传统的格式，设计了多种新颖的教堂建筑。如英国利物浦的基督君王都主教座堂，没有传统的高塔，顶为王冠状，下为一圆形教堂，祭坛在中央，为著名的中心式教堂。20世纪中叶以来，一些新独立国家的教会也建造了一些具有民族风格的教堂。但值得注意的是，建筑艺术历史时期的划分，从来就没有明确的界线；历史上的许多变化，总有一些相互重叠。

教堂因为有宗教活动而能存在和延续下来，教堂的意义也在于此。如果没有宗教活动，没有了信徒，教堂的意义和存在的价值就大打折扣，那么教堂可能就只有建筑的和历史的价值了。

**大教堂举例**：比利时图尔奈圣母玛利亚大教堂，丹麦罗斯基尔德大教堂，德国施佩耶尔大教堂，德国希尔德斯海姆的圣玛丽亚大教堂和米夏埃尔教堂，俄罗斯苏斯达尔和吉德克沙的符拉基米尔大教堂、修道院和教堂群，法国巴格拉提大教堂和盖拉提修道院，法国布尔日大教堂，圣雷米修道院和安东尼十字宫，克罗地亚波雷奇历史中心区的大教堂建筑群，克罗地亚希贝尼克圣雅各大教堂，乌克兰基辅圣索菲亚大教堂和相关的有地下墓穴的拉甫拉修道院，西班牙塞维利亚的大教堂、城堡及西印度群岛档案馆，西班牙布尔戈斯大教堂，意大利摩托协纳的大教堂、城门和广场，英国坎特伯雷大教堂、前圣奥古斯丁修道院和圣马丁教堂。

**教堂举例**：玻利维亚奇基托斯耶稣会教堂，德国威斯天路教堂，德国莱谢瑙修道院岛，俄罗斯科洛缅斯卡娅基督复活教堂，法国圣萨文·絮尔·加尔唐珀教堂，菲律宾马尼拉、圣玛丽亚、帕奥伊和妙高的巴洛克式教堂，芬兰佩特雅维希老教堂，格鲁吉亚穆茨凯塔的古教堂，印度果阿教堂与女修道院，西班牙瓦尔德博伊的加泰罗尼亚罗马式教堂。

**特殊教堂举例**：保加利亚伊万诺沃石窟教堂、孔戈哈斯仁慈耶稣朝圣教堂、捷克兹达尔-纳达-沙札沃的葱绿山朝圣教堂（泽莱纳霍拉的耐波穆克圣约翰朝圣教堂）、俄罗斯奥涅加湖基什岛上的基什乡村教堂、罗马尼亚北摩尔达维亚壁画教堂、马耳他霍萨福利尼地下礼拜堂、挪威乌尔内斯木构教堂、瑞典鲁莱亚的加默尔斯塔德农村教堂区、塞浦路斯特罗多斯地区的彩绘教堂、智利智罗的14座木构教堂。

**修道院**：比利时佛兰芒人不发愿女修道院，德国魁德林堡修道院、教堂、宫殿和旧城，德国洛尔施的本笃会修道院和大教堂，俄罗斯费若旁特修道院主体建筑，法国韦兹莱修道院和城区山丘，罗马尼亚霍勒祖修道院，墨西哥波颇卡特皮特尔山麓最早的16世纪修道院，塞尔维亚和门德内格罗的斯图德尼察修道院，葡萄牙阿尔科巴萨隐修院，瑞士米斯泰尔的本笃会圣约翰修道院，瑞士圣加尔修道院，西班牙波布莱特原西妥教团修道院，西班牙圣玛丽亚德瓜德罗普王家修道院，希腊达佛尼修道院、俄西俄罗斯卡斯修道院与希俄斯岛新修女院，希腊帕特莫斯岛圣约翰修道院和启示录洞历史区，匈牙利潘诺哈尔玛的本笃派至福千年会修道院及其自然环境，亚美尼亚哈格巴特修道院，亚美尼亚基哈尔的修道院和北部的阿瓦特山谷的中世纪建筑。

**教团驻地举例**：巴西与阿根廷共有的瓜拉尼人的耶稣会教堂与传教团驻地、巴拉圭圣提希玛·特立尼达·德·帕拉纳和捷苏德·塔瓦兰圭两地的耶稣会传教地。

**朝圣道路举例**：西班牙通往圣地亚哥-德·孔波斯特拉的朝圣道路。

**圣地举例**：俄罗斯喀山克里姆林宫鞑靼历史建筑与基督教建筑结合区、黎巴嫩瓦迪卡地沙的早期基督教圣地峡谷和霍尔沙兹埃尔圣松林区。

本书2004年首次出版以来，又有一些新遗产入选《世界遗产名录》，其中属于基督教建筑的，现举例如下：秘鲁2009卡罗尔-苏沛（Caral-Supe）早期圣城；波兰与乌克兰共有2013喀尔巴阡山（Carpathian）地区16—19世纪由东正教和希腊天主教信徒用原木建造的教堂；巴勒斯坦2012耶稣诞生地伯利恒（Bethlehem）的主诞堂及朝圣线路；罗马尼亚2010摩尔达维亚（Moldavia）苏切维察修道院的复活教堂；墨西哥2008蒙圣米格尔（San Miguel）城镇和阿他托尼科（Atotonilco）的拿撒勒人耶稣圣殿；尼加拉瓜2011修建于1747年至19世纪初的从巴洛克到新古典主义过渡风格的莱昂（León）大教堂；斯洛伐克2008喀尔巴阡山（Carpathian）斯洛伐克段的原木教堂；乌克兰与波兰共有2013喀尔巴阡山（Carpathian）地区16—19世纪由东正教和希腊天主教信徒用原木建造的教堂；以色列2005圣经诸城玛奇朵（Megiddo）、海洛（Hazor）、比尔·夏霸（Beer Sheba）。

**德国：科隆大教堂**

科隆大教堂位于德国科隆市中心，于1248年在加洛林王朝希尔德大教堂的遗址上开始兴建，1560年教堂内大厅基本竣工。1560年，工程因德国宗教改革运动而中断，至1823年续建，1880年竣工。若非19世纪的复古风席卷欧洲，那么这栋哥特式的经典之作恐怕永无完工之日。整个建造工程前后跨越六个多世纪，它是德国中世纪哥特式宗教建筑艺术的典范。1996年被列入《世界遗产名录》。

科隆大教堂的建成与科隆历史背景有密切的关系。公元前37年的罗马时代，罗马皇帝奥古斯都的女婿阿格里皮在此地建城，此城遂成为罗马帝国军事要塞。公元50年，出生于此的克劳迪娅成为皇后，此城被正式命名为科隆。科隆是阿尔卑斯山以北的著名城市，有"北方的罗马"之称。795年被定为威斯特法伦大主教驻地后，科隆的宗教地位日趋加强。因以大教堂为主一系列教堂建筑的兴建，科隆获得"北方的耶路撒冷"之名。1201年辟为自由市，发展为东西欧贸易中心和中世纪德国的最大城市。由于此时贸易、手工业和艺术得到高度发展，手工业行会甚至选举自己的市长与罗马统治者分庭抗礼。这种变化直接说明为何科隆大教堂以哥特式建筑手法建成。德国早期深受罗马文化影响，教堂建筑是典型罗马风格。12世纪以后，市民阶级兴起，政治和经济变化，建筑形式随之改变。科隆主教选定在8月15日圣母升天节动工建堂，标志着新时代的开始；在当时德国的最大城市修建世界第一大教堂为他们的共同愿望。

科隆大教堂是世界第4大教堂，它是全欧洲两座以最高塔为主门、内部以十字形平面为主体的建筑群之一。一般教堂的长廊，多为东西向三进，与南北向的横廊交会于圣坛成十字架形；科隆大教堂为罕见的五进建筑，内部空间挑高又加宽，高塔将人的视线引向上天，直向苍穹，象征人与上帝沟通的渴望。大教堂长144.5米、宽86米，面积相当于一个足球场。自1864年科隆发行彩票筹集资金至1880年完成，它不断被加高加宽，而且建筑物全由16万吨磨光石块砌成。教堂外部除两座高塔外，还有1.1万座小尖塔烘托。教堂内共有10个礼拜堂，中央大礼拜堂穹顶高43.35米，座位5700个，供神职人员使用的共有100个，全用极厚木板制成。教堂四壁窗户的总面积达1万多平方米，全部装有描绘圣经人物的彩色玻璃，被称为法兰西火焰式，使教堂显得更为庄严。教堂钟楼上装有5座响钟，最重的是圣彼得钟，重达24吨，响钟齐鸣，声音洪亮，回荡于莱茵河畔。传说舒曼进入这个大教堂时震慑于其气势，而萌发了写作"莱茵交响曲"的意念。它本身既是一个传奇，也是艺术史上非常出众的题材。爬上509级的阶梯登上教堂的钟塔，可以看到全世界最大的教堂吊钟，并饱览莱茵河的水色与科隆瑰丽的市容。自教堂完工后，科隆市政府即规定：城内所有建筑不得高过教堂，造成科隆许多大楼地上的建筑只有七八层，地下却有四五层之多的特殊现象。从建筑规模和装饰艺术质量来看，科隆大教堂均胜过它之前所有的哥特式建筑，因而使它成为世界上最著名的教堂之一。

图5.1.1 科隆大教堂侧面

图5.1.2 科隆大教堂正门前

科隆大教堂内有极多珍藏。第一位建筑师哈德设计教堂时用的羊皮图纸仍保存于此，为研究 13 世纪建筑和装饰艺术提供了重要资料。在教堂祭坛摆放有中世纪黄金匣，由黄金和宝石制成。唱诗班回廊的宗教画，是 15 世纪科隆画派杰出画家蒂芬·洛赫纳 1440 年的作品。此外还有雕像圣体匣和福音书等，这些都是教堂的古老珍藏，具有很高的宗教和艺术价值。20 世纪 80 年代考古发掘教堂地基，发现了历次修建时基础工程的不同做法，十分珍贵。

1942 年，英美联合空军轰炸德国。科隆位居莱茵河要津，其下游腹地是化工业的集中区，成为损失最惨重的城市之一。战争结束时，科隆老城被毁百分之九十。由于德国天主教透过罗马教廷提出要求，这座古教堂才免遭轰炸。科隆大教堂虽然没有被毁掉，但也中弹十余枚。20 世纪末泛酸的空气正无情地侵蚀每一块斑驳的石头，一波又一波的整修又开始了，以期保持大教堂的建筑特色，并对内部艺术陈设进行文物保护和管理。1997 年本书作者应邀参观科隆大教堂整修工程，在教堂地下看到，13 世纪以来的历次整修都保存此前的基础，供人们识别。在更换外墙面被污损和风化损坏的大石块时，新安装到墙体上的白色石块都保持新石块的白色，没有做成像其他石块被熏黑的样子，明确显示这不是原有的，而是新安装上去的，体现出要和原有部分有明显区别的原则。由于宗教界、个人及政府财政援助，作为信仰象征和新欧洲中部文化传统统一见证的科隆大教堂必能更好地被保存下来。

**法国：沙特尔大教堂**

沙特尔大教堂位于法国厄尔·卢瓦尔省的一座山上，距巴黎西南 100 公里，是一座天主教大教堂。

在很久远的年代，沙特尔就是重要朝圣中心，接待远道而来的朝圣者。在公元前，古代凯尔特人及高卢人的德鲁伊特祭司就围着山丘上一个山洞深处的一口井举行祭祀活动，每年大量的信徒集中起来对一尊玛丽亚的雕像表示崇敬之情，现在雕像已不存在，然而井的轮廓依稀可见。在古罗马人统治时期，曾把一些背弃信仰的基督徒投入井中淹死，所以这口井成了当时悲剧的见证。现在的沙特尔大教堂已是在这里修建的第五座教堂。最早的教堂建于 4 世纪，到了公元 743 年被法国西南部阿坤廷公爵拆毁。第二座教堂在公元 858 年被诺曼底公爵理查德付之一炬。1020 年的雷击，又把已残缺不全的教堂全部摧毁，后来富尔贝尔主教得到法国国王和阿坤廷公爵的赏识，四处求援，重建教堂。他更把自己三年的薪金和教会三年的经费捐出。1028 年，富尔贝尔在新教堂开工八年后去世，并由蒂埃里在 1037 年主持第三座教堂的落成仪式，后来又在教堂上方增建两座钟楼，在教堂的正面制作罗马式艺术雕刻。1194 年 6 月 10 日，一场大火烧毁了沙特尔镇上大部分建筑，大教堂也未能幸免，留下的只有钟楼和正面雕饰。全镇老百姓对于教堂珍藏的玛丽亚圣衣被毁莫不感到哀伤。可是过了不久，神职人员在清理善后时，却发现圣衣安然无恙，于是迅速告诉民众。这个奇迹成了教堂需要重建之最好解释，于是教堂很快又重建，到了1220年沙特尔大教堂已经可以礼拜了。因为教堂东面地基有缺陷而无法伸长，所以当时的中殿仍然相当短，但圣殿部分仍然向外扩展。第二次十字军东征时，西欧出现基督教发展的高潮，人们又借此于13世纪初建造第五座沙特尔大教堂，这次建造费时26年，只保留了西门廊和3座正门上13世纪中叶的雕刻，其余均为新建。在沙特尔大教堂兴建过程中，石匠、雕刻匠、玻璃匠、金属匠和木匠毫不懈怠地工作了30年。许多社会名流和王室都曾赞助，所以可以说大教堂是整个社会努力的产物。尤其是王室本来就和沙特尔郡有密切之血缘关系，因而积极地参与了教堂的兴建。例如北面翼殿上的蔷薇窗和拱窗都是由路易九世的母亲布朗卡皇后所捐助。可以说建筑教堂在这时候是社区的信仰和关注的中心。

图5.1.3　沙特尔大教堂双塔楼

法国沙特尔大教堂被认为是哥特式建筑的顶峰，它高耸的尖顶在30多公里以外都可以看到。它的创新之处在于尖拱、弯拱穹顶和拱扶垛结构体系使建筑物内部空间高大、窗体面积极大。沙特尔大教堂是中世纪人们朝圣的一个主要目的地。它是法国哥特式四大教堂之一。从外观看，沙特尔大教堂的建筑风格极为开放，两座钟楼及尖塔的样式各不相同，南侧塔楼在1194年大火前建造，是法国早期哥特式风格，清晰的线条消失，取而代之的是纤细的雕琢，四周是一圈圈镂空的拱扶垛。左侧的哥特式新塔与右侧罗马式旧塔，常被喻为神的手指，正门圣母之窗所用的蓝色有沙特尔蓝之称。此外，还有6座小塔环绕教堂四周，在横殿两侧进口处各有两座，唱诗坛外侧还有两座。1506年，雷击毁掉了原钟楼的木制塔顶。在1507年，德博斯的泥瓦匠用石头搭起现在的火焰型镂空塔尖，体现了哥特艺术的精华。塔内有378个台阶，保存有老座钟。最大的钟重5吨，放置在新钟楼里。

整个教堂的平面呈十字形，坐西朝东，祭坛在西，教堂两侧的门都通向耳堂，大堂有三个圣殿，分别与三座大门相通，象征耶稣不同时期的活动和生活。中殿是法国教堂中最宽的，大堂西部正门为一组三扇深凹进去的尖拱大门，门两侧原有24尊圆柱雕像，现存 19 尊，三扇大门的中门有基督是万王之王的浮雕，因而有"主门"之名。至于祭台与中殿之间有一祭廊，上面刻有描绘耶稣和玛丽亚生平的浮雕，这里所呈现的主要是一种理性，是对于神的全面诠释，而没有强制灌输地狱的情景。右边门上是基督化为肉身的情景，左边门是基督升天图，而中间则是基督以一种最权威的姿态出现。其下为使徒，再下则为《圣经》人物的像柱。沙特尔大教堂的雕刻群像是法国哥特式雕刻艺术的典型，雕像的容貌姿态具有个性：比例拉长的人体紧裹在长袍中，直挺地附着在石柱上，足尖下垂，给人以升腾之感。这些被称为"石刻的戏剧"的雕塑与宏伟壮观、高耸挺拔的建筑形成和谐的整体。

　　大堂内的 170 幅彩色玻璃窗画均以圣经故事为题材，包括 4000 多个拜占庭风格的人像，被公认为 13 世纪玻璃窗画艺术最完美的典型。在二次大战期间，法国不少教堂玻璃被炮弹击中破碎，而沙特尔大教堂玻璃窗被拆下运到法国中部，另有一部分存在教堂地下室中。沙特尔大教堂还珍藏着圣母玛丽亚在基督降生时所穿的衣服，这是查理曼大帝取自君士坦丁堡而送给沙特尔大教堂的礼物，现在仍完好无损，是大教堂一件重要的圣物。因为信徒大众对于这件圣衣的崇拜与热爱，沙特尔大教堂在公元 1100 年就已成为法国的圣母礼拜中心。在沙特尔大教堂，圣母玛丽亚被颂赞为智能的管理者，对百姓而言，她温柔而且充满爱心，是一个融合了爱与苦的女性。在每年 4 次有关玛丽亚的节庆时，百姓便会聚集在这个镇上祭拜圣衣，参与各项圣典。

　　总括而言，沙特尔大教堂宏伟壮观的建筑和生动的雕刻群像共同组成了奇妙而又和谐的整体，而它的玻璃花窗和彩绘人物组成了绚丽多彩的世界，又有近似天国的神秘境界，因此它又被称为"神秘教堂"。它集合了 12 至 13 世纪建筑、雕刻和玻璃艺术的精华，是中世纪最杰出的建筑艺术之一，在美学、经济和科学技术上都是史无前例的壮举，由此可见人类伟大的创造力。走近教堂，又会被奔放的拱扶垛和细腻的雕刻，以及精美的绘画所折服。从沙特尔大教堂又可以看出罗马建筑常用的青蓝色向哥特式多彩形式的演变过程。沙特尔大教堂的建筑师苏杰改良教堂成功之事，很快就传到了法国本土地区，深深地影响了此地的建筑。在苏杰尚未将整座建筑彻底改建之前，许多地区已向圣丹尼大教堂学习结构及美学上的特点，并运用在各自建造的教堂中。此后的三百年，可以说是各式各样哥特建筑相互竞艳的时代。而这一沙特尔风格又被迅速地推广到欧洲各地，

图 5.1.4　彩色玻璃拼接画圣经故事

成为后来许多著名教堂的范本。

20世纪以来，沙特尔大教堂的钟楼和雕塑曾经受到不同程度的损坏，一些窗玻璃开始变质，并受到玻璃病的严重影响。最近在沙特尔建立的"国际彩画玻璃中心"正在为此采取保护措施。

**德国：亚琛大教堂**

这是位于亚琛市的德国著名教堂，1978年被列入《世界遗产名录》。

早在罗马帝国时代，亚琛以富有医疗效果的温泉而享有盛誉。同时这里是重要的产盐区，供应罗马帝国各地食用盐。至中世纪，亚琛已是德国的主要城市，也是法兰克国王的常驻地，尤为查理曼所喜爱。查理曼在公元771年便成了法兰克王国的主宰，他崇尚战争，骁勇异常，亲率大军征讨莱茵河地区及萨克森部落，之后南下进攻西班牙获得胜利。在20余年间，查理曼率军与萨克森人及巴伐利亚日耳曼部落大战18次，以巩固法兰克国王的统治地位，同时将领土急遽扩张至多瑙河地区的斯拉夫人居住区。

法兰克国王查理曼于公元796年下令建造王宫。负责建造宫廷教堂的建筑师奥多，模仿具有拜占庭建筑艺术风格的意大利拉韦纳圣维塔尔教堂建造了这座有着巨大圆拱顶的八角形教堂，把欧洲晚期古典主义建筑艺术和拜占庭建筑艺术糅合在一起，还大胆采用古典主义建筑前的技术，如巨大的铜门和铜栏杆等，使亚琛大教堂成为一座风格独特的建筑。公元800年，查理曼在罗马正式成为罗马皇帝，而亚琛大教堂作为一个宫廷教堂成了教皇为查理曼亲自加冕的重要场所。亚琛大教堂的主体建筑工程持续12年，之后又进行了扩建。公元814年，查理曼下葬于此。亚琛大教堂从此成为德皇的加冕教堂，从公元768年至1531年，共有30个德意志国王在此登基加冕。1414年和1884年又分别在两侧建圣坛所。1669年又加盖拱顶的八角形建筑。亚琛大教堂既是宫廷教堂，又是存放国家圣物的珍宝馆，也是查理死后的墓葬教堂，体现了查理大帝政教合一思想。

亚琛大教堂由东端的圣坛，双层回廊和八角形主堂共同构成。其中主堂的下层是充满宗教气氛的弥撒室，而上层则成了皇家祈祷室。此外，教堂还经由一道游廊与附近皇家行宫相连。查理曼以后的德皇仍在此加冕，于是主堂旁边又陆续兴建许多小教堂：匈牙利堂、安娜堂和马蒂亚斯教堂等。亚琛大教堂的入口处还修

图 5.1.5 亚琛大教堂外观

建了一座塔楼，塔楼两侧分别设有一条环形向上的阶梯。亚琛大教堂象征当时的帝国，在中央大厅顶部冠以圆拱，象征皇冠。它堪称欧洲宗教建筑史上里程碑式的杰作，也是德国最古老的中世纪石块建筑。现今保存的欧洲教堂中，大多都建有宫廷小教堂，而且都是亚琛式的。

此外教堂内保存着查理曼的遗骨龛及石墓。在龛旁墙壁上是6位德皇的浮雕和查理曼加冕时和红衣主教、罗马教皇在一起的情景，另外还有十字军征战西班牙的场面。亚琛大教堂的收藏品十分丰富，地下室内收藏有珍贵的青铜器、象牙器和金银工艺品，有公元2世纪的古罗马最古老的石雕。教堂入口处的两扇铜门是德国最古老的金属门。赫伯图斯堂和主堂的狮子头铜篱笆也年代久远，还有弗里德里希一世赏赐的镀金灯具和海因里希二世捐赠的金铜浇铸布道台，都是珍贵的文物。二层设有大理石的查理曼宝座。唱诗班席里有查理曼金圣物箱，保存着他的遗物。教堂内还有不少名家制作的宗教艺术品，如8世纪福音书手抄本上的画像，圣路加和9世纪一部手抄本上的圣马可写经图等，都是研究基督教的珍贵史料。

图5.1.6 圣徒雕像

亚琛大教堂在第二次世界大战时受到破坏，战争结束后，德国政府修复了亚琛大教堂。德国两位杰出的工匠本纳和韦德林设计并制造了仿古玻璃窗，巧妙地将教堂原有的一些玻璃嵌于其中，达到以假乱真的地步，所以现在的玻璃窗都是后人的仿制品。还在教堂的西侧修复了一座三层楼的珍宝馆，其中一层展出上古至施陶芬时期的文物，二层是中世纪和巴洛克时期的艺术品，三层大多是19—20世纪的工艺品，珍宝馆的设立有助于引起参观者认识文物的兴趣和保护文化遗产的意识。

**英国：伦敦威斯敏斯特宫殿与教堂、圣玛格丽特教堂**

威斯敏斯特宫是英国最高立法机构国会上下两院所在地，故也称议会大厦，是世界上最大的哥特式建筑物。它傲然屹立在伦敦泰晤士河北岸，瑰丽肃穆，是英国最著名的宫殿之一。始建于都铎时代，1834年失火被毁，19世纪中叶重建，二战期间下院再度毁于战火，现有建筑是战后重修的。

威斯敏斯特宫南北竖卧，正门朝南，东临泰晤士河。宫廷大楼是主体，前后共3排，长达300米，两端和中间由7座横楼相连，使3座大厦形成了一个整体。北面为高达百米的维多利亚塔，石结构，不怕火烧，因此储存了许多重要档案。屋顶镏金，新哥特式的塔尖直冲云霄，气势非凡。若从泰晤士河的船上或对岸观赏，整个大厦气势磅礴，景象万千，堪称英国最具代表的一景。议会大厦共14个大厅，600多个房间，首相和内阁大臣在大厦里都有自己的一套办公室和会客厅。通向上下两院的长廊墙壁上有许多大幅壁画和石雕像，金碧辉煌，栩栩如生。

图5.1.7　从泰晤士河对岸看威斯敏斯特宫

议会上下两院分别设有议事厅。英国议会仍保留了许多古老的传统，下院仍遵循几百年前的议决方式。

威斯敏斯特宫是英国浪漫主义建筑的代表作品，也是大型公共建筑中第一个哥特式建筑复兴的杰作，是当时整个浪漫主义建筑兴盛时期的标志。在英国人心目中，威斯敏斯特宫的重要之处还在于其民主政治的象征意义，当钟楼上的大本钟奏响和谐的乐声时，似乎不仅是在夸耀着这座庞大建筑物的宏伟，也是人类文明进程的一种提示。

威斯敏斯特教堂是英国新教伦敦圣公会教堂，前身为本笃会隐修院。现今的建筑始建于1245年，英王亨利三世将旧堂的大部分建筑物拆除，只保留中殿，与过去的风格保持

图5.1.8　威斯敏斯特宫钟塔上的大本钟

一致。位于教堂东端的亨利七世小教堂建于 1503—1519 年，以其精致的锥状扇形拱券和雕塑工艺闻名于世。1745 年落成的两座钟楼是最后添加的建筑物。从英王威廉一世起，几乎所有的英王加冕典礼都在威斯敏斯特教堂举行。1760 年以前的历代英王和王后均葬于此。从 18 世纪起，英国的著名人物大都葬于此地，因此该教堂在英国众多教堂中地位独特而显赫。

### 西班牙：通往圣地亚哥·德·孔波斯泰拉的朝圣道路

圣地亚哥在西班牙语中为圣雅各的意思，到圣地亚哥朝圣是为了纪念使徒圣雅各，他是西庇太和撒罗米之子、另一个使徒圣约翰的兄弟。耶稣升天后圣雅各在巴勒斯坦宣讲福音，希律王的侄子希律亚基帕一世下令把他斩首，因此他是为耶稣殉道的使徒。其弟兄把他的遗体运到西班牙，在西班牙西北加利西亚一带登陆，不久这具遗体便莫名其妙地失踪了。直到 813 年，在一座位于伊里亚弗拉维亚镇附近、伊比利亚半岛最西端的罗马废弃古堡下，找到他与他两位门徒德奥道禄和阿纳大西三人的遗体；发现者立刻向地方主教德奥道密鲁报告。主教派人挖掘，果然在那里找到三位圣徒的遗体，从此便称这里为"圣地亚哥"。阿方索二世（759—842）是小王国阿斯图里亚斯和里昂的统治者，他知道这个发现后令人在墓地上建起了一座小教堂。不久，又扩建成长方形教堂，圣地亚哥·德·孔波斯泰拉镇在墓地周围发展起来，朝圣地不断改建扩展，越建越大。后来它成了西班牙基督徒的一个强有力的象征，圣雅各被西班牙民族奉为"国家主保"，这是为了激起西班牙民族的爱国爱教意识。

图 5.1.9　途中供朝圣者躲避寒风和暴雨的古老客舍

公元 711 年，来自北非的一支穆斯林军队在直布罗陀附近的西班牙海岸登陆，西哥特人的西班牙王国开始衰落，7 年内整个半岛都屈从于这些训练有素的入侵者的统治，在随后的 8 世纪，西班牙的历史一直为伊斯兰教和基督教这两个对立的宗教和文化势力左右。而圣雅各成为基督教军队重新征服西班牙的象征，以至于军队 844 年在克拉维霍的胜利也归功于圣雅各。该国还成立了"圣雅各军旅骑士会"，是为光复故国出力最多的团体。据称在著名的克拉维霍之役中，许多人曾亲眼看到圣雅各着军服，乘白马，右手执利剑，把摩尔军杀得七零八落，因此西班牙人惯称圣徒为"摩尔军的劲敌"。朝圣地及城镇不幸于997年被入侵的伊斯兰教将领阿耳茫卓夷为平地。所幸主教默彰卓及时将三圣徒的遗体移到安全的地方。事后立即重建了圣所和城镇，并修建了700米长的城墙加以护卫。

如今我们很难确定首次到孔波斯泰拉朝圣始于何时。不过阿方索二世发现圣雅各墓地后所写的记录则是朝圣活动的第一个见证。此后不久，信徒开始从西班牙北部各省涌向孔波斯泰拉，形成了连绵不断的朝圣人流，并延续至今。根据记载，第一个从国外前去朝圣的人是法国勒皮的主教戈德斯卡勒，他是在阿方索二世朝拜孔波斯泰拉100年后和他的随从一起前往朝圣的。此后大多数朝圣者都是外国人，人们沿着过去通向罗马的道路，从欧洲各地纷纷前往，很快就确定了具体路线，而这些路线很快地被称为圣地亚哥朝圣之路。朝圣者一般从家乡结队而行，他们出发时的场面隆重，携着必备的披风、包裹、扶杖、葫芦和大檐帽。朝圣者回家时要带回一个贝壳，以示他们的确到过目的地，贝壳后来渐变成一种独特的标志，这些朝圣者因此有贝壳佩带者的绰号。

图 5.1.10　朝圣道路和所经城镇地图

而圣地亚哥·德·孔波斯泰拉教堂建于1075—1188年间。它是著名的仿罗马式样的教堂，在设计上受到法国仿罗马教堂的影响，但仍然有许多独到之处。几个世纪以来，建于朝圣路上的一些著名教堂已被破坏或改建，此教堂在18世纪时被披上了一件巴洛克式外衣，整个外观已经不是原来的风貌，但是室内还可以看到以前的样子。建筑的平面是一个拉丁十字形，这种朝圣路上共同的教堂语言，是从早期基督教和拜占庭教堂发展而来的。翼殿很长，有70米，使教堂外貌更加令人印象深刻。在圣殿及翼殿外均加有突出的环形殿，象征着信徒来自四面八方，这种水平方向的象征意义也可从翼殿开有大门得到证明。正立面则由传统的西端屋变成了一层薄的屏障，立于两侧的高塔之间。在室内，没有中世纪教堂中比较厚重的连续墙壁，取而代之的是一种比较明快的处理。因为通廊有两层，光线集中点是在中殿及翼殿交叉处。圣地亚哥·德·孔波斯泰拉教堂代表了欧洲建筑发展过程中重要的时期，这个教堂不仅在功能上满足了需要，而且也向透明骨架的哥特式建筑迈进了一步。据传，雅各的遗体葬在该城主教座堂地下的圣堂内，信友排队从右边拾级而上，习惯从坐像背后拥抱圣徒，然后从左边阶梯下来，再依序进入地下圣堂，在玻璃门内，拜谒安眠在银棺内的圣徒及其弟子的遗体；随后从右边出去，这里可说是大殿最为神圣之所。正祭坛左右立有圣载伯德与圣撒罗默的雕像，他们是圣徒的双亲；座堂仍采用巨香炉的措施：在圣徒节日7月25日起为期两周的庆祝中，由八位特选的男士于弥撒前，把高160厘米、重80千克的镀银大香炉中的乳香点燃，弥撒后卸下熄灭。这一习惯兴起于14世纪，据说是为了减轻长途跋涉的朝圣者所带来的汗臭，这是圣地亚哥所独有的。

16世纪初，朝圣地又有第二个兴盛繁荣期：总主教方赛加于座堂右边的土地上兴建了圣地亚哥大学；皇家医院座于其右，是由管理座堂的本笃会士们专为帮助朝圣者而修筑。18世纪总主教拉绍伊在座堂前，仿照巴黎法兰西学院，修建了长90米的新古典式的拉绍伊大厦，白色大理石雕成的圣徒"摩尔军的劲敌"像就立在中央三角楣之上；规模宏大的凯尔密列兹大厦位在座堂右方。17、18世纪初叶，巴洛克风格传入圣地亚哥，许多建筑被重整美化。这些不凡的建筑群，为广场和座堂增色不少。大修会在这里建有规模相当大的修道院。后来因为发展市区而把城墙拆除，为这里扩大了不少地盘。

圣徒雅各的银棺曾经两次被打开，分别是在1589年和1879年两届圣年期间，让朝圣者瞻仰，吸引了大批信友们前往顶礼。西班牙各地和西欧各国每年都有大小朝圣团体来到此地。中世纪之后，圣地亚哥是最著名的圣地之一，每年顶礼者达到五十万之谱，近代虽然不如彼时多，却也不曾中断；教宗若望二十三世与若望·保罗二世都曾来此顶礼。也许中世纪西欧人由于担心伊斯兰教势力再度进入西欧（伊斯兰军队曾于732年攻至距巴黎西南二百公里的都尔城），所以大家不约而同地把希望寄托在"摩尔军的劲敌"圣雅各身上。朝圣者一般有4条路线可循：在巴黎、威哲列、列布伊和阿尔列朝圣地顶礼后，大家继续前进，直达圣地亚哥。自12世纪便有所谓"雅各旅程"，每年有50万信友组团，从法国等地前来顶礼。联合国特称它为"欧洲最早的文化旅程"。而西班牙就有许多人取名雅各或雅伊默（Jaime）；阿拉贡有两位国王名"雅伊默"，他们的3个儿子也取名"雅伊默"。苏格兰有五位国王、英国有两位国王名为"詹姆士"（James），即雅各的英文拼写法，以纪念耶稣门徒为主殉道的事迹。通往圣地亚哥·德·孔波斯泰拉的朝圣道路1993年被列入《世界遗产名录》。

**法国：亚眠大教堂**

亚眠大教堂位于法国庇卡迪夫区索姆省亚眠市。大教堂初建于13世纪初，1218年被焚毁。现在的教堂是1220年由埃费阿·德·富依洛瓦主教着手重建的。亚眠大教堂是哥特式建筑顶峰时期建造的大教堂之一，其设计的连贯，内部三层次装修之美和被称为亚眠圣经的雕塑群像均以和谐著称。亚眠大教堂包括3座殿堂、1个宽阔的十字厅和1座设有7个小礼拜堂的环形后殿。亚眠大教堂之所以可作为人类创造力的杰作和哥特式风格流行时期的典范，在于它能彰显哥特式建筑3个主要的精神内涵：感性的外观、有限理性的遮蔽物和精神对物质实体的超越。教堂上下共分3层，巨大的连拱几乎占了一半，正面拱门上方拱廊内每个小拱中均有6柄刺血刀，按3柄一束竖于三叶拱下，而拱门与拱廊间有一条花叶纹装饰。教堂内遍布的彩色玻璃窗强调了采光的作用。唱诗台位于十字厅的两侧，由4个连拱组成，纵向线条分明，于是形成完美的平衡。拱廊背墙两侧开了两扇彩色玻璃窗，利于采光。教堂顶部均由4根一组细柱和1根粗壮圆柱组成的束形柱支撑，束形柱布局合理而严谨。在大门上方叠加两层连拱，而第2层是著名的国王拱廊。还有一个直径11米的巨型火焰纹玫瑰玻璃圆窗和一组高廊。两座塔楼护卫于两侧，形成整体布局中巨大的空间。经由彩色玻璃窗透进来的晦暗光线、狭长的中厅、烛光闪烁的祭坛，以及耶稣受难像，环境的这些因素促使人们和现实世界隔离，而趋近上帝。

教堂建筑有许多完好的石雕。正门雕刻是"最后的审判"，北侧门刻有本教区诸神和殉道者，南侧门是圣母生平图，以喜悦的笑容来表现孩子的诞生，同时也传达出一个母亲怀抱可爱婴儿的魅力。十字厅南大门上雕刻了圣母全身像。这些杰作后来都成了别的教堂效仿的楷模。

图 5.1.11　小天使

亚眠大教堂自6世纪以来一直是法国国王加冕的场所，为了使加冕典礼盛大隆重，举行仪式的空间宽敞，教堂后殿的空间比普通教堂的要宽敞，教堂方塔之间的国王长廊也是为此而建造，所以亚眠大教堂规模宏大、富丽堂皇。1981年亚眠大教堂被列入《世界遗产名录》。

**意大利：比萨的中央教堂广场**

比萨位于意大利西部，距亚得里亚海10公里，是托斯卡纳省省会。比萨与威尼斯、热那亚是地中海的三大港口，十分繁荣，同时比萨也是意大利的伟大艺术城市之一。这个古时海上贸易的共和国，一度是阿诺河河口的大海港，是诺曼人征服西西里岛时的盟友，而且这里的船只运载第一批十字军抵达圣地，而这一趟旅程使比萨的贸易足迹远及东方。12世纪，日耳曼霍亨斯陶芬王朝的腓特烈皇帝，赐保皇党城市比萨以托斯卡纳的领导地位，以彰其忠勇，但随着比萨在1284年被热那亚击败，这个荣誉也随之失去。

1406年，比萨在长期遭到佛罗伦斯人围困后被占领。二次大战期间比萨也未能幸免，但战后小城又修复如初。比萨本来系一蕞尔小镇，自从中央教堂广场建立以后，闻名遐迩，游人如织，然而比萨仍保持其明媚恬静，以及充满艺术气息的小镇风貌。

比萨的中央教堂广场主要有意大利罗马式的比萨大教堂和浸礼教堂各比萨塔（钟塔）等构成的天主教宗教建筑群。1987年被列入《世界遗产名录》，符合文化遗产的第Ⅰ、Ⅱ、Ⅲ、Ⅳ标准。

大教堂屹立于比萨城东北角的广场上，以纪念本城的守护神圣母玛丽亚。建筑工程开始于公元1063年，至1118年教皇盖拉西斯二世时，建筑尚未完成。教堂由雕塑家布斯凯托·皮萨谨主持设计，另外还有一个圆形的洗礼堂和一个钟塔，构成一组建筑群，也是意大利仿罗马建筑之典型。在这组建筑群中，浸礼堂位于主教堂前面，与教堂在同一中轴线上，钟塔在教堂的东南角，这两个圆形建筑一大一小，一矮一高，一远一近，与主教堂生动和谐地组合在一起。教堂平面呈长方形的拉丁十字，长95米，纵向有四排68根科林斯式圆柱，纵深的中堂与宽阔的耳堂相交处为一椭圆形拱顶所覆盖。中堂用轻巧的列柱支撑着木架结构屋顶，祭司和主教的席位在中堂的尽头。圣坛的前面是祭坛，是举行仪式的地方，为了使它更开阔，在半圆形的圣坛与纵向的中堂之间安插一个横向的凯旋门式的空间。大教堂正立面高约32米，底层入口设有三扇大铜门，上有描写圣母和耶稣生平事迹的各种雕像。大门上方是几层连列券顶柱廊，以细长圆柱的精美拱券逐层堆积为长方形、梯形和三角形。教堂外墙是用红白相间的大理石砌成，色彩鲜艳夺目。

浸礼堂在以往附属于主建筑，但在此建筑群则得以独立。浸礼堂平面呈圆形，直径39米，圆顶上立有施洗约翰的铜像，在入口处则和其他地区的教堂一样，有各种富有教育意义的《圣经》故事。其中有雕刻家尼古拉·皮沙诺创作的雕塑，其主题是耶稣降生时的情景。教堂有三个主要入口分别通向中殿及通廊，其上则为四层开放的游廊。就整个平面而言，比较类似基督教早期教堂。中殿之上为藻井天花板所覆盖，两侧为双层之通廊，有圆拱相连于花岗石柱头。在中殿与翼殿交叉处是一个椭圆形圆顶，东端则是单一的环形殿。意大利没有完全模仿古罗马的建筑，古典罗马、拜占庭、伊斯兰教及保守的中世纪风格融合成一体。托斯卡纳地区各城市从11世纪中期就获得了独立，这使得建筑形成了一种独特的中世纪风格，是一种罗马式建筑的早期文艺复兴变体。这种变体含有许多非宗教性要素，特点是比例合理，纯古典的柱廊、连拱、壁柱丰富，以及广泛采用各式大理石镶贴品。

比萨塔是一座钟塔，建于公元1174—1350年，由奥地利因斯布鲁克市的韦利格尔穆和柏南努斯创作而成。钟塔共8层，高56米。水平截面为圆形，通体用大理石建成，重1.42万吨，每层外围呈拱形券门状，底层有15根柱。各层均以连列拱作装饰主题，底层墙上作连续券浮雕，塔内有螺旋形楼梯294级，可盘旋而上直至塔顶。由于比萨位于阿尔诺河下游的冲积平原上，土质疏松，在第3层完成前已经开始倾斜，负责建造的建

第二编　文化遗产

筑师皮萨诺将下陷一边的层高加大以补救，但结果沉陷更甚。之后为了阻止斜塔继续倾斜，建筑师曾使用特殊的建筑设备和圆柱，以替代其他损坏的部分，但于事无补。工程曾多次停顿，直至1350年全部完工。建成时，塔顶中心已偏离垂直中心线2.1米。传说1590年意大利物理学家伽利略曾在斜塔上做过著名的自由落体实验。此后，塔身继续而缓慢地向外倾斜，因而获得

图5.1.12　比萨主教堂与钟塔

"斜塔"美名。斜塔盖好后，大多数人都以为倾斜是设计中的一部分，事后才知道根本不是这么回事，原本斜塔是被设计成垂直的。倘若它没有倾斜，可说是欧洲最卓越的钟塔之一。自1918年开始测量以来，发现塔身每年平均向南倾斜1毫米，至1980年代，塔身向南倾斜5.3度，顶部中心点偏离垂直中心线达4.86米。从1173年至今，因为它的倾斜及壮观，比萨塔受到游客莫大的关注，成为意大利最吸引人的景点之一。

1990年代倾斜加剧，所以不再对外开放，直到找出方法防止进一步倾斜，或是完全崩塌为止。比萨塔仅以3米厚的墙体为支撑，位于塔顶的钟室直径小于其他7层，在1350年增建，使总高度达到54.5米，却也增加了斜塔所承受的压力。比萨塔近20年来每年以平均1厘米的角度倾斜，顶端已离开垂直中心线5米。意大利政府曾经怀疑钟塔倾斜度与土壤有极大的关联，为防止其继续倾斜、延长它的寿命，便展开一连串调查斜塔地下土质的行动。同时意大利政府也向全世界征求保护方案，

图5.1.13　比萨斜塔外部廊柱

据说多年来共收到近千个方案,可见人们对它命运的关切。在1990年对外关闭后,专家做过评估,比萨塔随时都可能会倒下。为避免比萨塔继续倾斜,在关闭参观期间,意大利政府试图把它扶正。他们在斜塔第2层用两条不锈钢索缠绕,加固了塔身,在1993年为斜塔底座加上水泥套,其中用了670吨铅,希望能抑制斜塔进一步倾斜。之后又有国际拯救历史建筑专家委员会小组参加,竭力阻止塔基地面沉降。有一位中国建筑纠偏专家也曾参与提出建议,后来采用了墨西哥所提的方案,从沉降少的一侧抽取泥土,使塔身逐渐回归垂直的中线。经过1年多施工,塔顶向中线靠近了40厘米,已差不多恢复到三百年前的倾斜程度,塔身回到了安全范围内,达到了预定的目标。现在已经停止施工。预料今后200年内不会有倒塌的危险。关闭11年的比萨塔已经重新开放。

### 埃塞俄比亚:拉利贝拉整岩教堂

拉利贝拉整岩教堂位于埃塞俄比亚北部山区的拉利贝拉城,南距首都亚的斯亚贝巴300多千米。教堂1978年被列入《世界遗产名录》。

关于拉利贝拉整岩教堂的历史背景可追溯到公元330年基督教进入埃塞俄比亚的阿克苏姆王国。至5世纪末,安蒂奥克的传教师来此传播基督教,但埃塞俄比亚的基督徒却忠于原来的科普特教会。9世纪时,阿克苏姆王国在穆斯林和贝贾人入侵的压力下解体,加上拜占庭帝国的衰落,信仰基督教的埃塞俄比亚愈见孤立。阿克苏姆王国瓦解后,农民起义和政治与宗教中心逐渐南移,12世纪出现札格维王朝。札格维王朝加强了与科普特教会的联系,鼓励传教活动。札格维王朝的王公拉利贝拉成为国王后,定都在原名罗哈的古老小城,并以自己的名字为它命名。拉利贝拉笃信基督教,为了显示对上帝的虔诚,特招募全国约5000名一流的工匠,在地下岩层中凿刻而不允许使用黏性物质(灰砂浆),并在建筑家锡迪·梅斯奎尔的率领下,花了近四分之一世纪的时间,在拉斯塔高原的大片红色火山石灰岩上开凿了11座整岩教堂,它的建成象征着12至13世纪基督教文明在埃塞俄比亚的繁荣发展。13世纪穆斯林征服北非,中断了非洲朝拜者通往基督教圣地耶路撒冷的道路,因此整岩教堂象征了一座"新耶路撒冷"。

组成整岩教堂的11座教堂都是用一整块岩石雕刻凿成,所以它的布局、比例、风

图 5.1.14　圣乔治整岩教堂

格各有特色。总括而言，每座教堂均有古老的阿克苏姆式石碑尖顶，凿空雕成的内部结构和装饰，如石柱形雕凿走廊、镂空透雕的门窗及塑像、浮雕和祭坛。各教堂之间有地下过道和岩洞相通。

整岩教堂的建造是十分艰巨的。首先，人们要把覆盖在岩层上的土壤除掉，然后，在岩层上从四周垂直往下开凿以削出深达12至15米的巨大石块，最后在石头上外削内镂，而整个教堂的内部结构和装饰都是在里面刻出来的，门窗是从里往外镂空透雕而成。整岩教堂矗立于7—12米深的环状通道的中央，雕刻从顶部的穹顶、天花、拱门和上层窗户开始，一直延续至底部的地板、门和基石。为了使夏季影响拉利贝拉的大雨能顺畅排出，教堂各处的水平面都有所倾斜，而建筑物突出部分，包括屋顶、飞檐、过梁和窗台突出程度视雨水方向而定。开凿工程分阶段进行，一些人负责开凿独石，将它与周围岩石分离，另一些则负责制作成型，碎石则是经过窗门搬运，所使用的都是镐和杠杆等简单工具，可见工程的艰巨。

11座整岩教堂中最具特色的是梅德哈尼阿莱姆教堂，即救世主教堂。它是埃塞俄比亚唯一一个有五个中殿的教堂，其中三个中殿分别面向东、北和南面，这是按长方形廊柱大厅式基督教堂修建的。教堂呈东西向，隔成八间，支撑半圆形拱顶的支柱成行排列其间。另外还有与它相邻的玛丽亚教堂，它的内部建筑精美，天花和拱门用红黄绿色几何图案从上到下覆盖，如希腊十字、万字饰、星形和圆花饰。另有壁画题材有动物，如鸽子、凤凰、孔雀、大象、瘤牛，以及圣母玛丽亚的生活场景。而主门上是两个骑手杀死一条龙的浅浮雕，是埃塞俄比亚圣所中少见的珍贵雕塑。

另外圣迈克堂、各各他教堂和三位一体教堂组成教堂群。而各各他教堂在两个中殿的墙壁上雕刻了7个真人大小大的牧师系列像，在它的壁龛中还有一个基督墓。

戈尔塔教堂是拉利贝拉国王的葬地，那里保存了他的遗物，包括凳子、挡板和大十字架。圣乔治教堂的形制特别，从上至下像一个放在地上的厚大十字架。埃曼纽尔教堂是一个有3个中殿的长方形教堂，内有木柱式的石雕，墙壁构成线条分明的几何图形。利巴诺斯教堂有整岩教堂和地下教堂的特点，四边被一个环绕四周，内部挖空的长廊与山体分开，由壕沟、桥梁、涵洞

图5.1.15　利巴诺斯整岩教堂

相互接通构成一个个的内院。各各他教堂的基督墓、十字架教堂、圣餐面包教堂、亚当墓和天使像排列于拉斐尔教堂前，被当地称为"彼拉多的普列托里姆"的平台，意即所有这些遗址集中于一地。这说明了拉利贝拉旨在建造新的圣城耶路撒冷的决心。整岩教堂的建造是非洲地区这个历史时期的典范，也是人类创造力的力证。

由于年代的久远以及气候和人为因素，所有这些建筑都有不同程度的损坏。气温的变化和巨石高度的变化使教堂出现了裂缝。规模宏大的修复工程在20世纪上半叶已经开始。然而，一个更严峻的问题是埃塞俄比亚的大多数居民生活在贫困线下，战争和每年6月至9月的大雨对环境造成严重破坏，致使林业或耕作难以支撑。当地政府希望以拉利贝拉来吸引游客，同时能为他们提高生活水平，但是没有规划的旅游业最终可能毁掉拉利贝拉整岩教堂的原来面貌。因此教科文组织的建筑师希望能为当地居民和旅游管理者提供保护教堂周边地区的指导方针。

另一方面，欧洲曾将把1996至2000年用于开发埃塞俄比亚的两亿欧元中的470万用来修建高科技屏障以遮盖教堂，但由于官僚体制的僵化和多个行政机构的干预，修缮工程的结果并不理想。

**俄罗斯：谢尔盖耶夫颇沙德的三位一体武备修道院及其教堂**

谢尔盖耶夫颇沙德的三位一体武备修道院及其教堂位于俄罗斯莫斯科东北71公里的谢尔盖耶夫市，是俄罗斯古典建筑群的代表作。1993年被列入《世界遗产名录》。

教堂的创建人是谢尔盖·拉多涅日斯基，是一位杰出的宗教人士。1337年在荒郊建立了这座圣三一教堂，后来修道者自辟膳食用地，逐渐发展为大修道院。修道院原为木构建筑，1554年改为石墙砌筑。17世纪进一步增高。教堂曾是拥有大片土地、贮存过大批粮草、武器和弹药的大庄园，也是莫斯科北方的防御阵地。1608—1609年曾抵御过波兰军队连续16个月的围困。

图 5.1.16　修道院和教堂外观

谢尔盖耶夫颇沙德的三位一体武备修道院及其教堂有不同时期不同形式的单一教堂，如圣三一教堂、杜霍夫斯基降灵教堂及塔楼、圣母升天教堂、十一座塔楼和慈善医院等。圣三一教堂最为著名，建于 1423—1442 年，为俄罗斯早期建筑艺术的典范之作。圣三一教堂内有修道院创建人谢尔盖·拉多涅日斯基的陵墓、有著名画家安德烈·鲁勃廖夫的壁画三圣图和吉奥尼西亚所绘的圣训，还有举行隆重仪式用的白石大厅以及 1741—1769 年修建的五层钟楼，使教堂更为壮观。

教堂在 1742 年开办了宗教学校。1744 年改划直属于俄罗斯东正教会主教公会管辖。1814 年莫斯科神学院迁于此，每逢圣诞节和复活节等重大宗教节日，教堂都有隆重的庆祝活动。1920 年修道院被列为国家历史博物馆保护区，馆中藏有 12—19 世纪的工艺品、

**图 5.1.17　其中一座教堂**

18 世纪的俄罗斯绘画和许多民间艺术品，如骨雕和丝织刺绣等。1988 年后，教堂恢复了宗教活动。

除圣三一教堂外，还有谢尔盖·拉多涅日斯基教堂，也是具有五个绿色圆顶的白石教堂，坐落于俄罗斯著名的库利科沃古战场上，在今莫斯科以南图拉地区的原野上。它是 19 世纪中叶为纪念 6 个世纪前莫斯科大公德米特里战胜金帐汗国大军而建造的，据传德米特里在出征前曾得到拉多涅日斯基的祝福。

### 法国：丰特奈原西妥教团修道院

丰特奈原西妥教团修道院位于法国科多尔省勃艮第地区，迪雍市西北方，于 1981 年被列入《世界遗产名录》。修道院建在埃戈雷维小山谷深处，一条小溪从旁边流过，汇入约纳河的支流布伦河。丰特奈原西妥教团修道院 1119 年由圣贝尔纳多修建，后被圣路易改为皇家修道院，并给予豁免赋税待遇。13—14 世纪是它的鼎盛时期，有 300 多名修女和僧侣。当时寺内的清规提倡节俭和清贫，以及进行禁欲的研究。人们可以从没有装饰、平淡无华的教堂外表体会到这一点。它在百年战争期间衰落。

图 5.1.18 修道院位于山谷中

院墙内西侧是修道院的圆拱式接待室，进门小走廊上部是 5 世纪重建的看门神父的房间，贵宾之家坐落在接待室右侧，接待室左侧有一座 13 世纪修建的楼房，内设外国人礼拜堂，修道院排列在回廊院四周。教堂平面为拉丁十字形，有 1 个大殿，两旁有侧厅，1 个后堂，内设 4 个小礼拜堂，以及 1 个唱诗台，侧墙上开有半圆拱形窗，整座建筑内只有柱头上有雕刻，为针形水纹叶图案。

在建筑形式上，回廊院堪称楷模，四道长廊各由 4 个拱顶横撑组成，朝东通往圣器室、教士会的议事厅、探访室和一个 30 多米长的修士厅，长廊上部是寝室，以 15 个狭孔采光，南面是设有两个圆形烟囱的供暖房，13 世纪建造。西面原有改宗者房，现已不存在。

附加建筑中有一座 1547 年修建的修士狱，还有一个用卫生隔离设施隔开的医务室，沿小溪而建。小溪右岸是一个锻造作坊，长 53 米，宽 13.5 米，由相互分开的四座厂房组成，建于 12 世纪，专门制作供修道院用的铁器。面包房紧靠外国人礼拜堂，烟囱保存完好。修道院院长住房也在本院内，建于 18 世纪上半叶，与西侧长廊垂直。圆形鸽房可能建于 12 或 13 世纪。

这座修道院既是西妥教团所属修士社团建起的无装饰建筑的代表，又是一座封闭的、自给自足的建筑群。修道院及其教堂、回廊院、餐厅、寝室、面包房和锻造作坊，均建于圣贝尔纳多在世之时。

经过几个世纪的风雨，这个修道院遭受过遗弃、洗劫，甚至部分被毁掉了。一些建筑挨着它建造起来，它甚至一度被改造成一所造纸

图 5.1.19 修道院院内回廊

厂。20世纪初，里昂的一个财阀买下了这处遗址，并开始了精确的复原工作。后加的建筑被拆除，被毁的建筑被小心地复原。经过多年的努力，丰特奈原西妥教团修道院今天重新焕发了青春，宛如当年一样。她在今天的声誉就和她12世纪在人们心中的精神地位一样。直到今天，购买者的后裔仍然视保留这座人类遗产为己任。这个罗马式的建筑杰作严谨地代表了西妥教派的理念。

### 意大利：达·芬奇《最后的晚餐》所在的圣玛丽亚感恩女修道院和教堂

绘有达·芬奇《最后的晚餐》油画的圣玛丽亚感恩修道院和教堂，位于意大利伦巴底大区米兰市圣玛丽亚感恩广场内。1980年被列入《世界遗产名录》。

圣玛丽亚感恩修道院和教堂是米兰建筑师索拉里兄弟于1463年开始修建的。后来米兰公爵卢多维科·斯福尔札想在教堂安置自己和妻子之墓，准备扩建修道院。达·芬奇被这个计划所吸引，同期抵达米兰的还有另一位文艺复兴大师和建筑家布拉曼特，他们联手使米兰这座充满中世纪传统气氛的城市成为文艺复兴时期的一个典范。

他们把教堂后部的半圆顶穹窿拆除，改建为一个高大的圣坛。另建有餐厅、圣器室和方形回廊。而达·芬奇则在1495—1497年间在大厅北墙绘制了油画《最后的晚餐》。达·芬奇至少用了20年的时间起草，真正开始绘画到完成则只用了3年时间。它成为整个建筑群体中的精品，画面长8.85米，高4.97米，上方有3个半圆天窗，中间一个最大天窗由卢多维科的王徽装饰，因为这幅画是他委托达·芬奇画的。

《最后的晚餐》这一题材在情节的安排和人物内心活动表现上都难以把握。达·芬奇在当时的绘画透视技法中融入处于萌芽的巴洛克艺术的一些因素，建立一种由上而下展开的稳定型构图。他突出地把主题人物表现出来——门徒聚在一起，单看手姿即已变化多样：巴多罗迈双手按桌，小雅各和安得列的手呈怀疑之态，彼得转身时手握餐刀，犹大紧握住赏钱，约翰清白的手，耶稣摊开的手，多马竖指发问，大雅各张开双臂，像在进行辩解，非利心自问表白的手势，马太、西门和达太相互问询，显得无辜的手伸向基督。他们虽然姿势各异，但是面向中央基督的神情具有均衡的动感，背景和远景描绘色调比较暗淡，只有基督与门徒群像明显地浮现在画面上。在画的内容上达·芬奇所表现的不是一般人所展示的庆祝逾越节的场面，而是基督告诉门

图 5.1.20 圣玛丽亚教堂的圣坛

徒，那夜他们中有一个人将要出卖他（《马太福音》26 章 22 节）时大家的反应。在七嘴八舌、议论纷纷之际，这幅画显露出各人内心深处的灵魂。每个人都在问"是我吗？"他们的反应通过持续不断的运动，向基督身上流去又从他身上流走，但总是集中回到他的身上。使徒自然形成 3 人 1 组的 4 伙人，在运动与反运动的涟漪中集聚在一起。以前描绘最后晚餐的画，一般是把犹大单独安排在和别的门徒对立餐桌的那一边，达·芬奇把犹大放在众人之中，甚至靠近耶稣，以使主题更戏剧性：我身边的人要出卖我。这幅画与其说是从肉体，不如说是从精神上孤立他，他是唯一面部被阴影笼罩的人，而且从基督面前强烈地向后退缩。《最后的晚餐》这幅画有个特点是，所有人物都没有圣光，强调的是现实生活，是普普通通的人。就连耶稣头上都没有圣光，达·芬奇只用透视法让耶稣成为中心，用窗口之光取代圣光，并使犹大背光，置身于黑暗中。可以说达·芬奇透过这幅画，发挥了文艺复兴时代最重要的、据以反叛前时代的主题"人生与人性"。哥特时期，也就是文艺复兴初期，画家们仍受中古绘画观念的影响，将耶稣与玛丽亚描绘得只有神性，而其人性特质包括痛苦、哀伤、惊惧等等，全淡化到难以察觉，甚至身体都轻飘飘，仿佛是个灵体。而文艺复兴晚期，却出现完全相反的状况，将耶稣的人性特质凸显，甚至难以察觉他是神的儿子。

《最后的晚餐》另一个绝妙的地方在于基督背后的窗，画家在墙壁上创造了一个通向消失点的平衡框架，这个消失点处于基督身后窗子上方的山花，但晕涂法和人物形象的自然活动感又缓解了这种严格的平衡。同时由于在高处描绘打开的窗户，所以室内的气氛自然偏重于上方，让仰望观赏的人不致有沉重的压迫感。而且窗口透射进来的光线，正好强调出坐在窗户前面的基督的脸孔，具有相当于后光的作用，达·芬奇针对餐厅空间进行处理的这些技巧，体现了人类创造力。《最后的晚餐》花费了达·芬奇多年的心血，开创了西方文艺复兴的崭新境界，并成为与米开朗琪罗的《末日审判》、拉斐尔《雅典学院》并称的文艺复兴全盛时期三大杰作之一。

不过在 1652 年，僧侣为了扩大门洞，把画中央人物的脚部挖去了一块。1796 年，拿破仑一世侵占米兰，把食堂作为马厩，士兵把壁画中的人物头部作为抛掷石块比赛的目标。由于达·芬奇选择材料不当，画面没有打底就直接将颜料涂在干燥的壁面上，所以在壁画完成之前已经开始出现裂痕。之后再经过第二次世界大战摧残和现代空气的污染，画面已经损坏剥落。加上二次大战以后因修复工作不力所留下的痕迹，壁画《最后的晚餐》已经惨不忍睹。

图 5.1.21　1996 年修复后的油画《最后的晚餐》

而这幅杰作保存了 20 多幅临摹本。其中最佳的一本由奥乔纳临于 1510 年，与原作稍有差异，现存于巴黎卢浮宫，联合国教科文组织为保护这幅名画，于 20 世纪 90 年代组织的抢救工作已经完成。

### 保加利亚：博亚纳教堂

保加利亚著名东正教教堂。位于保加利亚索菲亚南郊的一个居民区。1979 年被列入《世界遗产名录》。

索菲亚博亚纳教堂在中世纪时曾是皇宫的一部分，由三座教堂组成，三座教堂平面均呈正十字形，圆屋顶，正门装饰华丽。东教堂建于 10 世纪，标志着保加利亚民族的诞生和这个国家与亚得里亚海各商业城市建立了密切联系。中教堂又称卡洛扬教堂，初建于 11 世纪。1259 年由卡洛扬大总督命令扩建，画有卡洛扬大总督夫妇像和保加利亚沙皇康斯坦丁·阿森夫妇的肖像，阿森手握金质权杖，头戴拜占庭皇帝授予的缀有宝石的王冠和绶带。

图 5.1.22　教堂东北角

1845 年增建了有钟塔的西教堂，表明经过长期外国统治后保加利亚艺术出现复兴。博亚纳教堂的其他壁画也十分著名。壁画中耶稣的各种面部表情及众圣徒，以及卡洛扬和皇族成员的表情都很生动，是当时的民间风俗画，显示出中古保加利亚艺术的杰出成就。保加利亚政府对索菲亚博亚纳教堂曾采取一系列的保护措施，以保持建筑物干燥，还对壁画做了进一步修复。

### 巴勒斯坦：耶稣诞生地伯利恒的主诞教堂及朝圣线路

伯利恒（白冷，Bethlehem）位于巴勒斯坦中部，耶路撒冷以南，在以色列朱地亚—撒马利亚区，海拔 680 米。自公元 2 世纪起，被基督教传统认定为耶稣的诞生地。公元 339 年，在这里建成第一座教堂，宗教地位仅次于耶路撒冷旧城内的圣墓教堂。这里还有拉结墓，故亦为犹太教圣地。公元 6 世纪的火灾后，在此基础上重建的教堂保留了原有建筑精美的彩石拼接的地坪。2012 年伯利恒被列入《世界遗产名录》。遗产范围内还有拉丁、希腊东正教、方济各会和亚美尼亚修道院及教堂，以及钟楼、露台花园和一条朝圣线路。列入《世界遗产名录》时由于渗水对遗产造成了损害，同时也被列入了《濒

图 5.1.23　主诞教堂外墙和钟塔

危世界遗产名录》，有警示的意思。

伯利恒声名远扬，历史悠久自然是因素之一。公元前3000年吉普赛人、赫梯人在此定居。这里最初取名贝特拉马，到公元前1350年改用现在这个名称。此后，往返古叙利亚和埃及的商旅多在此中转休憩，以至渐成通衢闹市和兵家不断争夺的地方。让伯利恒名闻世界的，是两千多年前耶稣基督在这里降生。这个男婴是上帝的独生子，以肉身来到人间的救世主。

关于耶稣诞生的故事很多人都有所了解，简单地说就是：名叫玛丽亚的童贞女，因圣灵感孕，怀上了一个男婴，她的未婚夫约瑟知道此事后，就想休掉玛丽亚。后来，约瑟得到天使的启示，知道了神的计划，才按神的旨意迎娶玛丽亚。过了一段时间，罗马皇帝奥古斯都下令普查全国人口。约瑟带着临产的玛丽亚到伯利恒申报户口，他们抵达之时，城中客店已经住满了，只好在一间马厩里过夜，就在这天夜里，玛丽亚生下了一个男孩，她将婴孩用布包起来，放在马槽里，于是马槽成为耶稣基督的摇篮。

图 5.1.24　主诞教堂旁的圣凯瑟琳教堂

对于基督教来说，伯利恒有着非同一般的意义。著名的基督教古迹之一，主诞教堂坐落于市中心马槽广场。位于耶稣出生的马槽所在地伯利恒的星洞遗址之上。伯利恒的星洞是主诞教堂中最具宗教和历史意义的部分，耶稣当年就出生在这个长13米、宽3米的地下岩洞中的一个泥马槽里。泥马槽后来被人用银马槽替代，再往后，银马槽又被换成了一个大理石圣坛，上面镶嵌着一枚空心的14角伯利恒银星，以标示耶稣出生的具体位置，并镌刻着拉丁文铭文：圣母玛丽亚在此生下基督耶稣。主诞堂建于公元4世纪，使用权归

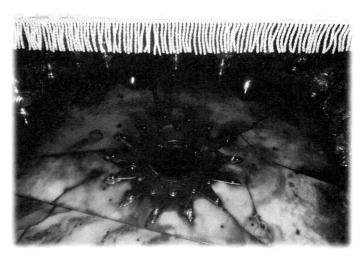

图5.1.25　耶稣诞生地有14角银星标志确认

属罗马天主教、希腊东正教和亚美尼亚东正教等基督教派共有，但是后来在公元529年撒马利亚人起义时被毁。现在的圣母玛丽亚主诞教堂是在原址基础上重建的，部分保持了原来的建筑风格。在过去的一千多年间，重建后的主诞教堂屡遭战火洗劫，创痕累累。后来教堂周围又增添了几个小教堂和修道院，建筑规模不断扩大。圣坛上空悬挂着15盏属于基督教各派并在不同时间点燃的银制油灯，昼夜不灭地映照着这块狭小却牵动十多亿基督徒的神圣角落。耶稣基督对世人的拯救是超越时空的，以众神无法测度的智慧超越了人类的所有常规理性思维，所以这里具有宗教文化传承的重大价值，是无神论者无法领会的。

此外，伯利恒还有其他一些基督教圣地，如耶稣到埃及避难前住过的乳洞、圣凯瑟琳教堂、十字军庭院、无辜婴儿墓穴和首先拥抱耶稣的牧羊人的田野等等。

1967年第三次中东战争爆发后，以色列占领了伯利恒。1995年圣诞节前夕，根据巴勒斯坦同以色列达成的过渡自治协议，伯利恒归巴勒斯坦人管辖。耶稣诞辰2000年，伯利恒成为世界千禧年庆祝活动的一个中心。自1999年年底开始，罗马天主教、希腊东正教等基督教主要流派先后按照各自的传统在伯利恒举行了隆重而且盛大的圣诞庆祝活动。基督教东方教派国家的许多领导人云集于此，伯利恒出现了前所未有的喜庆与祥和气氛。

伯利恒城是最大的宗教纪念品生产中心，专门生产以橄榄木与珍珠贝为材料的圣物，还有刺绣工艺品，这里也是农产品市场与贸易中心。当前伯利恒已与东面的拜特萨胡尔以及西面的拜特贾拉等组成一个市区。现在人们去伯利恒，要穿过新修建的巴以隔离墙，这面墙是为防止巴勒斯坦武装分子渗入以色列实施恐怖袭击修建的，由水泥块和铁丝网筑成。

2014年5月本书作者曾到伯利恒耶稣诞生地参观，看到确认诞生地的银星标志，拍有多幅照片收入本书教学材料中。

## 第二节 东方宗教建筑

佛教起源于古代印度。公元前6世纪末，释迦牟尼创建了佛教，此后他和他的弟子就致力于传播佛教、组建僧团和建造寺院。到公元前4世纪止，佛教主要传播于印度北方的恒河中游一带，其规模和范围都较小。公元前3世纪中叶，孔雀王朝阿育王大力推广佛教，佛教传播到全国各地，许多寺院纷纷建立起来，这种稳定的传播一直延续到公元1世纪中叶。佛教教义和戒律这时也有所演进和发展，导致佛教分裂，形成许多大小不一的部派。公元1世纪中叶贵霜王朝在印度西北部兴起，此后疆域逐渐扩大到印度河上游，以及恒河流域的大部分地区。这时佛教传播到民间各阶层，在希腊罗马文化影响下开始制作并礼拜佛像，大乘学说兴起。公元4世纪初笈多王朝建立，逐渐统一了印度中部和北部的广大地区，佛教在国家的支持下进一步传播，佛教传统文化进一步得到发扬，形成了风貌不同的几个地区。大乘学说兴盛，成为佛教思想的主流。公元8世纪中叶在恒河中下游建立了割据的波罗王朝，密教成为佛教的主流，并在这里流行。12世纪中叶色纳王朝攻占了这个地区，佛教走向衰落。13世纪初伊斯兰教民族侵入本地区，于是佛教完全溃灭。

公元前3世纪中叶，即孔雀王朝第三代君主阿育王时期，佛教开始向印度境外传播。阿育王曾派人到今天的克什米尔、巴基斯坦北部和阿富汗东南部推广佛教，于是佛教便在当地流传。公元1世纪西迁的大月氏人在这一地区建立了贵霜王朝。大月氏人不仅自己信奉佛教，而且还向周围国家传播。向西、向北传入巴克特里亚，即现在的阿富汗北部和乌兹别克斯坦的南部；向东传入我国新疆，再继续向东传入中原。佛教沿这条路线传播时使用的是梵文佛典，传入中亚和我国新疆后，有一部分佛典被译成当地语文，即中亚各种语文，包括粟特文、吐火罗文和龟兹文等，我国古代把这些西域语文统称为胡语。传入中国内地的各种语文的佛典最后都译成了汉文。这种早期传入中亚和新疆的佛教属于上座部，传入的佛典也属于上座部。后来传入我国内地的佛典除了上座部外还有大众部，不过这时它们已分别演变为小乘和大乘，在我国内地流传的是大乘佛教。

公元4世纪佛教从我国传入朝鲜，公元6世纪又传到日本。佛教还从我国南方传入越南，以后又传入柬埔寨东部边境一带。由中国内地传入这些国家的佛教都使用汉文佛典，当地寺院日常所用的也是这种文本。

沿着这条路线传入各地的佛教，都受到了当地政治、经济、文化、宗教和伦理观的影响，已不再是在印度时的原貌。

公元前3世纪中叶，阿育王派人到斯里兰卡传播佛教，佛教在那里十分流行。那里的佛典是用巴利文书写的，属于上座部。南传佛教后来传播的情况相当复杂，约在5世纪时传到了缅甸和泰国，大约也在这个时期，传到了印度尼西亚。南传佛教向印度境外传播时混杂有印度教的因素，也受到当地宗教的影响，并和当地的政治有密切的关系。

佛教传入西藏很晚，约在公元7世纪，传入的是小乘佛教，但是没有流行。9世纪佛教再次传入，这时传入的则是密教，传入后发生了很大变化。藏传佛教也被称为喇嘛教。传入西藏的佛典都是用梵文书写的，后来陆续都译成了藏文。现存藏文佛典数量庞大，其中一小部分是从汉文转译的。公元13世纪西藏喇嘛教又传入蒙古。

**佛寺与佛迹举例**：尼泊尔的蓝毗尼佛陀诞生地、孟加拉帕哈尔普尔佛寺遗址、巴基斯坦塔夫提拜和奈波灵佛寺遗址及邻近的沙里巴罗城址、印度桑志佛教建筑区。

**佛教石窟举例**：印度埃勒凡塔石窟、埃罗拉石窟，我国大足佛教石刻、龙门石窟、云冈石窟。

**清真寺举例**：马里廷巴克图的清真寺、陵墓和公墓，孟加拉古清真寺城巴格哈特，土耳其迪夫里伊大清真寺和医院，西班牙科尔多巴清真寺、大教堂和旧城，印度德里库图布米纳尔清真寺与陵园。

**神庙与寺庙举例**：斯里兰卡丹布勒金山崖寺，日本广岛县严岛（宫岛）神道祠堂，日本日光寺庙群，希腊巴赛的阿波罗·埃皮鸠里乌斯神庙，印度汉皮神庙区、卡尤拉霍寺庙区、科纳拉克太阳神庙区、马哈巴利普兰神庙区、帕塔达卡尔神庙区、坦贾武尔的布里哈迪斯瓦拉神庙，印度尼西亚普兰巴南印度教神庙区，越南美山寺庙，我国天坛。

**宗庙**：韩国首尔宗庙。

本书2004年首次出版以来，又有一些新遗产入选《世界遗产名录》，其中属于东方宗教建筑的，现举例如下：柬埔寨2008帕威夏（Preah Vihear）塔庙；吉尔吉斯斯坦2009苏莱曼（Sulaiman）伊斯兰圣山；日本2011平泉8世纪净土寺庙、园林与遗址；沙特阿拉伯2010始建于15世纪的德拉伊耶（Diraiyah）伊斯兰教遗址的阿图拉伊夫（ad-Turaif）；土耳其2011位于埃迪尔内（Edirne）的方形圆顶、建于16世纪奥斯曼帝国时期、用瓷砖装饰的赛利米耶（Selimiye）清真寺；伊朗2010阿尔达比勒（Ardabil）的中世纪谢赫萨菲·丁圣殿与哈内加伊斯兰建筑群；伊朗2012伊斯法罕（Isfahan）旧城的主麻日清真寺；以色列2008海法（Haifa）和西加利利（Galilee）的巴哈伊教圣地；中国2008五台山佛教建筑群。

### 日本：奈良法隆寺地区各佛寺

奈良是日本历史名城，奈良县首府，位于本州岛中西部的奈良盆地。奈良古称大和国，是日本古代政治、经济和文化中心。日本政权于公元694年建都于奈良东南的腾原京，710年迁都平城（今奈良市西），称平城京。与中国隋朝、唐朝文化使节往来频繁，先后派出遣隋使、遣唐使达19次之多。平城京的建筑式样和街道布局模仿中国唐都长安。日本的佛教文化在此萌芽，784年首都北迁至长冈京，奈良逐渐衰落。公元12世纪部份市街被烧毁，13世纪修复。

奈良著名的寺院有法隆寺、东大寺、唐招提寺、药师寺和兴福寺等。

图 5.2.1　奈良法隆寺五重塔

法隆寺位于奈良县驹郡斑鸠町，又称斑鸠寺，属法相宗，有东西两院；西院始建于飞鸟时代推古女皇十六年（607），670 年被烧毁，后重建；东院建于天平十一年（739）。寺中保留了从奈良到镰仓、江户等各个时期的建筑物，素有日本古建筑文化宝库之誉。

西院以金堂（佛殿）和塔为中心，南为中门，北为平安时代所建的大讲堂；讲堂前两侧是同时代的钟楼和建于奈良时代的经藏，塔和金殿周围有回廊，形成凸字形廊院，廊院外有僧房、"纲封藏"（宝物库）和食堂等。金堂、塔、中门和回廊保持着飞鸟时代的特征，柱子两端作明显的梭形卷杀，云形斗和云形拱，栌斗下有斗托（四斗）等，可以看出受到中国南北朝时代建筑的影响。与奈良时代受中国唐代影响的风格显然不同。

东院以八角形平面的梦殿（即观音殿）为中心，环以回廊，前有南门和礼堂，北有收藏圣德太子遗物的宝藏（后称舍利殿、绘殿），再北是相当于讲堂的传法堂。

法隆寺金堂原绘有以净土图和菩萨像为主体的壁画，于 1949 失火损坏，1966—1968 年日本画家据模本将壁画修复，并重新装饰于金堂中。

东大寺为日本华严宗本山，位于奈良市杂司町。因其建筑、雕塑和藏品是日本历史上具有代表意义的遗物，而在日本美术史上占有特殊的地位。东大寺是天平十三年（741）由圣武天皇下诏仿中国寺院建筑结构兴建的，1180 年和 1567 年两次毁于兵火，几经重修。东大寺寺域宽广，大小殿堂错落其间。中心的大佛殿为 1709 年重建，面宽 57 米，进深 51 米，高 46 米，为世界最大、最高的木构大殿，殿中供奉有 749 年铸造的毗卢遮那佛镀金铜像，高 16.21 米，重 452 吨。三月堂正殿安置着夹纻不空羂索观音像，造型柔和丰满，宝冠上镶嵌着三万粒宝石，十分华美壮观。位于东大寺北隅的正仓院建于天平年间早期，珍藏有圣武天丘生前的服饰、日常用具及 756 年光明皇后的《东大寺献物帐》一卷，还有东大寺与大佛开光作佛事时的衣物、武器、乐器、伎乐面和当时的文书、绘画等。

唐招提寺位于奈良市五町。由中国高僧鉴真和尚（688—763）创建，成为日本律宗本山，14世纪初期达到现在的规模，后几受震灾，进入江户时代，将全寺修葺一新。寺院体现了中国盛唐建筑风貌，成为日本国宝。金堂是唐招提寺主殿，建于鉴真圆寂后，为奈良时代唯一尚存的金堂。七圆柱并列支撑着三端向上的斗拱，显示出独特的美。唐招提寺有奈良时代或平安初期的雕塑群像，在日本美术史上占有重要地位。雕塑采用了木芯、

图 5.2.2　药师寺

夹纻和敷彩等方法制成。现在放置于御影堂的鉴真和尚敷彩夹纻像形象逼真。另有描绘鉴真东渡故事的长卷画，称《东征传绘卷》，作于镰仓时代后期，此外还有金龟舍利塔等名贵工艺品。日本现代画家东山魁夷为御影堂绘制了《云影》《涛声》和《黄山晓云》等障屏画，更增添了唐招提寺之美。

### 印度尼西亚：婆罗浮屠大佛寺

婆罗浮屠位于爪哇岛中部日惹西北约40公里处默拉皮火山的一个山丘上，是印度尼西亚佛教建筑和雕刻的杰出代表。婆罗浮屠的梵文意思就是"山丘上的佛寺"，它的周围另有四座火山。婆罗浮屠一直被人们称为"南半球最大、最古老和最壮观的古迹"，其工程之浩大，建筑之壮观，可与中国的长城、埃及的金字塔以及柬埔寨的吴哥古迹相媲美，被世人共誉为古代东方的四大奇迹。

婆罗浮屠修建于8—9世纪的夏连特拉王朝时期。15世纪，伊斯兰教传入印度尼西亚后，佛教衰微，婆罗浮屠被废弃，1006年发生默拉皮火山喷发和地震，即被火山灰湮没。1814年，托马斯、斯坦福德、拉弗尔斯爵士重新发现了该塔，清除了周围的碎石和杂草。

婆罗浮屠是根据印度的窣堵波而建，并且试图在整体上造就一个立体的曼荼罗。整个建筑约用200多万块玄武岩石块砌成，总计5.5万立方米。佛塔的基座呈四方形，边长112米，台基上有面积依次递减的5层方形台，边长分别为89、82、69、61米，每边都有数层曲折；方形台之上又有依次递减的三层圆形台，直径分别为51、38、26米；顶端为1座巨大的钟形窣堵波，直径9.9米。从地面至塔尖，原通高约42米，现通高33.5米。方形台的各层，在主壁和栏楯间共有4个宽约2米的回廊，回廊两壁上为连续的浮雕，共长3200米，画面2500幅。

浮雕内容，第1回廊主壁题材为本生、佛传、譬喻和说法，描绘了释迦牟尼从下凡

到成道的过程。第二回廊主壁题材为《华严经·入法界品》中的善财童子历参图；第三回廊是其延续；第4回廊尚未明了，可能为《华严经》的普贤菩萨行愿赞等。

婆罗浮屠的塔底，通常称为"隐基脚"，由于用大量的石块在其周围筑了一道防护墙，因而遮挡了人们的视线，当初大概是为了使尚未竣工的佛塔不致因地基不隐而倒塌。装饰塔底的是160幅非同寻常的浮雕，1885年才发现，展出一段时间后，除东南角外，又都被重新掩盖。浮雕题材依据佛经的天、人、畜生、地狱等六道轮回，阐明了"业障"的作用，即因果的规律，将经变和世俗人物与热带花草和鸟兽结合起来。

在各方形层的栏杆上，每隔一定距离配置一个向外的佛龛，共432个，龛内各安置一尊大坐佛。佛像的手势有5种，可能是金刚界五佛。

圆形层各层并列着格子形镂空小塔，计下层32座，中层24座，上层16座，共72座，如同众星拱月，围绕着中心大窣堵波。小塔内也置有佛像。佛像按照东、南、西、北不同方向取有不同的名称，而且佛像的面部神情以及手臂、手掌、手指各部位也都不同，形象传神。

方形层佛龛和圆形小塔中的佛像，再加上中心大窣堵波中的佛像，婆罗浮屠共有佛像505尊。浮雕和佛坐像以表情典雅为特色，它部分继承印度雕刻传统，但又处处显露着印度尼西亚古代文明的影响，如浮雕中世俗人物为当地人打扮，堪称印度-爪哇艺术的杰作。

图 5.2.3　婆罗浮屠大佛寺平视全景

婆罗浮屠的整体设计和各层装饰体现了佛教密宗曼荼罗义理。佛教将天地分为三界，最低的是欲界，人在此阶段无法摆脱各种欲望；其次是色界，人虽已摒弃各种欲望，但仍然有名有形；最高是无色界，至此，人已不再有名有形，永远摆脱了世间的一切桎梏。婆罗浮屠塔的台基代表欲界，4层方形台及浮雕回廊代表色界，3层圆形台和大窣堵波代表无色界。

婆罗浮屠是举世闻名的历史遗迹。1907—1911年，西奥多·范·埃尔普进行了第一次修复，重建了3层圆台和窣堵波。1975—1987年，在教科文组织向全世界发出拯救婆罗浮屠的呼吁以后，进行了第二次修复，有27个国家参加，共花费2000万美元。1991

年底，婆罗浮屠被列入《世界遗产名录》。目前，整修后的婆罗浮屠古趣盎然，风貌如初，已被印尼政府扩建为面积达 85 公顷的游览胜地，每年吸引世界各地数十万佛教徒和旅游者到这里朝拜或观光。

**韩国：庆州石窟庵与佛国寺**

庆州石窟庵与佛国寺位于韩国庆州市。公元 668 年新罗王朝第一次统一朝鲜半岛时，定庆州为国都，直到公元 936 年被高丽所灭。在近三百年中，新罗王朝在庆州周围留下了许多佛教寺庙、王宫和陵墓，韩国人称庆州为韩国的文化城。

佛国寺位于庆州附近，建于新罗法兴王 22 年（575），创建以来，直至 200 年后的全盛时期，寺院范围曾扩充到现在面积的 10 倍左右。不幸的是，该寺在壬辰倭乱时期惨遭焚毁。其后经过复原重建，即为现在的建筑物，而真正保持原貌的仅有那些石造部分。佛国寺是韩国最著名的佛教寺院，保存了新罗时代的大量珍贵文物。寺内的木结构建筑多次被毁，几经重修，但寺内的小桥、台阶和两座著名石塔都是原来的建筑。寺院由十多幢鳞次栉比的建筑组成，其楼房式的建筑既深受唐朝建筑风格的影响，又具有新罗建筑的独特风韵，是新罗时期佛教精神与艺术精髓的结晶。寺院前的建筑象征着天地人三界，从前院的青云桥进入白云桥，登紫霞门，再绕过莲花池，据说便是一个轮回。从建筑布局上看，寺院分东、西两区。东区以大雄宝殿为中心，殿前有一座石灯，石灯前东西两面各有一座石塔，即多宝塔和释迦塔；最南端是紫霞门，门外是互相联结的青云桥和白云桥。西区以大雄宝殿正西的极乐殿为中心，殿前左右各有一座僧房；极乐殿的一端是安养门，门外有莲花桥和七宝桥。寺内的佛像、石灯、石桥和宝塔的雕刻都极具艺术价值。尤其是两座石塔，相邻呼应，朴实优雅，象征着宁静与清纯。紫霞门、安养门各有两座石桥，那丝毫不差的均衡形态与精巧的石造技术，尽管经过了

图 5.2.4 佛国寺内多宝塔

1500 年的风雨历程，今天仍不失为美的极致；大雄宝殿涂上了鲜明的丹青，而其安置释迦牟尼像的内部装饰，更是壮丽；多宝塔如同木雕一般优雅美观；释迦塔、极乐塔、毗

卢殿内的阿弥陀佛与毗卢遮那佛像则显出新罗文化的登峰造极之处。寺内诸多国宝与文化遗产令人目不暇接，以至不觉得时间之流逝。佛国寺早已成为韩国佛教的中心。虽然它被重建过很多次，但是现存的佛国寺建筑仍大多可以追溯到1969—1973年之间，当时由总统发布建筑考察和重建的命令，号召修缮和重建佛国寺。

图 5.2.5　附属的石窟庵佛像

从佛国寺沿着弯曲的盘山公路上行约30分钟，即到雕刻有韩国最著名佛像的庆州石窟庵。据说，石窟庵是新罗宰相金诚在751年为其父母修建的灵庙。这个近似方形的洞穴由白色花岗石建成，洞窟中间3.26米高的释迦牟尼佛的石像，古幽而祥和。佛陀细长的眼睛，清秀的眉毛，圆润的嘴唇，直耸的鼻梁，低垂的长耳，静穆的表情，内敛的神态，都那么逼真，甚至可以感觉到他那慈悲怜悯的善心。佛像雕工精巧，形象逼真，栩栩如生，确是雕刻史上的极品杰作。

石窟庵面向东海，是看日出的好地方。窟中的如来佛面向东方，佛额正中原镶一块金刚石，据说，每当旭日东升，从海中喷薄而出的霞光映照在金刚石上，折射出变幻万端的光彩，美不胜收。可惜的是，宝石现今已经失落。佛主周围是39位菩萨、十位弟子和护佛天王。外围守候着众多的虔诚信徒和弟子，旁边身着裙子的金刚大士是守护佛法的水文将军，他手提着金刚法网，身体上的肌肉突起，勇猛的形象足以吓退妖魔鬼怪。佛像背后墙上的十一面观音像雕刻细腻，微笑的表情、华丽的璎珞、飘逸的天衣、优美的净水瓶，这所有的一切都是那么逼真而自然。

石窟庵展现了佛主居住的净土。这个石窟寺庙是新罗王朝宗教、科学和艺术的顶峰，是统一的新罗时期佛教文化成就的里程碑。

除佛国寺和石窟庵外，庆州还有芬皇寺、瞻星台、临海殿等历史遗迹。韩国政府花费巨资修复了庆州的许多古迹，并将连同庆州及其郊区共214平方公里的地区全部划为历史保护区，不得建造高楼大厦，农村居民建房也要建成大屋顶绿瓦房，因此庆州地区基本保持古都昔日风貌，1995年佛国寺和石窟庵被列入《世界遗产名录》。

### 印度：阿旃陀石窟

阿旃陀石窟位于孟买东北方，洞窟开凿在瓦沟拉河河湾峡谷高耸的崖壁上。这处石窟在12世纪废弃后逐渐被泥土流沙和崖壁面的攀缘植物茎叶覆盖，不再为人所知，直到19世纪初才被人重新发现。1819年，英军马德拉斯军团的一连士兵在这里演习，士兵不慎从平原的边缘跌落到瓦沟拉河河谷里，这才发现了河谷崖壁上有洞窟。这个故事有如1940年法国儿童在峡谷崖壁上攀岩玩耍，偶然发现了法国西南部拉斯科崖壁上两万年前的岩画洞窟。

现在去阿旃陀石窟参观，可先乘飞机到孟买，再换乘短途小飞机到奥兰伽巴德，然后乘汽车去阿旃陀，从那里可以再去著名的埃罗拉石窟。要进入阿旃陀石窟区只有一个入口，首先见到的是第一窟，然后依次按编号进入其他洞窟。石窟所在的河岸崖壁高76米，洞窟区沿河湾外侧崖壁延伸约550米，共有30个洞窟，洞窟大体上横向排列为一排。洞窟在早晚两个时期建造，属于早期的只有4个洞窟，其中第9、第10两个窟是塔堂窟，原来都有壁画，但保存下来的很少，其余两个是僧房窟。本

图 5.2.6　阿旃陀第 9 窟

书作者第1次去参观阿旃陀石窟是在1983年。本书教学材料中的阿旃陀石窟远景外景照片，是作者用胶卷相机拍摄的。

阿旃陀第2次开窟约在公元4、5世纪开始，当时该地是在瓦卡塔卡王朝统治之下。瓦卡塔卡王朝和笈多王朝有联姻关系，所以洞窟的浮雕和壁画也受到笈多王朝地区的影响。后期的塔堂窟有3个，即第19、26和29窟。洞窟正厅内的塔基大大升高，在塔基正面开出大龛，龛内刻高大的主尊佛像，主尊佛像和塔身连为一体，占去塔身正面绝大部分。第26窟规模庞大，前庭正壁有建窟铭文，铭文作者是高僧阿折罗，施主是当朝权臣。7世纪时我国唐代名僧玄奘在印度曾经拜访这里，他有精妙确切的记载，他写道，"爰有伽蓝，基于幽谷，高堂邃宇，疏崖枕峰；重阁层台，背岩面壑"。从中可以看出是一处深谷古刹。

后期的僧房窟共有21个，形制的突出变化是在中厅正壁的正中向内增开一间佛堂。佛堂多数为前后两进，里间有庞大的石雕佛像。大部分僧房都有许多装饰，在中厅的顶部和回廊的外侧壁画满了壁画，正门里外和回廊列柱面都有细致繁复的浮雕。僧房也不再是过去的朴素无华，而成了富丽堂皇的佛陀壁画世界。

印度古代绘画在阿旃陀石窟保存得最多，水准也最高，因而这里被称为印度古代绘画的宝库。后期洞窟的壁画以第1、2、16和17这四个僧房窟最多，这是因为僧房内能作壁画的壁面比塔堂窟多。由于洞窟建筑空间进深很大，白天中厅里的光线也很暗，因

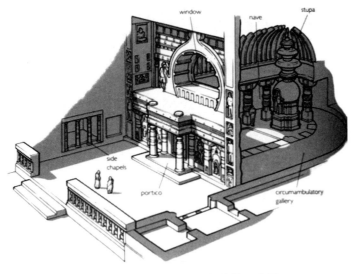

图 5.2.7　阿旃陀石窟建筑结构示意图

而壁画才保存了新鲜的颜色，可谓琳琅满目。这四个洞窟的壁画是笈多盛期重彩画的代表作。窟内壁面的涂层制作相当细致，平整的岩石面上先作两层草泥涂层。泥层表面砑光，再涂白灰浆，然后作画。所用颜料除炭黑外都是矿物质，所用的青金石蓝颜料从阿富汗输入，极为昂贵。调和颜料用的是水溶胶。壁画题材的分布也十分有规律，在前廊正壁和列柱画佛像和菩萨像，中厅四壁主要画佛传和本生。天花板画各种纹饰、人物、动植物和几何图形。这些纷繁的纹饰显示出热带环境下到处生气勃勃的景象，增加了中厅的华丽气氛。

第 17 窟壁画保存得最好，佛传题材有从三十三天下凡和调伏醉象等等。故事画的构图是，每幅有若干情节和场面，其间用树木、假山、房屋和门庭等道具隔开。从整体来看，各场面还是混杂交错在一起，各情节间的时间顺序也不明显，这种构图也正反映了当时印度人的时间循环观念不清。第 1 窟壁画保存得也比较好，画面多用鲜明的对比色，画幅构图与人物描绘注重动态和表情，是阿旃陀壁画中水平最高的。在中厅正壁佛堂门的一侧画有一个手持莲花的菩萨，菩萨宝冠上插满首饰，表情庄重。菩萨右手持莲花，身体的颈、腰、臀三处各有一个折弯。菩萨的左右两侧有妇人和武士侍奉。故事发生在山林之中，这描述的正是佛教所追求的理想世界的宁静与平和。笈多王朝的绘画对中亚和对我国新疆的石窟壁画也有影响。1983 年阿旃陀石窟被列入《世界遗产名录》。

**中国：敦煌莫高窟**

莫高窟，俗称千佛洞，位于甘肃敦煌东南 25 公里鸣沙山。洞窟分布从南到北全长 1600 余米，上下 5 层，高低错落，如蜂巢般排列。据早期碑文记载，它始建于前秦建元二年（366），历代都有修建，到唐代武则天时，已有一千多个洞窟。历经千百年来自然和人为的破坏，至今仍保留单个洞窟 492 个。洞窟里有壁画 45000 多平方米，彩塑 2400 多件，还有唐、宋木结构建筑 5 座。莫高窟的艺术是融建筑、彩塑、壁画为一体的综合艺术。它也是我国现存规模最宏大的佛教石窟。1991 年被列入《世界遗产名录》。

莫高窟的洞窟按功能划分，主要有两类：一是禅窟，主室平面呈方形或竖条形，两侧排列 2—4 个小禅室，禅室内没有壁画，供僧侣静坐禅修。主室有塑像和壁画供僧侣观想。二是礼拜窟，由于礼拜窟数目众多，又可按形状分为两式，一是塔柱窟，洞窟平面呈方形，前方有仿殿堂的两坡屋顶，靠后有中心方柱，四面开龛，或有其他变化；二是殿堂窟，洞窟平面呈现方形，覆斗顶，正壁开龛或三面开龛，这类洞窟数目最多，绵延10个朝代。此外，还有大佛窟，涅槃窟等特殊形式。

莫高窟在古代有许多木构建筑，如《敦煌录》所谓"其龛无数，悉有虚栏通达"，《翟家碑》所谓"登道违联，云楼架回，峥嵘翠阁张鹰翼而腾飞"等，由此可以想象当年雄伟壮丽的景观。现存5座木构建筑中，446窟窟檐建造于宋开宝九年（976），保存完好，它的梁柱斗拱和门窗栏杆，都保留着唐代的建筑风格。

图 5.2.8　1906年的莫高窟，法国伯希和考察队摄

壁画中所描绘的建筑，内容更为丰富。有以"极乐世界"形式出现的大量宫殿楼阁，还有寺院坛塔、城池关口、宅院草庐、梯架桥梁等。结构真实，描绘精细，与窟檐和石窟结合起来，便是一部自成体系的建筑资料史。

莫高窟属于玉门系砾岩，不宜雕刻，所以石窟里的人像是泥塑。现存泥塑包括圆雕、浮雕、影塑等形式，共3000余尊，其中保存完好的1400余身，高度从10多厘米至30米，均为泥胎或木芯。北凉、北魏、西魏、北周4个朝代为发展期。佛像旁一般都有胁侍菩萨。早期多以圆雕弥勒菩萨或弥勒佛为主像，侍从菩萨的发髻和头部为圆雕，身躯为浮雕，背景是飞天和千佛壁画。

图 5.2.9　北凉时期交脚弥勒菩萨塑像

隋唐时泥塑达到极盛，逐渐形成写实风格，面相丰满，比例适度，表现了各自不同的"情性笑言之姿"。佛像的庄严仁慈，天王的威武睿智，金刚力士的勇猛有力，年长弟子迦叶的沉着老练，年轻弟子阿难的聪俊智慧，菩萨的温柔娴雅，各有不同的神情风采。菩萨形象此时开始女性化和世俗化。第96

窟初唐的北大像，第 130 窟盛唐的南大像以及第 15 窟中唐的大型涅槃巨型彩塑像是最出色的。

石窟里数量最大、内容最丰富的艺术品是壁画，内容略可分为 7 类：1. 尊像，包括各种佛、菩萨、天王等，这是最广泛的题材；2. 佛陀事迹，描写释迦牟尼在世时的传略，歌颂释迦前生善行的本生事迹，宣扬佛教因果的故事；3. 世俗人物与神话，如伏羲、女娲、东王公、西王母、青龙白虎、朱雀玄武、羽人；4. 佛经演绎故事，主要指隋唐时代兴起的佛经演绎故事，如西方净土、东方药师、弥勒，用于综合表现一部经的整体内容；5. 佛教历史，表现佛教在印度、中亚、中国传播的历史和故事，如张骞出使西域、隋文帝祈雨等；6. 装饰和图案，以各种植物、动物、天象、几何图形纹样组合成的各种图案；7. 世俗人像，有出资开窟造像者的大量示意图像，壁画还出现了帝王、官员、贵族、平民、奴婢等。

壁画的内容绝大多数是佛教题材，但也有不少壁画描绘中国古代的各种社会生活，如帝王出行，官员礼佛，弹琴奏乐，歌舞百戏，农耕捕鱼，冶铁酿酒，摔跤射箭，比武竞技，结婚送殡，风土人情，中西商旅往来，各国使者赴会等等。

15 世纪以后，敦煌石窟衰落以致湮没。20 世纪初被重新发现。现在由于大规模的旅游而对石窟的保存产生了不利的影响，造成的危害有的难以挽回，这是当前敦煌石窟保护面临的主要难题。

20 世纪初在石窟区发现一个收藏佛教经卷的洞窟，里面堆满成千上万卷手写的经卷，绝大部分是佛教内容。这个藏经洞大约是在 11 世纪时封闭的。藏经洞发现后，有几千卷流散到英国和法国，少量的流散到其他国家。在中国国内也保存有几千卷。

**柬埔寨：吴哥窟**

吴哥窟，位于柬埔寨暹粒市吴哥通王城南郊，是吴哥古迹重要组成部分，又称吴哥寺，或小吴哥，梵语意为"寺之都"。苏利耶跋摩二世（1113—1150 年在位）时为供奉毗湿奴而建，三十多年才完工。吴哥窟是吴哥古迹最精华的部分，也是柬埔寨早期建筑风格的代表。

**图 5.2.10　吴哥窟高台一角**

吴哥窟建筑庄严匀称，比例和谐，

无论是建筑技巧，还是雕刻艺术，都达到极高水平。吴哥窟坐东朝西，平面呈长方形，有两重石砌墙。面积1000×850平方米，外墙之外有壕沟，壕沟宽190米，东西长1500米，南北宽1300米，周长约5.6公里。吴哥窟正门向西，与大吴哥王城南门外大道连接，门楼上立三塔，门内是一庭院，院东有一长147米的大道通向内围墙入口。大道两侧各有藏书室和池塘一处。内围墙140米，长270米，墙内的主体建筑在3层台阶之上，台基高23米，底面积215×187米，除第三层为75×75平方米的正方形外，第1、2层均为长方形，每层的四边，各有左、中、右三条石阶梯连接上一层。在最高一层的平台上，矗立象征着诸神之家和宇宙中心的5座尖顶宝塔，正中央一座宝塔最高，达42米，即高出地面65.5米，其余4塔较矮，分立于平台四角。第二层平台的四角也各有一座截顶宝塔。每一层平台的四周都绕以石砌回廊。廊内有庭院、藏经楼、壁龛、神座等。各层均有石雕门楼和连接上下层的阶梯，阶梯的栏杆上都有7头石雕巨蟒盘绕，阶梯两旁还饰有精美的石狮子。全部宝塔，门楼都饰以石雕莲花，约有1万个。

图 5.2.11　女神奈巴塔舞蹈浮雕

吴哥窟规模宏大，是错综复杂的建筑群，包括台基、回廊、蹬道、宝塔，全部建筑用砂石砌成，石块之间无灰浆或其他黏合剂，靠石块表面形状的规整以及本身的重量彼此结合在一起。细部装饰瑰丽精致。当时的石工可能还未掌握拱券技术，所以吴哥窟没有大的殿堂，石室门道均狭小阴暗，艺术装饰主要集中在建筑外部。

图 5.2.12　吴哥窟的竞选宣传广告

吴哥窟的艺术杰作，不仅表现在吴哥窟的建筑本身，还在于它的浮雕石刻。吴哥窟的浮雕极其精致，且富有真实感，是整个吴哥艺术的精华，在吴哥窟回廊的内壁及廊柱、石墙、基石、窗楣、栏杆之上，都有浮雕，内容主要是有关印度教大神毗湿奴的传说，取材于印度史诗《摩诃婆罗多》和《罗摩衍那》及印度教神话《乳海》；也有战争、皇家出行、烹饪、工艺、农业活动等世俗情景；装饰图案则以动植物为主题。其中围绕主殿第一层台基的回廊被称为"浮雕回廊"，长达800米，墙高2米余，壁面布满浮雕。东壁是"乳海翻腾"的传说，北壁是毗湿奴与魔怪交战图，西壁是这个故事的继续，即"神猴助战图"，南壁西半部的苏利耶跋摩二世骑象出征图则为世俗题材，反映了高棉人抵抗占人入侵的战争情景。这些浮雕手法娴熟、场面复杂、人物姿态生动、形象逼真，当时已采用重叠的层次来显示深远的空间，堪称世界艺术史中的杰作，表现了高棉能工巧匠的卓越艺术才能。

15世纪上半叶，由于不为人知的原因，吴哥城被废弃，吴哥窟也随之荒芜，直到四百多年后的1861年1月，法国博物学家毛霍德（H. Mouhot）为了寻找热带动物，在柬埔寨的丛林中探索，发现了吴哥窟的主要建筑5座宝塔，才使吴哥古迹重见天日。但是，自然力的侵蚀和人为的掠夺，使这座珍贵的文化遗产变得满目疮痍，吴哥地区几乎没有一座保存完整的寺庙，吴哥窟也是千疮百孔。

吴哥古迹列入《世界遗产名录》后，柬埔寨政府和联合国教科文组织发起拯救吴哥古迹的国际行动，引起了世界广泛的关注和支援。曾参加吴哥古迹修复工作的有法国、日本、德国、意大利、印尼等国，中国近年也参与整修。本书作者2013年到访吴哥窟，拍了不少照片，放在本书所附教学材料中。

**中国：武当山古建筑群**

武当山位于湖北省西北部丹江口市，是道教名山之一。武当山是秦岭东部的支脉，南接神农架，北邻汉水，是汉代以来道教名流修炼的圣地，唐代有吕纯阳，明代有张三丰。

唐代建筑有五龙洞。宋元时期陆续建成宫观，这里现存最早的建筑是元代1314年建成的石雕石砌建筑天乙真庆宫。

武当山上保存着宏大的道教建筑群，是于明朝永乐年间修建的。共建成八宫、二观、三十六庵堂、七十二岩庙、三十九桥、十二亭，建筑面积20余万平方米，现存约6000平方米。山区建筑群布局周密巧妙，在艺术手法上有点群结合、遥相呼应的特征。长达60公里的空间序列，

图 5.2.13　武当山紫霄殿

犹如长幅画卷，构图意境高超，当时的建筑者们充分利用地形特点，每座宫观都建在峰、峦、坡、坨、岩、洞之间，巧妙融于自然之中，各具特色又相得益彰，从整体上看，可称是疏密相宜，庄严雄奇。

位于武当山主峰天柱峰顶端的金顶建于明永乐十四年（1416），为武当山最著名的建筑。金殿下为花岗石高台基，四周绕以精美的汉白玉石栏杆。金殿通体以铜冶铸，表面镏金。各构件榫接或焊接，互相搭联成为整体。其结构形制、细部构件和装饰纹样都严格模仿木构建筑，外观庄严凝重。殿身共有12根柱，用宝莲花柱础。面阔3间，进深3间，重檐圆殿顶，总高5.5米，在柱头、枋额和天花等部位，镌刻的花纹图案均模仿木构建筑中的彩绘和雕饰，线条流畅。殿顶的正吻、垂兽、戗兽、小走兽以及勾头、滴水等雕饰部件的工艺水平，比木构建筑中的琉璃作更为精细，殿内一组神像和供桌也是铜铸镏金。主像为真武大帝，两侧侍立金童玉女以及天罡、太乙、护法神，其衣着和纹饰都是明代形制。

紫霄宫位于展旗峰下，是明代初年所建的八宫之一。全宫有众多殿堂，中轴线长200米。两侧有院落。主殿紫霄殿内有玉皇大帝像。

另有朱棣为纪念道士张三丰而兴建的遇真宫；始建于唐代、明代重建的五龙宫等等。

清兵入关后，由于统治者的重视，武当山古建筑基本得以保存。新中国成立后，也进行了修建。1995年，武当山古建筑群被列入《世界遗产名录》。

**韩国：首尔宗庙**

首尔宗庙在韩国首尔市钟路区勋井洞，包括正殿和永宁殿等建筑物，是祭祀李氏朝鲜王朝（1392—1910）的历代国王和王妃的祠堂。王室祖先的神殿铭记着李氏王朝历代国王及王后，还记载着那些死后追认的人，也是牺牲仪式举行的地方。宗庙在太祖五年（1396）朝鲜王朝迁都时和景福宫一起建成，后来历代都曾扩建。

神殿是1394年开始建造的，当时李氏王朝的创始人李成圭，把首都迁移到汉城（今首尔），建造过程历经从1394年12月到第二年的9月的十个月。由于过世的国王及王后不断增多，神殿不断扩展。今天，整个神殿被称为宗庙，即王室祖先神殿，最初，只有主厅被称为宗庙，还有一个小建筑被称作永久和平大厅。主大厅在19间卧室中放置着49小块碑，而永久和平大厅在16间卧室中放置34块碑，有功大臣大厅有83块碑，记载着那些对王朝有显著功劳的人。宗庙是一个重要的文化纪念碑，为子孙保留了李氏王朝的伦理及道德的价值，它以孔教的意识形态支配着臣民的忠孝之心。

1592年，正殿被烧毁，1608年复修。之后又经过了几次补修，现在有19室和19门。正殿有19位王和30位王妃神位，正殿的院子还有李朝83位功臣的功臣堂。永宁殿在壬辰之乱时被倭寇烧毁，后修复，现有16室16门，内有15位王和17位王妃神位。

宗庙里这些建筑通常位置不对称，但整体是对称的。按照仪礼空间的位次秩序，正殿和永宁殿的屋檐和屋顶的高度，柱子的粗细都不一样，随着神主的增加而增筑，因此具有独特的规格和室内空间形状。在宗庙神殿里有很多建筑，包括主大厅和永久和平大厅，保存着祭祀用的乐器、演奏人员的排练场、准备祭祀食物的厨房和低层管理人员居住的房间。主大厅是韩国最长的木制建筑，但是样式过于简单。

宗庙内有两条特殊的道路，一条路供灵魂走，另一条供担当御道祭祀的王走。两路路面所铺青砖和石头因而与一般的路不同。王走的路，其中间比左右两边略高，中间只有王和世子才能走，官员则走左右两边，表现出韩国神殿建筑的尊严和权威。

宗庙乐是举行祭祀仪式的祭礼乐，是以舞蹈和唱歌的手段演奏的音乐。宗庙祭礼仪式以保太平和定大业的音乐为重心，演奏多种音乐，同时唱赞扬祖先功德的歌曲还配有舞蹈。在韩国祖先的祭祀仪式上，穿着红色长袍的乐师们用石头、金属、木头、皮革和丝绸等器物奏出了优美的音乐。在这充满异域情调的音乐回响在这神圣的地方的同时，一些衣着精致的人用祭酒和其他祭品来祭奠他们的祖先，另外一些年轻舞蹈演员则穿着

图 5.2.14　首尔宗庙祭祀典礼

猩红的服装，整齐地排成8行8列，一边慢慢地弯曲身体一边摇晃着，表现出的是一种简单而拘谨的舞姿。在每年5月的第一个星期天，韩国的王室后裔就在首尔举行仪式来纪念王家的祖先以及他们所取得的巨大成就。音乐是这些仪式重要的不可分割的一部分。

和复杂又华丽的中国太庙相比，首尔宗庙的特点是正面很长，装饰简单，色彩单调，据说是要体现儒家的简朴精神。首尔宗庙在建筑布置上，主要特征是依自然地势而建，所以不像中国建筑有统一的中轴线。从外观上看，时入部、正殿部、永宁殿部没有统一性，但建筑很巧妙地利用位次秩序和节制的概念，成功地做到整体的统一性。1995年首尔宗庙被列入《世界遗产名录》。

**以色列：海法和西加利利的巴哈伊信仰圣地**

海法（Haifa）位于地中海东岸，是以色列第3大城市。2008年以色列海法和西加利利（Galilee）的巴哈伊圣地被列入《世界遗产名录》。这处遗产由阿克和海法等11处地点、与创教人有关的26个建筑、纪念碑和遗址组成，其中包括位于阿克的巴哈欧拉圣陵和位于海法的巴孛陵墓，此外还有房屋、花园、公墓和用作教务行政、档案室和研究中心的大规模新古典主义风格的现代建筑群。这也是世界上第1个与近代宗教（创立于19世纪）有关的建筑群。它们体现了巴哈伊教浓厚的朝圣传统，以及它们所蕴含的关于近代新宗教信仰的深刻意义。

巴哈伊教，或称巴哈伊信仰，源自伊斯兰教什叶派，由于教义发展脱离伊斯兰教的观点，所以形成了新的宗教。创始人是伊朗的米尔扎·侯赛因·阿里·努里，他被称为"巴哈欧拉"（Bahá'u'lláh），意为"上帝之荣耀"，由此产生了巴哈伊教的教名。它的最高宗旨是创建一种新的世界文明，真正实现人类大同。"巴哈伊"是指接受巴哈伊信仰并按其准则生活的人，他们在提升和完善自身的同时也竭尽所能地促进他人及社会的福祉。巴哈伊分布于全世界235个国家和地区，逾600万信徒出自2100多个种族和部落。

巴哈伊信仰认为，人类的进步需要两套知识体系，分别是科学体系和信仰体系。科学体系提供物质世界方面的知

图 5.2.15　海法卡梅尔山上的巴孛陵寝是巴哈伊信仰世界中心

识，而信仰体系则探寻如何发展人的精神禀赋和内在潜力，两者并没有矛盾之处。针对人类正迈向成熟期的现状，巴哈欧拉传递给人类一套新知识体系。其基本教义可以概括为"上帝唯一""宗教同源"和"人类一体"。巴哈伊信仰提出一系列精神原则和愿景，呼吁人们抛弃各种偏见，每个人"患时代之所需，虑时代之所急"，共同致力于创造一种全新的世界文明，真正实现人类大同。这和我国春秋时期诸子百家当中儒家思想的"世界大同"相通，但却又摒弃了传统儒家所秉承的封建思想，所以在巴哈伊教刚刚传入中国时，时任清华大学校长曹云祥将其译作"大同教"。

巴哈伊花园位于以色列地中海沿岸北部城市海法的卡梅尔山。它是加拿大建筑师威廉姆·麦克斯韦尔的作品，他完美地将东西方风格杂糅在一起，精妙地体现了巴哈伊教这一新兴宗教的简约、明晰和包容。此处圣地是以巴哈伊宗教先知巴孛的陵寝为核心加上依山修建的19级梯级花园以及世界正义堂、文化研究中心等建筑构成。整座花园面朝大海，依山而建，以金色穹顶的主建筑为中心发散，一条白色大理石阶梯从山顶到山脚延伸约1千米，垂直高度达225米，最大坡度63度，轴心台阶两侧遍植绿草、花木及雕塑，花草和植被高低错落，衬托着金色穹顶的主体建筑。巴哈伊阶梯花园沿袭了传统波斯花园的设计准则：苍翠、简洁、细致和对称，同时也吸收了古典欧洲花园一年四季花开不败的传统。

巴哈伊阶梯花园的布局体现了一种包容的价值观。花园自中心向两侧逐步由规则对称变为自然随意。花园的边界区特意保留了大片自然树丛和其他植物。设计师将这些自然野生的植被视作花园的一个组成部分，既可以成为当地野生动物的保留地，同时也是花园与周围民居和喧闹城市间的一个缓冲区。

花园是巴哈伊宗教的圣地，也是一处先知的陵寝。位于花园内的金色建筑是巴孛陵寝，它是巴哈伊教创始人巴哈欧拉指定修建的，巴哈欧拉的幼子阿博都·巴哈将它规划为巴哈伊花园，并最终由巴哈的孙子阿芬第将这座园林修建落成。历经4代人共100多年，横跨3个世纪。围绕巴孛陵寝，上下各有9级梯田平台花园，设计为9个同心圆，象征着最初追随巴孛并为之献身的18位门徒。所有的直线和弧线都将人们的目光引向中心的建筑，主要的通道位于花园的中心，由台阶将各层平台串联起来。从山顶到山脚都能连续不断地步行而过，在花园与街区交叉的地方还修建了宽阔

图5.2.16　海法的巴哈伊花园和巴孛陵寝

的石桥或地下通道，直接面朝海法港。

在以色列以外，巴哈伊教在世界几个大洲设立有不一样的灵曦堂。由于巴哈伊教对各种经典宗教均不排斥，在分布于各大洲的灵曦堂里，信仰任何宗教的人都可以自由祈祷，诵经。或许正是由于这种包容性和现代性，使得巴哈伊教在世界范围内得到了迅猛的发展。作为巴哈伊圣地的阶梯花园，并不像过去古老的宗教建筑一样，沉浸在庄严肃穆的孤傲和冷漠当中，它更像是一座自己家的后花园，亲切而活泼，充满灵性。海法和西加利利的巴哈伊教圣地不仅具有普世的精神价值，在建筑风格和设计上也具有独特的文化价值。本书作者2014年4月参观巴哈伊花园等地，所拍照片在本书教学材料中。

# 第六章 人类遗迹与地下宝藏

## 第一节 古人类遗址与史前遗址

**古人类遗址举例**：印度尼西亚桑吉兰早期人类发掘地点、周口店北京人遗址、南非斯泰克方丹、斯瓦特克朗和克罗姆德莱古人类化石产地及环境、西班牙阿塔普尔卡早期人类洞穴遗址。

**史前遗址举例**：芬兰萨玛拉敦玛凯青铜时代墓葬遗址区，韩国高敞、和顺及江华史前石板墓遗址区，立陶宛与俄罗斯共有的库罗尼安岛史前居住遗址，马耳他吉刚梯亚和戈佐群岛的史前巨石寺庙群，塞浦路斯乔洛科提亚新石器时代居住遗址，坦桑尼亚基尔瓦基西瓦尼遗址及松戈马拉遗址，英国苏格兰东北方远海奥克尼群岛新石器遗址区。

本书 2004 年首次出版以来，又有一些新遗产入选《世界遗产名录》，其中属于古人类遗址与史前遗址的，现举例如下：奥地利 2011 与瑞士、奥地利、法国、德国、意大利和斯洛文尼亚共有：阿尔卑斯地区 111 处史前湖岸木桩建筑定居点考古遗址；阿拉伯联合酋长国 2011 艾恩（Al Ain）地区从狩猎与采集向定居过渡的有灌溉体系的哈菲特和西里等史前文化遗址；土耳其 2012 安纳托利亚南部查塔夫耶克（Catalhoyuk）公元前 7400 年至公元前 5200 年的石器和青铜器时代遗址；土库曼斯坦 2007 尼萨（Nisa）的安息时期城堡；以色列 2012 迦密山（Carmel）西坡的梅尔瓦特（Nahal Me'arot）河谷与瓦迪·艾玛哈尔（Wadi elMughara）山谷早期人类洞穴群。

**英国：斯通亨厄、阿韦伯瑞和附属的史前巨石文化建筑遗址**

斯通亨厄和阿韦伯瑞的史前巨石文化建筑遗址位于英国南部威尔特郡、伦敦以西 120 公里。斯通亨厄是一处环状列石建筑，现在在一条公路旁。地面上立有三十多个巨大的竖长扁平粗石条，这些直立的粗石条多数围成一个直径 30.4 米的外圆环，好像一圆圈栅栏，但有的立石条现在已经丢失。其中有 5 对立石条的顶端各架着一条长笠石，状如石门框。立石条横断面大体是扁方形，最高的有 9.1 米，重约 50 吨。石料采自 30 公里外的莫尔伯勒山。

从考古发掘得知，现存的建筑大约建于青铜时代中期，约在公元前 1500 年。这处环状列石最初建于新石器时代晚期，约在公元前 2500 年。当初的工程范围比现存的列石范围要大，直径近 88 米，有壕沟、土墙和许多圆坑，东北方有入口。建筑范围内有两圈列石。石料采自 200 公里外威尔士的普里塞利山区。

图 6.1.1　巨石建筑老照片

由斯通亨厄向北 30 公里有阿韦伯瑞环状列石建筑，这是欧洲最大的环状列石建筑，外圆环有 100 个立石条，圆周长 1300 米。环内还有两个相切的石圆环。当年有 4 条大道通向圆环，其中一条保存至今。

下面主要讨论与斯通亨厄环状列石有关的问题。

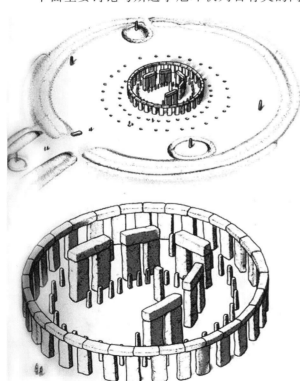

图 6.1.2　斯通亨厄巨石建筑复原图

从现存列石位置和考古发掘来看，原有的大石块近半数已经散失，有的被运到别处建造桥梁，或被截开用来建造房屋。有的未被运走，但被移动了位置。有的已被切割成几块，散落在石环内外。根据考古发掘和石条现存位置大体可以看出环状列石原有的布局是有内外两环。

列石建筑的石料采自数十公里之外，将石料运到工地是大问题。石料都被切割成比较整齐的长方条，表面都经过錾刻打磨，相当平整；直立的石条和顶上的笠石结合处有准确的榫卯结构，所以设计和加工都需要有高超的技术。此外还要组织众多的人力长时间施工建造。从这些方面来看，这显然不是普通的建筑，而是具有极其重要意义的特殊建筑——这里很可能是宗教圣地，具有神圣的意义。但由于环状列石的面积巨大，而且没有屋顶，所以它不是通常意义的神庙，而是宗教的一种崇拜场所。再进一步分析，这处圣地被环状列石分割成内外两区，环状列石内范围较小，只能容纳较少的人，所以应是祭司等宗教高级人士举行神圣宗教仪式的地方。而环状列石外范围较大，是多数人都能去的地方。这与后来基督教教堂内功能区的划分相似。

这处环状列石建筑是否还有另外的功能呢？可以注意到，这处环状列石的入口在东北方，在入口有一条古代土堤式的大道向东北延伸。环状列石在这条大道轴线的两侧也是对称分布。这条轴线与现代 6 月 21 日夏至当天日出时太阳光照射的方向一致，夏至日在英国是一年中最长的一天。其他地点有几处环状列石的轴线方向也和这里的相同。还有一处环状列石的轴线方向与冬至日的日出方向一致。20 世纪 60 年代英国一位天文学家测量列石本体和空隙的位置，并用计算机测算出列石建筑当初建造时的天象，将有关的数据对照后发现，这处环状列石关键结构的连线与一年中太阳及月亮的运行路线相合处有 24 处之多。此外还有一些其他相合之处。从这些数据看，环状列石也许和测算历法以及膜拜太阳有关？一些看问题严谨的人说，这也许是偶然的巧合，因为三四千年前的人未必有那么多天文知识。建筑物向东也未必就是膜拜太阳，基督教教堂也向东，但基督教并不膜拜太阳。

欧洲的这种巨石建筑最早流行于地中海一带，当时是公元前 5 千纪至前 4 千纪，后来从伊比利亚半岛沿欧洲西海岸，向北经法国西部和北部，传播到英国和爱尔兰。以后约在公元前 2 千纪又传播到北欧和德国北部。过去相当长的时期，欧洲各地的巨石建筑遗迹曾被认为是传说中的巨人或者神灵建造的。到 17 世纪时，英国一位学者首先提出，这是史前文化遗存，此后这些遗迹才逐渐被人们认识。这处遗址在伦敦向西去的公路附近，很容易看到，本书作者 1982 年曾经到访。

## ▶ 第二节　考古遗址区 ◀

**考古遗址地区举例**：爱尔兰波意尼的本德考古遗址，哥伦比亚圣奥古斯汀考古公园，哥伦比亚梯拉登特洛考古国家公园，古巴东南最早的咖啡种植园的考古景观，利比亚莱普蒂斯马格纳考古遗址，利比亚赛布拉塔考古遗址，墨西哥大卡萨斯地区的帕奎美考古区，墨西哥瓦哈卡历史中心和奥尔巴山考古遗址，摩洛哥沃鲁比里斯考古区，尼加拉瓜莱昂别霍废墟，萨尔瓦多约雅德凯忍考古遗址，塞浦路斯帕福斯考古遗址，泰国班清考古建筑与遗址，危地马拉基里瓜的玛雅文化遗址和考古公园，西班牙塔拉戈的罗马时期考古遗址区，希腊埃皮达鲁斯古城考古遗址，希腊德尔菲阿波罗神庙考古遗址，希腊迈锡尼和梯林斯的迈锡尼文明考古遗址，叙利亚巴米尔拉考古遗址，艾荷米亚琴的大教堂、教会和茨瓦尔托诺茨的考古遗迹，意大利阿奎利亚的考古区和帕特利亚教堂，意大利西西里岛阿格里根托考古区。

本书 2004 年首次出版以来，又有一些新遗产入选《世界遗产名录》，其中属于考古遗址区的，现举例如下：巴林 2005 卡拉塔尔（Qal'at al）考古遗址；巴布亚新几内亚 2008 库克（Kuk）早期农业遗址；马来西亚 2012 隆功（Lenggong）河谷从早期人类到铁器时代的露天和洞穴考古遗址；乌克兰 2013 希腊人于公元前 5 世纪所建显示与草原斯基泰人交流的泰瑞克-丘桑内斯（Tauric Chersonese）古城及其乔拉（Chora）镇；意大利 2011 位于意大利弗留利（Friuli）等 7 个地方的 6 世纪至 8 世纪伦巴第人的城堡、教堂、修道院遗址；伊朗 2008 西北部亚美尼亚人（Armenian）庙宇群。

**土耳其：特洛伊考古区**

特洛伊考古区位于土耳其西北的希沙立克，北临达达尼尔海峡，是小亚细亚青铜时代和早期铁器时代的城市遗址，存在于公元前 3000 年至公元 4 世纪。它联系了安纳托利亚的文明和地中海世界。而且，特洛伊的历史就是从公元前 13 或前 12 世纪希腊斯巴达人和亚细亚人的战争开始的。

古希腊的荷马史诗中记述了希腊人和特洛伊人战争的故事——为帮助弟弟夺回妻子海伦，阿伽门农在智慧女神雅典娜的帮助下用木马计一举攻下了特洛伊城——但长期以来，人们一直认为特洛伊城是虚构的。1871—1890 年，德国考古学家谢里曼发掘特洛伊城址，特洛伊的真实存在才得以确认。1893—1894 年，德国考古学家德普费尔德继续主持发掘。1932—1938 年，美国考古学家布利根又在此发掘。

经过长期发掘，考古学家在深达 30 米的地层中发现了分属 9 个时期的堆积。第 1—5 层相当于青铜时代早期，第 6、7 层属青铜时代中期和晚期，第 8、9 层属早期铁器时代。第 1 层（约在前 3000—前 2600 年）为一直径 90 多米的小城堡，有石筑城墙和城门。已开始使用铜器，流行磨光黑陶或灰陶，针和钻等骨器很多，还发现了一块刻有人面的石灰石碑。第 2 层（约在前 2600—前 2300 年）的城堡直径 120 多米，城中有王宫及其他建筑，在一座王家宝库中，发现了许多金银珠宝和青铜器。陶器逐渐以红色和棕色为主。此外还出土有石器、骨器和陶纺轮等。第 3—5 层（约在前 2300—前 1900 或前 1800 年）时间前后

图 6.2.1 修复展示区

衔接，文化持续发展。城市范围较大，但建筑不如第 2 层宏伟。第 6 层（约在前 1900 或前 1800—前 1275 年）的文化与前不同，可能是由一个新民族创造的。城墙坚固，曾经多次扩建，总长 540 米，至少有 4 座城门。城内有许多贵族住宅的建筑台基，平面为长方形，有石础木柱。居民实行火葬，以骨灰瓮为葬具。这一层的城市毁于地震。震后的第 7 层（约在前 1275—前 1100 年）与特洛伊战争年代相当。有两个阶段，早期文化是第 6 层的继续，发现有继承第 6 层传统的陶器、迈锡尼式陶器和灰色素面的米尼亚式陶器等。房屋密集，房内地下几乎都埋有大罐，罐口外露，以石板为盖，有的房内多达一二十个，可能用来储存食物。约在前 13 世纪后半叶，城市可能被荷马史诗中所记叙的希腊人所毁。此层晚期，文化发生较大的变化，陶器为手制，较粗糙，器形也不同于前，居民可能来自欧洲。前 1100—前 700 年，这里无人居住。此后的第 8 层，是希腊人居住时期的堆积。前 5 世纪，在卫城上建立了雅典娜神庙。第 9 层属于希腊化时代和罗马统治时代，城市曾多次扩建。公元 4 世纪君士坦丁堡建立后，这里逐渐湮没。特洛伊考古区的发现和发掘是依据历史文献探寻古代遗址成功的范例之一。目前，特洛伊已成为土耳其的游览胜地。1998 年，特洛伊考古区被列入《世界遗产名录》。

  考古发掘的成果可以解释有关特洛伊木马故事的某些问题。特洛伊第 7a 地层所代表的时期被破坏的时间可能持续了半个世纪之久。根据一般的古希腊传统，特别是《伊利亚特》和《奥德赛》的故事，认为特洛伊第 7a 地层所代表时期的破坏者是来自希腊大陆中部和南部的迈锡尼人。但是，从考古学不能找到精确推断破坏者是谁的证据。相反，却有一些证据可以说明那些破坏者并不是迈锡尼人。例如，难道希腊大陆人能够在他们自己伯罗奔尼撒的中心遭进攻的时候，去进攻特洛伊吗？不过也许伯罗奔尼撒的破坏是由于自然灾害（例如就像最近在讨论特洛伊和迈锡尼时常考虑到的地震），或者说是由于大部分有生力量都去了特洛伊，而使本土缺乏防守。也许特洛伊第 7 地层 b2 时期的"粗糙制品"（Coarse Ware）是更有意义的事实，这是一种在特洛伊第 7a 地层所代表的时期结束后才首次出现在特洛伊的陶器。它与同一时期出现在希腊大陆以及意大利和西西里岛的手工制作的抛光瓷器有着很深的联系。这种陶器在这些地区都没有先例，而且 Deger-Jalkotzy 论证了这些陶器来自于传统陶器的故乡——欧洲中部的多瑙河中游地区。特洛伊第 7b1 地层所代表时期的"粗糙制品"被认为可能是特洛伊第 7a 地层所代表时期的侵略者的工具，他们是一群在从欧洲中部多瑙河地区，穿过罗马尼亚，向土耳其巴尔干半岛地区的人口迁移末期，穿过亥尔斯邦特的人。相似的人群可能在后来与位于伯罗奔尼撒的众多迈锡尼人主要聚集点有了联系。但必须承认的是，这种重新构造过程中存在一些缺陷。其中之一便是：存在于特洛伊第 7b1 地层所代表的时期的"粗糙制品"，与那些与其有联系的、存在于 LH IIIC 时期、希腊大陆迈锡尼人居住区的手工制作的抛光陶器相比，数量是很少的。这些陶器制造者确实如某些权威所说，在爱琴海青铜时代后期的政治与军事历史中扮演了重要的角色吗？

## 意大利：庞培、埃尔科拉诺和托莱安奴齐亚考古区

庞培位于意大利土地肥沃的小平原——坎帕尼亚的边缘，萨尔诺河的入海口附近。公元前8世纪建城，公元前5世纪起属于萨莫奈人。公元前4—前3世纪，经过三次罗马人与萨莫奈人的战争，庞培成为罗马共和国的一部分，逐渐变成了典型的罗马人的城市。

公元79年8月24日，维苏威火山突然喷发，吞没了山南麓的庞培城。1763年，欧洲的考古学者们发现了这座小城，并开始了发掘工作，工程极为浩大，持续了200多年，至今尚未全部完成，但城市的主体结构已经十分清晰，它向人们展现了令人惊讶的古罗马文化的辉煌。

庞培城占地约1.8平方公里，呈椭圆形，东西长约1200米，南北宽约700米，有长达4.8公里的石砌城墙。庞培城位于小山上，城墙依山而建，呈不规则四边形，城内一条称为"大轴线"的南北走向大道和两条称为"大十字线"的东西走向大道相交，大小街道环绕着这三条干线，形成网格状分布。街道两旁是一幢幢楼房住宅，排列整齐，形成长形街区。城南半部最古老、最重要的地区是以公民广场为中心的地带，太阳神庙、矩堂、选举厅、维斯贝辛庙、家神庙、市集和丘比特神庙都在这一区。太阳神庙是庞培最古老的建筑，庙内出土的一批公元前6世纪初的希腊陶器，证明了其历史的悠久。隔壁的矩堂，是全城保存最好的建筑，大厅四面有柱廊，最里面是"审裁处"，在这里举行公开审判裁定。

另一个古代公共建筑群集中在"三角广场"四周，东边是一排公共娱乐场所，其中露天剧场可容纳5000人。公元前80年后，露天剧场旁又修建了一所剧院，规模虽小，但设有盖顶，可防风遮雨。

第3个公共建筑林立的地区设有竞技场和健身房，这些设施为大众提供免费服务，用以安抚人心，稳定社会。竞技场西面是体育场，人们可在这里进行跑、跳、掷铁饼、角力等项目的练习与比赛。

除了以上三大建筑较集中地区

图6.2.2 大型建筑

外，还分布着一些公共建筑，多数是公共澡堂和庙宇，公共澡堂是当时人们日常生活必不可少的设施。已挖掘出土的有斯塔比亚澡堂、广场澡堂及中央澡堂等，这些建筑各具特色，内部装饰华丽，有冷热水浴和蒸气浴，并有先进的供暖设施。

庞培的民居很有特色，通常建筑的核心部分在中庭，是全家人日常生活的重要场所，它有两个特殊作用：一是采光，光线从开在中庭屋顶正中的大天窗进入室内；二是收集水源，下雨时，雨水从这里流到设在房间正中的承雨池中，然后再流入蓄水库。中庭设有神坛，是进行宗教活动的地方。公元前2世纪，罗马帝国东征以后，建筑设施开始受希腊化样式的影响，由以中庭为中心的传统格局过渡到以庭院为中心的希腊式布局。庭院常常建成花园式，中部建有水池，四周环以柱廊，各厅室的门都朝着柱廊开。随着岁月的推移，建筑格局日趋复杂。后为适应人口增长对住宅的需要，出现了四层的民居建筑。庞培还保留了许多当时充满生机和活力的店铺、商行和手工业作坊等经营用房，这些房屋常常和业主的住宅建在一起，是典型的"前店后宅"。

庞培在挖掘中发现了不少罗马帝国时代的艺术珍品，特别是庞培后期建筑中的大量壁画和镶嵌画，其中一些作品具有极高的艺术价值。如壁画《酒神密仪图》、肖像画《女画家像》、镶嵌画《亚历山大与大流士之战图》《街上的音乐师》等等，都是绘画中的艺术精品。

庞培出土大量的文物和艺术品，其中最有价值的文物和艺术品都送到国立那不勒斯博物馆收藏展览。

目前，庞培的考古挖掘仍在进行。同时，作为一个旅游胜地，庞培吸引着世界各地的游人前来参观和凭吊。但由于地震、湿气、植物蔓延，以及修复工作的失误，不少庞培遗迹正在经受着第二次毁坏，这不得不使人们强烈地意识到庞培遗址保护工作的艰巨和重要。1997年，庞培被联合国教科文组织列入《世界遗产名录》。意大利政府也开始对庞培遗址的管理和保护工作试行改革，以期更好地保护好这座辉煌的历史文化宝藏。

图 6.2.3　壁画

**利比亚：昔兰尼考古遗址**

位于利比亚绿山行政区，曾是泽拉城希腊人的居住地，也是希腊语世界最重要的城市之一，古希腊诗人平达和卡利马科曾对它备加称颂。被古罗马希腊人征服后，它作为一个大都市一直存在到公元365年大地震。1982年列入《世界遗产名录》。

昔兰尼城是希腊人由于缺少水源而被迫放弃泽拉城（今称桑托里尼）后，在公元前630年建立的。该城坐落在海拔600多米处，长700多米，宽350米。城内尚存几处古迹。

最引人注目的是古泉圣地，一条300多米长的渠道将清水从一眼圣泉引到此地。从这里沿阶而下可直达由古希腊人在公元前7—前6世纪建起的阿波罗神庙，在神庙废墟中至今仍可看到一根保存完好的圆柱和公元前5世纪用于替代阿波罗神庙的另一庙宇的遗址。在后建的庙宇前设有阿波罗大祭坛（建于公元前4世纪）。主建筑群四周有其他庙宇和喷泉围绕，如阿耳忒多斯神庙（公元前4—前3世纪）和赫卡忒神庙（公元前2世纪）。

图 6.2.4　阿波罗神庙遗址

卫城现在尚未考察。在它附近便是古罗马式广场普罗古洛广场。广场内有一座市场。市场中央的圆塔据说是昔兰尼城的创始人巴托斯国王的陵墓。靠近圆塔，有一座十分古老的德米特里神庙。偏东一点，可以看到一座似船头形的航海纪念碑。旁边有一罗马神殿，供奉主神朱庇特、天后朱诺和智慧女神。此外，还保存着一些有镶嵌纹饰的古老住宅。广场北侧为公众聚会的会议厅。

第二个市中心是在公元2—3世纪沿着"山谷大道"发展起来的。在这里可以看到一些为纪念罗马皇帝们的功绩而兴建的纪念碑和一些奇异的地下浴室，人称"希腊浴室"。在城东北部完整出土的只有一座宙斯神庙。在城南的山坡上，还有几处希腊时代的墓地。

## 第三节 历史时期遗址

**历史时期遗址举例：** 阿尔及利亚贾米拉古罗马遗址，埃及阿布米纳早期基督教遗址，埃塞俄比亚阿克苏姆遗址、贡德尔地区的法西尔格比遗址，巴基斯坦塔夫提拜和奈波灵佛寺遗址及邻近的沙里巴罗城址，黎巴嫩比布鲁斯遗址、巴勒贝克遗址、提洛斯遗址，突尼斯迦太基遗址，土库曼斯坦古梅尔夫（谋夫）国家历史与文化公园，希腊萨摩斯岛毕达哥拉神庙和赫拉神庙（古代世界七大奇迹之一）、提洛斯岛古建筑与遗址。

本书2004年首次出版以来，又有一些新遗产入选《世界遗产名录》，其中属于历史时期遗址的，现举例如下：澳大利亚2010 澳大利亚18世纪和19世纪罪犯流放地遗址；布基纳法索2009 洛罗派尼（Loropeni）黄金贸易时期堡垒遗址；卡塔尔2013 波斯湾保存最好最大的18—19世纪的祖巴拉（Al Zubarah）采珠小镇和交易港口的考古遗址；马绍尔群岛2010 比基尼（Bikini）环礁核试验场旧址；苏丹2011 麦罗埃（Mailoai）岛公元前8世纪至公元4世纪间兴盛一时的库施（Kush）王国考古遗址；西班牙与斯洛文尼亚共有2012 阿尔马登（Almdén）和伊德里亚（Idrija）的水银采矿遗址；叙利亚2011 叙利亚北部建于公元1世纪至7世纪早期的基督教古村落群；伊朗2010 大不里士（Tabriz）历史集市区；中国2006 安阳殷墟；2012 元上都遗址。

### 埃及：阿布辛拜勒至菲莱的努比亚遗址

努比亚古代遗址位于埃及东南部，它体现了数千年前宗教建筑艺术的特点。这一宗教建筑艺术伴随着地中海盆地和尼罗河谷各种文明的相继兴起而蓬勃发展。1964年，埃及政府要修建阿斯旺高坝，努比亚古迹面临永沉湖底的厄运，这时，它的世界价值才为世人瞩目。联合国教科文组织向各国发出拯救努比亚的呼吁，51个国家做出了反应。从1960年到1980年，专家们进行了40多次大规模的挽救古迹活动：由24个国家的考古学者组成的考察团实地勘察了受湖水威胁的地域；22座庙宇经过测定方位和计算，拆散后化整为零转移到安全地带，然后以其旧貌重建。1979年被列入《世界遗产名录》。

努比亚地区最雄伟的建筑是阿布辛拜勒的两座寺庙，位于埃及最南端尼罗河岸，是古埃及第十九王朝著名法老拉美西斯二世于公元前8世纪建造。大庙坐西朝东，依山开凿，正面高31米，门前有4尊法老坐像，高20米，气势雄伟。60米进深的庙内石梁柱厅和神像壁画，栩栩如生。王后寺庙规模稍小，又称小阿布辛拜勒庙。1964年迁移时，联合国大力支持，瑞典专家提出切割拆卸重新装配的方案，将神庙后移180米，比原址高65米。整个工程于1968年9月竣工，耗资3600万美元。为纪念这一拆迁工程，在新址地下埋放了一本《古兰经》、两张埃及报纸和一些埃及硬币以及搬迁过程的文件。切割拆卸大庙时，要求石块尽量地大，接缝尽可能地小。每块重量一般为20至30吨。大庙被切成807块，小庙被切成235块。这些石块用起重机谨慎吊起，运至贮石场按编号存放。然后再运至新址按原样重新装配。神庙的装配工作中，正面的接缝全部用与石头同样颜色的灰浆补严，几乎未留下任何切割过的痕迹，但庙内装饰面却故意接缝明显，让游客与后人联想起神庙的搬迁。

迁移后的神庙成功地复制了其建造时的方向，即每年的春分和秋分时节，太阳光线可以穿过开凿在岩石里面深达63米的祭台间，照在太阳神雕像上，这座神庙是供奉太阳神的。

献给女神伊西丝和哈托尔的菲莱神庙是唯一一座融埃及法老时代的建筑风格和希腊—罗马建筑艺术于一体的综合性建筑，现已被转移到靠近阿吉基亚的小岛上。

其他大的寺庙分别重建在四个精心挑选的地点：罗马时代的卡拉布舍寺、卡塔西亭和饰有反映非洲

图 6.3.1　搬迁阿布辛拜勒神庙

黑人生活浮雕的贝瓦里寺现已耸立在高坝附近；达克卡寺、马拉拉加寺和瓦蒂塞布阿寺被集中在瓦蒂塞布阿；建于公元前15世纪图特摩斯三世和阿美诺菲斯二世执政时期的努比亚地区最古老的寺庙马达寺庙群和彭努特小陵墓现移至阿马达；阿布·奥达祭台和普萨墓龛被送到阿布辛拜勒的尼罗河对岸。

此外，努比亚露天博物馆同时还包括从阿斯旺地区搜集到的古代建筑，因为阿斯旺地区是古埃及控制努比亚地区的战略要地，无论从文化角度还是从历史角度看，它同努比亚都是不可分割的。因此，博物馆也包括下列地点和古迹：埃

图 6.3.2　阿布辛拜勒神庙殿堂

列芬蒂诺岛、古王国和中王国时代的库贝特-哈瓦墓地、法老采石场以及未完工的方尖石碑、科普特教的圣·西米恩大修道院和法特米时期的伊斯兰墓地。为搬迁神庙曾经绘制大量设计图，图纸体积有几立方米，原件保存在德国柏林的德国考古研究所，1982年本书作者曾经浏览。

### 希腊：奥林匹亚考古遗址

奥林匹亚考古区位于希腊伯罗奔尼撒半岛西北部的埃利斯境内，在阿尔菲奥斯河北岸，得名于希腊传说中诸神会聚的奥林波斯山，是希腊古代宗教圣地和奥林匹克运动会发祥地，世界现存最古老运动场旧址就在其中。1989年被列入《世界遗产名录》。

奥林匹亚考古区古代属希腊伊利斯城邦。公元前776年（希腊纪年之始），结合对宙斯神的祭祀，在此举行首次奥林匹亚竞技会，以后每四年召开一次，限希腊男性公民参加。项目有赛跑、铁饼、赛马、角力等，后又有文艺节目比赛，对优胜者奖以橄榄花环。竞技期间，全希腊"神圣休战"。竞技会一直延续到公元394年被罗马皇帝狄奥西多禁止。随着竞技会的废止与河水冲蚀，奥林匹亚长期湮没无闻，直到19世纪20年代法国人开始发掘，才又重现于世。

遗址首次发掘始于1829年，遗迹最早年代为公元前2000—前1600年。遗址东西长约520米，南北宽约400米，中心是宙斯神庙和宙斯之妻赫拉的神庙，周围有竞技运动场、健身房、角斗学校、宾馆、运动会主席团办公厅、圣火坛，以及祭司住房等与运动会有关的建筑。

遗址中右侧的第一个建筑是体育馆。长方形的建筑位于一座大庭院内，供运动员练习标枪、铁饼和田径。在体育馆北侧有一个带院子的正方形建筑，供运动员练习摔跤、拳击和跳高。在这些建筑物里发现的艺术品包括青铜"stirgils"（运动员在训练后往身上擦油和沙的工具）和跳高用的石制重物。比赛胜利者常常在物品上题字，并陈列在训练房里，就像现代的运动员展示他们的胜利一样。

宙斯神庙是奥林匹亚最主要的建筑，它重建于前468—前456年，是希腊古典建筑的优秀代表之一。神庙长约66米，宽30米，东西两端各有

图 6.3.3　因地震而在公元前6世纪毁坏的宙斯神庙遗址

6柱，南北两面各有13柱，取多利亚柱式，全用石料精制。神庙的装饰雕刻属古典艺术杰作，其中东西两山墙上的群像，表现希腊英雄珀罗普斯在奥林匹亚赛车和希腊人与半人半马怪兽搏斗的神话故事，作于前5世纪初，是早期古典雕刻的代表作。约作于前5世纪后半叶的宙斯巨像，曾用黄金和象牙镶嵌，传为古典雕刻大师菲迪亚斯（前490—前430）所作，是古典雕刻盛期的代表，极为宏伟精美，被希腊人赞为当时世界七大奇迹之一。遗址中还有赫尔墨斯与婴孩狄奥尼索斯神像，为希腊雕刻大师普拉克西特莱斯的真迹，约作于前4世纪初。

奥林匹亚遗址现存的最古老的建筑遗迹应属规模不大的赫拉神殿。它建于公元前600年前后，供奉女神赫拉像，殿身狭长，四周有44根廊柱。现代奥林匹克体育运动大会的圣火点燃仪式，就在这座神殿的祭坛旁举行。在殿堂西侧还有其他工作间的遗址。

奥林匹亚宙斯大祭坛位于该神殿西侧，是高6.7米的带有台阶的椭圆形平台。存放供奉礼品的仓库建于克罗努斯山低坡上，共有12个。在殿堂南建有会议厅，西南有利奥尼达乌姆贵宾旅馆，西北是训练场和健身房，东侧才是体育场。赛场四周有坡形看台，西侧有埃科柱廊，以及运动员和裁判员入口。赛场跑道长210米，宽32米。该古遗址还建有奥林匹亚博物馆，馆中展出许多古希腊武器甲胄。

在奥林匹亚遗址北边500米远的山坡上，是被树林环绕的奥林匹亚博物馆，是希腊著名的历史博物馆之一。在9个展厅里，有两个小厅展出公元前3500年至公元前1600年的各种石器和陶器，以及公元前9世纪的矛、剑、斧等铁器，其他展厅主要陈列奥林匹亚地区出土的栩栩如生的塑像。其中较珍贵的有大力神海格立斯像、宙斯妻子赫拉头像、胜利神帕欧尼奥斯像，以及希腊诸神宙斯、波塞冬和雅典娜等会战恶魔的浮雕，此外还有罗马时代的大理石雕群像。

为了发扬奥林匹亚竞技精神，从1896年起，又重新举办奥林匹克运动会，这就是近代的奥林匹克运动会，每4年一次，一直延续到今天。

### 伊朗：波斯波利斯宫城遗址

波斯波利斯是伊朗古波斯帝国阿黑门尼德王朝时期的宫城遗址，位于伊朗西南部法尔斯设拉子东北42公里的塔赫特贾姆希德。宫城始建于公元前518年，当时的国王是大流士一世，继任的国王薛西斯继续建造，前后共建造50多年。公元前330年，希腊马其顿王亚历山大攻打到这里，将宫城焚毁，此后这里即被废弃。这处遗址1622年首次被人发现，18和19世纪根据发掘出的古波斯文得知这里是阿黑门尼德王朝时期的建筑遗址。20世纪30年代美国芝加哥大学东方研究所和伊朗王国政府联合发掘这处遗址。后来的几十年，伊朗政府一直对遗址进行保护和维修。

宫城位于拉赫马特山西面山麓，所有建筑都在人工垒成的12米高的平台上，平台南北长约500米，东西宽约300米，东面连接山坡，其余南北西三面是垂直的台壁，由于台壁很高，所以台上边缘没有再建围墙。台上的建筑物大都向北，略偏西15°。现在

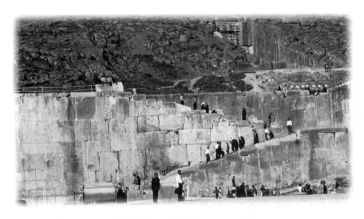

图 6.3.4　进入宫城的蹬道

看到的建筑遗址，除了平台外，最明显的是 13 根依然耸立的高大石柱，柱残高 10 余米到 20 米。还有数不清的石墙、石门、石雕像和房屋台基，台基立面上刻满各种形象的浮雕。宫殿大厅宽阔高大，地面残留着数百个未曾被移动的石柱础。从这些遗物可以想象出当年宫殿的巍峨高大，雄伟壮观。

宫城东面倚靠大山，西面朝向广阔的平原。平台西壁的北端是宫城入口，有宽大的石蹬道。登上平台后首先看到的是高大的薛西斯王时期建造的四方之门，或称万国之门。由此分流进入宫城各区。宫城内分为 3 区，北部是外朝区，主要用于国王接见大臣和属国的王侯。西南部是内廷区，是国王的生活区。东南部是珍宝库区，存放和陈列大量的珍宝财物。外朝区东侧有卫戍兵宿舍。宫城东北角和东南角有瞭望哨楼。宫城的所有房屋都有高大的石墙和石柱，石墙使用伊朗产的硬质、灰色或其他颜色的石灰石，墙面和石柱用大理石，石面有雕刻。

薛西斯时代的四方之门有 18 米高的石柱门，门柱刻人面翼兽，规模大于大流士时期的同类雕刻。离四方之门最近的是外朝区的接见厅，厅平面为正方形，每边长 83 米，建在 2.6 米高的台基上。台基的北侧面和东侧面各有 4 条蹬道用来登上台基，台基西侧面伸到宫城平台西壁之外，构成约 10 米宽、130 米长、15 米高的检阅台，当年从这里可以俯瞰面前平原上属地王侯搭建的帐篷。接见厅东西北三面都有相同的敞开式门厅，每个门厅有两横列共 12 个石柱。台基南面连接内廷区。接见厅主厅的平面为正方形，每边长 59 米，厅内有石柱 36（6×6）根，柱高 21 米，现在仍矗立的 13 根石柱是原有的 72 根柱的残余。主厅屋顶原来用巨大的雪松木作梁枋，现在都已不存。主厅四壁厚约 5.1 米，均开有高大的门窗。大厅外墙面贴黑白两色大理石或彩色琉璃面砖，雕刻花纹或拼接图形，屋檐和枋木都包贴金箔。大厅内墙面有壁画。石柱柱础、柱身和柱头有雕刻，尤其是柱头雕刻更具特色，自

图 6.3.5　在山上看寝宫

上而下上有覆钟、覆莲、竖立的成对涡卷，上端是相背而跪的雄牛，两牛头间用以架设托梁横木。接见厅虽是木石结构，但结构仍属轻盈，空间宽敞，在当时属于罕见的杰作。从四方之门向东再向南，经过另一座独立门可通到百柱厅。百柱厅建于大流士时期，大厅平面为正方形，边长69米，厅内有100（10×10）根石柱，柱高11.3米。上述这两个仪典大厅用于各种庆典和礼仪活动。每年春分时节国王要来这里主持盛大的新年庆典和宗教节日诺鲁兹节，庆典仪式之后有宴饮。

西南部的内廷区有大流士宫、薛西斯宫和较小的寝宫，此外有一座会议厅和后宫房舍，周围有花园、假山和亭阁。其中大流士宫保存的石材和石雕最多。

东南部的珍宝库区有迷宫式的珍宝库房，面积超过8000平米。当年存放着许多金银和珍贵物品。公元前330年亚历山大占领这里时，据当时记载，运走这里的金银财宝需要1万对骡子和5000头骆驼。现在修复了其中的一座约750平米的库房用作展厅。

波斯波利斯的宫城除了有历史建筑方面的意义之外，它的建筑和雕刻也反映了当时波斯和周围地区的文化交流，以及波斯如何把这些文化因素与自身的文化融为一体。宫城采用高大的平台、高大的礼仪门和仪典厅相分离的布局，都接近两河流域亚述和巴比伦的建筑风格和传统布局。建筑物采用多排列柱和门楣，窗框有特别的形状与纹饰，属于埃及的巨石建筑风格。大厅石柱融汇了希腊古风时期爱奥尼亚式柱身与柱头的形状及纹饰，并采用了希腊的磨光技术。接见厅台基立面有许多人物浮雕，其中的贡使行列描绘波斯帝国23个属国的使节向国王进献珍宝和当地的土特产。根据贡使的服饰和所贡物品可以识别出波斯本民族人、米底人、吕底亚人、阿拉美人、巴比伦人、斯基泰人、卡帕多西亚人和西里西亚人，他们贡献的有宝石、金银酒器、瘤牛、精纺羊毛披巾、种马、珠宝、珍贵皮毛和公羊等。雕刻的野兽搏斗纹是中亚北部、黑海北岸和东岸草原民族的共同题材。遗址发掘出土的蓝色青金石出自阿富汗，磨制的石碗盘出自埃及，金银装饰品有不少出自中亚各国。

波斯波利斯宫城是体现当时人类创造力的杰作，是波斯帝国时期文化非同寻常的例证，同时也是古波斯建筑总体风格和工程技术的卓越例证。1979年遗址被列入《世界遗产名录》。本书作者1995年到这里参观，两幅插图是用胶卷相机拍摄的。

### 约旦：佩特拉遗址

佩特拉是约旦著名古城遗址，位于约旦安曼南250公里处。希腊文意为"岩石"。《旧约全书》称其为"塞拉"。始建于公元前6世纪前后，由居住在这里的游牧民族纳巴特阿拉伯人建造。在公元前4世纪至公元2世纪是纳巴特王国首都。公元前1世纪，纳巴特王国在国王阿雷特斯三世统治时相当繁荣，疆土曾扩大到大马士革。公元106年，此地被罗马帝国皇帝图拉真的军队攻陷，沦为罗马帝国的一个行省。这里作为商路要道曾盛极一时。3世纪起，因红海海上贸易的兴起代替了路上商路，佩特拉开始衰落，7世纪被阿拉伯军队征服时，已是一座废弃的空城。1812年为瑞士人J.L.伯尔克哈特重新发现。

佩特拉被赤褐色砂岩高山环绕着，它们为佩特拉抵抗入侵者提供了天然屏障。这里半干旱，易碎的砂岩让纳巴特人可以在上面开凿寺庙和坟墓。岩石的颜色很多，从淡黄色、白色到深红色、深棕色都有，深棕色的岩石最为坚固。各种不同颜色岩石的扭曲岩层形成了岩石表面的螺旋形和波浪形的颜色曲线。

佩特拉古城处于与世隔绝的深山峡谷中，位于干燥的海拔一千米的高山上，几乎全在岩石上开凿而成，周围悬崖绝壁环绕，其中有一座能容纳两千多人的罗马式露天剧场，舞台和观众席都是从岩石中雕凿出来，紧靠山岩巨石，风格浑然一体。

佩特拉遗迹有一条长约1.5公里的狭窄峡谷通道。峡谷最宽处约7米，最窄处仅两米左右，两侧雕凿有洞窟和岩墓。纳巴特人是高超的水利工程师，在一线天的崖壁上排列着一条条为城市输送饮用水的水道。

古城核心是一个大广场，广场正面是宏伟的哈兹纳宫。宫室凿在陡岩上，分上下两层，高约40米、宽约30米，依山雕凿，造型雄伟，有6根罗马式门柱，直至洞顶。柱与柱间是神龛，供奉圣母、带翅武士等神像，虽多残缺，仍不失本来神韵。

近年来发现，正面的地面下方还有建筑，经过考古发掘发现了洞窟建筑，层高略低于地面一层，左侧面有下到地下层的台阶，地下层正面有3个门洞。因为地下层的装饰没有地面层的精细，所以推测地下层并非原地面层湮没而成。

正殿后壁龛肃立着圣母像，栩栩如生。左右殿壁的壁画，色彩暗淡，但粗犷的线条依稀可辨。横梁和门檐雕有精细的图案。穿过哈兹纳殿堂前面的小谷，有古罗马剧场遗迹。剧场后面有一处开阔地，城市房屋依四周山坡建筑而成，有寺院、宫殿、浴室和住宅等。

图 6.3.6　哈兹纳宫外观

南面半山腰的欧翁宫似是王室殿宇。拾级而登，只见半山岩石被掏空了，几百平方米的大殿不见一根柱子。后面的配殿肃穆而阴森，是历代国王的陵墓。欧翁宫的两侧是密如蜂巢的石窟群，分别作为寺院、住宅、浴室、墓窟。洞型和内部雕饰并不雷同，悬崖顶部的洞室富于诗意，白云缭绕，赛过鹊巢鹰窝。到了那里，恍若置身仙境。

在哈兹纳宫开阔地四周是其他的陵墓及大厅，数量不比在岩石上开凿的人工岩洞多多少。向右，小路在崖壁中间较宽的地方延伸，崖壁上点缀着较小的墓窟，看上去像是岩石上的黑洞。

平地上原来曾有许多民居，但因千年风霜侵蚀，早已荡然无存。遍地岩景天生自然，那玫瑰红、赭红、海蓝的斑斓色彩，似怪兽伏地的巨岩、如巨笔插天的石笋，绝非人造假山可以相比。人们把佩特拉叫作"玫瑰色的石头城"，一点也不夸张。

穿幽谷，爬上曲折的山道，便是佩特拉的博物馆，它负责对佩特拉遗迹进行发掘和保护。门口几尊塑像笑容可掬，馆内人兽雕塑美不胜收：绰约多姿的顶水坛少女、盛气凌人的壮硕武士、咆哮的雄狮、温顺的绵羊，一尊尊栩栩如生。馆里收藏的岩城文物，展示了古都昔日的盛况。

佩特拉古城反映了纳巴特王国五百年繁荣时期的历史，古城多数建筑保留了罗马宫殿式的风格，表明古纳巴特人曾受到罗马文化的影响。因此，从古城的遗迹，我们可以了解古纳巴特文明，还可以从中了解到许多罗马文化，是罗马文明研究的重要参考。公元3世纪以后，佩特拉城逐渐趋向衰落，之后古城湮没了一千多年。

岩城现有100多名居民，一部分仍然住在洞窟里，他们就是纳巴特人的后裔，保持着祖先的习俗，身穿阿拉伯长袍，头缠红色带条纹头巾，妇女蒙着面纱。

当地政府采取了一系列积极保护措施，设立专门机构来管理，使古城得以完整地保存下来。1985年，佩特拉古城被列入《世界遗产名录》，古城得到全世界的关注和保护。相信在世界各国人民的努力下，古城一定会以其雄伟壮观的身姿，屹立于大地，屹立于世界。本书作者2014年4在这里参观时拍摄的照片收入本书教学材料中，所拍摄的哈兹纳宫发掘现场，难得看到。

### 法国：奥朗日的罗马时期圆形剧场、凯旋门和环境

奥朗日位于法国普罗旺斯——蓝色海洋大区沃克吕兹省，在"罗马和平"时期繁盛一时，建有剧院，露天剧场，体育馆、寺庙、浴池和凯旋门，后遭外族入侵，奥朗日古剧院和凯旋门至今保存完好。1980年被列入《世界遗产名录》。

奥朗日剧场建于奥古斯都时代，是目前世界上保存最好的古罗马式大剧场之一，规模宏大。整个剧场为半圆形，看台依山而建，剧场正面是一道长103米，高78米的高墙。墙底层有一组拱形廊柱，内设放置雕像的神龛，廊柱后有皇门、后门两个边门，上方中央大壁龛内有皇帝奥古斯都雕像，奥古斯都右臂上举，全身着铠甲。高墙与剧场相对，从看台上看高墙上的奥古斯都雕像，显得更加雄伟。看台总面积12000平方米，可

图 6.3.7 罗马时期半圆形万人剧场和舞台背后雄伟的高墙

图 6.3.8 剧场舞台背墙上方龛内奥古斯都皇帝的大理石戎装立像

容纳 26000 名观众。古代这里是军事要地，公元前 49 年，罗马人曾在这里战胜高卢人，于是修建了这座凯旋门。它是法国现存最古老的凯旋门之一，建于奥古斯都王朝初年，有三个门道，门的北面保存完好，上面浮雕刻画罗马第二军团和高卢人作战的场面。

### 马绍尔群岛共和国：比基尼环礁核试验场旧址

比基尼岛位于南半球，东南距夸贾林环礁 360 千米，西距埃尼威托克环礁 305 千米，由 36 个礁屿组成，中为潟湖，是马绍尔群岛中拉利克链的环礁。由德国航海家及探险家奥托·冯·科策布（Otto von Kotzebue）发现。是 1946 至 1958 年间美国的核武试验基地。1947 年起由联合国委托美国管理，是"美国太平洋岛屿托管地"的组成部分。1979 年并入马绍尔。2010 年，比基尼岛被列入《世界遗产名录》，这是马绍尔群岛的第一个世界遗产。

1946 年，美国把岛上的居民移到南部的龙厄里克岛和基利岛，比基尼岛成了大型军事科学试验地，以用来检测原子弹对军舰所能造成的冲击。1946 年到 1958 年间，美国在比基尼岛共进行了 67 次核试验。第二次世界大战后，世界历史进入了冷战阶段。1946 年 7 月 1 日，和平时期的第一次原子弹试验在比基尼岛进行，一颗原子弹在一组废置的军舰上空爆炸。当年的 7 月 25 日，世界上第一颗水下原子弹"比基尼·海伦"引爆，爆炸激起了巨大的放射性水柱，击沉击伤了十多艘船只。

图 6.3.9 核弹在航母和许多舰船上空爆炸时的情景

1952年，美国的第一枚氢弹在这里爆炸。接着在1954年至1958年又进行了多次试验，其中有些是热核弹。这些试验给比基尼岛带来了严重的放射性污染。

1969年美国政府开始进行一项长期的土地开垦填筑计划，目的在使比基尼岛的居民能够返回家园，但1978年因为食物遭到严重污染，岛上居民吸入大量的放射性物质铯，体内铯137的浓度大大超过安全标准。因为铯137大量存在于比基尼岛的土壤中，严重污染了水源及各种生物，居民被迫撤离，比基尼岛已经不适合人类居住。

比基尼环礁海面遭到了严重的污染，但海面以下却生活着健康的生物种群。核弹爆炸造成的水下弹坑中有大量的鱼类和珊瑚，它们是随着盛行风和洋流从邻近的朗格拉普环礁迁徙过来的。朗格拉普环礁在多次核试验中均毫发未损。研究专家表示，与20世纪50年代初相比，这里有42种生物已经绝迹，但比基尼环礁珊瑚在遭受"一次灾难性破坏事件"之后恢复元气，证明了珊瑚有着坚强的生命力。

在潟湖中沉睡着1946年试验时被击沉的舰船，环礁中有巨大的"布拉沃"弹坑，它们是核武器爆炸最直接的证据。这里爆炸的总当量达到了广岛原子弹爆炸当量的7000倍，对比基尼环礁的地质、自然环境和遭辐射人群的健康造成严重的影响。出于这一历史原因，比基尼环礁成为原子时代的象征。

1954年，巴黎时装界发明了一种和女性内衣相差无几的三点式泳衣，因为这种泳衣相当暴露，完全突破当时人们的传统思想底线，发明者认为其影响堪比一次核爆炸，所以把这种泳衣称作"比基尼泳衣"。

今天的比基尼环礁是闻名世界的潜水圣地，水下景观优美，终年气候温暖，有250种硬壳和软壳珊瑚，以及超过1000种鱼类，潜水者在水下不但能发现各种奇形怪状的珊瑚，还可以探寻湖中许多具有重大历史意义的核爆炸残骸。萨拉托加号航空母舰是二战中参战的巨大舰艇，沉没在比基尼珊瑚岛的咸水湖底部，它是目前世界上已确定位置的最大水下残骸，比泰坦尼克号还要大很多，也是世界上唯一可以通过潜水观赏到的航空母舰。长门号战列舰是日本海军的战列舰，带领日本其他许多舰艇袭击了珍珠港，在战后被美国海军收缴之后作为试验品，用核弹炸成了一堆海底金属废墟。在这里人们都能看到。

## 第四节　古城遗址

**古城遗址举例**：阿尔巴尼亚布特林提遗址，阿尔及利亚提帕萨城址，埃及古城底比斯及其墓地，阿塞拜疆巴库的围墙城、宫殿与少女塔，巴基斯坦摩亨佐·达罗城址、塔克西拉城址，秘鲁查文文化城址、昌昌城址，津巴布韦的大津巴布韦城址，黎巴嫩奥麦雅登-安贾尔城遗址，墨西哥奇琴伊察西班牙人前的城址、特奥蒂瓦坎的西班牙人前的城址，日本琉球国城址及相关建筑，土耳其内姆鲁特达格城址，突尼斯杜加城址，伊拉克哈特拉城址与墓葬区，伊朗乔加赞比尔城址。

本书 2004 年首次出版以来，又有一些新遗产入选《世界遗产名录》，其中属于古城遗址的，现举例如下：伊拉克 2007 萨迈拉（Samarra）考古城；伊朗 2005 索尔塔尼耶城（Soltaniyeh）。

### 泰国：大城（阿育他亚）旧城及有关城镇

大城位于泰国巴塞河与华富里河的汇合处，距曼谷 80 余公里，地处湄南河冲积平原，平均海拔 2 米，四周河流环抱，形似小岛。大城即为古代的阿育他亚城，意为不可战胜之城，是阿育他亚王朝的都城。该王朝于 1350 年建立，1767 年被缅甸所灭，历时四百余年。在此期间，大城曾经多次扩建，王宫与寺院为数众多。在 17 世纪的王朝中兴期，文化艺术出现了兴旺繁荣的景象，建造了许多寺院。1767 年，大城被缅甸军占领后，城内大部分建筑被毁，都城也迁到了曼谷。虽然如此，大城的扩建并未停止，拉玛四世与拉玛五世仍在大城建立行宫。

大城旧城内有许多神殿与寺庙，其中的挽巴因宫三宝公佛寺是杰出的代表。著名的挽巴因宫坐落在四周为湄南河环绕的小岛上，宫中亭台楼阁众多，有佛像伫立其间。主要宫殿有 3 座，分别是缅甸式、欧洲哥特式与中国式三种风格；其中的名威哈占伦宫是当地华人献给泰国国王的。三宝公佛寺是当时阿育他亚城中最宏伟的寺院，建于大城王朝以前，它充分体现了泰国建筑的艺术特色。1490 年后相继在该寺增建了 3 座佛塔，用来盛放戴莱洛加纳等 3 位国王的骨灰；佛殿安置有一座庄严的禅定佛像，高达 19 米。佛塔与佛像至今仍保持完好。

大城的雕塑与建筑反映了泰国历史上风格与审美取向的演变过程。在建筑方面，大城王朝继承了前王朝的发展，在构造上充分发挥了泰国独自的创造性。在雕塑方面大城王朝的主体是青铜佛像，其极具泰人特点的大城样式，形成于 15 世纪后半叶，延续至 18 世纪。17 世纪后，随着青铜像的衰退，石雕复兴。此外，城中的一些寺院中还发现了

图 6.4.1　佛塔

大城王朝后期的壁画。今天的大城中有两座国立博物馆,珍藏着自5世纪以来的各种青铜造像。

**阿尔及利亚：提姆加德古罗马遗址**

位于阿尔及利亚巴特纳省的提姆加德市的提姆加德遗址,向人们展现了一座处于鼎盛时期的古罗马城市,并完美地表现了这个罗马军事要塞在公元1世纪怎样从平地上拔地而起。该城四周建有八边形城墙和栅栏；城内布局则以两条垂直相交、穿越全城的大街为中心。这里在1982年被列入《世界遗产名录》。

提姆加德城是公元100年图拉真王朝时期由奥古斯都第三军团所建。最初是作为防御要塞,后来逐渐发展成地区文明中心。城中保存许多古罗马时期的遗址,充分体现了罗马式古城的特色。该城最初的规模较小,仅有200—300户居民。公元200年塞韦洛王朝时期,城墙被拆毁,城区向外大为扩展。源泉寺古建筑群就在此时兴建,城的西门也由一巨型拱门所代替,在附近建起了豪华的塞图留市场。大兴土木的高潮整整持续了一个世纪,现保存在博物馆中的许多镶嵌装饰就是当时制作的。公元430年以后,由于汪达尔人的入侵,该城开始衰落。

在各具特色的建筑中,突出的有城北的公共浴池,它是按罗马皇家浴池的样式修建的；城东和城南另建有两座很大的公共浴池。在所有的城门中,只有北门在城市扩建后仍继续使用,此门建于公元159年,饰有半圆形柱。

图 6.4.2　图拉真凯旋门的科林斯式柱头

图书馆是公元4世纪所兴建的最重要的公共建筑物,由本城一位居民捐赠。这是一幢半圆形建筑,中心大厅周围有3个被立柱基座隔开的高台,上有由壁柱隔成的方形书柜。宽阔的广场是当时城市政治生活的中心,长宽分别为50米和43米,以石条铺地,周围环绕着众多的门廊和几幢房屋,其中有一座庙宇,实际上是为演说者准备的讲坛。

在提姆加德众多的建筑物中,塞多留市场最具有特色。它坐落在一块隆起的平台前,由于街道坡度较陡,于是人们沿街道水平地建起一道墙,墙下是拱廊,拱廊内排列着6个商店。穿过一个半圆形入口,来到红砖铺地、石廊环绕的两座半圆形院落,里面开有各种商店。此外,别具特色的古建筑还有平民大教堂、剧场、科罗尼亚守护神庙、神殿、塞留多故居、拜占庭城堡、源泉圣殿和陵园等。

**希腊：雅典卫城**

雅典城得名于女神雅典娜，而卫城则是供奉雅典娜的地方，原为雅典奴隶主的城堡，公元前5世纪雅典奴隶制民主政治时期改建为宗教活动中心。它位于雅典城中心偏南的一座小山顶的台地上，是希腊建筑艺术的代表作品。1987年列入《世界遗产名录》。

卫城的建筑与地形紧密结合，极具匠心。如果把卫城看作一个整体，那山冈本身就是它的天然基座，而建筑群的结构以至多个局部的安排都与这基座自然的高低起伏相协调，构成完整的统一体。它被认为是希腊民族精神和审美理想的完美体现。卫城的古迹中，著名的有山门、帕提农神庙、厄瑞克提翁神庙和雅典娜胜利女神庙。

如果设想卫城的平面图是一片树叶，那卫城的入口就是叶柄。走进入口，迎面第一个建筑群就是山门。它建于公元前437—前431年，由尼西克利斯设计。这是一座大理石建筑，中间是宽大的门廊，两边是柱廊，通往卫城的圣道即由此开始。门廊的两翼不对称，北翼过去曾是绘画陈列馆，南翼是敞廊。土耳其人占领时期，曾将山门作为火药库，土耳其总督也曾在此居住。1640年，山门因遭雷击而受到严重破坏。

图6.4.3　雅典卫城复原图

帕提农神庙是供奉雅典娜女神的主神庙，又称万神殿，建于公元前5世纪中叶，公认是多利亚柱式（三种希腊古典建筑柱式中最简单的一种）发展的顶峰。神庙在雅典政治家伯里克利的主持下，由雕刻家菲迪亚斯监督，建筑师伊克蒂诺斯与卡利克拉特承建。公元前447年动工，前438年建筑本体完工，同年由菲迪亚斯用黄金和象牙制作的巨大的雅典娜女神像在庙内落成，外部装饰于公元前432年结束。神庙用白色大理石砌成，外部呈长方形，庙内设前殿、正殿、后殿。庙底部有三层基座，从基座的最上一层计算，神庙长69.54米，宽30.89米。基座上由46根圆柱组成的柱廊围绕着带墙的长方形内殿，柱廊的东西面各有8根柱，南北面各有17根。圆柱的基座直径1.9米，高10.44米，每根圆柱都由10—12块上面刻有20道竖直浅槽的大理石相叠而成。柱上有方形柱顶石、倒圆锥形柱头、额枋、檐口等处有镀金青铜盾牌和各种纹饰，还有珍禽异花装饰雕塑。由92块白色大理石饰板组成的中楣饰带上，有描述希腊神话内容的连环浮雕。东西端山花中的雕刻是圆雕，东面表现雅典娜的诞生，西面表现她与海神波塞冬争夺雅典统治权的斗争。神庙的主体建筑为两个大厅，东西两端各有一个带6根多利亚圆柱的门廊。东边的门廊通向内殿，殿内原来供奉着巨大的雅典娜女神像，高11.89米，由总重约40—50塔伦特的金片镶着木框架制成，其脸面、手、脚部分用象牙雕刻，眼睛的瞳仁由宝石镶嵌。神像设计灵巧，可以活动或转移隐蔽。但这一艺术杰作于公元5世纪被东罗马帝国皇帝搬走后失踪，成为世界艺术史上的一大憾事。

神庙一些校正视觉效果的措施，令人叹为观止。基座台基的棱线向上拱起成弧线形，东西端中部高起60毫米，南北两侧的棱线中线处高起110毫米。檐口、檐壁的水平线也做了类似处理，有效地防止了中部下陷的感觉。角柱的轴线向里倾斜60毫米，各柱轴线按其延长线在台基上空2.4公里处相交的规律排列，避免了外倾感。其他如柱身轮廓有卷杀和收分，尽端开间稍小，角柱稍粗，以避免在天空背景上显得细小的错觉，使建筑形象稳定、平直、丰满。

帕提农神庙是希腊全盛时期建筑与雕刻的主要代表，有"希腊国宝"之称，也是人类艺术宝库中一颗璀璨的明珠。5世纪中叶，神庙被改为基督教堂，雅典娜神像被移去。1458年土耳其人占领雅典后将神庙改为清真寺。1687年威尼斯人与土耳其人作战时，炮火击中了神庙中的一个火药库，炸毁了神庙的中部。1801—1803年，英国贵族埃尔金勋爵将大部分存留的雕刻运走。许多原属神庙的古物，现散落在不列颠博物馆、卢浮宫和哥本哈根等地。19世纪下半叶，曾对神庙进行过部分修复，但已无法恢复原貌，现仅留有一座石柱林立的外壳。

厄瑞克提翁神庙位于帕提农神庙的对面。这是一座爱奥尼亚式的神殿，建于公元前421—前405年，是伯里克利制订的重建卫城山计划中最后完成的重要建筑。神庙因其形体复杂和精致完美而著名。它的东立面由6根爱奥尼亚柱构成入口柱廊，西部地基低，西立面在4.8米高的墙上设置柱廊。西部的入口柱廊虚实相映。南立面的西端，突出一个小型柱廊，用女性雕像作为承重柱，她们着束胸长裙，轻盈飘逸，亭亭玉立，是这座神庙最引人注目的地方，在古典建筑中也是罕见的。雕像正面朝南，在白色大理石墙面的衬托下，格外清晰悦目。神庙中的雅典娜女神雕像是所有雅典娜雕像的蓝本。神庙名称的由来说法不一，一说为纪念传说中的雅典王厄瑞克西阿斯，一说是纪念希腊英雄厄瑞克苏尼阿斯。神庙屡遭兵毁，已远失原貌，庙内文物也散失殆尽。

雅典娜胜利神庙建于公元前449—前421年，采用爱奥尼亚柱式，台基长8.15米，宽5.38米，前后柱廊雕饰精

图6.4.4 厄瑞克提翁神庙的6根优美的女像柱

美，是居住在雅典的多利亚人与爱奥尼亚人共同创造的建筑艺术结晶。胜利女神是巨人帕拉斯与冥河女神斯提克斯的女儿，她作为智慧女神雅典娜和主神宙斯的象征，在艺术品中表现为他们用手牵领着的小人儿。她手持棕榈枝或花环，在比赛胜利者头上展翅翱翔，掌管战争和其他赛事的胜利。

## 第五节　美洲遗址

美洲史前文明延续到旧大陆的历史时期，也就是美洲文明史开始时间比旧大陆晚，到了 10 世纪以后。从现存遗址看，大体上北美洲原住民是印第安人，中美洲是玛雅人，南美洲是印加人。本节要介绍 8 处遗址，分布范围北起加拿大，经美国向南，经中美洲墨西哥和洪都拉斯，到南美洲秘鲁。遗址内涵丰富，很有特色。美洲其他遗址，有阿根廷胡玛华卡河谷的历史文化遗迹、加拿大安东尼岛、美国卡霍基亚土丘前期居住地、墨西哥帕伦克的西班牙人前遗址和国家公园。另有 2010 年后新列入《世界遗产名录》的墨西哥瓦哈卡（Oaxaca）中部山谷亚古尔（Yagul）与米特拉（Mitlain）史前洞穴。

**秘鲁：查文文化城址**

坐落在西安第斯山系布兰卡山脉东坡，在秘鲁的北部和中部。公元前 900—前 200 年，这里曾出现查文文化，是南美古代印第安文明形成时期的重要文化。1985 年列入《世界遗产名录》。

查文文化为南美洲地区萨利纳尔文明、马兰瓜文明和纳斯卡文明开了先河。从 1919 年起秘鲁考古学家胡里奥·塞特尤开始研究这种文化，其研究成果使该地区闻名于世。1945 年一次泥石流吞没了大量的文物和建筑，1970 年的地震使这一地区再遭劫难。

图 6.5.1　城址发掘现场

查文文化的特征在于其宗教建筑、石刻、陶器及纺织品上所表现的独特的艺术风格。这种风格源于以猫科动物为主要对象的宗教崇拜，最常见的形象是美洲虎，虎的犬牙外露，似在咆哮，头发和胡须均为蛇的形象。

查文·德胡安塔尔是查文文化的典型遗址，查文文化城址就是指这处遗址。遗址由一组庭院和神庙组成，显示这里曾是宗教和文化中心。大神庙被称为"卡斯蒂约",由神庙建筑、回廊和大广场组成。"卡斯缔约"附近有两座建筑,南面的为70.6米×72.25米,近正方形。隔着小广场的北面的一座较小,建造的年代可能更早,其正面圆形地下式小祭祀广场南神庙以地道相接。穿过南神庙东正面回廊阶梯米的神像石雕,可达方形半地下式广场,那里可能是举行重要宗教仪式的地方。

大神庙建在长宽分别为72米和75米的方形基座上,是有3层金字塔的巨大建筑。神庙的柱子及门上大多刻有半神半兽的浮雕或曲线图案。大神庙入口处的明显痕迹,说明原来竖立有两根柱子。外墙面嵌有"钉状头像",即每隔一定距离就有"猫神"的浮雕头像,但现在只剩下一个了。查文最美的浮雕是意大利人发现的"莱孟第石碑"。碑高1.95米,碑上有人物面部,头顶类似蛇,身体是强壮的美洲豹,手持锡杖。石碑现存放在利马国家人类学考古博物馆。

旧神庙中心的基坛地下中央部的祭室,有座高4.5米的石雕神像,材料为整块花岗岩,仿佛是扎在地上的长矛状石柱,取名为"兰宋"石碑。石雕特别强调头部和面部,眼睛朝上,龇牙咧嘴,头发为一簇蛇。"兰宋"石碑的含义不得而知。

查文的制陶业和手工艺相当发达。这些艺术品的表现题材都比较集中,几乎无一例外地以美洲豹或其他猫科猛兽的头部为主,有时也掺杂一些鸟、鱼的形象附属于兽体。有件兽形石皿,美洲豹的形象龇牙咧嘴,神态凶猛,近身处刻以类似云雷纹的图案和十字形标记。这种石皿的雕刻风格,近似中国的青铜器。

**秘鲁:马楚比楚城址及古神庙**

马楚比楚城址位于秘鲁南部库斯科西北约70公里处,安第斯山西南部两座险峰之间的一个马鞍形山脊上,海拔2743米,年代为15—16世纪。马楚比楚城是印加帝国鼎盛时期建造的一座奇妙城市,这里有古城墙,有如同梯田般的石造房屋。在险峻的群山环抱之中,古城的一切宛如大自然的延续。1983年这里被列入《世界遗产名录》。

马楚比楚及其所在地区的其他古建筑建于15世纪印加帝国巴恰古蒂统治时期,1534年西班牙人征服秘鲁后,土著放弃了马楚比楚,西班牙人也没有发现此城。1911年美国人希兰·宾厄姆发现了这座古城。

马楚比楚城位于山脊的最高处,面积40多公顷,北、东、西三面向下是陡峭的悬崖,只有南面可以进入,但仍有城墙和城壕。城中心有一个长方形的广场,四周有一些较小的空场、阶地和平台,中心广场周围有宫殿、神庙和150座其他房屋。其中著名的是因蒂瓦塔纳神庙,神庙内有石祭台和石柱,可能是祭祀太阳的地方。马楚比楚的房屋为典型的印加文化风格,门窗和壁龛呈不规则的四边形,上窄下宽。墙壁用石块砌成,不用泥灰,结合紧密。房屋之间有石头阶道,主要通道旁有16个用花岗岩砌成的储水池,水渠也用花岗岩砌成,在较低的山坡上开有梯田。

图 6.5.2　峰顶的一片平地广场

图 6.5.3　一处建筑

在马楚比楚周围，还分布着许多卫星城，那里有房屋和农田，其中有恰恰班巴、印卡拉恰、萨雅克马卡和普尤帕塔马卡等。

马楚比楚城是秘鲁古代文化的一颗瑰宝，那些巧夺天工的宏伟建筑在世界建筑史上有十分重要的地位。

### 洪都拉斯：科潘玛雅遗址

公元 1839 年，美国探险学家史蒂芬斯（John Lloyd Stephens）和卡瑟伍德（Frederic Cather Wood）受到一个古老传说的暗示，披荆斩棘，深入浓荫蔽日的雨林之中，他们没有找到被巫师催眠的美丽公主，却发现了一座已荒废千年的古代城市遗址。在这座叫作科潘的旧城废墟上，高大的纪念碑被藤条缠绕，湮没在荆棘之中；雄伟的金字塔上长满了粗壮的树木，变成一座座荒丘。史蒂芬斯他们被眼前的这一切惊呆了，这些遗迹所代表的就是辉煌灿烂的玛雅文明。

玛雅文明是世界著名的古代文明之一，也是唯一诞生在热带丛林而非大河流域的文明。玛雅人具有的抽象思维能力让同时代的旧大陆文明相形见绌。他们创造了精确的数学体系和天文历法系统，以及至今仍有待我们去破译的象形文字系统。玛雅人最重视对太阳和月亮的观测，他们能算出日食和月食出现的时间，并已将七

图 6.5.4　帕伦克的宫殿遗址

大行星都列入了研究范围。他们对金星运行周期的计算和现代科学实测结果完全一致。玛雅历法体系由"神历""太阳历"和"长纪年历"组成。玛雅人有一个独特的数学体系，在这个体系中，最先进的部分便是"0"这个符号的使用，它的发明和使用比欧洲大约早了800年。玛雅的数学体系的适用性和科学性，使他们能在许多科学和技术活动中解决各种难题。在世界各古代文明中，除了起源于印度的阿拉伯数字之外，玛雅数字要算是最先进的了。但非常可惜，有关玛雅数学的图书或文献一本也没有流传下来。玛雅的象形文字对现代人来说真是一部天书，它的谜底直到今天仍未解开。玛雅象形文字以近似圆形或椭圆为主，字符的线条更多地随图形起伏变化、圆通流畅。

科潘是玛雅象形文字资料最丰富的地区，它的纪念碑和建筑物上的象形文字符号书写最美、刻制最精、字数最多，例如，在科潘遗址中，有一条六七十级的

图 6.5.5 焚香炉上的人面纹雕像

梯道，用2500多块加工过的方石砌成，这是一座纪念性的建筑物，梯道建在山坡上，直通山顶的祭坛。宽10米，两侧各刻着一条花斑巨蟒，蟒尾在山丘顶部；梯道的每块方砖上都刻着象形文字，每个象形文字的四周均雕有花纹，梯道共刻了2000多个象形文字符号，它是玛雅象形文字最长的铭刻，也是世界题铭学上少见的珍贵文物，由此被称为"象形文字梯道。"

图 6.5.6 建在两层台基上的半球顶观星台

不仅如此，科潘的经济与政治实力仅次于蒂卡尔而远远超过其他城邦，在文化上则完全可以和蒂卡尔并肩而立，甚至还略有超越，有学者认为科潘的重要意义决不在蒂卡尔之下，它们如双峰并立，是玛雅文明两座最伟大的灯塔。确实，从考古发掘的城市遗址看，科潘在规模上可能略逊于蒂卡尔，但美丽却有过之而无不及。

公元 805 年以后，玛雅人突然放弃科潘城北迁，科潘城随之变成一片废墟。

**美国：弗德台地国家公园**

弗德台地国家公园是北美印第安人史前居住地遗迹保留地，又译为梅萨维德国家公园，位于美国科罗拉多州西南部蒙特苏马山谷和曼科斯山谷之间，占地面积达 21074 公顷。1888 年 12 月发现，1906 年美国政府辟为国家公园，设专门管理保护机构。迄今已有 3800 个史前遗迹点与世人见面，其中 600 多处属于圣胡安盆地的阿纳萨扎伊文化。

"梅萨维德"为西班牙文"绿色台地"之意，由 18 世纪西班牙探险家命名。约在 2000 年前，印第安人的阿纳萨扎伊部落在此建立小王国，成为最早聚居并以务农为生的印第安人，即普韦布洛印第安人。普韦布洛社会大概是一种母系社会。妇女拥有自己的居室和工具，财产由母亲传给女儿。该社会可能是一种民主的社会形式。

该地的文化发展过程可分为两种文化时期和 4 个阶段，两种文化是编篮者文化和普韦布洛文化。公元 1—400 年为篮筐编织时期，没有陶器，只有一种投掷物被用作防护武器；400—700 年，进入编篮高级阶段，开始使用灰色陶器，制造弓和箭，并搭建一家一户的简陋坑房。700—1000 年进入普韦布洛时期，开始了村庄发展阶段，一家一户的矮坑房改成了成群集中的长方形有墙房屋，村庄逐渐形成，制陶工艺更加完善，纺棉与其他手工业也逐步发展；1000—1300 年，发展到了高峰，为了抵御其他部落的侵袭，从台地迁到峡谷两侧的悬崖峭壁之间，开山凿石，堆砌墙壁，修建峭壁石屋，因此他们在历史上有"峭壁居民"之称，这一时期的遗迹是现在公园内的主要遗迹。其中最大的"峭壁宫殿"约建于 11 世纪，有 200 多个房间，分 2 层、3 层或 4 层等几种规格，至今仍旧可以看出当年的建筑规模与工艺技巧。在"峭壁宫殿"的外缘，还盖有许多供部族内部进行社交活动和敬神用的圆形地穴和一些供炊事与家务用的露天庭院。"云杉之屋"是第二大建筑遗址，约建于 12 世纪，有 100 多个房间。此外，还有专用于敬神的太阳庙以及阳台屋、雪松塔、落日屋、方塔屋、回音室、长屋等 500 余处遗迹点。在峡谷两侧坡地辟有梯田，在谷底建有水池，在一些废墟上还发现了壁画。公园总部的博物馆内收藏了这个部族的手工艺品，如动物造型、几何花纹的灰陶、各种造型精巧的黑白花纹陶器，还有一些宝石、绿松石等工艺制品。13 世纪时，不知是由于同相邻部族连年作战，还是持

图 6.5.7　崖壁凹陷处的房屋群落

续很久的特大旱灾导致农作物歉收，或者其他原因，或兼而有之，该地的印第安人整个部族集体弃家外迁，逃到了南方。

历史的沧桑掩不住弗德台地固有的神秘和韵味。它逶迤150多公里，地跨4个州，在道格拉斯森林、蓬德罗萨松林、甘贝拉橡树林和绚丽多彩的仙人掌花丛中，黑尾鹿、獾和野火鸡等许多动物出没其间，使古老的遗址生机盎然。随着环境保护新技术的发现和新材料的采用，保护公园的措施日趋完善，台地公园也会愈加真实地述说岁月的变迁。

**秘鲁：昌昌城址**

昌昌城址是南美古代奇穆帝国都城遗址，位于秘鲁特鲁希略地区拉利伯塔德省。14—15世纪最为繁荣。19世纪中叶，美国人E.G.斯奎尔首次调查，20世纪初美国人类学家A.L.克罗伯也做过调查，近年来又进行了大规模的调查和发掘。

昌昌为奇穆语音译，意思是为"太阳、太阳"，昌昌城址分为10座自成一体的"城堡"，它的布局反映一种严谨的政治、社会观念。

公元1470年左右，在经历了一场漫长的战争后，印加王公图帕克·尤潘奇将昌昌国王敏昌卡曼俘虏到了库斯科。国王之子楚穆·卡巫继位，作为印加帝国的代表统治这个已经由强变弱，四分五裂的王国。70年后，昌昌城被彻底遗弃。

昌昌城址占地广阔，布局奇特是最引人注目之处。这个城市的布局被严格地分为几个等级。全城占地约36平方公里，中心地带6.5平方公里，包括10个长方形的城堡。每个城堡平均长约400米，宽约200米，四周有高9—12米的围墙，墙基厚3米。近年对其中的一个城堡作了详细研究。城堡北面有一狭小入口，堡内以高墙分为北、中、南三部分。北入口处为一略呈方形的大院，两侧是厨房和一些小院落，南侧有许多土坯房屋，有的墙上有浅浮雕的鸟、鱼、漩涡纹、格子纹等图案。中部近入口处也是一个小院，周围有一些小院落和可能是贮藏室的小房间，另有一个巨大的陵墓。南部主要是蓄水池。这些城堡大概是统治者及其亲随的生活区，一般居民则住在城堡之外。近年有研究者认为，这些城堡不是同一时期建造的，其年代前后相接。已知城堡数目与

图 6.5.8　世界最大的泥砖古城

奇穆君主的数目（10个）正好吻合，因此人们认为可能这些君主各有一个城堡作为王宫，在他死后又成为他的陵墓。类似的习俗后来也流行于印加文化的库斯科。

在10个城堡的西侧和南侧发现了4个手工业区。手工制作业似乎主要有木器加工业、纺织业和金银制作业。

昌昌古城在哥伦布之前时期虽堪称美洲建筑杰作，但它毕竟只是一座完完全全的土建筑，大自然的侵蚀，再加上后世盗宝者的破坏，使这座历史名城的存续已岌岌可危。1986年昌昌遗址被列入《世界遗产名录》。

### 墨西哥：特奥蒂瓦坎的西班牙人到达前遗址

特奥蒂瓦坎的印第安遗址坐落在墨西哥波波卡特佩尔火山和依斯塔西瓦特尔火山山坡谷底之间，面积2.5平方公里，西南距墨西哥城40公里，是印第安文明的重要遗址。

公元前800年左右，这一地区即有人类聚居，当时人口已达5000—6000人，分布在各自独立的20座村落里。公元前200年，在现城址西部出现了一个拥有7000居民、面积6平方公里的村庄，居民以开采附近山区的黑曜石为业。从纪元前不久到公元200—300年，特奥蒂瓦坎人在这里建造了20平方公里、3万多人的城市，为中美洲第一座城市。这一时期称作特奥蒂瓦坎第1期，主要建筑有太阳金字塔、逝者大道及其两侧的20余座建筑，并开始第一座月亮金字塔的建造。特奥蒂瓦坎成为墨西哥山谷的中心。农业生产也有相当程度的发展，出现了梯田、堤灌田和围湖造成的湖滨田。公元300—650年为特奥蒂瓦坎第2期，城市建筑规模加大，壁画装饰绚丽多彩，城市发展达到全盛。在特奥蒂瓦坎第2期，城市人口增至5万人，修造了魁扎尔科亚特尔金字塔、太阳金字塔太庙、月亮金字塔的塔前附属建筑。公元650—750年，城市突然衰落，出现了权力真空期，原因不明，可能毁于大火，也可能因其他原因被废弃。公元1000年，托尔特克人占据了城市部分地区，随后又由阿兹特克人占领，直至西班牙人到来。

特奥蒂瓦坎城市布局严谨、气势磅礴、规模巨大、中心突出。城

图6.5.9　太阳金字塔建筑群

市布局的特点是：主要建筑沿城市轴线逝者大道布置；各建筑群内部对称；形体简单的建筑立于台基上；以 57 米为城市的统一模数；居住建筑内部有庭院采光通风。特奥蒂瓦坎建筑的主要代表是太阳神金字塔建筑群，包括月神庙金字塔、羽蛇神庙、太阳神金字塔，都保留至今。纵贯南北的逝者大道如珍珠引线将城市主要建筑连为一体。大道长 2.5 公里、宽 40 米。最北端有月亮金字塔，坐南向北，塔高 46 米，分 5 层，底台长 204 米、宽 137 米。月亮金字塔西南建有蝴蝶宫，即魁扎尔帕帕洛特尔宫，是全城最华丽的建筑，宫内圆柱雕刻有极为精美的蝶翅鸟身图案。

太阳金字塔耸立于逝者大道东侧，北距月亮金字塔 700 米，坐东朝西，正面有数百级台阶直通顶部。塔高 65 米，台基是边长 225 米的正方形，顶部原建有台庙，当年在此杀人祭太阳神，现台庙已荡然无存。太阳塔的设计近似古代印第安人视为神圣的数字符号——五点形，即在正方形或长方形的四角上各放置一点，第五点在正中代表生命的中心、人类的要害，所有相互对立的力量都在这里合而为一。太阳塔的顶点矗立在四角的中央，可以说是把平面的五点改成了一个大纪念碑似的立体结构。每年的 5 月 19 日中午和 7 月 25 日中午，太阳会直射金字塔顶；同时，金字塔的西面也会准确地朝向日落的位置。另一个看上去同样是经过了精心设计但更加奇特的效果，则在春分和秋分时节（3 月 20 日和 9 月 22 日）出现。每到这两天，阳光从南往北移动，在中午时总会造成如下现象：金字塔西南的最下一层会出现一道笔直的逐渐扩散的阴影。从完全的阴暗到阳光普照，所花的时间不多不少总是 66.6 秒。它告诉我们，特奥蒂瓦坎的建造者拥有丰富的天文学和测量学知识，并应用于建造金字塔。太阳金字塔和月亮金字塔都用沙石泥土垒砌而成，表面覆盖石板，再画上繁复艳丽的壁画。

沿逝者大道南行，终点东侧有一座城堡，城堡内有神庙、住宅、方形广场及其周围的 15 座金字塔式平台，魁扎尔科亚特尔金字塔神庙，

图 6.5.10　高高的台阶

即羽蛇神庙是城堡内最雄伟壮观的建筑，现仅存神庙塔基，塔基斜坡上刻有印第安人崇拜的羽蛇神头石雕，雕刻风格粗犷，形象栩栩如生。逝者大道建筑之外，还发掘出许多规模宏大的建筑遗迹，其建筑风格和壁画艺术同样具有重大的史料价值，例如大道西侧外的特迪特拉、萨库亚拉、雅雅华拉和阿特特尔科宫殿神庙建筑群，东侧的特拉密密罗尔帕、霍拉尔潘、特潘蒂特拉建筑，它们的壁画都达到了相当高的艺术水平。

墨西哥有关部门长期以来对古城遗址进行了系统的发掘、整理、开发和保护，修复了部分建筑物。现在，特奥蒂瓦坎古城遗址已成为墨西哥的主要旅游胜地，同时也是研究了解印第安文明的重要地点。1987年遗址被列入《世界遗产名录》。

### 美国：查科文化史迹国家公园

位于美国新墨西哥州西北部，面积88平方公里，1907年建园，1987年列入《世界遗产名录》。主要代表性古迹有反映全盛时期印第安村民文化的300多处古遗址。现存最大最完整的是公元10世纪的"普韦布洛博尼托"，这座规模巨大的印第安建筑由800多个房间和32个地下室组成。

遗迹被誉为"美丽的村庄"。用砖形的石头垒起来的村庄围墙，高大坚固，十分壮观。围墙周围，留着矮小的门户。门户上面，有许多长方形小孔。围墙里面，是一堵接一堵、横竖不一、高低不等的石墙。普韦布洛博尼托建筑群的房顶都没有了，但有些房舍的原形仍保存完好。一道道房门，通向一间间房舍。房舍一间接一间，一间套一间，大小不一，有的有64英尺宽。所有的房门都只有门洞而没有门扇，据说就是为了在闷热的季节里通风用的。穿过房门，进入房舍，好像进入迷宫一样。若无向导带路，很易迷路。镶在石墙上的栋梁，是用高大的花旗松做成的。经分析鉴定，这些花旗松是1000多年以前伐倒的。村庄中心，是空旷的广场，这是村民聚集的地方。有些房舍面积较大，是村民们举行仪式的场所。在有些房间里，可以看到村民们留下来的苞米穗轴，由此可以想象印第安人当时的生活情景。当时既无车辆，又无马匹，而人走出的道路竟然有7米、10米，甚至13米宽，有的大路伸向百公里以外的当时繁华热闹的中心。

图 6.5.11　遗址房屋群落

据考古学家考证：约7000年以前，这个峡谷被矮松和美国黄松覆盖着，植被良好，有效防止了水土流失。此地气候冬冷夏热。起初，印第安人以小家庭为单位来到这里生息，但直到纪元开始时才有人在这里定居下来。六七个世纪以后,大量的印第安人迁进了这个峡谷,越来越多的房舍出现了。这些住房一般是用木桩和泥土修筑成的圆形房舍。编制篮子是他们的主要手工业。以后,他们逐渐开始用石头修筑房屋,并将一栋一栋的房屋连接起来,从此形成了村庄。到公元11世纪,查科峡谷的文化达到了全盛时期。到了12世纪中期,大约有7000印第安人在这里定居。

可是后来,这里的居民相继离去。到13世纪末期,居民迁徙殆尽。其原因没有文字记载。也许是干旱、水土流失、土壤贫瘠、村民不和以及疾病等原因,使曾经热闹的村庄,变成了没有人烟的荒野。

现在,这个印第安人的古代村庄,吸引了一批批科学家。他们在此进行考察、研究和修复工作,为以后的研究工作,提供可靠的依据。

### 加拿大:梅多斯湾诺曼人移民遗址国家历史公园

这一遗址位于加拿大东端纽芬兰岛最北部埃帕维小海湾东岸。这一地区是欧洲人和北美人首次相遇的地方。梅多斯湾遗址表明早在哥伦布于1492年发现新大陆之前,诺曼人即已到达美洲大陆。自从冰岛手稿(内含北欧传说中的文兰有关情况)问世以来,人们一直对北美是否有诺曼人的建筑众说纷纭,莫衷一是,但是20世纪60年代,人们在北美大陆的大西洋海岸发现并清理出8处挪威式土建筑。这些11世纪的建筑是迄今人们所知道的北美最古老的欧洲建筑遗存。这表明大约在一千年前挪威的诺曼人在美洲土地上建立了第一个欧洲人的移民区,他们在这片沼泽地上用木头、泥炭和草皮建起了半地穴式的房屋,尽管地上遗存不多,但考古学者仍可推断出建筑物最初的式样:具有木构屋架、厚厚的土墙和屋顶、夯实的泥土地面或沙石地面,以及石块垒砌的火炉。这些建筑遗迹今天成了诺曼航海民族在北美居住和生活的唯一证明。1978年这里作为国家历史公园列入《世界遗产名录》。

遗址包括3处大的住房,4所工场和1座锻炉。这些房子是有厚墙的草皮建筑物;房顶也是用草皮铺成的,斜度很大,结构部分有木柱木梁和木椽;地面是砸得很结实的泥土或泥沙碎石;炉台用石头砌成。锻炉的余渣首次证明这一地区铁器制造业的存在。同时还发掘出土了50余件铁制品以及一些青铜、骨和石制品,还有木船。

在其5000年的历史上,最早的主人

图 6.5.12 纽芬兰岛北部千年前诺曼人的地穴室房屋

是沿海的古代人，随后从公元 400—700 年是多赛特爱斯基摩人在这里居住生活。诺曼人抵达之前此地有人居住，这一点现在是确定无疑的。来自格陵兰岛和冰岛的诺曼人在这里用泥炭建造了自己的住房和工场。这些建筑坐落在靠海岸的狭长台地上，周围是长满灯芯草的泥炭沼泽。台地住房之间留有一些空地，小工场就建在这些空地上。

最大的建筑物包括三室组成的中心主体建筑和一间向东，一间朝西的屋室。其中两间屋内有炊炉和石砌壁炉。另一间可能作为卧室和餐室，屋中间建有一个窄长的壁炉，沿墙垒有平台。从屋内挖掘出的物品有：一盏石灯、一块磨石和一个滑石制成的纺锤体轮盘。另外两处住房分别是四室和三室。在一间屋内的炉子里发现有诺曼人用过的残断古针。另一间小屋内则有大量被烧碎的小石块，表明这里可能曾是蒸气浴室。建筑物因长期受侵蚀而风化，现仅有一些地板和墙基。但同冰岛和格陵兰的类似建筑物不同，这里的建筑遗址自斯堪的纳维亚时代起，一直没有受到人为的破坏。

现在，已在斯堪的纳维亚建筑物周围划出一块包括陆地和海洋在内的禁区，面积达 80 平方公里。这里应该受到保护，因为它蕴藏有大量的考古资源。

## 第六节　岩画与地面图形

**岩画举例**：保加利亚马达腊骑士崖壁浮雕、巴西卡皮瓦拉山岩画国家公园、墨西哥希拉·德·圣弗兰西斯科的岩画、挪威阿尔塔岩画、葡萄牙科阿谷地史前岩刻岩画区、瑞典塔努姆岩画、西班牙伊比利亚半岛地中海沿岸岩画、意大利伦巴底的卡莫尼卡谷地岩画。

**远古壁画洞窟举例**：阿根廷里奥平特拉斯岩画、西班牙阿尔塔米拉岩洞壁画。

**地面图形举例**：秘鲁纳斯卡和庞帕斯德朱玛纳的地面线纹和绘画图形。

本书 2004 年首次出版以来，又有一些新遗产入选《世界遗产名录》，其中属于岩画与地面图形的，现举例如下：阿塞拜疆 2007 戈布斯坦（Gobustan）岩石艺术文化景观；马拉维 2006 崇格尼（Chongoni）岩石艺术区；蒙古 2011 阿尔泰山脉（Altai）史前和历史时期显示气候与经济形态变化的岩刻与岩画群；纳米比亚 2006 特威菲尔泉（Twyfelfontein）岩雕；葡萄牙 2010 席尔加·维德（Siega Verde）史前岩刻画考古区；沙特阿拉伯 2006 玛甸沙勒（Madâin Sâlih）岩刻与墓葬考古遗址；坦桑尼亚 2006 孔多阿（Kondoa）摩崖岩画遗址；西班牙 2010 席尔加·维德（Siega Verde）史前岩刻画考古区；伊朗 2006 贝希斯顿（Bisotun）碑铭遗址区；约旦 2011 瓦迪拉姆 12000 年前的沙漠景观和岩刻岩画保护区。

### 利比亚：塔德拉特阿卡库斯岩画

塔德拉特阿卡库斯岩画位于利比亚与阿尔及利亚接壤的边境地区。塔德拉特阿卡库斯高原在加特城东的菲桑，是一片面积为 250 平方公里现已无人居住的山区。

从 1955 年起，意大利-利比亚联合科学考察团调查了一百多个洞窟，发现了数百幅雕刻画和数千幅绘画，还有许多石器和陶器。这些不同时期的绘画和出土品表明，由于气候的演变而使当地物种和居民生活方式发生巨大变化。

属于公元前 12000—前 8000 年的岩刻描绘大型草原

图 6.6.1　猎羊图

哺乳动物，如大象、犀牛和长颈鹿等；属于公元前 8000—前 4000 年的岩画，有湿润气候所特有的动物群和一些巫术-宗教场面，在这个时期，雕刻和绘画同时存在；在公元前 4000—前 1500 年的放牧时期，众多的牛群画在洞穴的墙面上作为装饰，属于这个时期的雕刻和绘画数目最多，因而也最重要；在公元前 1500 年后的驯马时期，半干燥的气候造成某些物种的灭绝并从画面上消失，驯马开始出现；最后是公元后头几个世纪的骆驼时期，由于沙漠化日趋严重，单峰驼是当时洞窟画的主题。

在塔德拉特阿卡库斯这个多石高原上发现了数千件雕刻和洞窟画，向人们展示了从公元前 12000 年至公元 1 世纪之间截然不同的绘画风格。这些绘画反映了当地动物和植物随着环境变化而发生的深刻演变，刻画了当地居民繁衍生息的不同生活方式，是这里曾经存在过人类文明的最好见证。1985 年这里被列入《世界遗产名录》。

**法国：韦泽尔峡谷壁画岩洞**

韦泽尔河位于法国西南部，发源于科雷兹省，向西南进入多尔多涅省后汇入多尔多涅河。在下游布里夫以下，蒙蒂纳克附近 40 公里长、30 公里宽的峡谷地带的崖壁上，有数百个岩洞，这些岩洞是在很久以前的地质年代由地下河流冲刷而成。调查发现，约有 150 个岩洞中有古代石器、动物化石、岩面浮雕和图画，以及其他大量人工制品和人类生活的遗迹遗物。其中 25 个岩洞中，在岩面上有浮雕、刻划图画或彩色绘画，而最精美的在拉斯科、封德高姆、卡普布朗和孔巴海尔这 4 个地点的岩洞中。根据岩洞中的有机物测定，这些遗迹遗物的时代在距今 2.5 万到 1 万年之间，当时是旧石器时代最晚的马格德林文化时期，地质年代是晚更新世之末。那时的欧洲处于维尔姆冰期，气候比较寒冷，野生动物较多，有成群的驯鹿、野牛和野马等多种兽类，居住在这里的尚塞拉德人就以猎取这些兽群为生。

在封德高姆的岩洞中，彩色绘画的年代较早，约在两万年以前。画有许多披毛犀牛，牛身体为赭石色，能分出明暗，背部和腹部有十几条倾斜的弧形线条，不仅显示出身上的长毛，也显示出宽大的体躯。所画的其他动物也用了透视法，形象生动，充满生机。

保存最好、绘画最生动的是拉斯科岩洞绘画。拉斯科岩洞位于布里夫西南约30公里处，1940年9月12日，由当地4个孩子在玩耍时发现。当时洞口只有80平方厘米大，半掩在枯枝败叶之中。

拉斯科岩洞的主厅因画有长5米的野牛而被称为牛厅，牛厅宽约8米，长约20米。里端有长20余米、宽2—3米的后洞，右侧里端有斜向的、长30余米、宽约5米的右洞，各洞内空间高约5—7米。洞内较高处的岩棚侧面绘画各种颜色不同的动物，有牛、驯鹿、洞熊、狼和鸟，也有想象的动物和人像，但画得最多的是马。在3个洞内大体能区分出50多个幅面，画有100多只动物。画面大多是粗线条的轮廓画剪影，在黑线轮廓内用红、黑、褐色渲染出动物身体的体积和重量。有几幅画很引人注目：一幅是一头受伤的牛低头将一个男猎人顶倒在地；另一幅是几只驯鹿列队顺序行进；在后洞口内左侧不远处画有6匹中国画样式的马，有两把长矛正刺向其中的一匹。这些动物是当时人们狩猎时搏斗的敌手，也是人们赖以生存的食物来源，因此作画人对这些动物十分熟悉。由于观察细致入微，所以画得轮廓准确，神态逼真，再配上相应的颜色，便显出跃动的生命活力和群体奔腾的气势。从绘画技巧上看，用简单几笔就准确勾画出动物的动态形象，即使

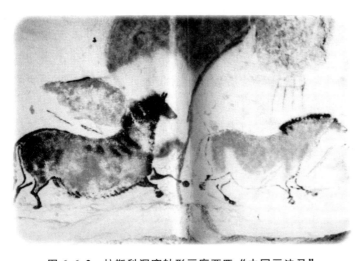

图6.6.2　拉斯科洞窟轴形画廊两匹"中国画法马"

是现代人，如果没有受过专业的训练，恐怕也难画得出来。当时对于工具和材料的运用，也已达到相当高的水平。比如粉末颜料经过混合并与油脂调配后使用；有些粉末颜料是用骨管吹喷到岩面上去的。

韦泽尔峡谷岩洞的发现，对于史前史研究具有划时代的意义。以前，西班牙阿尔塔米拉洞窟、法国加尔的夏博洞穴和韦泽尔的穆特洞穴的发现，一直受到科学界的怀疑。韦泽尔峡谷洞群的发现，不仅有力地证明了上述发现的真实性，而且据此也能对史前阶段进行初步划分。此外，如果说克罗马农人骸骨和颅骨的发现，为研究史前人类提供了宝贵的依据，那么，同时发现的石器等工具的遗存，则使科学家们能重新确定史前人类的技术和艺术的演变情况。还需要指出的是，这些发现揭示了人类社会的形成和发展过程，并对现代社会的前景有所启迪。

韦泽尔河谷的岩洞雕刻和绘画是迄今所知人类最早的真正艺术品之一，它既显示了1万多年前人类高超的艺术创造力，也显示了人类高超的审美意识。远古人类的艺术品

保存下来极为困难,极为罕见,所以韦泽尔河谷的岩洞雕刻和绘画特别值得珍惜。世界遗产委员会1979年把它列入《世界遗产名录》,作为全人类的共同财富,它当之无愧。

拉斯科的牛厅发现后,从1948年起逐步开放参观。1955年发现洞壁出现冷凝水滴,研究后认为是过量的二氧化碳引起的。于是在1958年安装了空调机和空气滤清机,以除去空气中的二氧化碳和尘埃,还将室内气温降到恒温摄氏14度。此后就再未出现冷凝水滴。1960年洞内又开始出现霉菌斑,而且日益增多。1963年法国文化部马尔罗部长委任了一个多学科的专家委员会,专门调查研究解决这个问题。当年虽然停止开放洞窟,但是霉斑菌继续蔓延。与此同时,崖壁面的方解石析出细小晶体,也使壁画缓慢脱落。为了防止洞内温度、湿度和二氧化碳含量的变化,管理部门定期测量并采取了一些措施,尽量保持洞内1万多年来一直保持的环境状况。现在每天只允许最多5名研究人员进入洞内,其他人员一律不得进入,每周还有两天关闭洞窟。为了能让人看到洞窟的形象,管理部门花费很大的精力和时间,制作了一个牛厅的原大模型,于1980年起在巴黎展出。

**秘鲁:纳斯卡及庞帕斯德朱玛纳的地面线纹和绘画图形**

在距秘鲁首都利马东南约500公里处的纳斯卡沙漠中,许多地面线条构成了巨大的图案,线条相对细小,所以人们在地面上无法识别它的形象。但是从空中鸟瞰,展现在人们眼前的却是一幅奇异的动物图画,有半写实的猴子,各种长颈鸟、大蜘蛛、蜥蜴、狗、鱼和鲸。此外,四周还有许多之字形、螺旋形、星形、方形和不规则四边形几何图案。这些线纹是在清除了岩石,露出下面颜色较浅的沉积土后形成的。人们普遍认为,这些图案属于公元前200年到公元后600年在这一地区兴起的纳斯卡文化,因此称为纳斯卡图案,或纳斯卡线纹。1994年被列入《世界遗产名录》。

纳斯卡文化自当地的帕拉卡斯文化发展而来。以绚丽多彩的彩陶闻名于世。陶器用泥条盘筑法制成。器形以双口提梁壶和敞口碗为多。陶色呈砖红或褐色,绘彩颜色多达11种。题材有鸟、兽、虫、鱼、草木及宗教性的神怪形体和头像。图案多以黑线勾出轮廓,然后填以浓淡不同的各种颜色。纳斯卡文化的纺织品也很出名。均发现于墓葬中,原料为棉花和美洲驼的驼毛,品种有刺绣、花毯、织锦、薄纱和条纹布等,制作技术十分精细。花纹图

图 6.6.3 蜘蛛图

案与彩陶相同。陶器和纺织品的动物图案与纳斯卡地区地面绒纹和绘画图形十分相似，故人们判断其为同一时期产物。

关于图案的用途，人们作了若干猜测。最为可信的是，它用于宗教仪式，如在举行仪式的日子里，人们举着火把沿着这些图像游行，这在当地的风俗中留有痕迹。虽然目前还不能完全解开这些图案的秘密，它们仍不失为人类智慧最精彩的创造之一。

## ▶ 第七节　陵墓与墓地 ◀

**陵墓举例：**希腊费尔吉纳考古遗址（马其顿王陵）、印度德里胡玛云皇帝陵、中国秦始皇陵、中国明清皇家陵寝。

**墓地举例：**保加利亚卡赞勒克的色雷斯古墓、斯维什塔里的色雷斯古墓，丹麦捷林古冢、石碑群和教堂，瑞典斯科格吉斯克加登墓地，匈牙利佩奇（索皮亚诺）早期基督教公墓。

本书2004年首次出版以来，又有一些新遗产入选《世界遗产名录》，其中属于陵墓与墓地的，现举例如下：冈比亚2006塞内甘比亚（Senegambia）的石柱圈墓葬区；韩国2009朝鲜王陵；意大利2005潘达里卡（pantalica）岩墓；伊朗2012戈尔甘（Gorgan River）河畔卓章（Jorjan）古城旁的拱巴德卡布斯（Gonbad-e Qabus）墓塔。

### 埃及：孟菲斯与吉萨至达舒尔的金字塔墓区

这处文化遗产简称孟菲斯与金字塔区，位于埃及尼罗河三角洲南端、首都开罗西南、尼罗河西岸。金字塔区在西部，孟菲斯在东北部。

传说孟菲斯最早建于公元前3100年前后的第一王朝时期。后来公元前27至前22世纪的第3—6王朝的古王国时期，上埃及和下埃及统一，这里成为古王国的首都，是古埃及的政治、宗教和文化中心。此后直到公元前11世纪中王国和新王国时期，首都虽然南迁，但这里仍是重要城市。孟菲斯城现在保存的古代遗迹很少，仅有几处巨大的石雕像、神殿和一座牛神庙。

金字塔区西面连接利比亚沙漠，东面靠近尼罗河西岸的绿洲，北面从吉萨起，向南经萨卡拉、阿布希尔直到达舒尔，在约80公里长的地带保存近90座大小不一的金字塔。这些金字塔大部分建造于古王国时期。

北部的吉萨位于开罗西南6公里处，从吉萨城再向西南10公里是利比亚沙漠，这里的金字塔规模最大也最著名，有3座大金字塔、1座狮身人面像、几座陵殿、一些小金字塔和许多贵族坟墓。这些都建于公元前27—前26世纪的古王国第4王朝时期。3座大金字塔中，位于北端的是胡夫金字塔，是第2代法老齐阿普斯的陵墓。它的西南方是哈夫拉金字塔，是第4代法老切夫伦的陵墓。再向西南是孟卡夫拉金字塔，是第5代法老迈锡里的陵墓。每个金字塔所在的陵园内有庙堂和石雕像，陵园外还有陪葬的皇室小金

字塔和贵族坟墓。

胡夫金字塔最大，底面是正方形，各边分别指向正东南西北，每边长约230米，向上是四面锥形，锥顶残失，现高出地面137米，当初完整的锥顶应高146.5米。全塔用平均重约2.5吨的大石块堆成，约用石块230万个。石块切割得整齐，堆放严密，缝隙很小，很少用灰砂浆。外表面用磨制光滑的白色石灰石块砌成。金字塔内有3个墓室，第1个在地面以下，第2个在地面以上，都已废弃。第3个是主墓室，位于塔的中心，室内有石棺，已经破碎，墓室顶覆盖一块重400吨的巨大石板。墓室里有两道气孔向上通到塔外，以备灵魂经由这条通道升天。这个墓室在古代已经遭到破坏。

图 6.7.1 柯达百年前老照片 金字塔

哈夫拉金字塔保存状况好于胡夫金字塔，塔顶的石灰石层仍然保存完整。塔顶高143.5米，塔底各边长215.5米，比胡夫金字塔略小。但是塔东面保存有宏伟壮观的陵园建筑，所以更引人注目。离塔最近的祭庙称上庙，平面是长方形。庙的大门内有圆柱宽厅和长厅，庭院中有祭坛，庭院后面是法老的5个圣堂，堂内各有1尊哈夫拉的雕像，再向后是神殿和库房。由上庙再向东约500米，靠近尼罗河岸绿洲有下庙。下庙西北方有著名的狮身人面像。

狮身人面像的音译是斯芬克斯，这是狮身和人首结合在一起的石雕像。这座雕像西北方372米即是胡夫金字塔。狮身正向坐卧在地上，头是法老的头像，面向东面的尼罗河。像的头部、躯体和两条后腿用原地的整块岩石雕成，前腿则是用石块砌成的。雕像东西长74米，头部最高处高出地面21米，面宽4.2米。雕像石芯完成后，表面涂有石膏层并着色，现在只保存有极少的石膏层痕迹。雕像面部现已严重受损。

在古埃及，法老的权威和力量常用狮子来代表，因而狮身人面像这种人与动物结合的想象动物就成了超人权力的象征。当时法老还被看作是人与神的结合，所以狮身人面像也象征崇高的权力和神威。

孟卡夫拉金字塔更小，每个底边长108.5米，底面积是胡夫金字塔的约1/4，塔顶高66.5米。

古埃及金字塔从开始形成，到发展流行，直到逐渐衰落并消失，前后经历一千多年。最早的金字塔是古王国时期第 3 王朝法老左塞建在萨卡拉的阶梯金字塔，这座金字塔是 6 层石砌的长方形平台，越往上面积越小。塔总高约 60 米，底边东西长约 140 米，南北长 118 米。塔内有深 28 米的竖井式墓室，另有走廊和墓道。塔周围有围起来的陵园，分布有庭院、祭殿和厅堂等。后来第 4 王朝第 1 代法老建造金字塔时将台阶填平，建成了四面锥形。再往后中王国和新王国时期的金字塔规模变小，形状也有变化，塔内增加许多雕像、壁画、碑刻和铭文，金字塔甚至和太阳神庙建在了一起。古埃及流行国王贵族灵魂能够升天的神话和宗教思想，法老灵魂升天后能和太阳神结合，这种思想传统已经系统化和巩固，而金字塔的建造正反映了这种宗教思想。金字塔的尖锥正表示太阳光芒，也便于法老灵魂升天。

这处文化遗产的意义：（1）金字塔是体现人类伟大创造力的杰作；（2）是古埃及法老时代文化非同寻常的证据；（3）金字塔的建造与古埃及社会流行的生死理念、灵魂理念有直接的联系。

从 1989 年年底开始，埃及政府在联合国教科文组织帮助下开始修复狮身人面像，以及附近的几个小金字塔和贵族陵墓，还有一座倒塌的石雕像。狮身人面像的整修是重点，主要用底部切割填充法，防止地下水继续对石雕像的侵蚀。另一个目的是防止地震的破坏。1998 年初修复完工，庆祝它的 4600 岁生日（公元前 2602 年建造）。

**印度：泰姬·玛哈尔陵**

泰姬·玛哈尔陵是世界著名的纪念性建筑之一，素有"印度的珍珠"之称，位于印度北方邦亚格拉城郊的亚穆纳河南岸，是莫卧儿王朝国王沙·贾汗为爱妻阿柔曼·阿纽修建，陵墓得名于其妻的封号泰姬·玛哈尔。

泰姬陵于 1631 年动工，每天动用 20000 名来自全印度、波斯、中亚的工匠，包括土木建筑工、圆顶装修工、石匠、镶嵌匠和书法家等。最主要的建筑师是土耳其的乌斯塔特·艾哈迈德·拉合里，耗费 4000 多万卢比，历时 22 年完工。

泰姬陵是宏伟壮丽的伊斯兰教建筑艺术杰作之一，以独特的建筑风格和卓越的艺术魅力，赢得了世界声誉。整个陵园呈长方形，长 583 米，宽 304 米，占地 17 万平方米，四周围绕红砂石墙。

陵墓寝宫居中后部，东西两侧各建有一座样式相似的建筑，一是清真寺，一是答辩厅，对称平衡，左右呼应。寝宫的四方各有一座高 40 米的尖塔，内有 50 层阶梯。此塔专供穆斯林阿訇拾级而上，登高大声朗读《古兰经》，高呼阿拉和祈祷朝拜。三百多年来四个高高的大理石尖塔，像是庄严肃穆的哨岗保卫着泰姬陵。从大门到陵寝有一条红砂石筑成的条形水池，两旁是人行道，池水倒影，花草奇异，灌木浓荫，相互辉映，水池末端即是寝陵。

寝宫用纯白大理石砌成，圣洁典雅，建于高 7 米，边长 95 米的正方形石基座中央。

寝宫总高 74 米，下部呈正方形，每条底边长约 57 米，四角削去；在正上方石鼓座上，承托着优雅匀称的半球顶。半球顶直径约 17 米，顶端是一座金属小尖塔。寝宫屋顶平台四角有 4 座小的半球顶凉亭，围绕着中央半球顶。站在石基四角耸立的尖塔上，可以俯瞰亚格拉全城。这种尖塔俗称叫拜楼，是阿訇带领伊斯兰教信徒们面向麦加圣地朝拜的塔楼，是全世界伊斯兰教建筑的特有标志。

图 6.7.2　1930 年代照片

泰姬陵装饰华丽精致，在寝宫 4 个高大的拱门上，用黑色大理石镶嵌了半部《古兰经》文，还有贵重宝石镶嵌的装饰性花边。寝殿内以八边形厅为中心，由辐射状通路连接着其余 4 间小室。宫墙上有珠宝镶嵌的各式花卉，技艺精湛，光彩照人。中心厅里有一道八边形的白色大理石透雕围栏，其上有繁星般闪烁的彩色宝石，栏内下方墓穴放置着泰姬和沙·贾汗的大理石棺椁，石棺上也布满了奇光异彩的宝石及浮雕。

寝宫内有一扇精美的屏风，上面透雕着茎蔓和花卉图案，以黄金为梗，翡翠当叶，用红绿宝石、水晶、玛瑙等镶花。花纹制作极为精细，连叶子上的叶脉也清晰可辨，据载是由中国巧匠雕刻而成。由于整座陵墓用纯白大理石砌成，因此一日之中随着晨曦、正午和晚霞三时阳光的强弱不同，照射在陵墓上的光线和色彩就会呈现不同的奇景。每逢花好月圆之夜，景色尤为迷人。正如沙·贾汗所说："如果人世间有乐园，泰姬陵就是这个乐园。"

沙·贾汗与泰姬有一个动人的爱情故事。泰姬·玛哈尔原名阿姬曼·巴奴，生就天姿国色，在沙·贾汗尚未登位时就深受宠爱。巴奴的祖父是被放逐流亡印度的波斯贵族，到印度后被引荐入阿克巴大帝的宫廷。美丽动人的她在青春妙龄时与当时尚为太子的沙·贾汗相遇，两人一见钟情，于 1612 年 4 月结为夫妻。1628 年沙·贾汗继位，巴奴被尊称为泰姬·玛哈尔，意为"皇宫中最璀璨的明珠"，或"最美、皇帝最宠爱的妻子"。

他俩爱情甚笃，形影不离；即使在沙·贾汗戎马征战时，他也携带泰姬于军中。1631 年她随沙·贾汗出征至希尔汗普尔，分娩时染病身亡。她最后愿望是恳请沙·贾汗在她的墓上修建一碑，以纪念二人爱情，沙·贾汗遂下令修建了这座被誉为"时间面颊上的一滴泪珠"的陵园。

泰姬陵建成后，沙·贾汗国王仍在位，他对泰姬的情思像一根无形的丝线，缠绕在陵内外。在阿格拉城堡的王宫平台上有一块黑大理石，国王常坐在那儿遥望陵园。他曾

图 6.7.3　晨曦中的泰姬陵寝宫

梦想在白色的泰姬陵附近修一座黑色陵墓，用黑白大理石桥连接两墓，以示爱情的藕断丝连。然而桥还未来得及动工，他的第三子篡位，将他囚禁，一步也不能跨出古堡。他就常站在亭子上，遥望泰姬陵，从清晨到黄昏，从黄昏又到清晨。他老了，眼睛花了，再也不能遥望泰姬陵了，每天在月色与睡梦中追忆往事的他，终于死后被安葬在泰姬陵的石棺中，与爱妻并卧，情思总算有了了结。

　　泰姬陵的构思与布局是一个完美的整体，充分体现了伊斯兰建筑艺术的庄严肃穆、气势宏伟、富于哲理。在整体上，泰姬陵建筑群布局对称、结构严谨。设计上匠心独运，配合巧妙，用半球顶寝宫打破正方形台基的单调，四周的尖塔分散了弧形天际线突兀凌空的沉重感，使建筑整体丰满、均衡、协调。陵墓东西两侧的两层红砂石的清真寺翼殿，烘托着白色大理石的陵墓，色彩对比十分鲜明，相映成趣。陵园前的方形花园，被缎带般的池水和两旁的数条石径切割成整整齐齐的花圃，展现了几何圆形的美观。凡来此游览者，无不为这人间杰作所惊叹不已。1983年泰姬陵被列入《世界遗产名录》。

# 第三编 自然遗产及其他

# 第七章 自然遗产：
## 优良的环境对人类至关重要

### ▶ 第一节　自然遗产与人类生存 ◀

#### 一、自然遗产的标准与内涵

1972年，在人类文化遗产日益遭受威胁的情况下，教科文组织发起签署《世界遗产公约》。该公约具有独创性，首先它把两个在传统上被认为是截然不同的领域，即保护文化遗产和保护自然遗产联系在一起。其次，它在概念上有突破，承认存在着具有无与伦比的或独一无二的价值的文化遗产和自然遗产，因此它们不仅仅属于某个国家，而且也属于全人类。《世界遗产公约》已被绝大多数国家所接受，是当今效力最广泛的保护自然的国际法律文件。截止到2003年7月被列入《世界遗产名录》的自然遗产共有149处。

根据《世界遗产公约》，自然遗产所指的是："从审美或科学角度看具有突出的普遍价值的由物质和生物结构或这类结构群组成的自然景色；从科学或保护角度看具有突出的普遍价值的地质和自然地理结构以及明确划为受威胁的动物和植物生态区；从科学、保护或自然美角度看具有突出的普遍价值的天然名胜或明确划分的自然区域。"

依据上述所指内容，提出申请列入《世界遗产名录》的自然遗产，在世界遗产委员会认为符合下列一条或几条标准，并符合后面提出的结合在一起的条件后，即可被认为是《世界遗产公约》认定的具有突出普遍价值的世界遗产。

《世界遗产公约》实施细则规定自然遗产必须符合以下4个标准中的一个或多个，还要符合附带的完整性条件。第1个标准是显示地球演变：是地球演变史主要阶段的突出例证，尤其是与生命发展有重要关系的地表、地貌和地文特征。第2个标准是显示生物进化：是显示陆地、河流、海岸和海洋生态系统与动植物群体长期发展演化进程中当今的生态和生物过程的突出例证。第3个标准是景观稀有：是独特、稀少或稀有的自然现象、地貌或具有罕见自然美的地带。第4个标准是生物多样：是保存原地生物多样性的最重要和最典型的自然生存空间，其中生存着从科学或保护角度看具有突出的普遍价值的濒临灭绝的物种。

除以上标准，这些名胜还须符合下列结合在一起的条件：

（a）第1条中所述的名胜，在其自然关系中应具有全部和大部相互有关和相互依存的主要因素，如"冰河时代"区应包括雪原和冰川，以及某些断裂层、沉积和移居迹象（条痕、冰碛、植物生长变迁的早期痕迹）。

（b）第2条中所述的名胜应具有相当规模，具有表明变化过程主要方面和自身可以长久维持的必要因素，例如"热带雨林"区应包括不同海拔高度，不同地形和土壤类型及变化的河堤或弓形湖，以表明地质系统的多样性和复杂性。

（c）第3条中所述名胜应包括所保护的物种和物体赖以继续存在所需的那些生态系统条件。这点可因具体情况而异。例如，瀑布保护区应包括或尽可能包括形成瀑布的上游水域，对珊瑚礁保护区则应对提供其养分的水流或洋流的淤积或污染加以控制。

（d）第4条中所述仍存在濒危物种的地区应有相当大的面积，并应包括那些物种赖以继续生存所需的生境条件。

（e）对于迁移性物种，凡维持继续生存所必需的季节性聚居点，不论位于何处，均应妥善保护。世界遗产委员会必须得到保证，即采取必要的措施，确保这些物种在整个生命周期内得到妥善保护。在这方面达成的协议，无论是通过遵守国际公约还是其他多边或双边协定，均须对这种保证作出规定。每处名胜都必须互相比较，即，应根据生物地域或迁移格局将其与缔约国国境内外同类型的其他名胜加以比较。

世界遗产委员会在将每处遗产列入《世界遗产名录》时，都确认这处遗产符合哪几个标准。现有的自然遗产符合两条及两条以上标准的占总数的近4/5，符合3条及3条以上标准的占总数的1/3。以上数字说明入选的世界自然遗产内含相当丰富，非常优秀。自然遗产中首要选择的是生物多样，即保护生物多样性的生存空间，保护濒临灭绝的物种。大多数自然遗产地点，即4/5的自然遗产，其景观独特、稀少、秀丽，蔚为壮观。只符合1条标准的自然遗产在全世界都很罕见。

## 二、遗产的分类

从自然遗产普遍符合标准数目较多的实际情况来看，要按标准所代表的性质进行界限明确的分类已不可能，但是大多数遗产通常主要符合一条标准，兼及其他标准。地球演变和生物进化是基础条件，生物多样是伴随条件，景观稀有是外观条件。按照这个顺序，即第1，第2，第4和第3标准，我们将自然遗产特点简化分为4类：地球演变，生物进化，景观稀有，生物多样。

保护自然遗产的工作现在看来主要面临以下两个挑战：

一是人类对自然资源造成的压力正在使地球上的动植物物种、生态系统和景观的多样性锐减。人类发展和自然环境之间的作用和反作用不断加剧，即环境同人口增长、经济发展、资源利用之间的相互影响日益加强，这样，环境保护的任务，由传统的保护自然环境的工作演变为保护人类发展和生态平衡的工作。

二是在发展中国家开展保护自然遗产和保护生物多样性的工作困难尤其多。试想，一贫如洗的农民除开拓最后的原始荒地外，几乎没有其他手段来满足其基本需要，在这种情况下，又如何能为了全人类和子孙后代造福而原封不动地保护遗产资源呢？自然遗产的保护工作可以说比文化遗产面临更严峻的形势。

在以下几节中，我们将介绍全世界最负盛名的自然遗产地点，这其中包括世界上第一座国家公园美国黄石国家公园，风景秀丽的中国武陵源和九寨沟，宏大壮观的美国科罗拉多大峡谷，非洲最出名的坦桑尼亚塞伦盖蒂国家公园等等，我们主要从保护的角度去了解这些遗产的突出情况。

## 第二节　地球演变

**地球演变举例**：澳大利亚东海岸与中东部雨林区温带与亚热带雨林公园、赫德岛与麦克唐纳群岛、昆士兰湿热带国家公园、麦纳里岛、西澳大利亚鲨鱼湾、西澳大利亚帕奴鲁鲁地形地貌国家公园，哥斯达黎加与巴拿马共有的塔拉曼卡山自然保护区及拉米斯塔德国家公园，保加利亚皮林国家公园，德国达慕斯塔特市梅塞尔化石产地，多米尼加摩诺·特洛依斯·皮吞斯国家公园，俄罗斯堪察加半岛火山和克鲁柴夫斯卡娅国家公园，古巴德赛巴卡·格兰玛海洋抬升地貌国家公园，加拿大艾伯塔省恐龙公园、格罗莫纳国家公园、落基山国家公园、魁北克的米古阿莎泥盆纪化石公园，肯尼亚西比洛依中央岛国家公园和图尔卡纳湖国家公园，美国大雾山国家公园、佛罗里达大沼泽地国家公园，马来西亚古农姆鲁自然洞穴公园，瑞典高海岸的新地貌，塞舌尔玛依谷地自然保留地国家公园，新西兰西南部蒂瓦希普纳穆自然保护区，匈牙利和斯洛伐克共有的阿格泰莱克与斯洛伐克溶洞，意大利艾奥利安火山岛风蚀地貌，印度尼西亚洛伦茨高山与热带海滨国家公园，英国贾恩茨巨人岩路及其海岸。

本书2004年首次出版以来，又有一些新遗产入选《世界遗产名录》，其中属于地球演变的，现举例如下：俄罗斯2010普托拉纳（Putorana）系列亚北极和北极生态系统高地核心区；俄罗斯2012勒那（Lena）河石柱林自然公园；哥伦比亚2006麻波罗（Malpelo）岛及周围海域禁渔区；韩国2007济州火山岛和熔岩洞；南非2005弗里德堡（Vredefort）圆陨石坑；纳米比亚2013具有砾石平原、岩石山、沿海潟湖和季节性河流由雾影响的纳米布（Namib）沿海沙漠；瑞士2010圣乔治（San Giorgio）山三叠纪海洋生物化石产地；塔吉克斯坦2013位于由板块构造和俯冲形成的欧亚大陆最高山脉集合地的帕米尔高原山系国家公园；2013地中海岛屿群山中最高最活跃的成层火山埃特纳火山（Mount Etna）；中国2007南方喀斯特地貌；中国2008三清山国家公园。

### 澳大利亚：大堡礁

大堡礁是澳大利亚东北海岸外一系列珊瑚岛礁的总称。纵向分布在离岸 16—240 公里的珊瑚海上，美丽的布里斯班港东北，大致沿昆士兰州海岸断续绵延 2000 余公里，包括约 3000 个岛礁。礁区从弗雷泽岛正北到约克角，覆盖着澳大利亚大陆架方圆 348700 平方公里的面积，是世界上最大的珊瑚礁。

大堡礁的形成始自 15000 多年前。当地土著虽曾到过那里，但对于现代文明来说，它是 1770 年被詹姆斯·库克发现的，是年 6 月 11 日，库克的"奋斗"号船在"大堡"的一个礁体上搁浅，从而发现了这个世界自然奇迹。

大堡礁并非一个整体，而是由相互隔开的珊瑚礁礁体组合而成，一些礁体周围有被称为"屿"的小珊瑚岛。"大堡"由 2500 个礁体组成，其面积小的几公顷，大的 100 多平方公里，有的地段被不到 200 米的海湾隔开，而另一些地段两礁相距可达 20 公里。礁体多在海下，但有些在退潮时可露出水面。众礁体由约 350 种珊瑚虫骨骼堆积而成。整个堡礁区可分为 3 个各具特点的区域：1. 北部区。在南纬 16 度以北，水深一般不到 30 米，沿大陆架边缘排列，其中一些礁体宽 200—1000 米以上。2. 中部区。在南纬 16—20 度之间，水深 30—60 米。由于海浪和洋流的冲击以及潮汐等的侵蚀作用，许多礁体已出现破损或退化现象。3. 南部区。自南纬 20 度左右往南，水最深达 60 米以上，多大陆架边缘礁，礁体壮观，较分散。在斯温群礁以南，大陆海岸线凹入，形成了较宽阔的南回归线水道。

布里斯班港湾外之所以积聚大量的珊瑚礁，是因为这一带自古以来就最适宜于珊瑚虫的繁衍。根据钻探，大堡礁灰岩厚度在 200 米以上，说明这一带在地质史上是缓慢沉降地带，而大堡礁正是在地壳的缓慢沉降中，由一代接一代的珊瑚遗体堆积起来的。有的科学家预测，大堡礁至少已有 3000 万年的历史了。这些珊瑚礁系由钙化的动植物残骸沉积胶结而成，上面附着薄薄的一层寄生动物和植物。珊瑚礁形态与结构各异，其中 71 个礁体现已成为珊瑚岛。还有许多带状礁，它们是由于珊瑚附着在环绕大陆或陆地岛的海底岩石上而形成的。

大堡礁海域水面温度高达 21—38 摄氏度，温度的垂直

图 7.2.1 空中看大堡礁

变化和季节性变化都较小。平均盐度35‰。海水清晰度高，水面较平静。水温适宜，生态条件较稳定，浮游生物丰富，水域内海洋生物种类繁杂，数量众多，大部分与印度洋、太平洋类同。海洋动物约有珊瑚虫350种，海绵1万种，软体动物4000多种，棘皮动物50多种，鱼类1200多种。海洋植物以海藻类最重要，特别是构成礁冠的红藻，为千百个礁体镶嵌上边框，绚丽多彩，诱人观赏。岛礁上的植物只有30—40种，大的岛礁浅滩上分布着红树林。传统的生产活动有采集珊瑚、采珠和捕鱼，规模不大。采珠主要集中在北部的拖雷斯海峡附近水域。捕鱼区主要在昆士兰州北部自格拉德斯通至凯恩斯海域，以红鱼、鲑鱼、马鲛鱼等为大宗。堡礁区中部深水处有海虾，此外还有多种海参、巨蛤和其他贝类。

大堡礁是有重大价值的旅游区。除众多美丽的珊瑚岛礁外，还分布着许多具有热带风光的大陆性岛屿，著名的如格林岛、海曼岛、邓克岛、帕尔姆岛、赫伦岛等。其中赫伦岛最有名。这个岛面积0.17平方公里，是一个奇特的珊瑚岛。岛上有各种各样的珍奇动物。像小狗一样温柔的细嘴海燕，出没在较小的珊瑚礁内，它们在地上打洞作窝，黄昏时分大声喧嚷不停。白天，鹗在岛屿上空盘旋；夜里，翅膀上长着3只爪子的食果蝙蝠在红树林中鸣叫，瑟瑟地飞来飞去。一种叫"匹索尼"的树，长得有一个大人的腰那么粗，但一个小孩子的重量就能把它压倒。成群的山羊在岛的火山顶上徘徊。到处白沙绿水，阳光充足，椰林掩映，湖礁入胜，均为海浴和疗养胜地，旅游业兴盛，已成为世界上最大的海洋公园。

大堡礁北段在澳大利亚东北部沿海地区的土著部落的历史和文化史上有重要意义。他们是最早的开发者，在珊瑚礁上留下了足迹。

1843年澳大利亚对大堡礁开始科学考察，1922年成立有关堡礁的发生学和自然生态学的科研机构，1973年建立海洋科学研究所，1976年成立大堡礁管理机构，1979年设立大堡礁海洋动物园管理处。1983年禁止在大堡礁勘探石油和采矿，划定了商业性捕鱼和资源保护区，并大力发展旅游业。由于大堡礁所在的海洋生态系统因珊瑚生长的条件十分苛刻而显得敏感脆弱。不仅每年十几万游客的观光对海洋公园造成威胁，更大的威胁是有大量的荆冠类海星在吞食珊瑚虫，使大面积的珊瑚礁遭受损毁。近年，由于气候的变化，大量的珊瑚在白化，因而大量死去。而大气中二氧化碳水平上升，使海水酸性提高，使珊瑚礁的结构虚弱，面对自然侵蚀或结构受损时，更容易崩塌。海洋生物学家们正在研究防范和保护方法。目前已将大堡礁分成若干地带，以便进行不同方式和层次的管理和利用。有的地区受到十分严格的保护：只准进行观赏性的旅游，不允许在堡礁上行走、采集和垂钓等活动。事实上那样做对自己也很危险。因为一旦礁石割破人的皮肤，若不及时敷药，很容易发炎溃烂，而隐身于礁石中的海胆、海蜇、千孔虫在你伸手探洞时会出其不意地咬伤皮肤。

大堡礁作为巨大的海洋生物博物馆、奇异的水下公园而招徕着世界各地的游客。澳大利亚联邦政府及昆士兰州政府共同成立了"大堡礁海洋公园管理局"，负责保护和管理世界上最特殊的公园——公园的大部分在水底。1981年，大堡礁被联合国教科文组织列入《世界遗产名录》。2011年3月本书作者游大堡礁，乘直升机拍摄大堡礁海面和水下照片，收在教学材料中。

### 厄瓜多尔：加拉帕戈斯群岛国家公园

加拉帕戈斯群岛又称科隆群岛，由7个大岛和70多个小岛和岩礁组成，位于厄瓜多尔海岸以西近1000公里的太平洋中的赤道线上，属于厄瓜多尔，人口约6000人。岛上到处是千姿百态的仙人掌树，高大挺拔，枝叶繁茂。1978年这里作为自然遗产被列入《世界遗产名录》，规定保护的海域面积为7000平方公里。

加拉帕戈斯群岛横跨赤道，但气候和其他赤道地区截然不同。沿海地区雨量稀少，气温干燥，年平均气温21度上下。岛屿的南北部海拔约250米以下的低洼区终年无雨，高热难耐；岛屿中部的丘陵地带雨水连绵不断，气温宜人；450米以上的山地气温低下寒冷。

因受寒暖气流交汇的影响，加拉帕戈斯群岛呈现出寒、热带动物共存的奇特景象，有许多稀禽异兽，是地球上动植物的天堂。群岛上既有南极冰雪世界的企鹅，也有热带动物大蜥蜴，同时又是世界上最古老的巨龟的产地，地球上重250千克的巨大海龟和巨大蜥蜴的唯一生存之地。群岛诸多的海湾是海狮、海豹、海獭生活的天堂。岛上是鸟的乐园，有张着巨翅的信天翁、有体态肥大的鹈鹕、有全身洁白头顶火红的火烈鸟。也有低等的羊齿植物和高大的椰树。由于这里的生物是在与外界隔绝的情况下进化的，所以有丰富的物种。被人称为活的生物进化博物馆。这里有大型动物物种635个，其中1/3为本岛独有。

图7.2.2 可重达150千克存活400年的海龟

英国学者达尔文1831年起乘坐贝格尔号远洋船环球考察，1835年秋天来到加拉帕戈斯群岛。他在岛上停留了5个星期，采集了190多种植物标本，认定了14个新物种，观察了生物在这里隔绝的环境下的适应能力。这促使他提出"适者生存"的观点，后来又在《物种起源》一书中提出了生物进化论，证明了拉马克提出的假说，即世界物种不是一成不变的，万物不是上帝创造的。

19世纪初开始有移民进入加拉帕戈斯群岛，有西班牙人也有南美洲人。但是，这里的环境对人类生活并不适宜，如矿产资源少，可耕地少，渔业资源少，于是移民逐渐离去，但是移民带来的动植物却不同程度生存延续下来，打破了原有的生态平衡，使生存环境恶化。现在加拉帕戈斯群岛已经开始采取措施，消灭外来的动植物物种，以恢复原来的生态环境。此外也限制旅游者的活动范围，使原有的物种能够繁衍并保持物种间的数量均衡。

另外就地球演变来说，这里保存着熔岩流动的遗迹，所有的岛屿都是火山熔岩喷发堆积形成的，形态各异，烟雾缭绕。加拉帕戈斯群岛火山喷火口约有2000处。更为奇特之处是，不论陆地还是海底的火山都在纵横交错的断裂线上排列有序。海底景观更加壮观绚丽，高山、丘陵、平原、谷地静卧海底。这里还有形态奇特、巨大无比的蘑菇，肥硕的螃蟹，各类蠕虫和藻类等。

1959年，厄瓜多尔政府在国际达尔文基金会的协助下，建立了达尔文生物考察站。多年来这个考察站对群岛生态学和物种学的研究取得了可喜的成果，也引起了国际生物界的重视。

**俄罗斯：贝加尔湖**

贝加尔湖是世界最深和蓄水量最大的淡水湖。位于俄罗斯联邦布里亚特共和国和伊尔库茨克州境内，东西伯利亚南部。

贝加尔湖湖形狭长，从东北向西南呈弧形延伸，如一弯明月，长636公里，平均宽48公里，最宽处79.4公里米，面积3.15万平方公里。湖面海拔456米，湖水深邃，平均深730米，中部最深达1620米，是世界最深的湖泊。蓄水量2.3万立方公里，是欧亚大陆，也是世界上最大的淡水库，水量约占世界地表淡水总量的五分之一，占俄罗斯地表淡水的五分之四强。

贝加尔湖享有"西伯利亚明眸"的美称，是由地层断裂陷落而成。大约在2000万年前，这里曾发生过强烈的地震，地壳岩层发生大断裂，大块土地塌落下去，形成巨大的盆地，这里所有的动物、植物都葬身地下，只有急流的河川没有消失，向着盆地飞奔而来，形成瀑布，不断地注入湖中。有色楞格河等336条大小河川千百万年源源不断地注入贝加尔湖，只有安加拉河源于

图7.2.3　贝加尔湖外观

贝加尔湖，向北流去，奔向叶尼塞河。

贝加尔湖周围群山环绕，有的高出湖面2100米，多变质岩、沉积岩和岩浆岩。湖岸线长2200公里。东岸是奇维尔奎湾，有许多覆盖着稀少树木的小岛。西岸深灰色岩群之中是佩先纳亚港湾，两侧矗立着大大小小的悬崖峭壁。在这里，可以看到被称为贝加尔湖自然奇观之一的高跷树。它们生长在沙土山坡上，大风从树根下刮走了土壤，而树根为了使树生存下来，越来越深地扎入贫瘠的土壤中，于是树根拱生于地表之上。

湖水出口处，有称为曼斯基的巨大圆石，离两岸各约500米，当河水泛滥淹没圆石时，圆石宛如滚动之状。相传远古大力士贝加尔的独女名安加拉，听到海鸥赞美英勇的青年叶尼塞，因而对之倾心。其父不允，一天夜里，安加拉乘父熟睡，偷偷出逃，贝加尔醒来发现，急忙投以巨石，想拦住女儿去路。巨石坠落湖口，便成了现在的大圆石。贝加尔湖中还散落着大大小小27个岛屿，最大的奥利洪岛，面积约730平方公里。

湖盆地区为大陆性气候，巨大水体对周围湖岸地区气候有调节作用，冬季相对较温暖，夏季较凉爽。年降水量中，北部200—350毫米，南部500—900毫米。风大，浪高达5米，湖水涨落现象明显。1—5月初结冰，冰厚70—115厘米。湖水清澈，含杂质极少，透明度40.5米，仅次于透明度达41.6米的日本北海岛的摩周湖。也就是说，船航行在贝加尔湖上，可一眼见到40米深处的物质。

湖中有植物600种，水生动物1200种，其中四分之三为特有物种，如鲤鱼、鲟鱼、凹目白蛙和鸦巴沙。贝加尔湖虽是淡水湖，却也生长有硕大的北欧环斑海豹和髭海豹。湖畔辽阔的森林中生活着黑貂、松鼠、马鹿、大驼鹿、麝等多种动物。

贝加尔湖阳光充沛，雨量稀少，冬暖夏凉，而且有300多处矿泉，是俄罗斯东部地区最大的疗养中心。建有贝加尔自然保护区。俄罗斯政府也规定湖区的工业企业在生产中不利用湖水，不影响自然环境，以保护这大自然的宠儿。

**美国：科罗拉多大峡谷国家公园**

科罗拉多大峡谷是世界陆地上最长的峡谷之一。位于美国科罗拉多高原，全长349公里，最大深度约1800米。大峡谷呈V字形，谷底最窄处仅120米。从谷底向上，沿崖壁露出寒武纪到新生代的各期岩系，含有代表性生物化石，大峡谷因此有"活的地质史教科书"的美称。

科罗拉多大峡谷国家公园是大峡谷最深最壮观的35公里地段，最大深度1740米。暴露的地层展现20亿年地质构造史，有多种生态环境和生物物种，还有4000年来印第安人的居住生活遗址。

大峡谷为访问者提供了无与伦比的机会，从陡立的悬崖边欣赏壮观的远古峡谷。它并不是世界上最深的峡谷，但是大峡谷凭借其超乎寻常的体表和错综复杂、色彩丰富的地面景观而驰名。从地质角度上来看，裸露在峡谷石壁上、从远古保留下来的巨大石块无声地记载了北美大陆早期地质形成发展的过程。当然，这里也是地球上关于风蚀研究所能找到的最迷人的景点。

在大峡谷中，有 75 种哺乳动物、50 种两栖和爬行动物、25 种鱼类和超过 300 种的鸟类生存。整个国家公园是许多动物的乐园。驯鹿是峡谷内最普遍的一种哺乳动物，经常能从悬崖边缘观察到它们的身影。沙漠大盘羊生活在峡谷深处陡峭的绝壁上，在游人通常的游览路线中不易被发觉。体型中等或较小的山猫和山狗的生活范围从绝壁边缘到河边，居无定所。国家公园中还有少量的山狮。小型哺乳动物包括有浣熊、海狸、花栗鼠、

图 7.2.4　科罗拉多大峡谷

地鼠和一些不同种类的松鼠、兔和老鼠。两栖和爬行动物有种类繁多的蜥蜴、蛇（包括当地特有的大峡谷粉红响尾蛇）、龟类、蛙类、蟾蜍和火蜥蜴。还有成百种不同的鸟类和数不清的昆虫和节肢类动物（蜘蛛）在此处定居。

每年大约有 500 万人次来造访大峡谷。国家公园管理部门的责任是保护大峡谷国家公园的资源及其所有的容貌特色，并且在为来访的游客提供赏心悦目的游览的同时保护峡谷自然的本色。

**美国：黄石国家公园**

1872 年 3 月 1 日，美国第 18 任总统格兰特签署了"黄石公园法案"，美国第一个国家公园诞生了。这也是世界上第一个国家公园。它位于美国西部爱达荷、蒙大拿、怀俄明三个州交界的北落基山中的熔岩高原上，绝大部分在怀俄明的西北部。海拔最高处达 2438 米，面积 8956 平方公里。公园内的森林占全国总面积的 90% 左右，水面占 10% 左右。园内最大的湖是黄石湖，最大的河流是黄石河。此外，园内还有峡谷、瀑布、温泉及间歇喷泉等，是一个负有盛名的游览胜地。

黄石公园以保持自然风光而著称于世。6000 万年以来，黄石地区多次发生火山爆发，构成了现在海拔 2000 多米的熔岩高原，加上 3 次冰川运动，留下了山谷、瀑布、湖泊以及成群的温泉和喷泉。大自然用水、火、冰、风在这里精雕细琢，安排了迷人的景色。要游山，东、西、北三面，山峰起伏崎岖，山山之间有峡谷，道路坎坷，山岩嶙峋；要逛水，河、湖、溪、泉、塘，大小瀑布，应有尽有，有的从云端直泻而下，有的自山谷奔流而出，有的从地下涌现；要看动物，有水禽、飞禽及野生的哺乳动物——麋鹿、黑熊、驼鹿和大角羊。据说，黄石国家公园是美国最大的野生动物庇护所。

图 7.2.5　黄石河蜿蜒流过峡谷

黄石国家公园的公路全长近 200 公里，因此，到公园游览，必须乘坐汽车。整个公园设了五个入口。这里原是荒山原野，人迹罕见，直到 19 世纪初叶，因有探险者涉足，整个山区的奇特景观才为人们逐渐熟悉。

间歇喷泉和温泉是黄石公园最富特色的景致。黄石公园中有温泉 1 万多个。有相当多的温泉水温超过沸水温度。这些泉水汇集在地表低洼处积成池、潭。由于不同的泉水所含矿物质不同和藻类数量的差异，使这些池、潭在阳光照耀下各呈异色，十分迷人。温泉中以猛犸温泉最为壮观，这里远望如座座冰雕，近观则像圆形玉石台阶。泉水从岩层渗出，沿着五级台阶逐级流淌，堆金积玉，晶莹剔透。台阶上有红、棕、蓝、绿的彩条。台阶四角被泉水冲洗成莲花瓣状。这些温泉让黄石公园显得珠光宝气，在黄石河与峡谷村之间的山谷里，还能看见泥火山，人们称之为泥泉或泥潭。泥火山喷出来的是泥浆，且潭内泥浆也五颜六色，实为一大奇景。

黄石公园的间歇喷泉最为著名，所谓间歇喷泉即指大量的地下热水，过一段时间就会向天空喷射一次，形成不同形状的热水柱。公园中最具代表性的喷泉，也就是最具代表性的风景是"老实喷泉"。这是探险队员最早发现的大喷泉。该泉名副其实，每天可喷发 21 次或 22 次，每次可喷发 2—5 分钟，喷发高度可达 40 甚至 56 米，把 4.5 万升的滚

图 7.2.6　诺列斯间歇泉区的清晨

热泉水抛向高空。

公园中的"河滨喷泉"另有雅趣。它不是垂直上喷,而是斜射出孔。喷出的水柱呈弧形,犹如白绢飘空,神弓挂天。此泉每隔6—8小时喷发一次,历时15—20分钟。"狮泉喷泉"也很奇特,四孔喷泉聚在一起,喷发时喷蒸汽,声如狮吼狂叫,接着四柱水如四枚炮弹出膛,齐发天宇。此外,喷射不止的"帝国喷泉""女巨人喷泉""堡垒喷泉""孤星喷泉"等等也别有风趣。

瀑布是一道美丽的水景。黄石公园中有高塔瀑布、火洞瀑布、彩虹瀑布、神仙瀑布、水晶瀑布和上下瀑布等。其中以位于峡谷村的上、下瀑布最著名。上瀑布高33米,而下瀑布有94米高,比美加边界的尼亚加拉大瀑布高一倍多,比中国的黄果树大瀑布高出20米。

著名的黄石湖是美国最大的高山湖泊,长32公里,宽21.5公里,湖岸周长180公里。湖水平均深24米,最深处达百米。湖边可见碧蓝的湖水清澄见底,大自然如此纯洁,使人感悟至深。美丽的白天鹅和众多的鸟,或栖息或游弋,好不自在。如镜之水,倒映着周边皑皑的雪峰和幽深的森林,虚虚实实难以分辨。

黄石公园中多峡谷景观,尤以黄石峡谷最著名。谷长40公里,深400米,宽500米,如科罗拉多大峡谷一样为北美最著名的峡谷之一。峡谷两壁岩石橙黄中杂以红、绿、紫、白多种颜色,五彩缤纷,蔚为奇观。而一种名叫黑曜岩构成的悬崖则如一面玻璃墙镶嵌在半空中。"玻璃悬岩"被日光照耀时,熠熠闪烁,光彩夺目。峡谷中还可见亿万年的森林——"石化森林"奇景。

园内不仅景色奇特,而且拥有品种繁多的动植物。众多的珍贵动物如灰熊、美洲狮、灰狼、金鹰和管鹤在这块未开垦的土地上繁衍生息。沿园内公路,游人常能见到对不速之客表示好奇的黑熊。

黄石公园的辟建对生物学研究具有象征意义。1869年、1870年和1871年官方考察团对该地区进行勘察,使美国国会认识到这一地区的独特性,于1872年通过决议将该地区的自然景观和自然资源予以保护。由于在生物研究与观察,以及环境教育方面具有特殊的价值,国家将黄石公园定为生物圈保护区。

图 7.2.7　美国野牛

### 韩国：济州火山岛和熔岩洞

济州岛是韩国第一大岛，位于朝鲜半岛南部海域，北距韩国南部陆地 90 多公里，东与日本的九州岛隔海相望。济州岛是东西长南北窄的椭圆形，海岸线比较平直。

济州岛有 360 多个火山丘，数十万年前火山喷发形成了形状各异的熔岩洞，熔岩洞里有各种形状的钟乳石。海底火山爆发形成的凝灰岩，见证了地球演变和生物进化过程。济州火山岛及熔岩洞是韩国的第一个世界自然遗产，遗产范围包括"汉拿山天然保护区""城山日出峰"和"拒文岳熔岩洞窟系"三部分，面积 18846 公顷，是济州岛面积的 10.3%。

济州岛在 120 万—70 万年前火山喷发时形成，到了 30 万年—10 万年前因火山再次喷发熔岩形成了岛上的汉拿山，济州岛至今保持着古老的地貌。汉拿山是韩国第一高峰，海拔 1950 米，山体倾斜平缓，顶峰部分是高黏性的粗面岩，比较陡峻，整体地形地貌多样。汉拿山顶峰有白鹿潭，直径 600 米，周长 3 千米。另外，济州岛北部海边有龙头模样的岩石叫龙头岩，高 10 米，长 30 米，是 200 万年前汉拿山火山口喷出的熔岩冷却后在海上凝结形成的，十分壮观。

图 7.2.8　城山日出峰火山口

在济州岛东端的城山日出峰是由凝灰岩构成的锥形山峰，高 182 米，大约在 5000 年前水下火山喷发时形成，是在海中的特种寄生火山，是汉拿山 360 个子火山之一，也是世界上最大的突出于海岸的火山口。日出峰火山口有 99 个大大小小的石峰，像一个巨大的城郭，因而得名为"城山"，在城山日出峰可以观赏海上日出。

拒文岳熔岩洞群是约 30—10 万年前最大的拒文岳喷火口喷发熔岩形成的，熔岩洞群中的贝迪洞、万丈洞、金宁洞、龙泉洞和当楚洞各有特色，万丈洞是由汉拿山喷出的火山熔岩形成的溶岩洞窟，总长度为 13.4 千米，世界第一。此外，贝迪窟展现了世界上最复杂的通道形状，当楚洞和龙泉洞内有丰富的石灰质岩石。

济州岛属于典型的海洋性气候，全年气候温和，加之有 256 千米长的海岸线，因此有"韩国的夏威夷"美称，已成为韩国人心目中理想的度假胜地。济州岛古代曾是独立的"耽罗国"地盘，因此岛上保存着独特的风俗文化。每年 1 月 1 日是城山日出节的开始，樱花、油菜花、杜鹃花、山踯躅花相继绽放。夏季的七仙女节热闹非凡，瀑布流布山间，神奇的溪谷及浓密的绿荫交相辉映。浪漫的济州人更不会错过盛夏夜晚的海滨节。秋季，紫芒花盛开，丰富多彩的国际管乐节和汉拿文化节拉开了序幕。白雪皑皑的冬季使济州岛变得格外红火，雪花节与元宵野火节游人也不容错过。

济州火山岛和熔岩洞被列为世界自然遗产是因为它显示了火山的长期历史过程，拒文岳熔岩洞更显突出，城山日出峰的凝灰岩则有助于人们了解海底火山爆发的相关状况。此外在显示生物进化方面它们也有特别的价值。

## 第三节 生物进化

**生物进化举例**：阿根廷洛斯格拉兹阿勒冰川国家公园，澳大利亚福拉则岛、悉尼内陆蓝色山脉广大地区，巴拿马达连国家公园，巴西巴伊亚州和圣埃斯皮里州的大西洋海岸森林保护区、巴拉那州和圣保罗州东南大西洋森林保护区、亚马逊河中游自然保护区、潘塔诺淡水湿地保护区、塞拉多热带系统保护区（查帕达·多斯·卫德罗斯和爱玛斯国家公园）、大西洋珊瑚群岛（费尔南多·迪·诺罗尼亚岛和罗卡斯岛），秘鲁瓦斯卡兰山国家公园、玛努山区国家公园，玻利维亚亚马逊河流域诺尔·凯姆普夫·梅尔卡多国家自然公园，伯利兹的环礁保护区，厄瓜多尔桑盖国家公园，俄罗斯维尔京科米森林、高加索山脉西部和黑海东北岸无人山区，俄罗斯与蒙古共有的乌布苏湖盆地生态保护区，法国科西嘉岛吉罗拉塔角、波尔托角、斯勘多拉自然保护区与波安纳海湾，菲律宾图巴塔哈珊瑚暗礁海上公园，哥伦比亚洛斯卡提奥斯国家公园，哥斯达黎加科科斯岛国家公园、瓜纳卡斯特海陆生态保护区，几内亚与科特迪瓦共有的宁巴山自然保护区，加拿大纳汉尼国家公园，加拿大与美国共有的克卢恩和朗格尔·圣埃利亚斯国家公园、塔臣施尼·阿尔塞克省公园，加拿大伍德布法罗国家公园，加拿大与美国共有的瓦特尔屯国际和平公园、自然公园与冰川自然公园，津巴布韦马纳波尔国家公园、萨皮和切沃雷原狩猎旅游区，喀麦隆德贾动物保护区，克罗地亚普里特维采湖国家公园，科特迪瓦科莫埃国家公园，马拉维国的马拉维湖国家公园，毛里塔尼亚阿尔金海滩国家公园，美国红杉树国家公园、奥林匹克山国家公园、夏威夷火山国家公园，马来西亚基纳巴卢山多植物物种公园，孟加拉孙德尔本斯禁猎区，塞尔维亚和黑山（原南斯拉夫）的杜米托尔国家公园，南非大圣卢西亚湿地国家公园，尼泊尔奇特万皇家国立公园，尼日尔的埃尔和泰内勒自然保护区、W国家公园，葡萄牙马德拉群岛的劳里西尔瓦森林，日本北海道白神山地山毛榉林区、九州屋久岛林区，塞舌尔阿尔达布拉环礁，斯里兰卡辛哈拉加森林自然保护区，斯洛文尼亚斯阔茨安岩洞，所罗门群岛伦内尔岛东区，苏里南中部的热带森林自然保护区，泰国吞戈亚伊·忽埃·卡卡恩格野生动物禁猎区，坦桑尼亚塞卢斯野生动物保护区，西班牙加那利群岛的戈麦拉岛上的加拉霍奈国家公园、安达鲁西亚的多纳奈国家公园，印度卡齐兰加国家公园、马纳斯野生动物禁猎区、孙德尔本斯国家公园，扎伊尔维龙加国家公园、萨龙加国家公园，中非共和国圣弗洛里斯的马诺沃-贡达国家公园。

自本书 2004 年首次出版以来，又有一些新遗产入选《世界遗产名录》，其中属于生物进化的，现举例如下：2005 瓦蒂阿尔亥坦（Wadi Al-Hitan）鲸鱼化石谷；德国 2011（扩展）冰河后期的喀尔巴阡山脉原始山毛榉林和德国古山毛榉林（延伸到斯洛伐克和乌克兰）；加拿大 2008 乔金斯（Joggins）化石崖壁；基里巴斯 2010 菲尼克斯（Phoenix）群岛海底山峰、深海栖息地和珊瑚礁生态系统保护区；日本 2005 北海道（Hokkaido）知床半岛；日本 2011 小笠原（Ogasawara）群岛；瑞士 2008 萨多纳（Sardona）地质构造区；西班牙 2007 泰德（Teide）国家公园；意大利 2010 圣乔治（San Giorgio）山三叠纪海洋生物化石产地；中国 2012 云南澄江寒武纪早期海洋古生物化石群遗址；中国 2013 新疆天山。

### 澳大利亚：澳大利亚哺乳动物化石产地

这项世界遗产包括两个地点，一个在北部，一个在南部，南北相距两千多公里。北部的瑞沃斯莱（Riversleigh）位于昆士兰州的西北部，面积约 1 万公顷。南部的纳拉阔特（Naracoorte）位于南澳大利亚州东南部，地处平原地区，有许多平行于现代海岸线的海岸沙坝，面积 300 公顷。1994 年列入《世界遗产名录》。

瑞沃斯莱是全球渐新世至中新世哺乳动物记录最丰富的地区之一，这些记录的价值在于，能够把 2500—1500 万年以前时期的群系，同上新世和更新世时期占主导地位的现代群系联系起来。此处有许多第 3 纪中期和晚期哺乳动物群系的特例，它们生活在世界上哺乳动物演化历史上最独特并且最孤立的大陆上。瑞沃斯莱的化石在坚硬而粗糙的石灰岩中分布广泛，这些石灰岩形成于富含碳酸钙的淡水湖中。这些化石记录了至少 2000 万年中哺乳动物演化的信息。它不仅记录了许多现存哺乳动物的特有种，例如袋鼠和羽尾负鼠，而且记录了许多其他孑遗物种和现在已经灭绝的澳洲哺乳动物，如袋狮。

图 7.3.1　复原的爬行兽化石

在瑞沃斯莱，各种各样的沉积物可以帮助我们理解这里的环境如何由一片富庶的雨林演变成为半干旱的草原，以及居住在此地的动物是如何随之演变的。

发现瑞沃斯莱的化石从根本上改变了人们对澳洲中新生代脊椎动物不同点的理解。其中一类有 1500 万年历史的单孔类动物的残余物，为高度异化的哺乳动物群系提供了许多新的信息，同时，第 3 纪的一些袋狼也已经被确认。瑞沃斯莱的蝙蝠化石记录在全世界最为丰富，包括代表胎生哺乳动物群系的 35 个以上蝙蝠种类。

在纳拉阔特，洞穴凉爽，与瑞沃斯莱的半干旱环境下形成的洞窟形成鲜明对比。这里的化石属于一种独特的动物群，它们和现代物种的祖先一起，依靠当时因气候变化将要被毁灭的巨型动物为生。纳拉阔特洞穴里的化石说明动物区系的变化跨越了几个冰期，同时强调了距今35万年前的气候变化，以及有人类以来，人类活动对澳洲哺乳动物的影响。

科学界希望，未来对纳拉阔特洞穴的进一步研究，能够进一步揭示澳洲东南部更新世生物的一系列遗迹，其中也包括揭示气候和动植物区系关系的一些细节。最近的地质研究表明，在此地还能够找到上新世甚至是中新世时期的沉积物，这就有可能找到此地在古代与北方的瑞沃斯莱有联系的证明。

这里还发现了99个脊椎动物物种的标本，从非常小的蛙类到如野牛一样大小的有袋动物都有，其中包括澳大利亚冰期巨大动物的特有孑遗物种，以及现代物种，比如塔斯马尼亚兽和袋狼等的祖先。纳拉阔特化石的年代可能已经进入了人类到达澳大利亚的时代，这对分析人类与其环境间的复杂关系具有十分重要的意义。

这两个地点的化石沉积物分别提供了世界上孤立大陆的动物群演化史上不同的关键时期的证据，还能够据此追踪现代澳洲哺乳动物世系过去的历史。由此便可以对现存动物群以及使它们得以生存下来的环境有更好的理解。

虽然澳大利亚还有许多重要的哺乳动物化石遗址，但瑞沃斯莱和纳拉阔特以其独特的个性和化石保存的质量而具有最重要的地位，这是因为这两个地方再现了澳洲哺乳动物群的发展过程中的关键时期。此外，这里也是过去的生物同今天许多地区的动物群相联系起来的纽带，其中包括昆士兰的热带地区、中东部雨林地带和著名世界遗产地卡卡杜（Kakadu）国家公园的动物群。

**赞比亚与津巴布韦：维多利亚瀑布**

赞比西河是南部非洲著名的国际河流，也是津巴布韦与赞比亚两国的界河。在靠近这段界河的西端、赞比亚河中游，横卧着一座气势磅礴、声若雷鸣、水雾云烟的大瀑布，这就是与北美洲的尼亚加拉瀑布、南美洲的伊瓜苏瀑布并列为世界三大瀑布的维多利亚瀑布，也称"莫西奥图尼亚"瀑布。瀑布区绵延97公里，是世界上最大的瀑布。

赞比亚北部的赞比西河全长2560公里，是非洲的第四大河，它在赞比亚境内的长度为1520公里，流经四分之三的国土。从广袤的原野流到南部赞比亚与津巴布韦交界的区域，遇到许多大大小小的岛屿，河面像扇面一样逐渐展宽。到了乌兰巴（旧称利文斯敦）市附近，突然碰上了一个大断层，赞比西河在宽约180米的峭壁上骤然翻身，整个跌入约100米深的峡谷，万雷轰鸣，惊天动地，激起层层白色水雾，巨响和飞雾可远及15公里以外的区域，是世间难见的奇景。

维多利亚瀑布实际上是一个庞大的瀑布群，自西向东分为四段相对较小的瀑布，分别被称为魔鬼瀑布、主瀑布、彩虹瀑布和东瀑布。魔鬼瀑布只有约30米宽，因其流水侵蚀严重，比其他段平均落差线低 10 米左右，故水势凶猛，水流湍急，恰如魔鬼一般，虽在旱季也气势不减。与它毗邻的是主瀑布，水量巨大，如万马奔腾。它高约 93 米，十分宽阔，流量最大，有排山倒海之势，中间被礁石隔出一条裂缝。东边一段形如马蹄，有时也被单独称为马蹄瀑布。彩虹瀑布是整个瀑布中最高，也颇具神秘感的一段，最高处达 122 米，在这里除可欣赏巨帘似的大瀑布外，还可以经常看到出现在翠谷间一条条五彩缤纷的彩虹。彩虹随瀑布此起彼伏，有时能凭借其广阔的活动空间形成多层或几乎能闭合成圆形的彩虹。游人至此，恍如置身于仙境。据说，当赞比西河涨水且逢满月时，人们可以看到月光下的彩虹，这就是神奇的"月虹"。彩虹瀑布旁的一片洼地，在雨水丰沛的季节也可挂上水帘，被称作扶手椅瀑布。最东段的就是东瀑布，独具魅力，从这里可观大瀑布如何形成。但由于其凶猛的气势常屈服于干旱的季节，故此它的名字也只能平淡了。整个瀑布宽约 1800 米，居世界之最。年平均流量达每秒 1400 多立方米，在雨季可达到每秒 5000 多立方米。

图 7.3.2　维多利亚主瀑布与隔岸的火车

　　大瀑布是赞比西河中游的起点。赞比西河从这里进入峡谷区。大瀑布所倾注的峡谷就是峡谷区的第一道峡谷，它东西长约 2 公里，宽约 90 多米，从这道峡谷起，一连有七道峡谷，大都是东西走向。每两道之间又连接着一段短促的南北向峡谷，形成"之"字形，绵延达 130 公里，构成世界上罕见的天堑。大瀑布在第一个峡谷中狂奔而出，首先倾注于宽仅 400 米的深潭，水流直落，反冲而上的漩涡上下翻滚，波浪汹涌，宛如沸腾的怒涛，在天然的大锅中咆哮，得名"沸腾锅"。

　　峡谷的南壁西段，是"雨林区"，与赞比西河西岸相连。大瀑布的水沫飞腾跃空达 300 余米高，使这地区布满水雾。每至雨季，水沫凝成阵雨，将雨林区的树木洗得一尘不染。雨林区的东端，与彩虹瀑布相对的地点叫"危险点"，可沿此下行到沸腾锅畔，欣赏这大自然的瑰丽伟景。

　　南壁的东段叫刀尖角，是突出于峡谷之中的三角形半岛，与河东岸相连。这块地区最宽处 105 米，中途骤然收窄，直至刀尖点，其间宽度从 9 米到 0.75 米。突出于水中的岩石形如一把刃锋向上、尖角指向河流下游的巨刀。为便于游人观赏，1969年在山崖之间修建了一座"刀刃桥"。桥长30余米，宽2米，远望就像锋利的刀刃。桥面上溜光水滑，青苔斑驳，立身铁桥中央，上望瀑布，下瞰深谷，令人叹为观止。

瀑布对岸，矗立着一位探险家的雕像，他就是维多利亚瀑布的发现者——戴维·利文斯顿。这位先行者朴素的打扮和风尘仆仆的神态，可以让人想象他当年发现瀑布时的艰辛和喜悦。1855年11月16日，英国传教士、探险家戴维·利文斯顿探险赞比西河，顺流而下来到这里，惊喜地发现了这座雄伟壮观的瀑布，遂以当时英国维多利亚女王的名字命名，意思是说瀑布属于英国女王，属于大英帝国。在殖民主义时代，这座非洲的瀑布就以欧洲的名称流传于世。但它是有着非洲自己的名称的，这就是"莫西奥图尼亚"。在当地的洛兹语里，意思是"声若雷鸣的雨雾"，这是赞比亚洛兹人对大瀑布富于诗意的深情描述。随着殖民统治的结束，"莫西奥图尼亚"以它原有的名字和气势声震全球。他的早期发现者，做为历史的见证人，在一个多世纪的风风雨雨里，日日夜夜都在守候着这个非洲的骄傲，也在守候着自己的骄傲。

瀑布附近有赞比亚国家博物馆——利文斯顿博物馆。在这里可以读到馆藏的利文斯顿当年的日记，感受他第一次见到维多利亚瀑布时的感受。赞比亚一侧有1938年建成的卡里巴水电站，拦流形成巨大的卡里巴水库。瀑布区下侧是维多利亚瀑布城，1952年津巴布韦政府在此建立"维多利亚瀑布"国家公园，是著名的游览胜地。1904年在瀑布距马兰巴11公里处建成长198米的铁路、公路桥，通往赞比亚首都卢萨卡和津巴布韦首都哈拉雷等城市。维多利亚瀑布以大自然赋予的神奇，为非洲人民做出了巨大贡献。

维多利亚瀑布作为津巴布韦与赞比亚两国的共同财富，已于1989年被联合国教科文组织列入《世界遗产名录》。它是自然的奇观，是非洲的骄傲。在遥远的非洲赞比西河上，维多利亚瀑布向世界人民发出热烈邀请。

**美国：红杉树国家公园**

美国加利福尼亚州的北部海岸，从旧金山往西北直达俄勒冈州界，绵亘400多英里的狭长地带，拥有明媚的海滨，幽静的河谷，特别是那片片挺拔壮观的红杉树林，一座座红杉公园，使这个地区名播全球。

红杉又名美洲杉。生长在加利福尼亚州和俄勒冈州的红杉品种是海岸红杉和山脉红杉。海岸红杉分布在太平洋沿岸的海岸山脉，海拔1000米的山坡上，适应温暖湿润的气候，而山脉红杉分布在海岸山脉南段内侧的内华达山脉，海拔1600—2700米的山坡上，适应寒冷干燥的气候。红杉树皮厚可有30厘米，枝短叶尖，叶子常呈深绿色，有时亦呈淡黄色。海岸红杉的树龄为800—1500年，山脉红杉更高达2000—3000年。成熟的红杉树可高达70—120米。由于红杉树皮厚，且含脂量少，树身有如海绵般的强吸水性能，所以它具有很强的抗病和防火能力。红杉树生命力特强，生长迅速，成活率高，甚至把它的树根切成碎片也能长出新树来，所以被认为是世界上最有价值的树种之一。

图 7.3.3 粗大笔直的红杉树树干

红杉树国家公园坐落在太平洋沿岸的低山地区，占地 42930 公顷。由于靠近海洋，冬季降雨丰富，夏季雾霭沉沉。这一气候条件为巨型红杉的生长创造了极为有利的条件，形成了史密斯河及雷德伍德河沿岸的森林。

在绵延 56 公里的海岸线上，沙滩、悬崖和草木丛纵横交错。靠近这一带，除了红杉以外，还有道格拉斯杉。内陆地区的较高地带则以牧场为主。在一个个荒岛和小海湾中，聚集着无数的海鸟、海豹和海狮。由于受海洋的影响，北部海岸分布着一片木本灌木丛林；草本植物也很繁茂，但树木很少。

公园内生活着 75 种哺乳动物。南部有大群的马鹿。海边则不时可见到移栖的灰鲸。潮湿地带及水流为候鸟提供了休息和觅食之地。迄今为止共有 200 多种鸟类在公园内出现过。在沿海地区可以见到稀有的、已濒临灭绝的加利福尼亚栗色鹈鹕。此外，这里还栖息着受保护的猛禽游隼。

70 年代，红杉被大量砍伐。环境同时也被严重破坏。为此，环保组织多次举行大规模集会，呼吁社会拯救这些国宝。1978 年 3 月，卡特总统签署法令，将私人手中近 200 平方公里的红杉林划归红杉国家公园。与此同时，一些牧场、橡树林及其他原始森林也被划入该公园。1980 年，联合国教科文组织将红杉树国家公园列入《世界遗产名录》，并将其纳入加州西海岸生物圈保护区。

**坦桑尼亚：恩戈罗恩戈罗自然保护区**

恩戈罗恩戈罗自然保护区位于坦桑尼亚共和国北部。1979 年被列入《世界遗产名录》。保护区是一片辽阔的高原火山区，西接塞伦盖蒂国家公园，东连马尼亚腊湖国家公园，占地 80944 平方公里。该地区于 1957 年在行政上从塞伦盖蒂国家公园的范围内划出，成为独立的自然保护区。区内有闻名遐迩的恩戈罗恩戈罗火山口、奥杜瓦伊峡谷和已成深湖的恩帕卡艾火山口。

每年五六月间，庞大的斑马群和花斑牛羚群汇聚在塞伦盖蒂高原，六七匹一排横立，准备开始行程 500 公里的向西迁徙。恩戈罗恩戈罗自然保护区的这一壮观景象举世罕见。

恩戈罗恩戈罗火山口是世界上最完整的火山口，海拔 2286 米。800 万年前恩戈罗恩戈罗曾是一座活火山。火山口底部，专业术语称之为破火山口，即火山锥陷入火山井而形成的大凹地，面积达 160 平方公里。沿火山口外缘，有 6 座海拔 3000 米以上的山峰呈环形拔地而起，高耸入云。

恩戈罗恩戈罗火山口内的动物，从最小的"迪克迪克"羚羊到犀牛、狮子、大象，种类繁多，数量惊人，火山口也因此名扬天下。每当春天来临，准备一年一度迁徙的火烈鸟成千累万地云集在火山口的咸湖，宛若一层粉红色薄纱铺撒在湖面上，美丽异常。火山口内的花卉繁复，百合花、菖兰花、矮牵牛、雏菊、羽扁豆、三叶草竞相开放，万紫千红，使火山口景色迷人。

马赛族牧民世世代代居住在火山口地区。坦桑尼亚政府正在该地区进行综合开发试验，一方面加强保护区有关教育，另一方面调整旅游业与土地使用之间的关系，希望借此能协调动植物区系的自然保护与人类需求之间的矛盾。

20 世纪 50 年代中期，在距恩戈罗恩戈罗火山口西侧 40 公里处发现了奥杜瓦伊浅峡谷，峡谷因古河水侵蚀岩石层而形成。1959 年人类学家在这里发掘出距今 125 万年的南猿头盖骨。1960 年又发掘出距今 190 万年的能人化石残骸、石器以及迄今仍被狩猎的动物之远祖化石。这些发现对目前复杂而又有争议的人种系谱学的研究有重要价值。

为保护恩戈罗恩戈罗地区的自然多样性，坦桑尼亚政府设立了保护区管理机构。主要的问题有，牛羚中流行的恶性黏膜热使牛羚的数目减少至 7000 头。洁净的饮用水源的供应开始出现危机，问题源于对那些 20 世纪 50 年代和 60 年代所安装建筑的堤坝、水井和输水管的管理疏忽。杂草长势茂盛，其他物种的蔓延和不加控制或不恰当的烧林活动，使得草场正在逐步退化。聚居于保护区内的居民，连同东边卡拉图及克特特地区城镇的人们采伐木柴作为燃料，正日益严重地威胁到东北部的森林。

**图 7.3.4　猎豹与羚羊**

而一部分来自保护区的贫穷的马赛人，为了生计而在森林中的野蜂聚居区采集蜂蜜，也频繁地焚毁山林。现在主要的保护方案包括野生动物、人和文化、森林、考古、历史、教育和旅游业。由于上述因素，该地区有明确的必要使这些方面符合标准。因此要求旅游者遵守由权威人士提出的保护该地区丰富自然资源的规则。

2002 年 8 月本书作者受中国文化部根据《中非合作协议》指派，到坦桑尼亚为其政府培训遗产管理官员，为此曾参观这处世界遗产。我先参观展出的古人类遗物，然后去干河中心的岛上参观遗址发掘工作地点的帐篷屋，和来自美国与其他国家的发掘队的专家交谈，讨论新发掘出的遗物，又去拜谒多年前殉难的考古学家的纪念地，对他们在艰难环境下刻苦工作深感敬佩。接着我们乘车到火山井内区域参观,看到成群的野牛、斑马、零散的野猪、火烈鸟和树丛中的大象。

**新西兰:南极洲附属的五个群岛**

新西兰次南极区群岛位于新西兰西南海岸的浅水大陆架,包括新西兰南部和东南部海域的五个群岛和岛屿,即斯内斯群岛、邦提群岛、安提波德斯群岛、奥克兰群岛和坎贝尔岛,也包括岛屿周边12海里的水域。这些岛屿位于南极和亚热带之间的海域,具有富饶的资源和多种多样的生物,包括野生动植物,特殊的鸟类,植物以及无脊椎动物。1998年列入《世界遗产名录》。

奥克兰群岛的亚当斯岛在1910年即被指定为动植物群保护地。1934年整个奥克兰群岛被指定为动植物群保护地。坎贝尔岛于1953年被认定,其他三个群岛分别于1961年、1977年获得认定。所有的5个群岛在1977年的保护法案中重新被划为自然遗产。

斯内斯群岛和邦提群岛是在花岗岩和变质岩基底上形成的,另外三个群岛位于其南部,是在火山岩构造上发展形成的。土壤大多数是稀状泥炭,厚达8米,但在邦提群岛上没有泥炭存在。奥克兰群岛和坎贝尔岛上有大规模冰川发育的证据,拥有许多海湾和深水港,而邦提群岛由一组小的岩石岛组成,因而没有安全的锚地。

这些岛屿位于南极和亚热带之间的海域,夏季水温在5.5—12摄氏度之间。这里明显受盛行的西风影响,具有凉爽温和的气候和相对小的季节温差,年平均气温在斯内斯群岛是11摄氏度,在坎贝尔岛是6摄氏度。绝大多数岛屿经常有云覆盖上空,降雨丰富,每年是1200—1500毫米。奥克兰群岛和坎贝尔岛西部还有海洋上升流存在。邦提群岛植物种类略少,但其余的四个岛屿连同邻近的马科夸里岛,构成了植物多样性的中心地区,拥有次南极地区岛屿最丰富的植物群。斯内斯群岛和安提波德斯群岛以及奥克兰群岛的阿达母斯和绝望岛格外引人注意,因为这里的植物完全没有受到人类和外来动物的影响。陆地植物群由大约250个分类单位组成,其中35个是这一地区所独有的。奥克兰群岛自己就拥有233种维管植物,其中196种是本土的,6种是岛上独有的,30种被定为稀有物种。3种蕨类植物到达其分布的最南部。斯内斯群岛上有大面积的森林,主要由高达5米的紫菀属树木组成。在坎贝尔群岛和安提波德斯群岛上,尽管也有灌木丛,但没有大面积的森林。

图 7.3.5　黄嘴企鹅

这里的动物群反映了较高程度的海洋生态系统,海鸟和海洋哺乳动物具有极高的丰度和分异度。有记录的120种鸟类中,有40种为海鸟,其中的5种为该地区独有。世界上24种信天翁中有 10 种在这个地区。在斯内斯群岛上的海鸟数量极为惊人，仅黑海鸥就超过 275 万对。在陆地鸟类中存在高度的地方性，包括灰水鸭，其中坎贝尔群岛上，灰水鸭亚种已经锐减到 25 对。1995 年坎贝尔岛上原来人工操作的气象站实现了自动化，岛上再没有常住人口了。

南岛上的主要毛利人部落是凯塔库伊韦部落，在欧洲人定居之前，他们就能航海到达这一地区。1788 年欧洲人发现了邦提群岛，19 世纪初期开始疯狂捕杀海豹，到了 1830 年，海豹在此地绝灭了。一部分来自查萨姆的毛利人和莫里奥里人殖民到了奥克兰群岛的罗斯港口，居住了很短一段时间，于 1856 年离开了。大约在同一时期，一个欧洲捕鲸站在这里建立，坚持了几年后最终失败。野兔、山羊和猪被捕鱼人投放在几个岛上，以备遇到海难的船员捕食。

这里没有永久的科研观察站，但在几个岛上有供来访科学家居住的帐篷。研究工作主要集中在植被重建、游客影响检测、海洋观测、海狮和海鸟数量的调查以及濒危鸟类的转移等。群岛在科学研究上具有重要意义。群岛上栖息着数量巨大、种类多样的海鸟，其中有许多是地方性属种。还有 14 种地方性陆地鸟类，其中包括世界上最稀有的鸭子。这个地区和马科夸里岛共同构成了植物多样性的中心。西太平洋最南部的森林、蕨树以及特殊的植物群在这里都有发现。稀有的海狮在奥克兰群岛上的数量是全世界最多的。

### 纳米比亚：具有砾石平原、岩石山和沿海潟湖的纳米布沿海沙漠

纳米布沙漠在非洲西南海岸，北面从安哥拉的那米贝起，向南沿着大西洋岸穿过纳米比亚到南非开普省的象河（Olifants River），向内陆延伸 130—160 公里直至大陆崖山脚，南端在陡崖顶上高原处与安哥拉合为一体。沙漠最宽处有 160 公里，而最狭窄处只有 10 公里，沙漠总面积是 50000 平方公里，在纳米比亚境内划在纳米布-诺克卢夫国家公园内，这里是非洲最大的国家公园。2013 年纳米布沙漠被列入《世界遗产名录》。

纳米布沙漠是一个凉快的带状沿海平原沙漠，是本格拉寒流的杰作。几亿年前，本格拉寒流冲击大西洋海岸，由于温度低，海水没有蒸发，经过上亿年大自然的变迁，干燥的热风将岸上山中的岩石风化为细沙和粉尘，使纳米布成为一片沙海。它的名字来源于纳马语，意思是"一无所有的地方"。它记载了生命进化的过程、记录了重要而且持续的地质发展过程，以及在地形学或地文学方面非常重要的发展阶段的现象。

纳米布沙漠总体上是不同种类、不同年代销蚀基岩的相对平滑的平台，被凯塞布干河分成南北两部分。南面是一片浩瀚的沙海，有新月形、笔直状以及星形的沙丘，其中有一些高达 200 米，原有的平台被广阔无垠的一大片沙所覆盖——靠近海滨呈黄灰色，内陆呈砖红色，沙丘底下是存在 100 多万年的砾石层。这里拥有世界上最大的金刚石矿床。凯塞布干河以北的是考克兰（Kaokoveld）区，有沙砾平原和岩石平台，存在于分散的崎岖不平的群山之间，而且以一些大沙丘田作点缀，包含出众有美学价值的自然景

观。纳米布沙漠在陆上、淡水、沿海及海洋生态系统及动植物群的演化与发展上,代表持续进行中的生态学及生物学过程。

纳米布沙漠绝大部分面积完全没有土壤,有的表面只有基岩,大部分地方只有流沙。纳米布沙漠的可耕地局限于洪泛区和主要河流的阶地,时常有河水泛滥。这里理所当然白天气温高,夜间气温低,气温变化频繁。由于靠近大海,纳米布沙漠又是世界上水雾最多的沙漠之一,这就是沙漠中水的来源。

这片看似苍凉毫无生机的沙漠中,却有着与众不同的植物和野生动物,顽强地展现出激情的生命力,有一种2000多年前生长的堪称活化石的矮树千岁兰。干燥的沙漠中有甲虫、蜘蛛之类的昆虫,有蜥蜴、蟒蛇一类爬行动物,还有羚羊、斑马、鸵鸟等野生动物。这里所见到的动植物都已适应了在严酷、干旱的环境中生存,有的已学会从雾霭吸取水分。这里拥有最重要及显著的多元性生物自然生态栖息地,从保育或科学的角度来看,有不少濒临绝种动物物种。

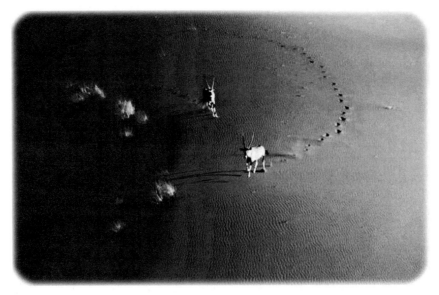

图 7.3.6　沙漠羚羊

纳米布沙海是世界上唯一由雾影响所引致的沙丘地带的沿海沙漠。这里有砾石平原、岩石山、沿海潟湖和季节河,所以十分壮观。纳米布沙漠气候非常干燥,沿岸的年降雨量不到25毫米,除了几个城镇外,几乎杳无人烟。它之所以重要,是因为有几条商路穿越,以及拥有特别矿藏和沿海的捕鱼业。关于旅游,纳米布沙漠的中部和北部大部分被划作娱乐和保护区。纳米布沙漠中部公园是羚羊、斑马和鸵鸟栖息地。斯瓦科普蒙德西北面沿岸有一条长约200公里左右的地带是西海岸国家旅游区;有著名的开普克罗斯海豹保护区,是世界少有的。再往北是斯凯尔勒敦海岸国家公园,为了保护易遭破坏的沙漠环境,进入该公园人数有限制。2002年本书作者曾在沙漠边缘穿过,看到了中国在那里建立的陆上卫星测控站建筑。

## 第四节 景观稀有

**景观稀有举例**：阿根廷伊瓜苏瀑布国家公园，埃塞俄比亚锡门国家公园，澳大利亚豪勋爵群岛，巴西伊瓜苏瀑布国家公园，波兰与白俄罗斯共有的比阿洛维察森林国家公园，菲律宾公主港地下河国家公园，尼泊尔萨加玛塔国家公园（珠穆朗玛峰南坡），科特迪瓦塔伊国家公园，马达加斯加琴吉德贝玛拉哈自然保护区，塞内加尔朱杰国家鸟类保护区，乌干达布温迪原始密林国家公园，乌干达鲁恩佐利山脉国家公园，印度楠达德维山国家公园，印度尼西亚爪哇乌荣格库伦国家公园，印度尼西亚科莫多群岛国家公园，越南海防的下龙湾，扎伊尔加兰巴国家公园，中国黄龙、九寨沟、武陵源。

本书2004年首次出版以来，又有一些新遗产入选《世界遗产名录》，其中属于景观稀有的，现举例如下：保加利亚2010皮林（Pirin）高山草甸、岩屑堆和山峰国家公园；冰岛2008叙尔特赛（Surtsey）岛；法国2010留尼汪岛（Reunion）的火山峰、冰斗和峭壁；哈萨克斯坦2008萨利亚喀（Saryarka）-哈萨克斯坦北部的疏树草原和湖泊；肯尼亚2013有非洲象传统迁徙路线的肯尼亚山-里瓦（Kenya-Lewa）野生动物保护区；挪威2005盖兰格（Geirangerfjord）和奈罗伊（Nærøyfjord）西北海湾；帕劳2012帕劳南部的潟湖群、珊瑚礁与石灰岩岛群；斯洛伐克2011喀尔巴阡（Primeval）山原始山毛榉森林；乌克兰2011喀尔巴阡（Carpathians）山原始山毛榉林（与斯洛伐克、德国共有）；意大利2009阿尔卑斯山脉多洛米蒂山（Dolomiten）山群峰；中国2010南方亚热带地区的6处丹霞地貌景观；乍得2012撒哈拉沙漠极度干旱的恩内迪（Ennedi）地区18座连接在一起的乌尼昂加（Ounianga）湖泊群。

### 坦桑尼亚：乞力马扎罗国家公园

乞力马扎罗国家公园位于赤道与南纬3度之间的坦桑尼亚东北部，临近肯尼亚。该公园建于1968年，在海拔1800米到乞力马扎罗峰之间，面积756平方公里。

乞力马扎罗山是非洲第一高峰，海拔5895米，被称作非洲的"珠穆朗玛峰"，也被称作"非洲屋脊"。乞力马扎罗山的"孤"为这个国家公

图7.4.1 山顶的圆形火山口

园平添胜景与魅力。辽阔的非洲古大陆整体上是一块古老的高原，在这高原上广布沙漠，坦荡辽阔。但乞力马扎罗山却卓尔不群，它在大高原上突兀耸天，气势非凡。其次，世界其他各大洲的最高山峰，都是直接构成一系列山脉的基干，或是矗立在山脊线的近旁，和同一山系的众多峰峦，或密迩，或遥望，总的轮廓看去，声势浩大，绵延不绝。而乞力马扎罗山，只与南北纵贯的地球上最大的"伤痕"——东非大裂谷为邻，根本没有山系可言。它简直就是单个地突兀而起，孑然而立于方圆几十公里的地段内（山基座周长72公里，宽56公里）。这也许是许多地理学家把它称之为"非洲大陆之王"的原因吧。

乞力马扎罗山有两座主峰，一座叫基博，另一座叫马温齐。从远处看朦朦胧胧，被一种神秘莫测的气氛所笼罩，因而阿拉伯人曾把它们称作飘忽不定、难以抵达的仙山。乞力马扎罗山麓常年酷热，气温最高可达59摄氏度，但在峰顶，气温又常在零下34摄氏度，终年冰雪覆盖，寒风怒号。因此又被称为"赤道雪峰"。平时山峰云雾缭绕，变幻莫测，磅礴瑰丽中给人一种飘忽不定的神秘之感。而每当云消雾散之时，冰清玉洁的山顶在赤道骄阳的照耀下呈现出五彩缤纷、绚丽夺目的自然景色。"乞力马扎罗"在斯瓦希里语中，意为"耀眼的山"，即"光明之山"；"基博"一词在查加语中意为"黑白相间"，因为山上的白雪和黑色岩石相互交错，构成了一幅雄伟壮丽的图画；而"马温齐"一词在查加语中意为"破裂"，这是由于它的山峰是由四五个犬牙形的山峰构成，险峻、挺拔，同圆形的基博峰遥遥相对。由于印度洋上吹来的海风常常被基博峰阻挡，山巅和山腰时有浮云和雾气缭绕，使巍峨耸立的基博峰若隐若现，其终年积雪的山峰只有在黎明日出和黄昏日落时才偶尔现出真形。每当山峰揭去浓云密雾的面纱，露出它那光彩夺目的雪冠时，苍翠朦胧的山体，衬托着无边无际的绿色草原，令人心旷神怡，浮想联翩。而山顶积雪成冰，向山下移动，形成冰川，可下滑到海拔4300米附近，为一大奇观。

乞力马扎罗山也是世界上最高的火山之一。它是一座休眠火山，山上有几处火山口还不时冒出一缕缕的青烟。在主峰"乌呼鲁"上有一个直径达1800米的火山口，深达200米，周围嵌有一圈坚实的冰块，底部存有无数巨大的千姿百态的大冰柱，从天上看去，就像一只晶莹的大玉盆，光彩耀眼，十分壮观。

乞力马扎罗山从远处看是一座巍峨耸立的雪山。到了山中，钻入遮天蔽日的丛林，反而看不到雪山的雄姿了。这是因为山上的植被呈垂直分布，具有生长热带、温带和寒带植物的不同气候条件，山上山下景色迥然不同，浓缩着地球的千姿百态。树木线以下是莽莽苍苍，盘根错节的热带雨林，高大茂密。许多树木高达10多米。在苍老的罗汉松和樟树躯干上缠绕着巨蟒似的藤蔓植物，厚厚的苍苔像绿色帘幕从枝头倒悬而下。还有一种名叫木布雷的珍贵硬木，需长达90年的时间才能成材，是盖房、做家具的首选木材，永不腐烂。地面上，山溪潺潺流过，发出淙淙的水声。山坡上覆盖着肥沃的火山灰，甘蔗、茶树、剑麻、香蕉、咖啡等各类植物茁壮成长。海拔2900米以上是单一的高山灌木和草丛，最后雪线以上只有苔原和冰原，皑皑白雪的峰巅和银蛇蜿蜒曲折般的巨大冰川，形成了一片白色的世界。

公园内栖息着包括热、温、寒三带的多种野生动物，如大象、蓝猴以及阿拉伯羚、大角斑羚等等。2002年本书作者去往恩格罗恩格罗自然保护区途中，驻留多时，观看远处的乞力马扎罗火山，山腰有白云笼罩。

**中国：九寨沟**

九寨沟位于四川省九寨沟县的中南部，阿坝藏族羌族自治州九寨沟县境内，地处岷山山脉南段尕尔纳峰北麓，是长江水系嘉陵江源头的一条支沟，海拔2000—4300米。因沟内散居着九个藏族村寨而得名。沟内有未经人工修饰而保持着自然、原始、朴实的迷人景观。1993年九寨沟被列入《世界遗产名录》。

九寨沟属高原湿润气候，山顶终年积雪。春天气温较低且变化较大，平均气温多在9 ℃至18 ℃之间，4月前有冻土及残雪。夏天气温回升较快且稳定，平均气温在19 ℃至22 ℃，昼夜温差较小。秋季天高气爽、气候宜人，气温多在7 ℃至18 ℃，昼夜温差较大，特别是10月后的深秋，10月下旬即有冻土出现；冬季较寒冷，有冻土（最深处达50厘米）、积雪（最深达15厘米），气温多在0 ℃以下。九寨沟降雨少而集中，7月、8月是典型的雨季。

九寨沟最高处海拔3000米上下。整个地势呈梯状重叠，相连成串地分布着大小湖泊。湖泊间有十几个瀑布群呈梯状重叠分布。这片地区在千百年前原本是一片汪洋的浅海，因为地壳运动上升为陆地，碳酸盐类熔岩集中沉积，形成褶皱和断裂，随着冰川气候的影响，海拔2000—4000米高寒范围的山地谷带，因流水和生物作用，喀斯特地貌得到了旺盛的发育。随着时光的推移，形成了今天旖旎无比的灯笼串似的叠瀑和湖泊。

身处九寨沟，宛若回到了远古时代。眼前的水流、山石、树木、花卉及至山冈雾霭无不显示着一种原始的风韵、自然的美丽。置身其中，令人耳目一新，心旷神怡。

图7.4.2　水下有倒伏的树干

图7.4.3　游览线尽端有未砍伐的树木

九寨沟分三条沟：日则沟、树正沟、则查洼沟。日则沟有原始森林、草海、天鹅海、箭竹海、熊猫海、五花海、孔雀河道、珍珠滩瀑布、静海、诺日朗群海、诺日朗瀑布。树正沟有犀牛海、老虎海、树正瀑布、树正群海、卧龙海、火花海、芦苇海、盆景滩、扎如寺。则查洼沟有则扎哇寨、下季节海、上季节海、五彩池、长海。

九寨沟以高山湖泊群和瀑布群为其主要特点，集湖、瀑、滩、流、雪峰、森林及藏族风情为一体，因其独有原始的自然美，变幻无穷的四季景观，丰富的动植物资源而被誉为"人间仙境"和"童话世界"。九寨沟的最高处，是最大的高山湖泊长海，它宽近1000米，长达8000米，湖水湛蓝像一幅锦缎，周围重峦叠翠，青松环抱。长海水面宽阔，周围无任何出口，但夏秋雨水不漫堤，冬春久旱也不干涸，无人能解此谜。

九寨沟原始秀丽的风光主要分布在从沟口至诺日朗主沟及两条支沟（则查洼沟和日则沟），呈"丫"字形的地段内，面积720平方公里，景区内有118个翠海（高山湖泊），17个瀑布群，并有多处大面积钙华滩流，及各种珍稀动植物。空气清新，阳光明媚，是游览、观光和度假的绝佳境地。

**中国：武陵源**

武陵源地处湖南省武陵山脉的武陵源风景区，由索溪峪、天子山和张家界国家森林公园三大景区组成，方圆369平方公里，奇山异峰3000多座，其中海拔在千米以上的有243座。亿万年前，这里曾是汪洋大海，地球漫长的造山运动使这里成为宽阔的褶皱地，大自然的神工鬼斧雕琢出武陵源今日之砂岩、峰林、峡谷地貌，构成了奇峰耸立、怪石峥嵘、溪水潺流的独特自然景观。

天子山奇秀幽野，又有一种独特的傲气，因而得名。关于这座山，还有一个美丽的传说。明代土家族人向大坤，率众反抗王朝的横征暴敛，建营垒，练兵马，称向王，正是在这里。后在官兵的重重围剿下，军众退守这座天子山，据险抗击，直到员减粮尽，向王毅然跃入天子山一处凹陷而成的湖泊，这就是至今依然深邃莫测，声响怪传的神堂湾。天子山四周的这些苗苗峰林，也成了他的化身，或者标记着他史诗式的逸闻。那30多座岩峰密匝一地，形如一队将士雄立的"天兵聚会"；那活像一位披斗篷挂盔甲将军的"天子峰"；那形似凌空一把座椅的"天子座"；座旁那似

图 7.4.4 奇峰林立

卫士侍立、插剑镇魔的"双士护剑";那"形皆威武雄壮、势皆不可折倾"的"众将军岩"等等,无一不和人们心中的向王联系在一起。

由于武陵源地处石英砂岩与石灰岩结合部。景区北部大片石灰岩喀斯特地貌,经亿万年河流变迁降位侵蚀溶解,形成了无数的溶洞、落水洞、天窗、群泉。据当地传说,因洞口面对北闹坡山下的凤凰村,龙凤不和,一直视黄龙洞为禁区。后民兵闯入禁区探洞,发现了这隐藏在奇山异水中瑰丽无比的溶洞。黄龙洞位于武陵源景区东部的角耳尖山腹地。现探明有13个大厅,96条走廊,3处瀑布和一条阴河。洞体分上下两层,两层水洞与两层旱洞错落相通。洞内有龙宫、水晶洞、石琴山、天仙水、仙人掌、响水河等六大游览区,其中龙宫游览区的龙宫大厅长340米、宽100米,总面积3.4万平方米,厅内大小高低不一的钟乳石柱1700余根,最高的定海神针高达20.7米,龙王宝座的最大直径达9米,洞自1984年10月正式对外开放以来,先后接待游客近300万人次,被人誉为"世界遗产之精华,中华最佳洞府"。

张家界森林公园距长沙420公里,紧靠枝柳铁路,是中国第一个国家森林公园,属于第四纪冰川的残留地带,地质地貌独特,园内动植物资源丰富。树种有105科720多种,禽类有6目13科,兽类有27种。园中森林风光充满原始情调。山高林密,古木参天。森林覆盖率达97%。高等植物有300多种,比整个欧洲还多一倍以上。特别是神堂湾、黑枞垴两处原始次生林,至今人迹未涉,充满神秘色彩。园中树种有巴山松、珙桐树、银杏、香果树,以及白玉兰、红豆杉等名贵观赏树木。稀有的禽兽有红腹角雉、原鸡和猕猴、水獭、鼯鼠等。

园内的山泉、潜流、瀑布汇成金鞭、琵琶、沙刀、花溪和矿洞等五条山溪及四处白沙泉水。在黄狮寨、腰子沟可观云海和日出。其他名胜古迹还有"朝天观""龙凤庵"和传说中的张良墓等。走进张家界,犹如进入大自然的迷宫,拔地奇峰,壁立眼前,参天林木,生机盎然。当地有"不登黄狮寨,枉到武陵源"的说法。黄狮寨海拔1200米,山顶面积7公顷,四周都是悬崖峭壁,山寨最高处的六奇阁,是唯一的人文景观。站在黄狮寨"摘星台"上,极目四望,东面是百丈峡,南面有天门山、仙人溪,北面是袁家界,再远就是天子山、十里画廊和洪家观等数百里的风光旅游区。奇峰耸峙,松石俏丽,林海峥嵘。武陵源的峰奇石怪,武陵源的溪清水秀。其中因流经金鞭岩而得名的金鞭溪,蜿蜒在山石间,轻柔地流过纸草潭、跳鱼潭、木坪和天子洲,然后由索溪峪注入澧水。金鞭溪是张家界国家森林公园的精髓。它属原始次生林,保存了许多珍贵的树种和林木,仅乔木一项,就比整个欧洲拥有的树木种类还多出一倍以上。

正如世界遗产委员会对武陵源的评审报告的批注所言:武陵源在风景上可以和美国西部的几个国家公园及纪念物相比。……具有不可否定的自然美,因它拥有壮丽而参差不齐的石峰、郁郁葱葱的植被以及清澈的湖泊和溪流,最近这些都被加以保护,而且进行了很大努力来维持它们留存下来的自然价值。因而这个地区合乎自然地区的第三类标准,而且合乎完整性的有关条件的要求。十多年的开发建设,使武陵源这块宝地,成了镶嵌在中华大地上的一颗风景明珠。张家界市计划在五年内将风景区所有居民和宾馆迁出，并规定不再开发新的景区，以恢复和保护景区的自然生态环境。

武陵源称得上是自然的迷宫、地质的博物馆、森林的王国、植物的百花园、野生动物的乐园。1992年武陵源被列入《世界遗产名录》。

### 新西兰：新西兰西南部蒂瓦希普纳穆自然保护区

新西兰主要由南岛和北岛两个大岛组成。有4个国家公园位于南岛南半部的西侧，靠北的是库克峰国家公园和西区公园，向西南去是较大的阿斯皮灵山国家公园，再向西南是临西海岸的弗兰德国家公园，按海岸特征也称为峡湾国家公园，弗兰德国家公园大体在库克峰、瓦纳卡、金斯敦和奥拉维亚一线的西侧，直到海边。库克峰国家公园、西部公园和峡湾国家公园在1986年已经列入《世界遗产名录》，1990年重新列入的这项遗产把阿斯皮灵山国家公园也包括在内，4个国家公园共同构成一项自然遗产。

西区公园和库克峰国家公园位于南阿尔卑斯山脉的中段。两个公园一西一东，被冰川造成的巍峨山脉分开，边界线长约40公里，海拔3764米的库克峰是阿尔卑斯山脉主峰，也在这两个公园的分界线上。虽然公园交界线上没有道路相通，但两个公园实际上是一个整体，总面积1875平方千米。

西区公园西起塔斯曼海，向东攀上库克山。越过山脊，到了库克山脉东侧便是库克峰国家公园，沿山而下，到山脉东麓海拔600米处为止。两个公园的保护区从西海岸向内地深入40公里，在这狭小区域内，地形、气候和植物形态变化多端，蔚为奇观。

由于长期与外界隔绝，所以这里原生的脊椎动物甚少。海狮是原生的，但马鹿和岩羚羊都是外来的。沿海地区是大批海鸟迁徙的途经之地。鸟类种数很多，有新西兰独有的食肉大鹦鹉，身披橄榄绿羽毛，翅膀下的羽毛是鲜红色，当展翅飞翔时，红绿相映，鲜艳夺目。其他如知更鸟、扇尾鸟、图爱鸟和新西兰最小的步兵鸟都十分惹人喜爱。

图 7.4.5　新西兰南部冰川

山区林木茂密，种类繁多。西部是高大的树种。东部以银灰色的山毛榉灌木林为主，夹有一些阔叶林，地面丛生蕨类和薰衣草。站在山顶上远望茫茫林海，令人心旷神怡。

这个保护区是更新世冰川作用下的典型结果。平原森林是由第二纪时期各大陆分裂前的冈瓦纳古森林演变来的。此外保护区还是典型的地质活动频繁地区。300条近海冰川各有特色。塔斯曼冰川长29公里，宽3公里，是世界上最长的冰川之一。壮丽的高山、雪峰和冰川，从空中看更是美不胜收。

峡湾国家公园在1952年建立，面积12120平方千米，是世界上最大的国家公园之一。由于这里是在太平洋板块和澳大利亚与印度洋板块交界处的高山断层上，所以是地震多发地区。在西海岸，高山从洋面拔地而起，其中图托科峰高达2746米。这里的独特景观多种多样，有峡湾、岩石海岸、悬崖峭壁、高山湖泊和众多瀑布。这些都是冰川作用多次雕磨的结果。冰川活动发生在100万年前，冰川移动过程中削尖了各个山峰，刨蚀了每条峡谷和所有的湖泊，也拓宽了峡谷的V字形谷底。最大的峡湾是密福特峡湾，河流向内陆延伸22公里，峡湾水面与山崖垂直相交，冰川被切割成V字形断面。峡谷下沉后就形成了现在的景观。在所有的山涧几乎都能见到大大小小的瀑布，在峭壁上，大小瀑布叮咚或者轰鸣，汇成动听的天然交响乐。最著名的瀑布是苏瑟兰瀑布，位于密福特峡湾上，总落差580米，居世界前列。在这个峡湾内荡舟，看到的是群山合围，峭壁万仞，飞瀑流泉，冰川潆潆，给人以无限美感。西海岸的14个峡湾总长44公里，最深处500米。南海岸的峡湾更长，入海口更宽，其间还有许多小岛。

峡湾国家公园2/3的面积覆盖着森林，大多是南方山毛榉和罗汉松，其中有些树龄在800年以上。园内共有25种稀有的或濒临灭绝的植物。土生土长的陆地哺乳动物仅有一种蝙蝠，此外还有较多的海上哺乳动物，其中主要有5万多头海狮。引进公园的哺乳动物有鼬鼠、马鹿和岩羚羊。鸟类中有大量土生鸟，如本地企鹅。

## 第五节　生物多样

**生物多样举例**：阿曼沙漠中的野生动物保护区（阿拉伯羚羊原产地），保加利亚斯雷巴那生物圈保护区，波兰与白俄罗斯共有的比阿洛维察森林国家公园，俄罗斯阿尔泰山脉鄂毕河与额尔齐斯河河源区、希克霍特-阿林山脉中段森林保护区，墨西哥埃尔维采诺环礁湖鲸鱼保护区，塞内加尔尼奥科洛科巴国家公园，突尼斯伊什库尔湖国家公园，印度凯奥拉德奥国家公园，扎伊尔卡胡齐-比埃加国家公园、欧卡庇动物保护区。

本书2004年首次出版以来，又有一些新遗产入选《世界遗产名录》，其中属于生物多样的，现举例如下：澳大利亚2011宁格罗（Ningaloo）海洋、岸礁、海岸喀斯特和水系；巴拿马2005阔巴（Coiba）国家公园及其航海保护区；德国与荷兰共有2009瓦登（Watten）近岸海和湿地；法国2008新喀里多尼亚（New Caledonia）潟湖、珊瑚礁多样性及相关生态系统；菲律宾2009图巴塔哈（Tubbataha）珊瑚暗礁海上公园；荷兰2009瓦登（Watten）近岸海和湿地；加蓬2007洛佩-奥坎德（Lopé-Okanda）生态系统与文化遗迹景观；喀麦隆2012刚果盆地西北部喀麦隆、刚果共和国和中非共和国三国界河桑加（Sangha）河；肯尼亚2011肯尼亚东非大裂谷的博格利亚湖（Bogoria）、纳库鲁湖

（Nakuru）和埃尔门泰塔湖（Elementaita）湖群；马达加斯加 2007 阿钦安阿纳（Atsinanana）雨林；墨西哥 2005 加利福尼亚（California）海湾诸岛和保护区；墨西哥 2008 黑脉（Monarch）金斑蝶生态保护区；墨西哥 2013 厄尔比那喀提（El Pinacate）和德阿尔塔（de Altar）基于火山群的大沙漠生物圈保护区；斯里兰卡 2010 斯里兰卡中央高地生态保护区；泰国 2005 栋巴耶延－考爱山（Dong Phayayen-Khao Yai）林区；坦桑尼亚 2010 恩戈罗恩戈罗（Ngorongoro）自然与古人类遗址保护区；也门 2008 索科特拉（Socotra）群岛；印度 2012 世界公认的八大最热门生物多样性热点之一的西高止（Western Ghats）山脉；中国 2006 四川大熊猫保护区。

### 坦桑尼亚：塞伦盖蒂国家公园

塞伦盖蒂国家公园位于坦桑尼亚共和国北部的马腊、阿鲁沙、席尼昂加三省境内广阔的塞伦盖蒂草原。这里生活着数以百万计的斑纹角马、羚羊、斑马等食草类动物和它们的天敌。1981 年被列入《世界遗产名录》。

公园占地 147.63 万公顷，东邻已被列入《世界遗产名录》的恩戈罗恩戈罗自然保护区，北邻肯尼亚马塞马拉自然保护区，南与马斯瓦狩猎区相接。公园是一个巨大的、名副其实的草原生态系统，也是当今世界上数量最大、品种最多的动物群栖息地和更新世生态系统的最后遗迹。

坦桑尼亚地质上属前寒武纪结晶岩组成的非洲古陆的一部分，以后的地壳上升和断裂活动形成以阶梯状高原为主的地形特征。地势西高东低，东部是海拔 200 米以下的沿海平原和丘陵，一般仅宽 10—30 公里；内陆大部分为海拔 1000—1500 米的高原，由古老的上升地块经长期剥蚀夷平而成，地形单一，起伏平缓，间有浅平洼地。纵贯国境中、西部的两支裂谷，是东非大裂谷的一部分。谷底多陷落盆地和断层湖，两侧相对上升成为地垒式山地和高地，伴随断裂活动的岩浆喷出后形成高大的火山。

坦桑尼亚属于湿系分明的热带草原气候。气温年较差小，沿海不足 4 摄氏度，内陆仅 5—6 摄氏度。气温随海拔高度而异。沿海低地和丘陵全年炎热，海拔 1800 米以上的山地终年凉爽。降水量及其年内分配主要受热带幅合带和来自印度洋的东南气流控制，达累斯萨拉姆至维多利亚湖一线以北，每年有两个雨季和两个旱季；此线以南的广大地区，11 月—次年 5 月为雨季，其余为旱季。雨量分布受地形、海陆位置和大湖水域影响明显，沿海平原、山地东南坡和维多利亚湖西岸超过 2000 毫米，是东非降水量最多处，山地背风面和广大内陆高原年降水量一般不足 800 毫米，中北部在 600 毫米以下。

坦桑尼亚植被以热带疏林和稀树草原为主。热带疏林分布最广，约占全国面积一半。热带稀树草原约占全国面积 25%。此外，山地迎风坡有茂密的热带森林，出产罗汉松属、东北绿心木、大绿柄桑、东非桃花心木等经济树种。

塞伦盖蒂国家公园内生活着 35 万头斑纹角马，13 万只斑马，16.5 万只汤姆森羚羊，7000 余只大角斑羚，2.7 万头达马鹿，1.8 万头驼鹿，4000 只长颈鹿，1.5 万头埃塞俄比亚疣猪，3000只水羚，2700头非洲象，500余匹河马，200余头黑犀牛……它们的五大天敌也同时在此繁衍，包括2000余只狮子，1000余只豹，225只鬃毛豹，3500余只斑纹鬣狗和约300只狼。

图 7.5.1　野生牛群

大群斑纹角马、斑马及羚羊的迁徙，构成了这一生态系统最大的特色。而从自然景观上看，辽阔而没有树木的中央平原及东南大草原，与草木丛生、森林茂密的北部风格迥异。虽然动物群常年迁徙，但5、6月间的场面尤其罕见：成群结队的食草动物由中央平原向公园西部常年有水的地区移动，食肉动物紧随其后，伺机捕食。有时迁徙的动物群竟长达十余公里，这是世界绝无仅有的壮观景象，也是当今世界所能见到的最令人难忘的场面。

**澳大利亚：豪勋爵群岛**

豪勋爵群岛属于澳大利亚新南威尔士州，位于悉尼东北方700多公里的南太平洋上，由2000多米深处的海底火山不断活动造成。原来与澳洲大陆相连，后来因为陆地下沉而与大陆分离成为岛屿。岛上有相当完美的生态环境和错落有致的地形地貌，更有多种当地独有的动植物，尤其是有丰富多样的鸟类。1982年被列入《世界遗产名录》。

豪勋爵群岛18世纪时被发现，总面积1540多公顷，其中主岛豪勋爵岛1445公顷。岛上大部分是戈沃山和利德格伯德山。从海上望去，岛上的山峰如同擎天柱般直立海上。

图 7.5.2　岛上仅有居民数百人

从火山学观点看，最宝贵的是，群岛是年轻的陆地，所以有大量尚未风化的玄武岩。

过去这里从未住过人，而且自从发现后严格保护和管理，所以陆上生态系统和近海生态系统都保持着原来的与人类隔绝的状态。整个群岛绿荫葱葱，森林生长茂盛。19世纪末澳大利亚政府开始在这里进行科学调查，1982年建立国家公园，保护生态环境，保护珍稀物种。

鸟类有约130种，绝大部分是飞越重洋的过境鸟，有的处于濒危状态。陆上鸟类有4种，面临最严重威胁的是一种不善飞翔却能游水的野秧鸡，是世界上最稀有的鸟类之一。野秧鸡多在利德格伯德山和戈沃山上，数目很少。1980年开始实施一项饲养此种濒危鸟类的计划，现在这种鸟已有数百只。大量海鸟在这里栖息是一大特色，岛上共有黑凫10万对。另外，这里还是"天命"海燕唯一的筑巢地。群岛还是黑凫和花面鲣鸟在地球最南端的繁衍地。

群岛有位于地球最南端的珊瑚礁，在更新世形成，一直延续至今。由于气温不同，组成这座珊瑚礁的生物残骸与北面水温较高处的珊瑚礁不同。其独特之处还在于它介于珊瑚礁和海藻礁之间。珊瑚礁区域的鱼类共有107目，约490种。

岛上植物共有7类，内有蕨类植物48种，其中17种为当地特有。有被子类180种，其中当地特产56种。已在岛上扎根的外来植物也有175种。

### 南非：弗里德堡圆陨石坑

弗里德堡陨石坑（Vredefort Dome）位于南非共和国自由邦省，在约翰内斯堡西南方约96公里，由于地处陨石撞击坑中心附近的城镇弗里德堡得名。陨石坑直径380公里，是世界上最古老、也是最大的清晰可见的陨石坑。2005年，弗里德堡陨石坑因为特殊的地质景观被列入《世界遗产名录》。

弗里德堡陨石坑是40亿年前冥古宙时期最强的几次撞击形成的，在20—23亿年前，遭受天外小行星撞击形成了巨大的陨石坑，造成该陨石坑的小行星直径约有5至10公里。这个陨石坑最早曾被认为是火山爆发造成的火山井。到了1990年，在弗里德堡附近瓦尔河的河床发现了破裂锥，才证明了这里是陨石撞击坑。

弗里德堡陨石坑是地球上仅存的多环结构撞击坑的完整遗址。虽然地球上多环结构的撞击坑相当常见，但因为侵蚀作用和板块运动等

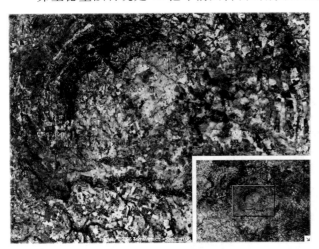

图 7.5.3　陨石坑卫星地图

地质作用，地球上大多数环装结构撞击坑已被摧毁，因此弗里德堡陨石坑是研究地球地质史的重要证据，对了解地球进化至关重要，具有很高的科学价值。

弗里德堡陨石坑表面，经过天外星体的撞击破坏，形成了一道道如水涟漪般的波纹，构成这些波纹的不是液体而是坚硬的岩石。这些岩石经过撞击后，呈倾斜分布，绵延几百公里。猛烈的撞击产生了温度极高的大火，高温烧结的地球岩石形成了一个球节裂瓣。这次撞击具有很大的破坏性，它的威力是现今所有国家核武器当量总和的1000多倍，直接导致地球所有生物的毁灭。蔓延不绝的山岭成弧状散布开来，这都是撞击形成的地貌，经亿万年的风雨洗礼形成如今的、有代表性的地质景观。弗里德堡陨石坑的黑色石头是陨石和地表撞击时燃烧后形成的新的结合体。许多钻石就是这样形成的，这也是南非大地上钻石非常多的原因。

陨石对地球的威胁一直存在，而人类对此的认识时间并不算长，对弗里德堡陨石坑的研究有助于科学界更深入地了解这种威胁。弗里德堡陨石坑还展示了生物进化的纪录，它是重要且持续的地质发展过程依据，对研究地球历史的主要发展阶段具有很大的意义和价值。

南非政府计划大规模投资开发弗里德堡地区的旅游，让更多的人了解这一地区的科学价值。目前，在弗里德堡陨石坑附近已有许多住宿及餐饮设施，为游客的餐饮和住宿提供了方便。另外，游客自带装备在附近露营、野餐，以及攀岩也是不错的选择。陨石坑附近有良好的植被和蜿蜒的小河，游客可以乘坐皮划艇和木排探险，亦可以享受漂流、骑马和射箭的乐趣。

# 第八章　双重遗产

**文化与自然双重遗产举例**：阿尔及利亚塔西利·恩·阿耶尔岩画，澳大利亚威兰德拉湖区、塔斯马尼亚荒原国家公园群，秘鲁马楚比楚城址及古神庙、里奥阿比塞奥国家公园及考古公园，法国与西班牙共有的比利牛斯山脉派尔杜峰区景观，马其顿奥赫里德地区文化与历史地带和自然环境，南非尤克哈兰巴·德拉肯斯堡洞穴与环境公园，瑞典拉普兰德北极文化景观区，土耳其希拉波利斯－帕穆卡勒古城，危地马拉提卡尔国家公园，西班牙伊维萨岛海洋与海岸生物多样性和考古遗址区，希腊迈泰奥拉修道院、圣山，中国峨眉山和乐山大佛、泰山、武夷山。

2004年之后新列入《世界遗产名录》的双重遗产很少，主要是因为有不少原来有可能被评为双重遗产的，现在就被按文化遗产评为文化景观了。

**土耳其：戈雷梅国家公园和卡帕多基的岩洞建筑**

这处遗产位于土耳其中部的卡帕多基省，1985年作为自然与文化双重遗产列入《世界遗产名录》。这里是死火山熔岩经过风化水蚀形成的高原。在过去的地质年代，阿尔盖乌斯火山不同时期喷发的火山熔岩流布各地，由于熔岩成分不同，经过风化和雨水侵蚀形成了许多不同形状的丘陵，有圆锥形、蘑菇形、尖锥形、圆柱形，绝大多数岩石表面平滑光洁，如同经过人工琢磨。这种奇特的地貌是它被评为自然遗产的原因。

卡帕多基的这种景色是在中新世时期由红色的砂岩和泻盐沉积而形成。然而，这块相对较小的在火山凝灰岩上形成的肥沃土地也是人们愿意居住的地方。卡帕多基的南部人口稠密，是这个地区的心脏。

戈雷梅的古老建筑是在崖壁上雕凿而成，岩洞内建有各种教堂，这些都是罗马帝国时期人们宗教活动和生活的罕见证据。穴居的村庄和地面下的城镇都再现了人们传统的生活环境，这甚至可以追溯到公元4世纪，那时的生活情景现在在戈雷梅德还可以看见。这个国家公园和周围的区域包括不同的城镇、村庄、小村落。大约有2万人住在国家公园范围里，6.5万多人生活在周围的社区。

图 8.0.1 开在崖壁上的洞窟有教堂和住房

图 8.0.2 教堂内耶稣诞生壁画

传统上当地人的经济来源是农业、陶器制造业和地毯编织业。但到了 20 世纪 80 年代，旅游业已成为这一地区的经济支柱。人类在这里居住了一千六百多年，所以留下了丰富的人文遗产。从公元 4 世纪到 13 世纪，当地居民与自然和谐相处，利用独特的自然环境营建房屋。他们在火山熔岩中开凿出像网络一样互相连通的洞穴，最早的建于 4—6 世纪，大都是修道院。后来有住房、商店和粮仓，也有教堂和修道院，还有一些是防御工事。8 世纪上半叶的教堂由于受破坏圣像运动的影响，大都没有壁画和雕像，是破坏圣像运动时期拜占庭艺术不可多得的见证。8 世纪下半叶到 13 世纪的教堂都有十分精美的壁画和雕像。还有许多岩洞虽然开凿于古代，但是现在仍然在使用。由于是岩洞，绝大部分建筑保存得相当好。

**中国：黄山**

黄山位于中国安徽省南部的黄山市，地跨歙县、太平、休宁、黟县等县，现设黄山市。景区面积 154 平方公里，为中国著名的山岳名胜区之一，是以风景秀丽为特色的旅游胜地。1990 年被列入《世界遗产名录》。

大约在距今一亿年前后，因猛烈的地壳运动，地层深处喷发出岩浆，造就了幼年的黄山。之后经过多次造山运动和第四纪冰川的冲刷，黄山形成了气势磅礴，奇峰穿云的地貌，至今还保留着中国地质学家李四光考察的第四纪冰川的遗迹，并因此成为黄山入选世界遗产的重要理由之一。

黄山，秦代称之为黟山。至唐代，因传说黄帝曾来此修身炼丹而改今名。它以奇松、怪石、云海、温泉"四绝"著称。著名胜景有二湖、三瀑、二十四溪、七十二峰。因它兼集中国许多名山的特色，故有"五岳归来不看山，黄山归来不看岳""天下名景集黄山"的称誉。

*绝妙风景*

黄山无石不松，无松不奇。黄山松傲立于海拔 800 米以上的险峰峻岭之上，特殊的

图 8.0.3 迎客松

气候和地理条件造就了它们苍劲刚毅的千姿百态，其中有名的有迎客松、探海松、送客松、蒲团松等，它们不畏风雨冰雪，不择瘠薄恶土的高贵品格给人以启迪和鼓舞。

"黄山有石怪天下。"这里的石头造型多姿，惟妙惟肖。或似人如物，或酷鸟像兽，如龙头石，形似龙头，枕于桃花溪畔，上刻"龙头"两字，每逢大雨，溪水暴涨，湍流奔腾，似龙飞翔；又如飞来石，立在黄山西部飞来峰上，高十余米，根部与山峰截然分开，孤耸峰巅，似天外飞石，石形如桃，故又名仙桃峰，石上刻"画镜"两字。

黄山云海可分为东海、南海、西海、北海和天海。每逢雨后初晴，云铺深壑，絮卷危岩，眼前一片汪洋，脚底白浪滚滚，远处海天相接，偶尔耸出云端的山尖，恰似大海中的孤岛，时隐时现。大风乍起，巨浪排空，惊涛拍岸，瞬息之间又归于平静，阳光普照。

黄山温泉水质清澈，甘甜沁人，久旱不涸，久雨不溢。水温常年保持在 42 摄氏度左右，含有多种对人体有益的元素，颇有医疗价值。

黄山有名可指的七十二峰，风姿绰约，形态生动。莲花峰、天都峰、光明顶三大主峰，海拔都在 1800 米以上。莲花峰，因俨如新莲初开、仰天怒放而得名，置身于此，大有顶天立地之感。风和日丽，视野开阔，可东望天目，西瞻匡庐，北窥九华和长江。雨后初晴，八方云海尽收眼底。天都峰，古称"群仙所都"，意为天上都会，从古到今，游人都以攀登天都绝顶为最大乐趣。

**气候与植物**

黄山气候具有垂直变化的特点，植物的分布也十分明显，这里森林覆盖率为 84.7%。拥有热带、亚热带、温带植物 1450 余种。这里有中国特有的古松、黄杉、铁杉、白果、枫香、紫金楠、豹皮樟和冰川时期留下来的马褂树，以及黄山杜鹃、天女花、灵芝、猕猴桃、毛峰茶等。山高林密，气候适宜，使黄山成为野生动物良好的栖息地。景区共有脊椎动物 300 种，鸟类 170 种。在黄山的自由王国里，黄山猴、麋鹿、野鹿、山羊经常出没，相思鸟、八音鸟、白鹇鸟、黄莺时时赛歌。

黄山属亚热带湿润气候，夏无酷暑，冬无严寒，月季平均温差二十摄氏度左右。春天，千峰苍翠，百花怒放；夏日，瀑飞溪流，泉清谷幽；仲秋，枫松相间，五色纷披；隆冬，一旦飞雪，则遍山素裹。

文化与宗教

黄山与宗教有密切的关系，唐代道教旧籍中，关于轩辕黄帝和容成子、浮丘公来黄山炼丹、得道升天的仙道故事，流传千年，影响深广，至今还留下与上述神仙故事有关的许多峰名，如轩辕峰、浮丘峰，以及炼丹、仙人、上升、仙都、道人、望仙诸峰。黄山山名，亦与黄帝炼丹之说有关。道教在黄山建立较早的道观有浮丘观、九龙观等。寺庙之中，祥符寺、慈光寺、翠微寺和掷钵禅院，号称黄山"四大丛林"。

黄山伟大的自然美，使无数诗人、画家和其他艺术家叹为观止，留下了不可胜数的艺术作品。从盛唐到晚清的1200年间，仅就赞美黄山的诗词来说，现在可以查到的就有两万多首。黄山艺术作品的体裁和内容都十分丰富，它们从各个侧面发掘体现并充实了黄山的美，是祖国艺术宝库中的灿烂花朵。就诗文而言，李白、贾岛、范成大、龚自珍、郭沫若、老舍等都有不少佳作流传于世。散文中，徐霞客的《游黄山日记》，袁牧的《游黄山记》，叶圣陶的《黄山三天》等都体现了黄山绝美秀丽的风姿。另外，黄山的故事传说也不胜枚举。而体现黄山俊美恬静的黄山画派，更是成为黄山文化的一颗璀璨明珠。黄山画派的大师们不断从黄山山水中吸取养分，丰富自己的艺术创作，他们以凝重简练的笔墨、明快秀丽的构图和清高悲壮的风格、深沉宏达的旨意，在画坛独树一帜。黄山哺育了各个时代的许多艺术家，艺术家们又赋予黄山以艺术的生命。

黄山自开放以来，一直把保护放在首位，随着环保意识不断深入，人们日益关注生态环境，黄山日益奠定了它在人们心目中的地位，并于2000年荣获联合国教科文组织颁发的首届国际梅利娜迈尔库里文化景观保护与管理荣誉奖。

神奇秀丽的黄山风光，极大地刺激了人们到黄山旅游的欲望，迎客松张开臂膀正欢迎着八方来客，同时也提醒着人们要爱护这一片绿色。

## 新西兰：汤加里罗国家公园

位于新西兰北岛中南部，面积765.4平方公里。公园建于1887年，是新西兰最早的国家公园。公园内有15座年轻的火山，其中汤加里罗、鲁阿佩胡和恩奥鲁霍是最著名的3座锥形火山。这3座火山都在距今约200万年前开始喷发，后来仍不断活动，直到现在。整个公园内的群山覆盖着森林，高山雪景，流淌的溪水，使风光十分秀丽。1993年列入《世界遗产名录》。

鲁阿佩胡火山海拔2797米，是北岛的最高峰。它在1945年的喷发，持续近1年，喷出的火山灰和黑色气体最远飘到惠灵顿。1975年的一次喷发，气柱高达1400米。1995年9月末和1996年6月也曾喷发，气柱和灰尘升腾到几千米高。冬天山顶有很厚的积雪，盛夏积雪也不完全融化。

图 8.0.4 积雪的恩奥鲁霍火山

图 8.0.5 毛利人在滚烫的泉水中煮鱼

恩奥鲁霍火山是这座公园中最年轻的火山,海拔 2291 米,在 2500 年前才形成现在的山体轮廓。现在,每隔几年总要喷发一些黑色气体。火山山腰经常云雾缭绕,只有很少的晴天才能看到积雪的山腰和顶峰。在其他一些火山口,雨水和融雪水汇聚后会形成祖母绿宝石色的水塘。

由于火山的缘故,这里成为地热活动带,因此有许多地热泉和温泉,可供疗养和洗浴。另外,当地还有火山活动的奇观,这些都吸引了大量游客和科研人员。

这里的火山被当地的土著毛利人认为是神山,他们经常举行祭祀仪式。毛利人的特殊住房和生活习惯也为外来人所瞩目。

## 澳大利亚:卡卡杜国家公园

公园位于北部地方首府达尔文市以东 200 公里处,面积两万平方公里。这里是一个典型的生态平衡的地区,包括那些潮汐浅滩、漫滩、低洼地以及高原在内,为大量的珍稀动植物提供了优越的生存条件。有的物种在这里已经延续 4 万多年。这里有许多岩洞,洞内的壁画、石雕以及人类生活遗址,表现的是从远古的狩猎和采集人群,直到目前当地土著居民的生存技能和生活方式。1972 年以前,这里是地球上最后一片不为外界人所知的与外界隔离的土著人居住地。数百名土著人仍然过着石器时代群居的原始生活。从考古学和人种学角度评价,这里是保存非常好的地方。以前这里是土著自治区,1979 年被划为国家公园。1981 年列入《世界遗产名录》。

这里的地层构造相对稳定,既有古老的特征,又有现代的活动地貌,是形成这里特殊自然景观的重要原因。最古老的岩石超过 20 亿年。公园绝大部分的土地经历了严重的风化淋滤。公园里有四种主要的地貌类型。阿纳姆高原西缘有引人入胜的悬崖峭壁、飞流直下的瀑布和幽深诡秘的洞穴。悬崖绝壁高度在 30—330 米之间,绵延 500 多公里。这是由于具有较强抗风化能力的石英砂岩覆盖于抗风化能力较弱的岩石上,下伏岩石由于侵蚀作用而变得脆弱,因而上覆砂岩最终垮塌。这就造成了许多陡壁和洞穴,这些岩石上和洞穴里有许多当地土著居民绘制的岩画。这种错综复杂的岩石垮塌造成了无数分割的小环境，因而高原的生物和种群的生态类型复杂多样，含有许多与众不同的物种组合，其中的一些甚至是冰川时期的孑遗。悬崖地区的水生生态环境在旱季是淡水鱼类的重要避难地，其中有几种的分布范围极为有限。

高原上的大多数晚白垩纪岩石被冲刷掉后，裸露出下伏的抗风化能力较强的层状石英砂岩，因而形成现在的崎岖不平的地貌。高原区大部分地区缺乏土壤，地表是裸露的道路

图 8.0.6　岩画：人和鱼

和砂岩露头。高原的顶部有土壤，局部地区土壤厚度达到 150 厘米。然而在高原的峡谷中分布着许多零星的土地，正是这些土地为雨林和古老的孑遗物种提供了生活空间。

山丘和盆地大部分在公园的南部，这些山丘形成了现代的侵蚀面，活动断层造成的构造三角面和构造斜面都分布在这些山坡上。这些构造面之间被一些距离不等的冲积扇所分割。

一系列平缓起伏的低地平原，分布于达尔文盆地和阿纳姆地区之间。沿岸河流平原地带是河流和潮汐共同控制的地带。它们形成了现今的地表形态，同时也是不断变化的地表形态。

这里是热带季风气候，有界限分明的雨季和旱季。气候是决定这里的水文地理特征、植被和土地形式的主要因素。这里是澳大利亚降雨最多的地区之一。90%以上的降水集中在 11 月到次年 4 月之间的雨季，局部的雷暴和季风造成的低气压，是这种气候的典型特征，时常引起暴雨和热带飓风。5—10 月份的旱季里实际上没有降雨，土地非常干旱。一般来讲，年平均降水量从沿海向内陆递减，从 1565 毫米降到南部地区的 1100—1200 毫米左右。湿度在 1 月份到 3 月份之间最高。全年气温都很高。月平均最高气温在 7 月份的 33°C 到 10 月份的 42°C 之间。明显的季节性降水导致地表水流有两个截然不同的阶段。在雨季，河流暴涨，大面积的低地经历了洪水侵袭。到了旱季的末期，水流停止，在河流达到了最高水位地方，形成了一系列浅水洼地和其他形式的干涸河道。

图 8.0.7　卡卡杜的瓶形树

公园内植物类型丰富，超过 1600 种，这里是澳大利亚北部季风气候区植物多样性最高的地区。尤其特殊的是阿纳姆西部砂岩地带的植物多样性，这里有许多地方性属种。最近的研究表明，公园内大约有 58 种植物具有重要的保护价值。植被可以大致划分 13 个门类，其中 7 个以桉树的独特属种占优势。这里有澳大利亚特有的大叶樱、柠檬桉和南洋杉，还有大片的棕榈林、松树林和橘红的蝴蝶花树等等。

保护这里的动物群无论对于澳大利亚还是对于世界都具有极为重要的意义。这里的动物丰富多样，是澳大利亚北部地区的典型代表。公园中有 64 种土生土长的哺乳动物。占澳大利亚已知全部陆生哺乳动物的 1/4 还多。澳大利亚 1/3 的鸟类在这里聚居繁息，品种在 280 种以上，其中各种水鸟和苍鹰是代表性鸟类。在优美的环境中有禽鸣鸟啼，鼓噪熙攘，更显得生机盎然。每当傍晚飞鸟归巢时，丛林中和水塘边，澳洲特有的野狗、针鼹、野牛、鳄鱼等便从巢穴出来觅食，在这里又出现一幅弱肉强食的自然进化图。另外还有 75 种爬虫类，25 种蛙类和上万种昆虫。而淡水鱼类也不少，大约有 50 种以上。

公园内有 3 个考古区，其中有澳大利亚最早的人类居住遗址，从年代和分布推测，最早从印尼群岛迁移来的人首先在这里定居，在后来的几万年间才逐渐迁往澳大利亚的其他地区。遗址内有世界上最早的磨制石器，许多洞穴里有两万多年前的以赭石色为主的彩色岩画。在阿纳姆高原这种洞穴最多，绘画题材有狩猎英雄和被猎取的野兽。人体画的形象奇特，人头经常是倒三角形、半圆形和扇形，耳朵是方形，躯体和四肢特别细长，也有多头多臂的人体。舞蹈，屈身，跳跃，奔跑的动作样样都有，有的画让人难解其意，很有点现代画的气势。可见当年这些土著人能歌善舞，长于奔跑，富于幻想。这些绘画具有高度的文化价值和艺术价值。这些遗址也为澳大利亚的考古学、艺术史和人类史提供了珍贵的研究资料。

### 澳大利亚：乌卢鲁卡塔丘塔国家公园

乌卢鲁卡塔丘塔国家公园位于澳大利亚中部，东距艾丽斯斯普林斯市约 350 公里。1987 年被列入《世界遗产名录》。

乌卢鲁是一片一望无际的沙地平原,在平原上耸立着两个独特的地质结构——艾尔斯山与奥尔加山。1958 年辟为国家公园,占地 1760 平方公里。艾尔斯山是一块巨大的红色沙岩石,又名阿耶尔红岩,周围 9.4 公里,高出地面 340 米,东面高而宽,西面低而窄。这是世界上最大的独体岩块。它是五亿年前地壳运动中形成的山脉在漫长的岁月里被不停剥蚀后留下的残体,因 1872 年欧洲人艾尔斯首先发现而得名。巨石正好耸立在澳大利亚的几何中心上,四周为平原,一石凸起,大有顶天立地之感。巨石颜色以红色为基调,随日光照射程度差异而千变万化,令人叹为观止。石上没有天生的节理和层理,就是一块完整的巨石,表面光滑。石基周围由于风化形成许多岩洞,洞中有岩画,有些岩画已有一万年历史。澳大利亚土著居民将这块巨石视为圣石,把这里当作举行宗教活动的场所。艾尔斯岩麓旁边有一个神秘的玛姬泉,清可见底的泉水充溢岩穴。游客可从巨石西部扶铁链登上峰顶,眺望乌卢鲁卡塔丘塔国家公园辽阔的草原和沙漠的壮丽景色,原野上牛群如蚁,大树如草。

图 8.0.8　游客抓住安装的铁链条登山以保证安全

图 8.0.9　原住民,一万年前就有人在这里居住

奥尔加山则是由 36 块峻峭的砾岩穹丘组成的巨石阵,占地 3500 公顷,高 546 米。当地土著人称之为"多头",即许多脑袋之意。它聚集了 28 个山头,有的独立,有的连接在一起,最高峰从地面算起,比艾尔斯岩高 190 多米。岩面裂缝中多清水,故而各种野生植物和动物能生存其上,看去比艾尔斯岩具有活力。艾尔斯巨岩和奥尔加巨石阵犹如从海面上浮出的怪兽,耸立于澳大利亚荒原之上,成为远古山脉遭侵蚀后的罕见遗迹。

公园内有一些珍贵或濒危动植物。植被主要是半沙漠植物,有小尤加利树、鬣刺属植物、金合欢属植物、沙栎、硬木树、伞层花桉等。动物则包括大袋鼠、澳洲野犬、袋狸、鸸鹋、蛇和蜥蜴等。一些当地的哺乳动物,包括几种稀有的有袋动物,正面临外来的赤狐、猫、欧洲兔和野狗等的竞争,生存日益受到威胁。

大约有 80 个土著居民群体居住在国家公园内,他们以原始的狩猎方式,有节制地放火烧林、猎杀野兽和采集野果为生。

# 第九章　濒危遗产

许多由自然原因或者人为干预引起的危险因素正在对世界遗产构成威胁：武装冲突和战争，地震和其他自然灾害，污染，非法狩猎，无规划的建设。其结果使得三十多处世界遗产遭到威胁，因此对这部分世界遗产应予以特别的注意且采取紧急保护措施。世界遗产规定应该建立一个《濒危世界遗产名录》，为这些世界遗产的保护采取特别的步骤。在有紧急需求的情况下，世界遗产委员会应该随时对处于危险中的世界遗产进行新的干预，并且立即公布。

建立《濒危世界遗产名录》的目的，是要告知国际社会，一处世界遗产受威胁的情况，并帮助采取正确的措施使其得到有效的保护。

世界遗产受到的危险通常可以预先发现，这是指即将到来的威胁，或者当一处世界遗产面临着可能对其世界遗产价值产生消极影响的威胁的时候，指的是潜在的威胁。将任何一处世界遗产列入《濒危世界遗产名录》前，都需要委员会与相关国家及其代表磋商，是否制订一个可以实施的计划，从而得以监视这处世界遗产的状况。所有的努力都必须用来恢复这处世界遗产的价值，以期能够尽快地将其从《濒危世界遗产名录》中删除。

各方面对将一处遗产列入《濒危世界遗产名录》的理解不尽相同。一些国家申请将遗产列入濒危名录是为了将国际上的注意力吸引过来，从而获取解决问题的专业性援助。然而，另一些国家则希望避免这样不光彩的事情。无论在什么情况下，列入《濒危世界遗产名录》不应被视为事已如此，不可挽回，而应被看作是为了保护，能够采取有效的处理方法而制定的一种必要的机制。事实上将一处列入《濒危世界遗产名录》，对于促使有关方面关注是有效的，并且能够立即激起采取保护措施。

如果濒危世界遗产遭到破坏，失去了原有的突出的普遍价值，则委员会就可能决定将其从《世界遗产名录》和《濒危世界遗产名录》中除名。但是直到现在，还没有发生过这样的情形。

多数自然灾害后是需要外部援助的。曾有一次龙卷风袭击贝宁的阿波美皇宫，使皇宫遭受重大损坏。在贝宁政府的请求下，1985年，阿波美皇宫同时被列入《世界遗产名录》和《濒危世界遗产名录》。自从那时起，它的修复工作便一直在进行，参与这项工程的有许多国家的专家和公共机构。2003年阿富汗被塔里班政权炸毁的巴米扬大佛也是出于同样的原因而被列入上述两个名录。龙卷风造成的危害是快速的和致命的。而其他自然现象以较慢的速度进行巨大的破坏。例如，马里的廷巴克图的清真寺、陵墓和公墓正在受到被沙漠逐渐吞没的威胁，这个城市的3个重要清真寺的加固和维修需要国际社会的援助。

采矿作业也可能对一些世界遗产的保存造成威胁。这种情况在几内亚和科特迪瓦边界的宁巴山自然保护区和美国的黄石国家公园都曾发生。宁巴山的矿山后来停止开采。黄石公园外的采矿污水污染了公园里的水流，美国政府无力制止，于是主动提出将已列入《世界遗产名录》的黄石公园列入《濒危世界遗产名录》。

武装冲突是另一些世界遗产的主要威胁。然而，多亏了许多被这样破坏的世界遗产被列入《濒危世界遗产名录》，事后才得以修复它们。这种情况发生在克罗地亚的杜布罗夫尼克旧城，这里曾被称为亚得里亚海的明珠，旧城内哥特式的、文艺复兴时期的和巴洛克时期的建筑星罗棋布，这些建筑几个世纪里多次地震都幸免于难。但是1991年10月和11月，这个古城被战火严重损坏，于是立即被列入《濒危世界遗产名录》。后来在世界遗产中心提供技术建议和财政援助的情况下，克罗地亚政府修复了弗兰契斯克修道院、多明我修道院的正面，修补了屋顶，重建了宫殿。结果，它在1998年被从《濒危世界遗产名录》中删除。

波兰克拉科夫附近的维耶利奇卡盐矿厂是1978年第1批12个被列入《世界遗产名录》的世界遗产之一。这个伟大的盐矿自13世纪以来就一直在生产运转。它有300公里长的地下坑道，其中有用盐雕制的著名祭坛和雕像，20世纪末引进压力通风装置使坑道内出现大量湿气，对洞内所有的艺术品都造成了严重的威胁。1989年它被列为濒危世界遗产。波兰和国际社会经过9年的共同努力，安装了一套有效去除湿气的系统设备。这样一来，世界遗产委员会在1998年12月召开的会议上将这个盐矿厂从《濒危世界遗产名录》中删除。

另外一些案例则说明，列入《濒危世界遗产名录》最起码能够警示有关的管理机构。在厄瓜多尔的加拉帕戈斯群岛国家公园，当地本已脆弱的生态平衡被过度的捕捞和外来动植物物种严重地干扰。世界遗产委员会曾经慎重考虑将它列为濒危的世界遗产，但是，厄瓜多尔政府1997年请求世界遗产委员会推迟决定，允许厄瓜多尔政府为改变这种情况采取有效的措施。1998年，厄瓜多尔政府向世界遗产委员会报告已经制订了加拉帕格斯特别保护法并开始实施。政府加强了对群岛及其周围水域的保护。这就避免了它被列入《濒危世界遗产名录》。

如果世界遗产受到了威胁，那么《世界遗产公约》的缔约国就应该立即通知世界遗产委员会。另外，个人、非政府组织或者其他团体也应该向世界遗产委员会报告世界遗产受威胁的情况。如果这个警告被证实，同时问题足够严重，那么委员会就要考虑将这个世界遗产列入《濒危世界遗产名录》。

近年来《濒危世界遗产名录》中的遗产又在增加。自2011年3月叙利亚危机爆发以来，其局势一直处于动荡之中。叙利亚的世界文化遗产中仅有3%位于冲突以外地区，大马士革古城、巴尔米拉古城遗址、布斯拉古城、阿勒颇古城、克拉克骑士城堡和萨利赫丁堡以及叙利亚北部古村落群均未能幸免于难。其中，阿勒颇古城受损最为严重，其建于中世纪的露天广场2013年数次遭遇火灾。2014年4月，一座12世纪的清真古塔也遭到毁坏。

2012年3月，马里发生政变并陷入军事冲突，战乱对马里的世界遗产通布图古城造成了不可估量的损失。近日，联合国教科文组织工作组探访通布图古城进行调查，发现城内14座陵墓完全毁坏，3座最为著名的清真寺遭到部分损毁，通布图古城的阿尔·法鲁克独立纪念碑被完全损毁，另有4203份珍贵的古代手稿遗失。

更早的有2001年3月，阿富汗巴米扬山谷内的巴米扬大佛被塔利班组织用炸药、火箭和坦克炮彻底摧毁。现在，佛像被炸后残余的壁面仍在不断受到侵蚀，盗运和劫掠文物事件时有发生，山谷内的一些地方由于埋有炸弹而无法进入。

除了武装冲突和战争，其他危害遗产的有偷猎和砍伐，过度旅游与城市化，大规模工程建设，居住人口迁出后遗址荒芜破败等。

# 附 录　世界遗产名录

**遗产名称按内涵重新拟定**　编制这份名录是在世界遗产委员会各年度公布的列入《世界遗产名录》的相对简约的原始名称的基础上，由笔者参考遗产文字介绍和图片重新拟定的，力求显示这处遗产的类别、特征、入选条件、时代和价值，以便使读者对这处遗产有个扼要的了解，所以有的遗产名称比原来的简约名称要长一些。

**遗产所在国名称按中文音序排列**　到 2013 年 6 月，共有 160 个国家的 981 处世界遗产被列入《世界遗产名录》，其中文化遗产 759 处，自然遗产 193 处，自然与文化双重遗产 29 处。国别按中文国名拼音首字母排列，但较晚申请遗产的国家不得已只好排在该字母靠后的位置，不能再按字母顺序排列，好在同一首字母的国家不太多。

**遗产在国别内按列入名录年份顺序排列**　国名编号和遗产编号是本书作者的工作编号，用于代表这处遗产，对于只属于一个国家的遗产，就只有唯一的一个编号，即编号有唯一性。这样编号有利于安排位置和查找遗产，读者也可利用这个编号。本表中每处遗产先列入选年份，次列编号，再列遗产名称，再列入选《世界遗产名录》时认定符合的几条遗产标准。2001 年前入选的遗产项目按名称拼音顺序编号，2001 年起入选的遗产按入选年份顺序编号。本表中有空号是因为这处遗产合并或者遗产范围改变致使这个编号空置。由于各种原因国家名称会有变动，数目也会有变化，甚至几经变动，本表中曾经照顾到这些变化，但遗产编号暂时未予改动，请读者注意。

**跨国境遗产编号和年份后有分数 1/n 标识**　一处遗产有两个或多个编号，表示这是跨境遗产，分属两个或多个国家，这里只是整个遗产的一部分，另一部分在邻近国家。有的跨境遗产延伸到不止 1 个国家。这样的遗产在别的国家有另外的编号和名称，这里有时会显示一些其他编号，方便查找在另一国的那部分遗产。

**扩展遗产会有不同的入选年份**　遗产范围在首次入选后有扩展的，在它初次入选年度后会加上扩展的年度，后面的年度是这一年遗产范围扩展或范围有变动。

**某个世界遗产项目如果经法定程序被从《世界遗产名录》中删除**　在本目录中仍然会保留，但会明确显示其在哪一年被删除，不至于被混淆或者忽略。

**标识遗产项目入选时符合的类别和标准（也可被称为条件）的办法有变化**　从 1978 年首批遗产项目被列入《世界遗产名录》起到 2008 年止，遗产名称后的 C 是 Culture 的首字母，表示文化遗产；遗产名称后的 N 是 Nature 的首字母，表示自然遗产；N/C 是自然和文化双重遗产。其后的罗马数字 ⅰ，ⅱ，ⅲ，ⅳ，ⅴ，ⅵ 表明符合遗产的第几条标准。文化遗产共有 6 条标准，即用 C ⅰ，C ⅱ，C ⅲ，C ⅳ，C ⅴ，C ⅵ 表示。自然遗产有 4 条标准，即用 N ⅰ，N ⅱ，N ⅲ，N ⅳ 表示。各标准的内涵见课文

第一编。这里在下一段再次列出。

**2009 年起标识遗产项目入选时符合的类别和标准的办法简化** 2009 年，世界遗产中心将标识遗产项目入选时符合的类别和标准的办法简化，**不再使用字母 C 和 N**，遗产名称之后紧接着写标准的罗马数字。文化遗产仍沿用原来的罗马数字 i，ii，iii，iv，v，vi 表示，标准的内涵不变，继续沿用。自然遗产改用罗马字母 vii，viii，ix，x 表示，原有表示法对应新表示法的关系是 N i = viii，N ii = ix，N iii = vii，N iv = x，即内涵有交错变化，不是 N i，N ii，N iii，N iv 依次对应 vii，viii，ix，x。所以本表中从 2009 年起新入选的遗产，就按照新规定，将入选时符合的遗产标准用这种表示法直接列在遗产名称之后。

文化遗产和自然遗产入选标准的内涵，在《遗产公约执行细则》的规定里是这样的：

文化遗产的 6 条标准分别是：

C i：代表一种独特的艺术成就，一种创造性的天才杰作。

C ii：能在一定时期内或世界某一文化区域内，对建筑艺术、纪念物艺术、规划或景观设计方面的发展产生过重大影响。

C iii：能为一种已消逝的文明或文化传统提供一种独特的或至少是特殊的见证。

C iv：可作为一种建筑或建筑群或景观的杰出范例，展示人类历史上一个（或几个）重要阶段。

C v：可作为传统的人类居住地或使用地的杰出范例，代表一种（或几种）文化，尤其在不可逆转之变化的影响下变得易于损坏。

C vi：与具有特殊普遍意义的事件或现行传统或思想或信仰或文学艺术作品有直接和实质的联系（遗产委员会认为，只有在某些特殊情况下或该项标准与其他标准一起作用时，此款才能成为列入《世界遗产名录》的理由）。

自然遗产的 4 条标准分别是：

N i = viii：构成代表地球现代化史中重要阶段的突出例证。

N ii = ix：构成代表进行中的重要地质过程、生物演化过程以及人类与自然环境相互关系的突出例证。

N iii = vii：独特、稀少或绝妙的自然现象、地貌或具有罕见自然美的地带。

N iv = x：尚存的珍稀或濒危动植物种的栖息地。

#  A

**A0100　阿尔巴尼亚　ALBANIA**

1992，1999　A0101　布特林提（Butrint）遗址 C iii

2005/2008　A0102　培拉特（Berat）和吉诺卡斯特历史中心（Gjirokastra）城博物馆 C iii，iv

**A0200　阿尔及利亚　ALGERIA**

1980　A0202　贝尼哈迈德（Beni Hammad）山寨 C iii

1982　A0205　塔西利·恩·阿耶尔（Tassili n'Ajjer）岩画 N ii，iii/C i，iii

1982　A0204　姆扎卜（M'Zab）谷地 C ii，iii，v

1982　A0203　贾米拉（Djémila）古罗马遗址 C iii，iv

1982　A0206　提帕萨（Tipasa）城址 C iii，iv

1982　A0207　提姆加德（Timgad）古罗马遗址 C ii，iii，iv

1992　A0201　阿尔及尔的卡什巴（Kasbah）旧城 C ii，v

## A0300　阿根廷　ARGENTINA

| | | |
|---|---|---|
| 1981 | A0304 | 洛斯格拉兹阿勒（Los Glaciares）冰川国家公园 N ii，iii |
| 1984 | A0305 | 伊瓜苏（Iguazu）瀑布国家公园 N iii，iv |
| 1984 | A0306 | B0513 1/n 瓜拉尼人的耶稣会教堂（与巴西共有）C iv |
| 1999 | A0301 | 巴塔哥尼亚高原东部瓦尔德斯（Valdés）半岛海洋哺乳动物保护区 N iv |
| 1999 | A0302 | 里奥平特拉斯（Río Pinturas）的岩画 C iii |
| 2000 | A0307 | 伊赤古奥斯特·塔拉姆帕亚（Ischigualsto-Talampaya）化石自然公园 N i |
| 2000 | A0308 | 库多巴（Cordoba）耶稣会管辖区和庄园 C ii，iv |
| 2003 | A0303 | 胡玛华卡（Humahuaca）河谷的历史文化遗迹 C ii，iv，v |

## A0400　阿曼　OMAN

| | | |
|---|---|---|
| 1987 | A0402 | 巴赫拉（Bahla）要塞 C iv |
| 1988 | A0403 | 巴特（Bat）城堡和阿尔库特姆（Al-Khutm）及阿尔阿茵（Al-Ayn）的青铜时代居住遗址与废城 C iii，iv |
| 1994 | A0401 | 阿曼沙漠中的野生动物保护区 N iv |
| 2000 | A0404 | 瓦迪达瓦卡哈、霍尔罗里和巴里德港的乳香生产与贸易遗迹 C iii，iv |
| 2006 | A0405 | 阿夫拉吉（Aflaj）水力灌溉系统 C v |

## A0500　埃及　EGYPT

| | | |
|---|---|---|
| 1979 | A0501 | 阿布米纳（Abu Mena）早期基督教遗址 C iv |
| 1979 | A0502 | 阿布辛拜勒（Abu Simbel）至菲莱（Philae）的努比亚（Nubian）遗址 C i，iii，vi |
| 1979 | A0503 | 古城底比斯（Thebes）及其墓地 C i，iii，vi |
| 1979 | A0504 | 孟菲斯（Memphis）与吉萨（Giza）至达舒尔（Dahshur）的金字塔墓区 C i，iii，vi |
| 1979 | A0505 | 伊斯兰城市开罗 C i，v，vi |
| 2002 | A0506 | 圣凯瑟琳（Saint Catherine）地区修道院与环境 C i，iii，iv，vi |
| 2005 | A0507 | 瓦蒂阿尔亥坦（Wadi Al-Hitan）鲸鱼化石谷 N i |

## A0600　埃塞俄比亚　ETHIOPIA

| | | |
|---|---|---|
| 1978 | A0606 | 拉利贝拉（Lalibela）整岩教堂 C i，ii，iii |
| 1978 | A0607 | 锡门（Simien）国家公园 N iii，iv |
| 1979 | A0605 | 贡德尔（Gondar）地区的法西尔格比（Fasil Ghebb）遗址 C ii，iii |
| 1980 | A0601 | 阿克苏姆（Aksum）遗址 C i，iv |
| 1980 | A0602 | 阿瓦什（Awash）河下游河谷 C ii，iii，iv |
| 1980 | A0603 | 奥莫（Omo）河下游河谷 C iii，iv |
| 1980 | A0604 | 蒂亚（Tiya）田野中散布的石刻 C i，iv |
| 2006 | A0608 | 哈勒尔（Harar）中世纪伊斯兰要塞城市 C ii，iii，iv，v |
| 2011 | A0609 | 孔索（Konso）高地16世纪以来恶劣环境下的干旱梯田与村落景观 iii，v |

## A0700　爱尔兰　IRELAND

| | | |
|---|---|---|
| 1993 | A0701 | 波意尼（Boyne）的本德（Bend）考古遗址 C i，iii，iv |
| 1996 | A0702 | 斯凯林麦克（Skellig Michael）岩石岛上中古早期的修道院垦殖区 C iii，iv |

## A0800　爱沙尼亚　ESTONIA

| 1997 | A0801 | 塔林（Tallinn）历史中心区 C ii，iv |

## A0900　澳大利亚　AUSTRALIA

1981　A0910　威兰德拉（Willandra）湖区 N i/C iii
1981　A0903　大堡礁（Great Barrier）N i，ii，iii，iv
1981　A0907　卡卡杜（Kakadu）国家公园 N ii，iii，iv/C i，vi
1982　A0913　塔斯马尼亚（Tasmanian）荒原国家公园群 N i，ii，iii，iv/C iii，iv，vi
1982　A0905　豪勋爵（Lord Howe）群岛 N iii，iv
1987　A0901　澳大利亚东海岸与中东部雨林区温带与亚热带雨林公园 N i，ii，iv
1987　A0911　乌卢鲁卡塔丘塔（Uluru-Kata Tjuta）国家公园 N ii，iii/C v，vi
1988　A0908　昆士兰（Queensland）湿热带 N i，ii，iii，iv
1991　A0912　西澳大利亚鲨鱼湾（Shark Bay）国家公园 N i，ii，iii，iv
1992　A0904　福拉则（Fraser）岛 N ii，iii
1994　A0902　澳大利亚哺乳动物化石产地 N i，ii
1997　A0906　赫德（Heard）岛与麦克唐纳（McDonald）群岛 N i，ii
1997　A0909　麦夸里（Macquarie）岛 N i，iii
2000　A0915　悉尼内陆蓝色山脉广大地区 N ii，iv
2003　A0914　西澳大利亚帕奴鲁鲁（Purnululu）地形地貌国家公园 N i，iii
2004　A0916　墨尔本皇家展览馆和卡尔顿（Carlton）园林 C ii
2007　A0917　悉尼（Sydney）歌剧院 C i
2010　A0918　澳大利亚18世纪和19世纪罪犯流放地遗址 v，vi
2011　A0919　宁格罗（Ningaloo）海洋、岸礁、海岸喀斯特和水系 vii，x

## A1000　奥地利　AUSTRIA

1996　A1002　萨尔茨堡（Salzburg）历史中心区 C ii，iv，vi
1996　A1004　舒恩布伦（Schoenbrunn）的宫殿和园林 C i，iv
1997　A1001　哈尔施塔特·达赫施泰因（Hallstatt-Dachstein）皇家盐田文化景观 C iii，iv
1998　A1003　塞默灵（Semmering）铁路 C ii，iv
1999/2010　A1005　2010 格拉茨（Graz）城历史中心与埃根博格（Eggenberg）城堡 C ii，iv
2000　A1006　瓦豪（Wachau）文化景观 C ii，iv
2001　A1007　维也纳历史中心区 C ii，iv，vi
2001　A1008/X0407 1/n　费尔特/新锡德勒（Ferto/Neusiedler）湖文化景观（与匈牙利共有）C v
2011　A1009　1/n 阿尔卑斯地区111处史前湖岸木桩建筑定居点考古遗址（瑞士[56处]、奥地利、法国、德国、意大利、斯洛文尼亚共有）iii，v

## A1100　阿塞拜疆　AZERBAIJAN

2000　A1101　巴库（Baku）有围墙的城、宫殿与少女塔 C iv
2007　A1102　戈布斯坦（Gobustan）岩石艺术文化景观 C iii

## A1200　阿富汗　AFGHANISTAN

2002　A1201　加姆（Jam）伊斯兰光塔与考古遗址 C ii，iii，iv

## 附录 世界遗产名录

2003　A1202　巴米扬（Bamiyan）河谷的文化景观和佛教考古残迹 C i，ii，iii，iv，vi

**A1300　安道尔　ANDORRA**

2004　A1301　马德留-克拉罗尔-配拉菲塔（Madriu-Claror-Perafita）大峡谷文化景观 C v，

**A1400　阿拉伯联合酋长国　UNITED ARAB EMIRATES**

2011　A1401　艾恩（Al Ain）地区从狩猎与采集向定居过渡的有灌溉体系的哈菲特和西里等史前文化遗址 iii，iv，v

# B

**B0100　白俄罗斯　BELARUS**

1979/1992　B0101　B1002　1/n 比阿洛维察（Belovezhskaya Pushcha）森林国家公园（与波兰共有）N iii

2000　B0102　密尔（Mir）城堡建筑群 C ii，iv

2005　B0103　奈斯维兹（Nesvizh）和拉德兹维尔（Radziwill）家族建筑群 C ii，iv，vi

2005　B0104　1/n 测量子午线长度的地面设施群（沿途经过白俄罗斯、爱沙尼亚、芬兰、拉脱维亚、立陶宛、挪威、摩尔多瓦、俄罗斯联邦、瑞典和乌克兰等国）C ii，iv，vi

**B0200　巴基斯坦　PAKISTAN**

1980　B0203　摩亨佐·达罗（Moenjodaro）城址 C ii，iii

1980　B0205　塔夫提拜（Takht-i-Bahi）和奈波灵（Neighboring）佛寺遗址及邻近的沙里巴罗（Sahr-i-Bahlol）城址 C iv

1980　B0206　塔克西拉（Taxila）城址 C iii，vi

1981　B0207　特达（Thatta）历史建筑 C iii

1981　B0201　拉合尔（Lahore）的城堡及沙利马尔（Shalamar）花园 C i，ii，iii

1997　B0202　罗赫达斯（Rohtas）要塞 C ii，iv

　　　　B0204　空号

**B0300　巴拉圭　PARAGUAY**

1983　B0301　圣提希玛·特立尼达·德·帕拉纳（Santisima Trinidad de Parana）和捷苏德·塔瓦兰圭（Jesus de Tavarangue）两地的耶稣会传教地 C iv

**B0400　巴拿马　PANAMA**

1980　B0403　加勒比海岸的波多贝罗·圣·洛伦佐（Portobelo-San Lorenzo）城堡 C i，iv

1981　B0402　达连（Darien）国家公园 N ii，iii，iv

1983　B0404　G0203　1/n 塔拉曼卡（Talamanca）山自然保护区及拉米斯塔德国家公园（与哥斯达黎加共有）N i，ii，iii，iv

1997/2003　B0401　巴拿马韦爵（Panama Viejo）考古遗址和巴拿马城历史区 C ii，iv，vi

2005　B0405　阔巴（coiba）国家公园及其航海保护区 N ii，iv

## B0500　巴西　BRAZIL

| | | |
|---|---|---|
| 1980 | B0508 | 欧鲁普雷图（Ouro Preto）旧城 C ⅰ，ⅲ |
| 1982 | B0501 | 奥林达（Olinda）城历史中心区 C ⅱ，ⅳ |
| 1984 | B0513 | A0306 1/2 瓜拉尼人的耶稣会教堂与传教团驻地（与阿根廷共有）C ⅳ |
| 1985 | B0506 | 孔戈哈斯（Congonhas）仁慈耶稣朝圣教堂 C ⅰ，ⅳ |
| 1985 | B0509 | 萨尔瓦多·德·巴希亚（Salvador de Bahia）历史中心区 C ⅳ，ⅵ |
| 1986 | B0512 | 伊瓜苏（Iguasu）瀑布国家公园 N ⅲ，ⅳ |
| 1987 | B0502 | 首都巴西利亚（Brasilia）C ⅰ，ⅳ |
| 1991 | B0505 | 卡皮瓦拉（Capivara）山岩画国家公园 C ⅲ |
| 1997 | B0510 | 圣路易斯（S. Luis）历史中心区 C ⅲ，ⅳ，ⅴ |
| 1999 | B0503 | 巴伊亚州和圣埃斯皮里州的大西洋海岸森林保护区 N ⅱ，ⅳ |
| 1999 | B0504 | 迪亚曼蒂纳（Diamantina）城历史区 C ⅱ，ⅳ |
| 1999 | B0507 | 巴拉那州和圣保罗州东南大西洋森林保护区 N ⅱ，ⅲ，ⅳ |
| 2000/2003 | B0514 | 亚马逊（Amazon）河中游自然保护区 N ⅱ，ⅳ |
| 2000 | B0515 | 潘塔诺（Pantanal）淡水湿地保护区 N ⅱ，ⅲ，ⅳ |
| 2001 | B0511 | 塞拉多（Cerrado）热带系统保护区：查帕达·多斯·卫德罗（Chapada dos Veadeiros）和爱玛斯（Emas）国家公园 N ⅱ，ⅳ |
| 2001 | B0516 | 戈亚斯（Goias）城历史中心区 C ⅱ，ⅳ |
| 2001 | B0517 | 大西洋珊瑚群岛：费尔南多·迪·诺伦哈（Fernando de Noronha）岛和罗卡斯（Atol das Rocas）岛 N ⅱ，ⅲ，ⅳ |
| 2010 | B0518 | 圣克里斯托旺（Sao Cristov）16世纪末—17世纪初圣弗朗西斯科（Francisco）广场 ⅱ，ⅳ |
| 2012 | B0519 | 里约热内卢从山上的基督雕像到海边的卡里奥克（Carioca）城市景观 ⅵ |

## B0600　保加利亚　BULGARIA

| | | |
|---|---|---|
| 1979 | B0601 | 卡赞勒克（Kazanlak）的色雷斯古墓 C ⅰ，ⅲ，ⅳ |
| 1979 | B0603 | 马达腊（Madara）骑士崖壁浮雕 C ⅰ，ⅲ |
| 1979 | B0608 | 索菲亚的博亚纳（boyana）教堂 C ⅱ，ⅲ |
| 1979 | B0609 | 伊万诺沃（Ivanovo）石窟教堂 C ⅱ，ⅲ |
| 1983 | B0602 | 里拉（Rila）修道院 C ⅵ |
| 1983 | B0604 | 内塞伯尔（Nessebar）旧城 C ⅲ，ⅳ |
| 1983/2010 | B0605 2010 | 皮林（Pirin）高山草甸、岩屑堆和山峰国家公园 ⅶ，ⅷ，ⅸ |
| 1983 | B0606 | 斯雷巴那（Srebarna）生物圈保护区 N ⅳ |
| 1985 | B0607 | 斯维什塔里（Sveshtari）的色雷斯古墓 C ⅰ，ⅲ |

## B0700　贝宁　BENIN

| | | |
|---|---|---|
| 1985 | B0701 | 阿波美（Abomey）王宫 C ⅲ，ⅳ |

## B0800　比利时　BELGIUM

| | | |
|---|---|---|
| 1998 | B0801 | 布鲁塞尔大广场 C ⅱ，ⅳ |
| 1998 | B0802 | 佛兰芒人（Flemish）不发愿女修道院 C ⅱ，ⅲ，ⅳ |
| 1998 | B0803 | 路维勒（Louvière）和鲁尔克斯（Roeulx）主运河上的4个船闸及环境 C ⅲ，ⅳ |

| | | |
|---|---|---|
| 1999 | B0804 | 佛兰德斯（Flanders）和瓦隆尼亚（Wallonia）的钟楼建筑 C ii，iv |
| 2000 | B0805 | 斯皮诺斯（Spiennes）的新石器时代石英矿群 C i，iii，iv |
| 2000 | B0806 | 布鲁日（Brugge）中世纪城历史中心 C ii，iv，vi |
| 2000 | B0807 | 图尔奈（Tournai）圣母大教堂 C ii，iv |
| 2000 | B0808 | 布鲁塞尔市维克托·霍尔达（Victor Horta）建筑师的四座市政建筑 C i，ii，iv |
| 2005 | B0809 | 安特卫普（Plantin-Moretus）的住宅工厂与博物馆建筑群 C ii，iii，iv，vi |
| 2009 | B0810 | 20世纪初由分离派建筑师约瑟夫·霍夫曼建造的斯托克莱（Stoclet）公馆 i，ii |
| 2012 | B0811 | 瓦隆尼亚（Wallonia）的欧洲工业时代早期乌托邦建筑风格的4处主要矿区遗址 ii，iv |

**B0900　秘鲁　PERU**

| | | |
|---|---|---|
| 1983 | B0903 | 库兹科（Cuzco）城 C iii，iv |
| 1983 | B0906 | 马楚比楚（Machu Picchu）城址及古神庙 N ii，iii / C i，iii |
| 1985 | B0901 | 查文（Chavin）文化城址 C iii |
| 1985 | B0909 | 瓦斯卡兰（Huascaran）山国家公园 N ii，iii |
| 1986 | B0902 | 昌昌（Chan Chan）城址 C i，iii |
| 1987 | B0908 | 玛努（Manu）山区国家公园 N ii，iv |
| 1988 | B0905 | 利马（Lima）历史中心及圣弗兰西斯科游方僧修道院 C iv |
| 1990 | B0904 | 里奥阿比塞奥（Rio Abiseo）国家公园（N）及考古公园（C）N ii，iii，iv / C iii |
| 1994 | B0907 | 纳斯卡（Nasca）和庞帕斯德朱玛纳（Pampas de Jumana）的地面线纹和绘画图形 C i，iii，iv |
| 2000 | B0910 | 阿雷奎帕（Arequipa）城历史中心区 C i，iv |
| 2009 | B0911 | 卡罗尔-苏沛（Caral-Supe）早期圣城 ii，iii，iv |

**B1000　波兰　POLAND**

| | | |
|---|---|---|
| 1978 | B1005 | 克拉科夫（Cracow）历史中心区 C iv |
| 1978/2013 | B1008 | 维利奇卡（Wieliczka）和巴普莱尔（博赫尼亚 Bochnia）皇家盐矿 iv |
| 1979 | B1001 | 奥斯维辛（Auschwitz）集中营 C vi |
| 1979/1992 | B1002　B0101 | 1/n 比阿洛维察（Bialowieza）森林国家公园（与白俄罗斯共有）N iii |
| 1980 | B1003 | 华沙历史中心区 C ii，vi |
| 1992 | B1009 | 札莫斯克（Zamosc）旧城 C iv |
| 1997 | B1006 | 马尔堡（Malbor）的条顿骑士团城堡 C ii，iii，iv |
| 1997 | B1007 | 托伦（Torun）的中世纪城 C ii，iv |
| 1999 | B1004 | 卡尔瓦利亚·泽布日多夫斯卡（Kalwaria Zebrzydowska）城的别致建筑、公园和朝圣地 C i，iv |
| 2001 | B1010 | 亚沃（Jawor）和斯文德尼卡（Swidnica）木构教堂 C iii，iv，vi |
| 2003 | B1011 | 南部小波兰（Little Polan）的木造教堂群 C iii，iv |
| 2004 | B1012　D0230 | 1/n 穆斯考尔（Muskauer）文化景观公园（与波兰共有）C i，iv |
| 2006 | B1013 | 弗罗茨瓦夫（Wroclaw）百年厅建筑 C i，ii，iv |
| 2013 | B1014 | 1/n 喀尔巴阡山（Carpathian）地区16—19世纪由东正教和希腊天主教信徒用原木建造的教堂（与乌克兰共有 W0505）iii，iv |

## B1100　玻利维亚　BOLIVIA

| 1987 | B1101 | 波脱西城（Potosí）及银矿区 C ii，iv，vi |
| 1990 | B1103 | 奇基托斯（Chiquitos）耶稣会教堂 C iv，v |
| 1991 | B1104 | 苏克雷（Sucre）旧城 C iv |
| 1998 | B1102 | 福埃特-德-萨迈帕特（Fuerte de Samaipata）要塞 C ii，iii |
| 2000 | B1105 | 亚马逊河流域诺尔·肯普夫·梅尔卡多（Noel Kempff Mercado）国家自然公园 N ii，iv |
| 2000 | B1106 | 蒂瓦纳库（Tiwanaku）城文化、精神与政治中心 C iii，iv |

## B1200　伯利兹　BELIZE

1996　B1201　伯利兹（Belize）环礁保护区 N ii，iii，iv

## B1300　博茨瓦纳　BOTSWANA

2001　B1301　措迪罗（Tsodilo）岩画 C i，iii，vi

## B1400　冰岛　ICELAND

2004　B1401　平维利尔（pingvellir）文化景观国家公园 C iii，vi
2008　B1402　叙尔特赛（Surtsey）岛 N iii

## B1500　巴林　BAHRAIN

2005/2008　B1501　卡拉塔尔（Qal'at al）旧港和旧都迪尔蒙（Dilmun）遗址 C ii，iii，iv
2012　B1502　由穆哈拉格（Murharraq）城、近海牡蛎养殖场和卡拉布马希尔要塞（Qal'at Bu Mahir）组成的采珠业场所 iii，v

## B1600　波斯尼亚和黑塞哥维那（波黑）　BOSNIA AND HERZEGOVINA

2005　B1601　莫斯塔尔（Mostar）旧城古桥区 C vi
2007　B1602　维舍格勒（Višegrad）的穆罕默德·巴夏·索科罗维奇（Mehmed Paša Sokolović）大桥 C ii，iv

## B1700　巴布亚新几内亚　PAPUA NEW GUINEA

2008　B1701　库克（Kuk）早期农业遗址 C iii，iv，v

## B1800　布基纳法索　BURKINA FASO

2009　B1801　洛罗派尼（Loropeni）黄金贸易时期堡垒遗址 iii

## B1900　巴巴多斯　BARBADOS

2011　B1901　布里奇敦（Bridgetown）及其军事要塞 ii，iii，iv

## B2000　巴勒斯坦　PALESTINE

2012　B2001　耶稣诞生地伯利恒（Bethlehem）的主诞堂及朝圣线路 iv，vi　2012 年入选时被列为濒危遗产

## 附录 世界遗产名录

# C

**C0100 朝鲜 KOREA**

| 2004 | C0101 | 高句丽（Koguryo）墓葬群 C ⅰ，ⅱ，ⅲ，ⅳ |
| 2013 | C0102 | 保存着高丽王朝时期城市布局、宫殿和城墙遗迹的开城（Kaesong）历史区 ⅱ，ⅲ |

# D

**D0100 丹麦 DENMARK**

| 1994 | D0101 | 捷林（Jelling）古冢、石碑群和教堂 C ⅲ |
| 1995 | D0102 | 罗斯基尔德（Roskilde）大教堂 C ⅱ，ⅳ |
| 2000 | D0103 | 科隆堡（Kronborg）城堡 C ⅳ |
| 2004 | D0104 | 伊路利萨特（Ilulissat）冰湾 N ⅰ，ⅲ |

**D0200 德国 GERMANY**

| 1978 | D0222 | 亚琛（Aachen）大教堂 C ⅰ，ⅱ，ⅳ，ⅵ |
| 1981 | D0219 | 威尔茨堡（Würzburg）宫廷花园与居住区 C ⅰ，ⅳ |
| 1981 | D0215 | 施佩耶尔（Speyer）大教堂 C ⅱ |
| 1983 | D0220 | 威斯（Wies）天路教堂 C ⅰ，ⅲ |
| 1984 | D0205 | 布吕尔（Brühl）的奥古斯图斯堡（Augustusburg）和法尔肯卢斯特（Falkenlust）宫 C ⅱ，ⅳ |
| 1985 | D0221 | 希尔德斯海姆（Hildesheim）的圣玛丽亚大教堂和米夏埃尔（Michael）教堂 C ⅰ，ⅱ，ⅲ |
| 1986 | D0216 | 特里尔（Trier）的罗马时期建筑、大教堂和圣玛丽亚教堂 C ⅰ，ⅲ，ⅳ，ⅵ |
| 1987 | D0213 | 吕贝克（Luebeck）汉萨同盟旧城 C ⅳ |
| 1990 | D0203 | 波茨坦（Potsdam）和柏林的宫殿与公园 C ⅰ，ⅱ，ⅳ |
| 1991 | D0212 | 洛尔施（Lorsch）的本笃会修道院和大教堂 C ⅲ，ⅳ |
| 1992/2010 | D0211 | 上哈尔茨山（Upper Harz）采矿和冶金水力资源管理系统 C ⅰ，ⅱ，ⅲ，ⅳ |
| 1993 | D0214 | 摩尔布伦（Maulbronn）修道院 C ⅱ，ⅳ |
| 1993 | D0202 | 班贝克（Bamberg）旧城 C ⅱ，ⅳ |
| 1994 | D0207 | 伏尔格林根（Volklingen）炼铁厂 C ⅱ，ⅳ |
| 1994 | D0210 | 魁德林堡（Quedlinburg）修道院、教堂、宫殿和旧城 C ⅳ |
| 1995 | D0206 | 达慕斯塔特市梅塞尔（Messel）化石产地 N ⅰ |
| 1996 | D0209 | 科隆（Koeln）大教堂 C ⅰ，ⅱ，ⅳ |
| 1996 | D0201 | 埃斯莱本（Eisleben）和魏滕堡（Wittenberg）的马丁路德纪念地 C ⅳ，ⅵ |
| 1996 | D0218 | 魏玛（Weimar）和德骚（Dessau）的鲍豪斯建筑地点 C ⅱ，ⅳ，ⅵ |
| 1998 | D0208 | 古典时期的魏玛（Weimar）C ⅲ，ⅵ |
| 1999 | D0204 | 柏林的博物馆岛 C ⅱ，ⅳ |
| 1999 | D0217 | 瓦特堡（Wartburg）城及其环境 C ⅲ，ⅵ |
| 2000 | D0223 | 德骚沃利茨（Dessau-Woerlitz）皇家花园 C ⅱ，ⅳ |
| 2000 | D0224 | 莱谢瑙（Reichenau）修道院岛 C ⅲ，ⅳ，ⅵ |

| | | |
|---|---|---|
|2001|D0225|埃森（Essen）关税同盟煤矿设施与工业景观 C ⅱ，ⅲ|
|2002|D0226|莱茵（Rhine）河中上游两岸城镇、古堡与葡萄园 C ⅱ，ⅳ，ⅴ|
|2002|D0227|施特拉尔松德（Stralsund）和维斯马（Wismar）城镇历史中心 C ⅱ，ⅳ|
|**2004**|**D0228**|**德累斯顿易北（Dresden Elbe）河谷地人文景观  2009年被删除**|
|2004|D0229|不来梅（Bremen）集市广场的市政厅和武士雕像 C ⅲ，ⅳ，ⅵ|
|2004|D0230|B1012  1/n 穆斯考尔（Muskauer）文化景观公园（与波兰共有，波兰境内称穆扎科夫斯基 Muzakowski 文化景观公园）C ⅰ，ⅳ，|
|2006|D0231|里根斯堡（Regensburg）旧城区 C ⅱ，ⅲ，ⅳ|
|2008|D0232|柏林现代风格的住宅建筑 C ⅱ，ⅳ|
|2009|D0233|1/n 瓦登（Watten）近岸海和湿地（与荷兰共有）ⅷ，ⅸ，ⅹ|
|2011|D2034|1/n 阿尔卑斯地区111处史前湖岸木桩建筑定居点考古遗址（瑞士［56处］、奥地利、法国、德国、意大利、斯洛文尼亚共有）ⅲ，ⅴ|
|2011|D2035|W0503  S0706  1/n（扩展）冰河后期的喀尔阡山脉原始山毛榉林和德国古山毛榉林（延伸到斯洛伐克和乌克兰）ⅸ|
|2011|D2036|初建于1910年的下萨克森州阿尔费尔德（Alfeld）法古斯鞋楦厂 ⅱ，ⅳ|
|2012|D2037|拜罗伊特（Bayreuth）的巴洛克侯爵歌剧院 ⅰ，ⅳ|
|2013|D2038|威廉高地（Wilhelmshöhe）公园内始建于1689年有液压气动装置的大力神雕像和大瀑布水景观 ⅲ，ⅳ|

**D0300  多米尼加联邦  DOMINICA**
| | | |
|---|---|---|
|1997|D0301|三峰山（Morne Trois Pitons）国家公园 N ⅰ，ⅳ|

**D0400  多米尼加共和国  DOMINICAN REPUBLIC**
| | | |
|---|---|---|
|1990|D0401|圣多明各（Santo Domingo）城殖民时期区域 C ⅱ，ⅳ，ⅵ|

**D0500  多哥  TOGO**
| | | |
|---|---|---|
|2004|D0501|古特玛库（Koutammakou）圆塔形泥屋地区文化景观 C ⅴ，ⅵ，|

# E

**E0100  厄瓜多尔  ECUADOR**
| | | |
|---|---|---|
|1978|E0101|基多（Quito）旧城 C ⅱ，ⅳ|
|1978/2001|E0102|加拉帕戈斯（Galápagos）群岛国家公园（包括海洋保护区）N ⅰ，ⅱ，ⅲ，ⅳ|
|1983|E0103|桑盖（Sangay）国家公园 N ⅱ，ⅲ，ⅳ|
|1999|E0104|圣安娜昆卡（Santa Ana de los Ríos de Cuenca）山谷殖民时期城镇历史区 C ⅱ，ⅳ，ⅴ|

**E0200  俄罗斯  RUSSIAN FEDERATION**
| | | |
|---|---|---|
|1990|E0202|奥涅加湖基什（Kizhi）岛上的基什乡村教堂 C ⅰ，ⅳ，ⅴ|
|1990|E0208|克里姆林宫（Kremlin）与红场 C ⅰ，ⅱ，ⅳ，ⅵ|
|1990|E0210|圣彼得堡（Petersburg）历史中心区及有关建筑群 C ⅰ，ⅱ，ⅳ，ⅵ|
|1992|E0203|白海的索罗维茨基（Solovetsky）群岛上的历史与文化建筑 C ⅳ|

| 1992 | E0209 | 诺沃哥罗德（Novgorod）及其附近历史建筑 C ⅱ，ⅳ，ⅵ |
| --- | --- | --- |
| 1992 | E0212 | 苏斯达尔（Suzdal）和吉德克沙的符拉基米尔（Vladimir）大教堂、修道院和教堂群 C ⅰ，ⅱ，ⅳ |
| 1993 | E0213 | 谢尔盖耶夫颇沙德（Sergiev Posad）的三位一体武备修道院及其他教堂 C ⅱ，ⅳ |
| 1994 | E0207 | 科洛缅斯卡娅（Kolomenskoye）基督复活教堂 C ⅱ |
| 1995 | E0211 | 维尔京科米（Virgin Komi）森林 N ⅱ，ⅲ |
| 1996 | E0204 | 贝加尔（Baikal）湖 N ⅰ，ⅱ，ⅲ，ⅳ |
| 1996/2001 | E0206 | 堪察加（Kamchatka）半岛火山和克鲁柴夫斯卡娅（Kluchevskoy）国家公园 N ⅰ，ⅱ，ⅲ |
| 1998 | E0201 | 阿尔泰山脉（Altai）鄂毕河与额尔齐斯河河源区 N ⅳ |
| 1999 | E0205 | 高加索山脉（Caucasus）西部和黑海东北岸无人山区 N ⅱ，ⅳ |
| 2000 | E0214 | 喀山的克里姆林（Kazan Kremlin）鞑靼历史建筑群 C ⅱ，ⅲ，ⅳ |
| 2000 | E0215 | 费拉庞托夫（Ferapontov）修道院建筑 C ⅰ，ⅳ |
| 2000 | E0219 | L0502 1/2 库罗尼安（Curonian）岛史前居住遗址（与立陶宛共有）C ⅴ |
| 2001 | E0216 | 希克霍特-阿林（Sikhote-Alin）山脉中段森林保护区 N ⅳ |
| 2003 | E0217 | M1301 1/n 乌布苏（Uvs）湖鸟类栖息盆地（与蒙古共有）N ⅱ，ⅳ |
| 2003 | E0218 | 德本特（Derbent）的城堡、古城和要塞建筑 C ⅲ，ⅳ |
| 2004 | E0220 | 弗兰格尔（Wrangel）岛自然保护区 N ⅱ，ⅳ |
| 2004 | E0221 | 新圣女（Novodevichy）修道院建筑群 C ⅰ，ⅳ，ⅵ |
| 2005 | E0222 | 雅罗斯拉夫城（Yaroslavl）历史中心区 C ⅱ，ⅳ |
| 2010 | E0223 | 普托拉纳（Putorana）系列亚北极和北极生态系统高地核心区 ⅶ，ⅸ |
| 2012 | E0224 | 勒那（Lena）河石柱林自然公园 ⅷ |

# F

**F0100 法国 FRANCE**

| 1979 | F0127 | 韦兹莱（Vézelay）修道院和城区山丘 C ⅰ，ⅵ |
| --- | --- | --- |
| 1979 | F0128 | 韦泽尔（Vézère）峡谷壁画洞窟 C ⅰ，ⅲ |
| 1979 | F0110 | 凡尔赛宫及庭园 C ⅰ，ⅱ，ⅳ |
| 1979 | F0119 | 沙特尔（Chartres）大教堂 C ⅰ，ⅱ，ⅳ |
| 1979 | F0123 | 圣米歇尔（Mont-Saint-Michel）山及其海湾 C ⅰ，ⅲ，ⅵ |
| 1981 | F0111 | 枫丹白露（Fontainebleau）宫及庭园 C ⅱ，ⅵ |
| 1981 | F0129 | 亚眠（Amiens）大教堂 C ⅰ，ⅱ |
| 1981 | F0104 | 奥朗日（Orange）的罗马时期圆形剧场、环境和凯旋门 C ⅲ，ⅵ |
| 1981 | F0102 | 阿尔勒（Arles）的罗马时期和罗马式建筑 C ⅱ，ⅳ |
| 1981 | F0112 | 丰特奈（Fontenay）原西妥教团修道院 C ⅳ |
| 1982/2009 | F0101 | 沙林斯-莱巴辛（Salins-les-Bains）盐场和阿尔凯特塞南斯（Arc-et-Senans）皇家盐场 C ⅰ，ⅱ，ⅳ |
| 1983 | F0117 | 南锡的斯坦尼斯拉斯（Stanislas）广场、卡里埃勒（Carrière）广场和阿里昂瑟（d'Alliance）广场 C ⅰ，ⅳ |
| 1983 | F0114 | 科西嘉岛吉罗拉塔（Girolata）角、波尔托角（Porto）、斯勘多拉（Scandola）自然保护区 |

| | | |
|---|---|---|
| | | 与波安纳（Piana）海湾 N ⅱ，ⅲ，ⅳ |
| 1983 | F0124 | 圣萨文·絮尔·加尔唐珀（Saint-Savin sur Gartempe）教堂 C ⅰ，ⅲ |
| 1985 | F0118 | 庞杜加德（Pont du Gard）罗马时期引水高架渠 C ⅰ，ⅲ，ⅳ |
| 1988 | F0125 | 斯特拉斯堡（Strasbourg）大岛历史中心区 C ⅰ，ⅱ，ⅳ |
| 1991 | F0106 | 巴黎中部塞纳河两岸 C ⅰ，ⅱ，ⅳ |
| 1991 | F0115 | 兰斯（Reims）的圣母大教堂、圣雷米修道院和圣安东尼十字宫 C ⅰ，ⅱ，ⅵ |
| 1992 | F0108 | 布尔日（Bourges）大教堂 C ⅰ，ⅳ |
| 1995 | F0103 | 阿维尼翁（Avignon）的罗马教堂宫殿及周围古建筑 C ⅰ，ⅱ，ⅳ |
| 1996 | F0109 | 南（Du Midi）运河 C ⅰ，ⅱ，ⅳ，ⅵ |
| 1997 | F0107 X0109 | 1/n 比利牛斯山脉派尔杜（Mont Perdu）峰区景观（与西班牙共有）N ⅰ，ⅲ /C ⅲ，ⅳ，ⅴ |
| 1997 | F0113 | 卡尔卡松（Carcassonne）历史设防城 C ⅱ，ⅳ |
| 1998 | F0116 | 里昂（Lyons）历史区 C ⅱ，ⅳ |
| 1998 | F0121 | 通往西班牙圣地亚哥·德孔波斯特拉（Santiago de Compostela）的朝圣道路的法国境内路段 C ⅱ，ⅳ，ⅵ |
| 1999 | F0122 | 圣爱美乐（Saint-Emilion）审判区的建筑与田园 C ⅲ，ⅳ |
| 2000 | F0120 | 卢瓦尔河流域叙利·苏尔·卢瓦尔宫（Sully-sur-Loire）和沙洛纳（Chalonnes）宫之间的多处城堡、宫殿与园林（包括原世界遗产尚博德城堡及庄园）C ⅰ，ⅱ，ⅳ |
| 2001 | F0130 | 中世纪国际贸易集镇普洛文斯（Provins）C ⅱ，ⅳ |
| | F0105 | 空号 |
| | F0126 | 空号 |
| 2005 | F0131 | 哈夫勒城（Le Havre）C ⅱ，ⅳ |
| 2007 | F0132 | 波尔多（Bordeaux）月亮港 C ⅱ，ⅳ |
| 2008 | F0133 | 工程师沃邦（Vauban）的堡垒建筑 C ⅱ，ⅳ，ⅵ |
| 2008 | F0134 | 新喀里多尼亚（New Caledonia）潟湖、珊瑚礁多样性及相关生态系统 N ⅰ，ⅲ，ⅳ |
| 2010 | F0135 | 留尼汪岛（Reunion）的火山峰、冰斗和峭壁 ⅶ，ⅹ |
| 2010 | F0136 | 阿尔比（AIb）中世纪以来主教旧城 ⅳ，ⅴ |
| 2011 | F0137 | 位于法国中南部山脉与深谷交错地区的喀斯（Causses）和塞文（Cévennes）的地中海农牧村落文化景观 ⅲ，ⅴ |
| 2011 | F0138 | 1/n 阿尔卑斯地区 111 处史前湖岸木桩建筑定居点考古遗址（瑞士［56处］、奥地利、法国、德国、意大利、斯洛文尼亚共有）ⅳ，ⅴ |
| 2012 | F0139 | 加来（Calais）北部的采矿盆地及其工人城 ⅱ，ⅳ，ⅵ |

**F0200　梵蒂冈教廷　HOLY SEE**

| | | |
|---|---|---|
| 1980，1990 | F0202 Y0315 | 1/n 罗马历史中心区，城内教廷管辖区和圣保罗大教堂（与意大利共有）C ⅰ，ⅱ，ⅲ，ⅵ |
| 1984 | F0201 | 梵蒂冈城 C ⅰ，ⅱ，ⅳ，ⅵ |

**F0300　菲律宾　PHILIPPINES**

| | | |
|---|---|---|
| 1993 | F0301 | 马尼拉、圣玛亚、帕奥伊和妙高的巴洛克式教堂 C ⅱ，ⅳ |
| 1993/2009 | F0303 | 图巴塔哈（Tubbataha）珊瑚暗礁海上公园 N ⅱ，ⅲ，ⅳ |
| 1995 | F0305 | 伊甫高地区山间连绵水稻梯田 C ⅲ，ⅳ，ⅴ |

| | | |
|---|---|---|
| 1999 | F0304 | 殖民时期的维加（Vigan）城 C ⅱ，ⅳ |
| 1999 | F0302 | 公主（Princesa）港地下河国家公园 N ⅲ，ⅳ |

## F0400  芬兰  FINLAND

| | | |
|---|---|---|
| 1991 | F0402 | 劳马（Rauma）旧城木屋区 C ⅳ，ⅴ |
| 1991 | F0405 | 苏门林纳（Suomenlinna）要塞 C ⅳ |
| 1994 | F0404 | 佩特雅维希（Petaejaevesi）老教堂 C ⅳ |
| 1996 | F0406 | 维尔拉（Verla）的锯木场与木工厂 C ⅳ |
| 1999 | F0401 | 萨玛拉敦玛凯（Sammallahdenmaeki）青铜时代墓葬遗址区 C ⅲ，ⅳ |
| F0403 | 空号 | |

## F0500  佛得角  CAPE VERDE

| | | |
|---|---|---|
| 2009 | 0501 | 大里贝拉（Ribeira）欧洲殖民时期中心旧城 ⅱ，ⅲ，ⅵ |

## F0600  斐济  FIJI

| | | |
|---|---|---|
| 2013 | F0601 | 欧洲人在斐济群岛建立的第一个定居点并曾作为首都的港口城市莱武卡（Levuka）ⅱ，ⅳ |

# G

## G0100  哥伦比亚  COLOMBIA

| | | |
|---|---|---|
| 1984 | G0101 | 卡塔根纳（Cartagena）殖民地时期港湾、要塞和建筑 C ⅳ，ⅵ |
| 1994 | G0102 | 洛斯卡提奥斯（Los Katios）国家公园 N ⅱ，ⅳ |
| 1995 | G0103 | 圣奥古斯汀（San Agustín）考古公园 C ⅳ，ⅴ |
| 1995 | G0104 | 圣克卢茨德莫颇克斯（Santa Cruz de Mompox）城历史中心区 C ⅲ |
| 1995 | G0105 | 梯拉登特洛（Tierradentro）考古国家公园 C ⅲ |
| 2006 | G0106 | 麻波罗（Malpelo）岛及周围海域禁渔区 N ⅰ，ⅲ |
| 2011 | G0107 | 哥伦比亚咖啡农业景观和城市文化景观 ⅴ，ⅵ |

## G0200  哥斯达黎加  COSTA RICA

| | | |
|---|---|---|
| 1983 | G0203  B0404 | 1/n 塔拉曼卡（Talamanca）山自然保护区及拉米斯塔德（La Amistad）国家公园（与巴拿马共有）N ⅰ，ⅱ，ⅲ，ⅳ |
| 1997/2002 | G0202 | 科科斯（Cocos）岛国家公园 N ⅱ，ⅳ |
| 1999/2004 | G0201 | 瓜纳卡斯特（Guanacaste）海陆生态保护区 C ⅱ，ⅳ |

## G0300  古巴  CUBA

| | | |
|---|---|---|
| 1982 | G0303 | 哈瓦那旧城及其防御工事 C ⅳ，ⅴ |
| 1988 | G0305 | 特立尼达（Trinidad）城和洛斯印格尼奥斯（Los Ingenios）谷地各糖厂 C ⅳ，ⅴ |
| 1997 | G0301 | 圣地亚哥的圣佩德罗·德·拉罗卡（San Pedro de la Roca）防御工事 C ⅳ，ⅴ |
| 1999 | G0302 | 德赛巴卡-格兰玛（Desembarco Granma）海洋抬升地貌国家公园 N ⅰ，ⅲ |
| 1999 | G0304 | 维纳勒斯（Vinales）河谷农田与村落 C ⅳ |

| | | |
|---|---|---|
| 2000 | G0306 | 古巴东南最早的咖啡种植园的考古景观 C ⅲ，ⅳ |
| 2001 | G0307 | 亚历山大·德·洪堡（Alejandro de humboldt）国家公园 N ⅱ，ⅳ |
| 2005 | G0308 | 西恩福戈斯（Cienfuegos）古城历史中心区 C ⅱ，ⅳ |
| 2008 | G0309 | 卡马圭（Camagüey）历史中心 C ⅳ，ⅴ |

**G0400　冈比亚　GAMBIA**

| | | |
|---|---|---|
| 2003 | G0401 | 詹姆斯（James）岛奴隶贸易时期遗址 C ⅲ，ⅵ |
| 2006 | G0402 | 塞内甘比亚（Senegambia）的石柱圈墓葬区 C ⅰ，ⅲ |

**G0500　格鲁吉亚　GEORGIA**

| | | |
|---|---|---|
| 1994 | G0501 | 穆茨凯塔（Mtskheta）城市历史博物馆 C ⅲ，ⅳ |
| 1994 | G0502 | 巴格拉提（Bagrati）大教堂和盖拉提（Gelati）修道院 C ⅳ |
| 1996 | G0503 | 斯万奈提（Svaneti）山村 C ⅳ，ⅴ |

**G0600　刚果　CONGO（见 Z0200　扎伊尔）**

# H

**H0100　韩国　REPUBLIC OF KOREA**

| | | |
|---|---|---|
| 1995 | H0102 | 首尔宗庙 C ⅳ |
| 1995 | H0103 | 庆州石窟庵与佛国寺 C ⅰ，ⅳ |
| 1995 | H0104 | 陕川海印寺大藏经版与版库 C ⅰ，ⅳ |
| 1997 | H0101 | 昌德宫 C ⅱ，ⅲ，ⅳ |
| 1997 | H0105 | 水原城（花山城）C ⅱ，ⅲ |
| 2000 | H0106 | 高敞、和顺及江华史前石板墓遗址区 C ⅲ |
| 2000 | H0107 | 庆州历史区佛教建筑与宫殿 C ⅰ，ⅲ |
| 2007 | H0108 | 济州火山岛和熔岩洞 N ⅰ，ⅱ |
| 2009 | H0109 | 朝鲜王陵 ⅲ，ⅳ，ⅵ |
| 2010 | H0110 | 始建于14至15世纪的河回（Hahoe）村和良洞（Yangdong）村历史村落 ⅲ，ⅳ |

**H0200　海地　HAITI**

| | | |
|---|---|---|
| 1982 | H0201 | 拉米埃斯（Ramiers）的古城堡、逍遥宫和遗址的国家历史公园 C ⅳ，ⅵ |

**H0300　荷兰　NETHERLANDS**

| | | |
|---|---|---|
| 1995 | H0305 | 斯阔克兰（Schokland）及其周围地区 C ⅲ，ⅴ |
| 1996 | H0301 | 阿姆斯特丹的防御工事系统 C ⅱ，ⅳ，ⅴ |
| 1997 | H0304 | 金德代克·埃尔斯豪特（Kinderdijk-Elshout）的磨房网 C ⅰ，ⅱ，ⅳ |
| 1997 | H0306 | 威廉斯塔德（Willemstad）历史区、城中心和港湾 C ⅱ，ⅳ，ⅴ |
| 1998 | H0303 | 弗里斯兰省乌达（Wouda）蒸气泵站 C ⅰ，ⅱ，ⅳ |
| 1999 | H0302 | 比姆斯特（Beemste）填海农垦区田园与村社 C ⅰ，ⅱ，ⅳ |
| 2000 | H0307 | 乌特莱希特（Utrecht）城内里特维尔德·施廖德尔（Rietveld schroeder）设计的特殊住 |

宅 C ⅰ，ⅱ

| 2009 | H0308 | 1/n 瓦登（Watten）近岸海和湿地 ⅷ，ⅸ，ⅹ |
| --- | --- | --- |
| 2010 | H0309 | 辛格尔（Singel）运河内的阿姆斯特丹16世纪末至17世纪同心圆型运河区 ⅰ，ⅱ，ⅳ |

**H0400  洪都拉斯  HONDURAS**

| 1980 | H0401 | 科潘（Copan）玛雅遗址 C ⅳ，ⅵ |
| --- | --- | --- |
| 1982 | H0402 | 里奥普拉塔诺（Rio Platano）生物圈保护区 N ⅰ，ⅱ，ⅲ，ⅳ |

**H0500  哈萨克斯坦  KAZAKHSTAN**

| 2003 | H0501 | 考迦·阿赫迈德·雅萨维（Khoja Ahmed Yasawi）陵墓 C ⅰ，ⅲ，ⅳ |
| --- | --- | --- |
| 2004 | H0502 | 泰姆格里（Tamgaly）岩刻画与考古文化景观 C ⅲ |
| 2008 | H0503 | 萨利亚喀（Saryarka）——哈萨克斯坦北部的疏树草原和湖泊 N ⅲ，ⅳ |

**J0100  几内亚  GUINEA**

| 1981 | J0101 | K0402 | 1/n 宁巴（Nimba）山自然保护区（与科特迪瓦共有）N ⅱ，ⅳ |
| --- | --- | --- | --- |

**J0200  加拿大  CANADA**

| 1978 | J0209 | 梅多斯（Meadows）湾诺曼人移民遗址国家历史公园 C ⅵ |
| --- | --- | --- |
| 1978 | J0210 | 纳汉尼（Nahanni）国家公园 N ⅱ，ⅲ |
| 1979 | J0201 | 艾伯塔省恐龙公园 N ⅰ，ⅲ |
| 1979/1994 | J0204  M0713 | 1/n 克卢恩（Kluane）、朗格尔·圣埃利亚斯（Wrangell-St. Elias）、冰河湾3处国家公园、塔臣施尼·阿尔塞克（Tatshenshini-Alsek）省公园（与美国共有）N ⅱ，ⅲ，ⅳ |
| 1981 | J0211 | 牛急跳崖处（Head-Smashed-In Buffalo Jump）C ⅵ |
| 1981 | J0202 | 安东尼岛（SGaang Gwaii, Anthony）C ⅲ |
| 1983 | J0213 | 伍德布法罗（Wood Buffalo）国家公园 N ⅱ，ⅲ，ⅳ |
| 1984 | J0208 | 加拿大落基山（Rocky）国家公园 N ⅰ，ⅱ，ⅲ |
| 1985 | J0206 | 魁北克（Québec）历史区 C ⅳ，ⅵ |
| 1987 | J0203 | 格罗莫纳（Gros Morne）国家公园 N ⅰ，ⅲ |
| 1995 | J0207 | 卢宁堡（Lunenbug）旧城 C ⅳ，ⅴ |
| 1995 | J0212  M0716 | 1/n 瓦特尔屯国际和平公园、自然公园与冰川自然公园（与美国共有）N ⅱ，ⅲ |
| 1999 | J0205 | 魁北克的米古阿莎（Miguasha）泥盆纪化石公园 N ⅰ |
| 2007 | J0214 | 丽多（Rideau）运河 C ⅰ，ⅳ |
| 2008 | J0215 | 乔金斯（Joggins）化石崖壁 N ⅱ |
| 2012 | J0216 | 格朗普雷（Grand Pre）沼泽地和遗址构成的农耕文化景观 ⅴ，ⅵ |
| 2013 | J0217 | 16世纪由西班牙和法国船员在拉布拉多贝尔岛海峡岸上建造的红湾（Red Bay）巴斯克（Basque）人捕鲸站 ⅲ，ⅳ |

## J0300　加纳　GHANA

| 1979 | J0302 | 沃尔特（Volta）河口、大阿克拉（Accra）区和中西部地区殖民时期的城堡、要塞和商栈 C ⅵ |
| 1980 | J0301 | 阿散蒂（Asante）传统建筑 C ⅴ |

## J0400　柬埔寨　CAMBODIA

| 1992 | J0401 | 吴哥窟（Angkor）C ⅰ，ⅱ，ⅲ，ⅳ |
| 2008 | J0402 | 帕威夏（Preah Vihear）塔庙 C ⅰ |

## J0500　捷克　CZECH REPUBLIC

| 1992 | J0501 | 布拉格（Prague）城历史中心区 C ⅱ，ⅳ，ⅵ |
| 1992 | J0502 | 波希米亚的克伦洛夫（Krumlov）城历史中心区 C ⅳ |
| 1992 | J0508 | 泰尔茨（Telc）城历史中心区 C ⅰ，ⅳ |
| 1994 | J0509 | 兹达尔·纳达·沙札沃的葱绿山朝圣教堂（泽莱纳霍拉的耐波穆克圣约翰朝圣教堂）C ⅳ |
| 1995 | J0505 | 库特纳霍拉（Kutná Hora）城历史中心区 C ⅱ，ⅳ |
| 1996 | J0506 | 莱德尼斯-瓦尔梯斯（Lednice-Valtice）的文化景观区 C ⅰ，ⅱ，ⅳ |
| 1998 | J0503 | 霍拉索维茨（Holasovice）乡村保留地 C ⅱ，ⅳ |
| 1998 | J0504 | 克罗梅里兹（Kromeríz）花园与城堡 C ⅱ，ⅳ |
| 1999 | J0507 | 里托迈索（Litomysl）拱形建筑城堡 C ⅱ，ⅳ |
| 2000 | J0510 | 奥洛穆茨（Olomouc）的三圣一体纪念柱 C ⅰ，ⅳ |
| 2001 | J0511 | 布尔诺（Brno）的图根哈特（Tugendhat）别墅 C ⅱ，ⅳ |
| 2003 | J0512 | 特莱比克（Trebic）的犹太人区和圣普罗科皮尤斯（St Procopius'）教堂 C ⅱ，ⅲ |

## J0600　津巴布韦　ZIMBABWE

| 1984 | J0603 | 马纳波尔（Mana Pools）国家公园、萨皮（Sapi）和切沃雷（Chewore）原狩猎旅游区 N ⅱ，ⅲ，ⅳ |
| 1986 | J0601 | 大津巴布韦（Zimbabwe）城址 C ⅰ，ⅲ，ⅵ |
| 1986 | J0602 | 卡米（Khami）国家建筑遗址管理区 C ⅲ，ⅳ |
| 1989 | J0604 | Z0101　1/n 维多利亚瀑布（与赞比亚共有）N ⅱ，ⅲ |
| 2003 | J0605 | 马托波（Matobo）花岗岩层与岩画 C ⅲ，ⅴ，ⅵ |

## J0700　加蓬　GABON

| 2007 | J0701 | 洛佩-奥坎德（Lopé-Okanda）生态系统与文化遗迹景观 N ⅲ，ⅳ/C ⅲ，ⅳ |

## J0800　吉尔吉斯斯坦　KYRGYZSTAN

| 2009 | J0801 | 苏莱曼（Sulaiman）伊斯兰圣山 C ⅲ，ⅵ |

## J0900　基里巴斯共和国　KILIBATI

| 2010 | J0901 | 菲尼克斯（Phoenix）群岛海底山峰、深海栖息地和珊瑚礁生态系统保护区 ⅶ，ⅸ |

附 录 世界遗产名录

# K

**K0100　喀麦隆　CAMEROON**

| 1987 | K0101 | 贾（Dja）动物保护区 N ii，iv |
| 2012 | K0102 | 1/n 刚果盆地西北部喀麦隆、刚果共和国和中非共和国三国界河桑加（Sangha）河 ix，x |

**K0200　克罗地亚　CROATIA**

1979/1994　K0202　杜布罗夫尼克（Dubrovnik）旧城 C i，iii，iv

1979/2000　K0203　普里特维采（Plitvice）湖国家公园 N ii，iii

1979　K0204　斯普里特（Split）旧城和狄奥克莱蒂安（Diocletian）皇宫 C ii，iii，iv

1997　K0205　特罗吉尔（Trogir）古城 C ii，iv

1997　K0201　伯雷奇（Porec）历史中心区的主教派大教堂建筑群 C ii，iii，iv

2000　K0206　希贝尼克的圣詹姆斯（St James）大教堂 C i，ii，iv

2008　K0207　斯大丽葛拉德（Stari Grad）平原 C i，ii，iii，v

**K0300　肯尼亚　KENYA**

1997/2013　K0301　有非洲象传统迁徙路线的肯尼亚山-里瓦（Kenya-Lewa）野生动物保护区 vii，ix

1997/2001　K0302　西比洛依（Sibiloi）中央岛国家公园和图尔卡纳（Turkana）湖国家公园 N i，iv

2001　K0303　拉穆（Lamu）旧城的木石建筑 C ii，iv，vi

2008　K0304　米吉肯达圣林（Mijikenda）森林 C iii，iv，v

2011　K0305　肯尼亚东非大裂谷的博格利亚湖（Bogoria）、纳库鲁湖（Nakuru）和埃尔门泰塔湖（Elementaita）湖群 vii，ix，x

2011　K0306　建于蒙巴萨（Mombasa）的16世纪的有护城河和周围附属建筑的葡萄牙军事要塞耶稣堡 ii，v

**K0400　科特迪瓦　COTE D'IVOIRE**

1981　K0402　J0101　1/n 宁巴山（Nimba）自然保护区（与几内亚共有）N ii，iv

1982　K0403　塔伊（Tai）国家公园 N iii，iv

1983　K0401　科莫埃（Comoe）国家公园 N ii，iv

2012　K0404　19世纪末至20世纪初的殖民城镇大巴萨姆（Grand-Bassam）iii，iv

**K0500　卡塔尔　QATAR**

2013　K0501　波斯湾保存最好最大的18—19世纪的祖巴拉（Al Zubarah）采珠小镇和交易港口的考古遗址 iii，iv，v

# L

**L0100　老挝　LAO PEOPLE'S DEMOCRATIC REPUBLIC**

1995　L0101　琅勃拉邦（Luang Prabang）城及其王宫和佛寺 C ii，iv，v

2001　L0102　瓦富（Vat Phou）古迹和占巴塞（Champasak）文化景观 C iii，iv，vi

## L0200　拉脱维亚　LATVIA

1997　L0201　里加（Riga）城历史中心区　C i，ii

## L0300　黎巴嫩　LEBANON

1984　L0301　奥麦雅登·安贾尔（Anjar）城遗址　C iii，iv
1984　L0302　巴勒贝克（Baalbek）遗址　C i，iv
1984　L0303　比布鲁斯（Byblos）遗址　C iii，iv，vi
1984　L0304　提洛斯（Tyre）遗址　C iii，vi
1998　L0305　瓦迪卡地沙（Ouadi Qadisha）早期基督教圣地峡谷和霍尔沙兹埃尔圣松森林区　C iii，iv

## L0400　利比亚　LIBYAN ARAB JAMAHIRIYA

1982　L0402　昔兰尼（Cyrens）考古遗址　C ii，iii，vi
1982　L0403　莱普蒂斯·马格纳（Leptis Magna）考古遗址　C i，ii，iii
1982　L0404　赛布拉塔（Sabratha）考古遗址　C iii
1985　L0405　塔德拉特·阿卡库斯（Tadrart Acacus）岩画　C iii
1988　L0401　戈达米斯（Ghadames）旧城　C v

## L0500　立陶宛　LITHUANIA

1994　L0501　维尔纽斯（Vilnius）历史中心区　C ii，iv
2000　L0502　E0219　1/2 库罗尼安（Curonian）岛史前居住遗址（与俄罗斯联邦共有）　C v
2004　L0503　柯纳维（Kernave）考古遗址文化景观（柯纳维文化遗存）　C iii，iv

## L0600　卢森堡　LUXEMBOURG

1994　L0601　卢森堡（Luxemburg）旧城区和防御工事　C iv

## L0700　罗马尼亚　ROMANIA

1991　L0704　多瑙河（Danube）三角洲生物保护区　N iii，iv
1993　L0705　霍勒祖（Horezu）修道院　C ii
1993/2010　L0701　摩尔达维亚（Moldavia）苏切维察修道院的复活教堂　C i，iv
1993　L0702　比尔塔姆及其武备教堂　C iv
1999　L0703　达契安（Dacian）铁器时代要塞　C ii，iii，iv
1999　L0706　玛拉莫里斯（Maramures）木构教堂群　C iv
1999　L0707　锡吉什瓦拉（Sighisoara）中世纪设防城镇历史中心区　C iii，v

## L0800　莱索托　LESOTHO

2013　L0801　1/n 塞莱拜特博国家公园的马罗提（Maloti）跨境区（由 2000，N0204，尤克哈兰巴-德拉肯斯堡［Ukhahlamba-Drakensberg］洞穴与环境公园扩展而来）　i，iii，vii，x

## M0100　马达加斯加　MADAGASCAR

1990　M0101　琴吉德贝玛拉哈（Tsingy de Bemaraha）自然保护区　N iii，iv

附 录 世界遗产名录

| 2001 | M0102 | 安玻希曼加（Ambohimanga）皇城与皇陵 C iii，iv，vi |
| 2007 | M0103 | 阿钦安阿纳（Atsinanana）雨林 N iii，iv |

**M0200　马耳他　MALTA**

| 1980 | M0201 | 吉刚梯亚（Ggantija）和戈佐（Gozo）群岛的史前巨石寺庙群 C iv |
| 1980 | M0202 | 霍萨府里尼（Hal Saflieni）地下礼拜堂 C iii |
| 1980 | M0203 | 瓦莱塔（Valetta）城 C i，vi |

**M0300　马里　MALI**

| 1988 | M0302 | 杰内（Djenné）的伊斯兰城和前伊斯兰各城 C iii，iv |
| 1988 | M0303 | 廷布克图（Timbuktu）的清真寺、陵墓和公墓 C ii，iv，v |
| 1989 | M0301 | 多贡（Dogons）地区的邦狄亚加拉（Bandiagara）悬崖与建筑 N iii/C v |
| 2004 | M0304 | 阿斯基亚（Askia）王陵 C ii，iii，iv |

**M0400　马其顿，前南共和国　FORMER YUGOSLAV REP. OF MACEDONIA**

| 1979 | M0401 | 奥赫里德（Ohrid）地区文化与历史地带和自然环境 N iii/C i，iii，iv |

**M0500　马拉维　MALAWI**

| 1984 | M0501 | 马拉维（Malawi）湖国家公园 N ii，iii，iv |
| 2006 | M0502 | 崇格尼（Chongoni）岩石艺术区 C iii，vi |

**M0600　毛里塔尼亚　MAURITANIA**

| 1989 | M0601 | 阿尔金（d'Arguin）海滩国家公园 N ii，iv |
| 1996 | M0602 | 撒哈拉沙漠中的古代商队城瓦旦诺（Ouadane）、清维提（Chinguetti）、提契特（Tichitt）和瓦拉塔（Oualata）C iii，iv，v |

**M0700　美国　THE UNITED STATES OF AMERICA**

| 1978 | M0708 | 弗德（Verde）台地国家公园 C iii |
| 1978 | M0710 | 黄石（Yellowstone）国家公园 N i，ii，iii，iv |
| 1979 | M0705 | 科罗拉多大峡谷（Grand Canyon）国家公园 N i，ii，iii，iv |
| 1979 | M0706 | 佛罗里达大沼泽（Everglades）地国家公园 N i，ii，iv |
| 1979 | M0707 | 独立（Independence）会堂 C vi |
| 1979 | M0713 J0204 | 1/n 克卢恩/朗格尔·圣埃利亚斯国家公园、塔臣施尼·阿尔塞克省公园（与加拿大共有）N ii，iii，iv |
| 1980 | M0709 | 红杉树（Redwood）国家公园 N ii，iii |
| 1981 | M0714 | 猛犸象（Mammoth）洞穴国家公园 N i，iii，iv |
| 1981 | M0701 | 奥林匹克（Olympic）山国家公园 N ii，iii |
| 1982 | M0712 | 卡霍基亚（Cahokia）土丘前期居住地 C iii，iv |
| 1983 | M0702 | 波多黎各（Puerto Rico）的弗塔莱札（La Fortaleza）城堡和圣胡安（San Juan）历史区 C vi |
| 1983 | M0704 | 大雾山（Great Smoky）国家公园 N i，ii，iii，iv |
| 1984 | M0719 | 约塞米特（Yosemite）国家公园 N i，ii，iii |

| 1984 | M0720 | 自由女神像 C ⅰ，ⅵ |
| 1987 | M0703 | 查科（Chaco）文化史迹国家公园 C ⅲ |
| 1987 | M0717 | 夏洛茨维尔（Charlottesville）的蒙蒂塞洛（Monticello）庄园和弗吉尼亚大学 C ⅰ，ⅳ，ⅵ |
| 1987 | M0718 | 夏威夷（Hawaii）火山国家公园 N ⅱ |
| 1992 | M0715 | 陶斯·普埃布拉（Pueblo de Taos）的印第安人村落 C ⅳ |
| 1995 | M0711 | 卡尔斯巴德（Carlsbad）岩洞国家公园 N ⅰ，ⅲ |
| 1995 | M0716 | J0212 1/n 瓦特尔屯国际和平公园、自然公园与冰川自然公园（与加拿大共有）N ⅱ，ⅲ |
| 2010 | M0717 | 夏威夷帕帕瑙莫夸基亚（Papahanaumokuakea）低海拔岛屿、环礁及附近海域保护区 ⅰ，ⅵ，ⅶ，ⅸ，ⅹ |

## M0800　孟加拉　BANGLADESH

| 1985 | M0801 | 古清真寺城巴格哈特（Bagerhat）C ⅳ |
| 1985 | M0802 | 帕哈尔普尔（Paharpur）佛寺遗址 C ⅰ，ⅱ，ⅵ |
| 1997 | M0803 | 孙德尔本斯（Sundarbans）禁猎区 N ⅱ，ⅳ |

## M0900　摩洛哥　MOROCCO

| 1981 | M0903 | 非斯（Fez）旧城伊斯兰聚居区 C ⅱ，ⅴ |
| 1985 | M0904 | 马拉喀什（Marrakesh）旧城伊斯兰聚居区 C ⅰ，ⅱ，ⅳ，ⅴ |
| 1987 | M0901 | 阿伊特本哈杜（Ait-Ben-Haddou）防御城（乡村工事）C ⅳ，ⅴ |
| 1996 | M0905 | 梅克尼斯（Meknes）旧城 C ⅳ |
| 1997 | M0902 | 得土安（Tétouan）的伊斯兰区 C ⅱ，ⅳ，ⅴ |
| 1997 | M0906 | 沃鲁比里斯（Volubilis）考古区 C ⅱ，ⅲ，ⅳ，ⅵ |
| 2001 | M0907 | 索维拉（Essaouira）的伊斯兰旧城 C ⅱ，ⅳ |
| 2004 | M0908 | 马扎甘（Mazagan）的葡萄牙式城堡（埃尔杰迪代[El Jadida]）C ⅱ，ⅳ |
| 2012 | M0909 | 拉巴特（Rabat）老城与新城 ⅱ，ⅳ |

## M1000　莫桑比克　MOZAMBIQUE

| 1991 | M1001 | 莫桑比克（Mozambique）岛 C ⅳ，ⅵ |

## M1100　墨西哥　MEXICO

| 1987 | M1107 | 瓦哈卡（Oaxaca）历史中心和奥尔巴（Alban）山考古遗址 C ⅰ，ⅱ，ⅲ，ⅳ |
| 1987 | M1112 | 墨西哥城历史中心和霍奇米尔科（Xochimilco）C ⅱ，ⅲ，ⅳ，ⅴ |
| 1987 | M1113 | 帕伦克（Palenqu）的西班牙人前遗址和国家公园 C ⅰ，ⅱ，ⅲ，ⅳ |
| 1987 | M1114 | 普埃布拉（Puebla）历史中心 C ⅱ，ⅳ |
| 1987 | M1116 | 特奥蒂瓦坎（Teotihuacan）的西班牙人前的城址 C ⅰ，ⅱ，ⅲ，ⅳ，ⅵ |
| 1987 | M1119 | 锡安卡恩（Sian Ka'an）生物圈保留地 N ⅲ，ⅳ |
| 1988 | M1115 | 奇琴伊察（Chichen-Itza）的西班牙人前的城址 C ⅰ，ⅱ，ⅲ，ⅳ |
| 1988 | M1106 | 瓜纳尤阿托（Guanajuato）历史城和矿场 C ⅰ，ⅱ，ⅳ，ⅵ |
| 1991 | M1111 | 莫雷利亚（Morelia）城历史区 C ⅱ，ⅳ，ⅵ |
| 1992 | M1104 | 哥伦布前的埃尔塔金（El Tajin）城 C ⅲ，ⅳ |

附 录 世界遗产名录

| | | |
|---|---|---|
| 1993 | M1101 | 埃尔维采诺（El Vizcaino）环礁湖鲸鱼保护区 N ⅳ |
| 1993 | M1120 | 希拉德圣弗兰西斯科（Sierra de San Francisco）的岩画 C ⅰ，ⅲ |
| 1993 | M1121 | 札卡特卡斯（Zacatecas）历史中心 C ⅱ，ⅳ |
| 1994 | M1102 | 波顿卡特皮特尔（Popocatepetl）山坡上最早的16世纪修道院 C ⅱ，ⅳ |
| 1996 | M1110 | 魁累塔罗（Querétao）的历史建筑区 C ⅱ，ⅳ |
| 1996 | M1118 | 乌克斯玛尔（Uxmall）的礼宾中心和玛雅文化城 C ⅰ，ⅱ，ⅲ |
| 1997 | M1105 | 瓜达拉雅拉（Guadalajara）城的霍斯皮茨奥·卡巴纳斯（Hospicio Cabanaeas）救助所及其壁画 C ⅰ，ⅱ，ⅲ，ⅳ |
| 1998 | M1103 | 大卡萨斯地区的帕奎美（Paquimé）考古区城 C ⅲ，ⅳ |
| 1998 | M1117 | 特拉阔塔尔潘（Tlacotalpan）历史建筑区 C ⅱ，ⅳ |
| 1999 | M1108 | 坎佩切州（Campeche）殖民时期港口防御区建筑 C ⅱ，ⅳ |
| 1999 | M1109 | 霍契卡尔克（Xochicalco）地区考古建筑区 C ⅲ，ⅳ |
| 2002 | M1122 | 坎佩切州（Campeche）卡拉可姆（Calakmul）玛雅古城 C ⅰ，ⅱ，ⅲ，ⅳ |
| 2003 | M1123 | 奎雷塔罗州（Queretaro）高达（Gorda）山脉的天主教方济会传教区 C ⅱ，ⅲ |
| 2004 | M1124 | 路易斯·巴拉干（Luis Barragán）故居和工作室 C ⅰ，ⅱ |
| 2005 | M1125 | 加利福尼亚（California）海湾诸岛和保护区 N ⅱ，ⅲ，ⅳ |
| 2006 | M1126 | 特奇拉（Tequila）山麓和格兰德（Rio Grand）河谷龙舌兰景观和古代龙舌兰酿酒工业设施 C ⅱ，ⅳ，ⅴ，ⅵ |
| 2007 | M1127 | 墨西哥国立自治大学大学城核心校区 C ⅰ，ⅱ，ⅳ |
| 2008 | M1128 | 蒙圣米格尔（San Miguel）城镇和阿他托尼科（Atotonilco）的拿撒勒人耶稣圣殿 C ⅱ，ⅳ |
| 2008 | M1129 | 黑脉（Monarch）金斑蝶生态保护区 N ⅰ |
| 2010 | M1130 | 墨西哥城通往美国新墨西哥州的皇家内陆白银贸易大干线建筑群和遗址 ⅰ，ⅳ |
| 2010 | M1131 | 瓦哈卡（Oaxaca）中部山谷亚古尔（Yagul）与米特拉（Mitlain）史前洞穴 ⅲ |
| 2013 | M1132 | 厄尔比那喀提（El Pinacate）和德阿尔塔（de Altar）基于火山群的大沙漠生物圈保护区 ⅶ，ⅷ，ⅹ |

**M1200 马来西亚 MALAYSIA**

| | | |
|---|---|---|
| 2000 | M1201 | 基纳巴卢（Kinabalu）山多种植物物种公园 N ⅱ，ⅳ |
| 2000 | M1202 | 古农姆鲁（Gunung Mulu）自然洞穴公园 N ⅰ，ⅱ，ⅲ，ⅳ |
| 2008 | M1203 | 马六甲（Melaka）与乔治（George）城的马六甲海峡历史名城 C ⅱ，ⅲ，ⅳ |
| 2012 | M1204 | 隆功（Lenggong）河谷从早期人类到铁器时代的露天和洞穴考古遗址 ⅲ，ⅳ |

**M1300 蒙古 MONGOLIA**

| | | |
|---|---|---|
| 2003 | M1301 | E0217 1/n 乌布苏（Uvs Nuur）湖鸟类栖息盆地（与俄罗斯联邦共有）N ⅱ，ⅳ |
| 2004 | M1302 | 鄂尔浑（Orkhon）河流域文化景观 C ⅱ，ⅲ，ⅳ |
| 2011 | M1303 | 阿尔泰（Altai）山脉史前和历史时期显示气候与经济形态变化的岩刻与岩画群 ⅲ |

**M1400 毛里求斯 MAURITIUS**

| | | |
|---|---|---|
| 2006 | M1401 | 路易斯港地区阿普拉瓦西·加特（Aapravasi Ghat）契约劳动者住宅区 C ⅵ |
| 2008 | M1402 | 山丘文化景观 C ⅰ，ⅵ |

**M1500　马绍尔群岛共和国　MARSHALL IS**

2010　M1501　比基尼（Bikini）环礁核试验场旧址　ⅳ，ⅵ

# N

**N0200　南非　SOUTH AFRICA**

1999　N0201　罗本（Robben）岛不同时期的建筑　C ⅲ，ⅵ
1999　N0202　大圣卢西亚（St. Lucia）湿地国家公园　N ⅱ，ⅲ，ⅳ
1999　N0203　斯泰克方丹、斯瓦特克朗和克罗姆德莱（Sterkfontein, Swartkrans, Kromdraai）古人类化石产地与环境　C ⅲ，ⅵ
2000/2013　N0204　1/n 尤克哈兰巴·德拉肯斯堡（Ukahlamba-Drakensberg）洞穴与环境公园（2013年扩展到莱索托，成为塞莱拜特博国家公园）ⅰ，ⅲ，ⅶ，ⅹ
2003　N0205　马蓬古布韦（Mapungubwe）建筑遗址和文化景观　C ⅱ，ⅲ，ⅳ，ⅴ
2004　N0206　弗洛勒尔（Floral）角保护区　N ⅱ，ⅳ
2005　N0207　弗里德堡（Vredefort）圆陨石坑　N ⅰ
2007　N0208　里希特斯韦特（Richtersveld）文化和植物景观　C ⅳ，ⅴ

**N0300　尼泊尔　NEPAL**

1979　N0302　加德满都（Kathmandu）谷地　C ⅲ，ⅳ，ⅵ
1979　N0304　萨加玛塔（Sagarmatha）国家公园（珠穆朗玛峰南坡）N ⅲ
1984　N0303　奇特万（Chitwan）皇家国立公园　N ⅱ，ⅲ，ⅳ
1997　N0301　佛陀诞生地蓝毗尼（Lumbini,）C ⅲ，ⅵ

**N0400　尼日尔　NIGER**

1991　N0401　埃尔（Air）和泰内勒（Ténéré）自然保护区　N ⅱ，ⅲ，ⅳ
1996　N0402　尼日尔 W 国家公园　N ⅱ，ⅳ
2013　N0403　建于15世纪保存有清真寺和苏丹皇宫并有撒哈拉大沙漠门户之称的阿加德兹（Agadez）小镇　ⅱ，ⅲ

**N0500　尼日利亚　NIGERIA**

1999　N0501　苏库尔（Sukur）的宫殿、村落与工厂文化景观　C ⅲ，ⅴ，ⅵ
2005　N0502　奥孙奥索波（Osun-Osogbo）圣树林　C ⅱ，ⅲ，ⅵ

**N0600　挪威　NORWAY**

1979　N0602　贝尔根的港口城市布吕根（Bryggen）C ⅲ
1979　N0604　乌尔内斯（Urnes）木构教堂　C ⅰ，ⅱ，ⅲ
1980/2010　N0603　勒罗斯（Roros）矿城及周边地区工农业文化景观　C ⅲ，ⅳ，ⅴ
1985　N0601　阿尔塔（Alta）岩画　C ⅲ
2004　N0605　维加（Vega）群岛文化景观　C ⅴ
2005　N0606　盖兰格（Geirangerfjord）和奈罗伊（Nærøyfjord）西北海湾　N ⅰ，ⅲ

## N0700　尼加拉瓜　NICARAGUA

| 2000 | N0701 | 莱昂维尧（León Viejo）早期殖民地遗址 C ⅲ，ⅳ |
| 2011 | N0702 | 修建于1747年至19世纪初的从巴洛克到新古典主义过渡风格的莱昂（León）大教堂 ⅱ，ⅳ |

## N0800　纳米比亚　NAMIBIA

2005　N0801　特威菲尔泉（Twyfelfontein）岩雕 C ⅲ，ⅴ

2013　N0802　具有砾石平原、岩石山、沿海潟湖和季节性河流由雾影响的纳米布（Namib）沿海沙漠 ⅶ，ⅷ，ⅸ，ⅹ

# P

## P0100　葡萄牙　PORTUGAL

1983　P0104　巴塔拉（Batalha）修道院 C ⅰ，ⅱ

1983　P0106　里斯本的贝勒姆（Belem）修道院和塔楼 C ⅲ，ⅵ

1983　P0108　托马尔（Tomar）的基督教修道院 C ⅰ，ⅵ

1983　P0110　亚速尔（Azores）群岛的安格拉多赫洛斯摩（Angra do Heroismo）城中心区 C ⅳ，ⅵ

1988　P0102　埃武拉（Evora）城历史中心区 C ⅱ，ⅳ

1989　P0101　阿尔科巴萨（Alcobaca）隐修院 C ⅰ，ⅳ

1995　P0109　辛特拉（Sintra）城与辛特拉山峰文化区 C ⅱ，ⅳ，ⅴ

1996　P0103　奥波尔托（波尔托 Oporto）城历史中心区 C ⅳ

1998/2010　P0105　1/n 席尔加·维德（Siega Verde）史前岩刻画考古区 C ⅰ，ⅲ

1999　P0107　马戴拉群岛的（Madeira）劳里西尔瓦（Laurisilva）森林 N ⅱ，ⅳ

2001　P0111　杜罗（Douro）河上游葡萄酒产区 C ⅲ，ⅳ，ⅴ

2001　P0112　吉玛拉伊斯（Guimaraes）中世纪历史中心区 C ⅱ，ⅲ，ⅳ

2004　P0113　皮克（Pico）岛葡萄园文化景观 C ⅲ，ⅴ

2012　P0114　埃尔瓦斯（Elvas）17至19世纪边防城及其防御工事 ⅳ

2013　P0115　1290年始建于古都的科英布拉（Coimbra）大学：阿尔塔（Alta）和索菲亚（Sofia）ⅱ，ⅳ，ⅵ

## P0200　帕劳　PALAU

2012　P0201　帕劳南部的潟湖群、珊瑚礁与石灰岩岛群 ⅲ，ⅴ，ⅶ，ⅸ，ⅹ

# R

## R0100　日本　JAPAN

1993　R0102　北海道白神山地（Shirakami-Sanchi）山毛榉林区 N ⅱ

1993　R0106　九州屋久岛（Yakushima）林区 N ⅱ，ⅲ

1993　R0107　兵库县姬路（Himeji-jo）市贵族住区 C ⅰ，ⅳ

1993　R0108　奈良法隆寺（Horyu-ji）地区各佛寺 C ⅰ，ⅱ，ⅳ，ⅵ

1994　R0103　古京都历史建筑与园林（京都、宇治与大津）C ⅱ，ⅳ

| 1995 | R0101 | 岐阜县白川乡（Shirakawa-go）与富山县五箇村（Gokayama）村落 C ⅳ，ⅴ |
| 1996 | R0104 | 广岛县严岛（Itsukushima）（宫岛）神社牌坊 C ⅰ，ⅱ，ⅳ，ⅵ |
| 1996 | R0105 | 广岛和平纪念碑 C ⅵ |
| 1998 | R0109 | 奈良（Nara）古建筑 C ⅱ，ⅲ，ⅳ，ⅵ |
| 1999 | R0110 | 日光（Nikko）的幕府时代寺庙与神社 C ⅰ，ⅳ，ⅵ |
| 2000 | R0111 | 琉球（Rukyu）国首里城及相关建筑 C ⅱ，ⅲ，ⅵ |
| 2004 | R0112 | 纪伊（Kii）山灵地、朝山进香道路以及周围文化景观 C ⅱ，ⅲ，ⅳ，ⅵ |
| 2005 | R0113 | 北海道（Hokkaido）知床半岛 N ⅱ，ⅳ |
| 2007 | R0114 | 岛根悬石见（Iwami Ginzan）银矿遗迹 C ⅱ，ⅲ，ⅴ |
| 2011 | R0115 | 平泉8世纪净土寺庙、园林与遗址 ⅱ，ⅵ |
| 2011 | R0116 | 小笠原（Ogasawara）群岛 ⅸ |
| 2013 | R0117 | 长期以来被视为艺术创作灵感源泉和朝圣地的成层火山富士山（Fujisan）ⅲ，ⅵ |

**R0200　瑞典　SWEDEN**

| 1991 | R0202 | 德罗特宁霍尔摩（Drottningholm）夏季王宫 C ⅳ |
| 1993 | R0201 | 毕尔卡（Birka）和霍伏加登（Hovgaerden）的诺曼人居住区 C ⅲ，ⅳ |
| 1993 | R0203 | 恩格斯堡（Engelsberg）炼铁厂 C ⅳ |
| 1994 | R0207 | 斯科格吉斯克加登（Skogskyrkogaerden）墓地 C ⅱ，ⅳ |
| 1994 | R0208 | 塔努姆（Tanum）岩画 C ⅰ，ⅲ，ⅳ |
| 1995 | R0209 | 维斯比（Visby）的汉萨同盟（Hanseatic）城 C ⅳ，ⅴ |
| 1996 | R0205 | 拉普尼安（Laponian）北极圈文化景观区 N ⅰ，ⅱ，ⅲ/C ⅲ，ⅴ |
| 1996 | R0206 | 鲁莱亚（Luleae）的加默尔斯塔德（Gammelstad）农村教堂区 C ⅱ，ⅳ，ⅴ |
| 1998 | R0204 | 卡尔斯克鲁纳（Karlskrona）海港 C ⅱ，ⅳ |
| 2000 | R0210 | 高岸（The High Coast）的新地貌 N ⅰ |
| 2000 | R0211 | 厄兰岛（Oeland）南部的农业景观 C ⅳ，ⅴ |
| 2001 | R0212 | 法伦（Falun）的大铜山矿区 C ⅱ，ⅲ，ⅴ |
| 2004 | R0213 | 瓦尔山（Varberg）无线电发射装置 C ⅱ，ⅳ |
| 2012 | R0214 | 赫尔辛兰（Hälsingland）19世纪的源自中世纪木质建筑传统的彩画农舍 ⅴ |

**R0300　瑞士　SWITZERLAND**

| 1983 | R0301 | 伯尔尼（Berne）旧城 C ⅲ |
| 1983 | R0302 | 圣加尔（St. Gall）修道院 C ⅱ，ⅳ |
| 1983 | R0303 | 米斯泰尔（Müstair）的本笃会圣约翰修道院 C ⅲ |
| 2000 | R0304 | 贝林左纳（Bellinzone）市镇的城墙、城堡和防御墙 C ⅳ |
| 2001 | R0305 | 阿勒赤峰、比赤霍伦峰和少女峰的冰河景观（Jungfrau-Aletsch-Bietschhorn）N ⅰ，ⅱ，ⅲ |
| 2003/2010 | R0306 | 1/n 圣乔治（San Giorgio）山三叠纪海洋生物化石产地 ⅷ |
| 2007 | R0307 | 拉沃（Lavaux）葡萄园梯田 C ⅲ，ⅳ，ⅴ |
| 2008 | R0308 | 阿尔布拉·伯尔尼纳（Albula/Bernina）的雷提安（Rhaetian）铁路 C ⅱ，ⅳ |
| 2008 | R0309 | 萨多纳（Sardona）地质构造区 N ⅱ |
| 2009 | R0310 | 拉绍德封（La Chaux-de-Fonds）与勒洛克（Le Locle）制钟表镇 ⅳ |
| 2011 | R0311 | 1/n 阿尔卑斯地区111处史前湖岸木桩建筑定居点考古遗址（瑞士［56处］、奥地利、 |

法国、德国、意大利、斯洛文尼亚共有）ⅲ，ⅴ

# S

**S0100　萨尔瓦多　EL SALVADOR**

1993　S0101　约雅德凯忍（Joya de Ceren）考古遗址 C ⅲ，ⅳ

**S0200　塞内加尔　4SENEGAL**

1978　S0201　戈雷（Gorée）岛黑奴囚禁地 C ⅵ
1981　S0202　尼奥科洛 科巴（Niokolo-Koba）国家公园 N ⅳ
1981　S0203　朱杰（Djoudj）国家鸟类保护区 N ⅲ，ⅳ
2000　S0204　圣-路易斯（Saint-Louis）岛的城镇建筑 C ⅱ，ⅳ
2011　S0205　萨卢姆（Saloum）河三角洲岛屿、红树林、大西洋海洋环境和人居环境 ⅲ，ⅳ，ⅴ
2012　S0206　塞内加尔东南部巴萨里（Bassari）、贝迪克（Bedik）、富拉（Fula）地区村落农田和遗址景观 ⅲ，ⅴ，ⅵ

**S0300　塞浦路斯　CYPRUS**

1980　S0301　帕福斯（Paphos）考古遗址 C ⅲ，ⅵ
1998　S0302　乔洛科提亚（Choirokoitia）新石器时代居住遗址 C ⅱ，ⅲ，ⅳ
1985/2001　S0303　特罗多斯（Troodos）地区的彩绘教堂（包括救世主变容教堂）C ⅱ，ⅲ，ⅳ

**S0400　塞舌尔　SEYCHELLES**

1982　S0401　阿尔达布拉（Aldabra）环礁 N ⅱ，ⅲ，ⅳ
1983　S0402　玛依（Mai）谷地自然保留地国家公园 N ⅰ，ⅱ，ⅲ，ⅳ

**S0500　圣基茨（圣克利斯托弗）和尼维斯　SAINT CHRISTOPHER & NEVIS**

1999　S0501　硫黄山（Brimstone）要塞和风景区国家公园 C ⅲ，ⅳ

**S0600　斯里兰卡　SRI LANKA**

1982　S0601　阿努拉德普勒（Anuradhapura）圣城 C ⅱ，ⅲ，ⅵ
1982　S0602　波隆纳鲁沃（Polonnaruwa）古城 C ⅰ，ⅲ，ⅵ
1982　S0606　锡吉里亚（Sigiriya）古城 C ⅱ，ⅲ，ⅳ
1988　S0604　加勒（Galle）旧城及其防御工事 C ⅳ
1988　S0605　圣城康提（Kandy）C ⅳ，ⅵ
1988　S0607　辛哈拉加（Sinharaja）森林自然保护区 N ⅱ，ⅳ
1991　S0603　丹布勒（Dambulla）金山崖寺 C ⅰ，ⅵ
2010　S0608　斯里兰卡中央高地生态保护区 ⅸ，ⅹ

**S0700　斯洛伐克　SLOVAKIA**

1993　S0702　班斯卡斯提奥尼卡（Banska Stiavnica）及其工程建筑区 C ⅳ，ⅴ
1993/2009　S0703　斯皮斯基赫拉德（Spissky Hrad）城堡及周边历史建筑 C ⅳ
1993　S0704　沃尔克林奈克（Vlkolinec）农民村舍木屋保留地 C ⅳ，ⅴ

| | | | |
|---|---|---|---|
| 1995/2000 | S0701 X0401 | 1/n 斯洛伐克与阿格泰莱克（Aggtelek 在匈牙利）溶洞 N | i |
| 2000 | S0705 | 巴尔代约夫（Bardejov）城保护区 C | iii，iv |
| 2007/2011 | W0503 S0706 W0503 | 1/n 喀尔巴阡（Primeval）山原始山毛榉森林 N | iii |
| 2008 | S0707 | 喀尔巴阡（Carpathian）山斯洛伐克段的原木教堂 C | iii，iv |

## S0800　斯洛文尼亚　SLOVENIA

| | | |
|---|---|---|
| 1988 | S0801 | 斯阔茨安（Skocjan）岩洞 N ii，iii |
| 2011 | S0802 | 1/n 阿尔卑斯地区 111 处史前湖岸木桩建筑定居点考古遗址（瑞士［56 处］、奥地利、法国、德国、意大利、斯洛文尼亚共有）iii，v |
| 2012 | S0802 | 1/n 阿尔马登（Almdén）和伊德里亚（Idrija）的水银采矿遗址（斯洛文尼亚与西班牙共有）ii，iv |

## S0900　所罗门群岛　SOLOMON ISLANDS

| | | |
|---|---|---|
| 1998 | S0901 | 伦内尔（Rennell）岛东区 N ii |

## S1000　苏里南　SURINAME

| | | |
|---|---|---|
| 2000 | S1001 | 苏里南中部的热带森林自然保护区 N ii，iv |
| 2002 | S1002 | 帕拉马里博（Paramaribo）内城历史区 C ii，iv |

## S1100　苏丹　SUDAN

| | | |
|---|---|---|
| 2003 | S1101 | 盖贝尔·巴卡尔（Gebel Barkal）与纳帕坦（Napatan）地区考古遗址 C i，ii，iii，iv |
| 2011 | S1102 | 麦罗埃（Mailoai）岛公元前 8 世纪至公元 4 世纪间兴盛一时的库施（Kush）王国考古遗址 ii，iii，iv，v |

## S1200　塞尔维亚和黑山　SERBIA AND MONTENEGRO

| | | |
|---|---|---|
| 1979 | S1202 | 科托尔（Kotor）自然史与文化史地区与海湾 C i，ii，iii，iv |
| 1979 | S1203 | 斯塔里拉斯（Stari Ras）城和索波查尼（Sopocani）修道院 C i，iii |
| 1980 | S1201 | 杜米托尔（Durmitor）国家公园 N ii，iii，iv |
| 1986 | S1204 | 斯图德尼察（Studenica）修道院 C i，ii，iv，vi |
| 2004 | S1205 | 德查尼（Decani）修道院 C ii，iv |
| 2007 | S1206 | 加姆济格勒-罗慕利亚纳（Gamzigrad-Romuliana）的加莱里乌斯（Galerius）宫 C iii，iv |

## S1300　圣卢西亚　SAINT LUCIA

| | | |
|---|---|---|
| 2004 | S1301 | 苏弗里耶尔（Soufriere）诸峰管理区 N i，iii |

## S1400　圣马力诺　SAN MARINO

| | | |
|---|---|---|
| 2006 | S1401 | 圣马力诺历史中心与蒂塔诺（Titano）山 C iii，iv，vi |

## S1500　沙特阿拉伯　SAUDI ARABIA

| | | |
|---|---|---|
| 2007 | S1501 | 玛甸沙勒（Madâin Sâlih）岩刻与墓葬考古遗址 C ii，iii |
| 2010 | S1502 | 始建于 15 世纪的德拉伊耶（Diraiyah）伊斯兰教遗址的阿图拉伊夫（ad-Turaif）区 iv，v，vi |

## T

### T0100 泰国 THAILAND

| 1991 | T0102 | 大城（阿育他亚）（Ayutthaya）旧城及有关城镇 C iii |
| 1991 | T0103 | 素可泰（Sukhothai）旧城及有关城镇 C i，iii |
| 1991 | T0104 | 童艾·会卡康（Thungyai-Huai Kha Khaeng）野生动物禁猎区 N ii，iii，iv |
| 1992 | T0101 | 班清（Ban Chiang）考古建筑与遗址 C iii |
| 2005 | T0105 | 栋巴耶延－考爱山（Dong Phayayen-Khao Yai）林区 N iv |

### T0200 坦桑尼亚 UNITED REPUBLIC OF TANZANIA

| 1979/2010 | T0201 | 恩戈罗恩戈罗（Ngorongoro）自然与古人类遗址保护区 C iv／vii，viii，ix，x |
| 1981 | T0202 | 基尔瓦基西瓦尼（Kilwa Kisiwani）遗址及松戈纳拉（Songo Mnara）遗址 C iii |
| 1981 | T0205 | 塞伦盖蒂（Serengeti）国家公园 N iii，iv |
| 1982 | T0204 | 塞卢斯（Selous）野生动物保护区 N ii，iv |
| 1987 | T0203 | 乞力马扎罗（Kilimanjaro）国家公园 N iii |
| 2000 | T0206 | 桑给巴尔（Zanzibar）石城 C ii，iii，vi |
| 2006 | T0207 | 孔多阿（Kondoa）摩崖岩画遗址 C iii，vi |

### T0300 突尼斯 TUNISIA

| 1979 | T0301 | 埃尔基姆（El Jem）圆形露天剧场（竞技场）C iv，vi |
| 1979 | T0303 | 迦太基（Carthage）遗址 C ii，iii，vi |
| 1979 | T0307 | 突尼斯（Tunis）城伊斯兰旧城区 C ii，iii，v |
| 1980 | T0308 | 伊什库尔（Ichkeul）湖国家公园 N iv |
| 1985 | T0304 | 凯库安（Kerkuane）的布匿（Punic）人旧城及其墓地 C iii |
| 1988 | T0305 | 凯鲁万（Kairouan）旧城 C i，ii，iii，v，vi |
| 1988 | T0306 | 苏塞（Sousse）伊斯兰旧城 C iii，iv，v |
| 1997 | T0302 | 杜加（Dougga/Thugga）城址 C ii，iii |

### T0400 土耳其 TURKEY

| 1985 | T0401 | 迪夫里吉（Divrigi）大清真寺和医院 C i，iv |
| 1985 | T0402 | 戈雷梅（Goereme）国家公园和卡帕多基（Cappadocia）的岩洞建筑 N iii／C i，iii，v |
| 1985 | T0409 | 伊斯坦布尔（Istanbul）历史区 C i，ii，iii，iv |
| 1986 | T0403 | 古赫梯国旧都哈吐沙（Hattusha）C i，ii，iii，iv |
| 1987 | T0404 | 内姆鲁特达格（Nemrut Dag）城址 C i，iii，iv |
| 1988 | T0406 | 桑索斯（Xanthos）城址及拉托纳（Letoon）圣地 C ii，iii |
| 1988 | T0408 | 希拉波利斯－帕穆卡勒（Hierapolis-Pamukkal）古城 N iii／C iii，iv |
| 1994 | T0405 | 番红花（Safranbolu）小城 C ii，iv，v |
| 1998 | T0407 | 特洛伊（Troy）考古区 C ii，iii，vi |
| 2011 | T0408 | 位于埃迪尔内（Edirne）的方形圆顶的建于16世纪奥斯曼帝国时期的用瓷砖装饰的赛利米耶（Selimiye）清真寺 i，iv |
| 2012 | T0409 | 安纳托利亚南部查塔夫耶克（Catalhoyuk）公元前7400年至公元前5200年的石器和青

铜器时代遗址 ⅱ，ⅳ

### T0500　土库曼斯坦　TURKMENISTAN
1999　T0501　古梅尔夫（谋夫［Merv］）历史与文化公园 C ⅱ，ⅲ
2005　T0502　库尼亚乌尔干赤（Kunya-Urgench）古城 C ⅱ，ⅲ
2007　T0503　尼萨（Nisa）的安息时期城堡 C ⅱ，ⅲ

### T0600　塔吉克斯坦　TAJIKISTAN
2013　T0601　位于由板块构造和俯冲形成的欧亚大陆最高山脉集合地的帕米尔高原山系国家公园 ⅶ，ⅷ

# W

### W0100　乌兹别克斯坦　UZBEKISTAN
1990　W0102　狄特汗卡拉城的伊特汗卡拉（Itchan Kala）历史中心 C ⅲ，ⅳ，ⅴ
1993　W0101　布哈拉（Bukhara）城历史中心 C ⅱ，ⅳ，ⅵ
2000　W0103　沙赫里雅布兹（Shakhrisyabz）城历史区 C ⅲ，ⅳ
2001　W0104　撒马尔罕（Samarkand）古城 C ⅰ，ⅱ，ⅳ

### W0200　危地马拉　GUATEMALA
1979　W0201　安提瓜（Antigua）的危地马拉殖民时期首都旧址 C ⅱ，ⅲ，ⅳ
1979　W0202　提卡尔（Tikal）国家公园 N ⅱ，ⅳ/C ⅰ，ⅲ，ⅳ
1981　W0203　基里瓜（Quirigua）的玛雅文化遗址和考古公园 C ⅰ，ⅱ，ⅳ

### W0300　委内瑞拉　VENEZUELA
1993　W0302　科罗（Coro）城历史中心区及其港口 C ⅳ，ⅴ
1994　W0301　卡奈玛（Canaima）国家公园 N ⅰ，ⅱ，ⅲ，ⅳ
2000　W0303　加拉加斯大学校园 C ⅰ，ⅳ

### W0400　乌干达　UGANDA
1994　W0401　布温迪（Bwindi）原始森林国家公园 N ⅲ，ⅳ
1994　W0402　鲁恩佐利（Rwenzori）山脉国家公园 N ⅲ，ⅳ
2001　W0403　卡苏比（Kasubi）的布干达（Buganda）王陵 C ⅰ，ⅲ，ⅳ，ⅵ

### W0500　乌克兰　UKRAINE
1990　W0501　基辅圣索菲亚（Saint-Sophia）大教堂和拉甫拉（Lavra）修道院 C ⅰ，ⅱ，ⅲ，ⅳ
1998　W0502　利沃夫（L'viv）城历史中心 C ⅱ，ⅴ
2007/2011　W0503　S0706　D2035　1/n 喀尔巴阡（Carpathians）山原始山毛榉林（与斯洛伐克、德国共有）N ⅲ
2011　W0504　布科维纳（Bukovinian）与达尔马提亚（Dalmatian）的19世纪城市民居、教堂、花园、神学院和修道院等 ⅱ，ⅲ，ⅳ

附录 世界遗产名录

| 2013 | W0505 | 1/n 喀尔巴阡山（Carpathian）地区 16—19 世纪由东正教和希腊天主教信徒用原木建造的教堂（与波兰共有 B1014）ⅲ，ⅳ |
| --- | --- | --- |
| 2013 | W0506 | 希腊人于公元前 5 世纪所建显示与草原斯基泰人交流的泰瑞克-丘桑内斯（Tauric Chersonese）古城及其乔拉（Chora）镇 ⅱ，ⅴ |

**W0600　乌拉圭　URUGUAY**

| 1995 | W0601 | 科洛尼亚·德尔·萨克拉门托（Colonia del Sacramento）城历史区 C ⅳ |
| --- | --- | --- |

**W0700　瓦努阿图　VANUATU**

| 2008 | W0701 | 马塔（Roi Mata's）王酋长领地 ⅲ，ⅳ，ⅵ |
| --- | --- | --- |

# X

**X0100　西班牙　SPAIN**

| 1984 | X0107 | 巴塞罗那的古埃尔（Güell）宫、花园及米拉（Mila）宫等 C ⅰ，ⅱ，ⅳ |
| --- | --- | --- |
| 1984 | X0111 | 布尔戈斯（Burgos）大教堂 C ⅱ，ⅳ，ⅵ |
| 1984 | X0112 | 格拉纳达（Granada）旧城、阿尔汉布拉（Alhambra）区、格内拉利费（Generalife）宫和阿拜钦（Albayzin）区 C ⅰ，ⅲ，ⅳ |
| 1984 | X0115 | 科尔多巴（Cordoba）清真寺、大教堂和旧城 C ⅰ，ⅱ，ⅲ，ⅳ |
| 1984 | X0118 | 马德里地区埃斯库里阿尔（Escurial）修道院和周围遗址 C ⅰ，ⅱ，ⅵ |
| 1985 | X0101 | 阿尔塔米拉（Altamira）岩洞壁画 C ⅰ，ⅲ |
| 1985 | X0102 | 阿维拉（Avila）古城及城外教堂 C ⅲ，ⅳ |
| 1985 | X0105 | 奥维多（Oviedo）城历史区（包括阿斯图里亚斯［Asturias］王国三大教堂）C ⅰ，ⅱ，ⅳ |
| 1985 | X0121 | 塞戈维亚（Segovia）旧城及其输水道 C ⅰ，ⅲ，ⅳ |
| 1985 | X0125 | 圣地亚哥·德孔波斯泰拉（Santiago de Compostela）旧城 C ⅰ，ⅱ，ⅵ |
| 1986 | X0113 | 加那利群岛的戈麦拉岛上的加拉霍奈（Garajonay）国家公园 N ⅱ，ⅲ |
| 1986 | X0114 | 卡塞雷斯（Caceres）旧城 C ⅲ，ⅳ |
| 1986/2001 | X0129 | 阿拉贡（Aragon）的穆迪加建筑（由特鲁埃尔的穆迪加建筑扩展）C ⅳ |
| 1986 | X0130 | 托莱多（Toledo）历史名城 C ⅰ，ⅱ，ⅲ，ⅳ |
| 1987 | X0122 | 塞维利亚（Seville）的大教堂、城堡及西印度群岛档案馆 C ⅰ，ⅱ，ⅲ，ⅵ |
| 1988 | X0120 | 萨拉曼卡（Salamanca）旧城 C ⅰ，ⅱ，ⅳ |
| 1991 | X0110 | 波布莱特（Poblet）原西妥教团修道院 C ⅰ，ⅳ |
| 1993 | X0127 | 圣玛丽亚·德·瓜德罗普（Santa Maria de Guadalupe）王家修道院 C ⅳ，ⅵ |
| 1993 | X0124 | 通往圣地亚哥·德·孔波斯泰拉（Santiago de Compostela）的朝圣道路 C ⅱ，ⅳ，ⅵ |
| 1993 | X0119 | 梅立达（Mérida）的罗马时期和中古早期建筑考古区 C ⅲ，ⅳ |
| 1994 | X0106 | 安达鲁西亚的多纳奈（Donana）国家公园 N ⅱ，ⅲ，ⅳ |
| 1996 | X0116 | 库恩卡（Cuenca）及其历史上的防御工事 C ⅱ，ⅴ |
| 1996 | X0131 | 瓦林茨亚的拉龙加德赛达（La Lonja de la Seda de Valencia）丝绸交易所 C ⅰ，ⅳ |
| 1997 | X0117 | 拉斯麦杜拉斯（Las Médulas）的金矿场遗址区 C ⅰ，ⅱ，ⅲ，ⅳ |
| 1997 | X0128 | 圣米兰育索（San Millán Yuso）和苏索（Suso）修道院 C ⅱ，ⅳ，ⅵ |

| 1997 | X0108 | 巴塞罗那的加泰罗尼亚（Catalana）风格音乐厅和圣保（Sant Pau）医院 C ⅰ，ⅱ，ⅳ |
| 1997 | X0109 | F0107　1/n 比利牛斯山脉派尔杜（Mont Perdu）峰区景观（与法国共有）N ⅰ，ⅲ/C ⅲ，ⅳ，ⅴ |
| 1998 | X0104 | 赫那雷斯（Henares）堡的大学和历史区 C ⅱ，ⅳ，ⅵ |
| 1998/2010 | X0132 | 1/n 席尔加·维德（Siega Verde）史前岩刻画考古区 C ⅰ，ⅲ |
| 1999 | X0123 | 圣克里斯托瓦尔·拉·拉古纳（San Cristóbal La Laguna）上城与下城 C ⅱ，ⅳ |
| 1999 | X0133 | 伊维萨岛海洋与海岸生物多样性和考古遗址区 N ⅱ，ⅳ/C ⅱ，ⅲ，ⅳ |
| 2000 | X0134 | 阿塔普尔卡（Atapuerca）早期人类洞穴遗址 C ⅲ，ⅴ |
| 2000 | X0135 | 瓦尔德博伊（Vall de Boí）的加泰罗尼人（Catalan）罗马式教堂与环境 C ⅲ，ⅳ |
| 2000 | X0136 | 埃尔切古代农业区（Elche）C ⅱ，ⅴ |
| 2000 | X0137 | 卢戈（Lugo）的罗马时代防御围墙 C ⅳ |
| 2000 | X0138 | 塔拉戈（Tárraco）的罗马时期考古遗址区 C ⅱ，ⅲ |
| 2001 | X0126 | 阿兰居斯（Aranjuez）文化景观 C ⅱ，ⅲ，ⅳ |
| 2003 | X0139 | 乌贝达（Ubeda）和巴埃乍（Baeza）文艺复兴时期的纪念建筑群 C ⅱ，ⅳ |
| X0103 | 空号 | |
| 2006 | X0140 | 维斯盖亚（Vizcaya）钢索高架桥 C ⅰ，ⅱ |
| 2007 | X0141 | 泰德（Teide）国家公园 N ⅰ，ⅱ |
| 2009 | X0142 | 拉科鲁尼亚海港的希腊罗马时期的海格力斯（Hercules）灯塔 ⅲ |
| 2011 | X0143 | 马略卡（Mallorca）岛西北海岸特拉蒙塔那山区具有水管理设备网络的农业文化景观 ⅱ，ⅳ，ⅴ |
| 2012 | X0144 | 1/n 阿尔马登（Almdén）和伊德里亚（Idrija）的水银采矿遗址（斯洛文尼亚与西班牙共有）ⅱ，ⅳ |

**X0200　希腊　GREECE**

| 1986 | X0204 | 巴赛（Bassae）的阿波罗·埃皮鸠里乌斯（Epicurius）神庙 C ⅰ，ⅱ，ⅲ |
| 1987 | X0215 | 雅典卫城（Athens Acropolis）C ⅰ，ⅱ，ⅲ，ⅳ，ⅵ |
| 1987 | X0206 | 德尔菲（Delphi）阿波罗神庙考古遗址 C ⅰ，ⅱ，ⅲ，ⅳ，ⅵ |
| 1988 | X0201 | 埃皮达鲁斯（Epidaurus）古城考古遗址 C ⅰ，ⅱ，ⅲ，ⅳ，ⅵ |
| 1988 | X0208 | 罗得岛（Rhodes）中古城市 C ⅱ，ⅳ，ⅴ |
| 1988 | X0209 | 迈泰奥拉（Meteora）修道院 N ⅲ/C ⅰ，ⅱ，ⅳ，ⅴ |
| 1988 | X0211 | 萨洛尼基（Thessalonika）早期基督教和拜占庭建筑 C ⅱ，ⅳ |
| 1988 | X0213 | 圣山（Mount Athos）N ⅲ/C ⅰ，ⅱ，ⅳ，ⅴ，ⅵ |
| 1989 | X0203 | 奥林匹亚考古遗址 C ⅰ，ⅱ，ⅲ，ⅳ，ⅵ |
| 1989 | X0210 | 米斯特拉斯（Mystras）的拜占庭时期旧城 C ⅱ，ⅲ，ⅳ |
| 1990 | X0205 | 达佛尼（Daphni）修道院、霍西俄斯·卢卡斯（Hossios Luckas）修道院与希俄斯（Chios）岛新修女院 C ⅰ，ⅱ，ⅳ |
| 1990 | X0214 | 提洛斯岛（Delos）古建筑与遗址 C ⅱ，ⅲ，ⅳ，ⅵ |
| 1992 | X0212 | 萨摩斯（Samos）岛毕达哥拉（Pythagoreion）神庙和赫拉（Heraion）神庙（古代世界七大奇迹之一）C ⅱ，ⅲ |
| 1996 | X0207 | 费尔吉纳（Vergina）考古遗址（马其顿王陵）C ⅰ，ⅲ |
| 1999 | X0202 | 帕特莫斯（Pátmos）岛圣约翰（Saint John）修道院和启示录刻铭岩洞 C ⅲ，ⅳ，ⅵ |
| 1999 | X0216 | 迈锡尼（Mycenae）和梯林斯（Tiryns）迈锡尼文明考古遗址 C ⅰ，ⅱ，ⅲ，ⅳ，ⅵ |

附 录 世界遗产名录

2007　X0217　科孚（Corfu）岛上的科孚老城 C ⅳ

**X0300　新西兰　NEWZEALAND**

1990　X0301　新西兰西南部蒂瓦希普纳穆（Te Wahipounamu）自然保护区 N ⅰ，ⅱ，ⅲ，ⅳ

1990　X0302　汤加里罗（Tongariro）国家公园 N ⅱ，ⅲ/C ⅵ

1998　X0303　新西兰南极洲附属的五个群岛 N ⅰ，ⅳ

**X0400　匈牙利　HUNGARY**

1987/2002　X0402　布达佩斯的多瑙河两岸和布达城堡区 C ⅱ，ⅳ

1987　X0404　赫洛克（Hollokoe）的传统村庄 C ⅴ

1995/2000　X0401　S0701　1/n 阿格泰莱克（Aggtelek 匈牙利）与斯洛伐克溶洞（与斯洛伐克共有）
　　　　　　　　　　　　　N ⅰ

1996　X0405　潘诺哈尔玛（Pannonhalma）的本笃派至福千年会修道院及其自然环境 C ⅳ，ⅵ

1999　X0403　霍尔托巴吉（Hortobágy）草原景观国家公园 C ⅳ，ⅴ

2000　X0406　佩奇（Pecs）索皮亚诺（Sopianae）早期基督教公墓 C ⅲ，ⅳ

2001　X0407　A1008　1/n 费尔特/新锡德湖（Ferto/Neusiedlersee）文化景观（与奥地利共有）C ⅴ

2002　X0408　托考伊（Tokaji）葡萄酒产地人文景观 C ⅲ，ⅴ

**X0500　叙利亚　SYRIAN ARAB REPUBLIC**

1979　X0504　大马士革（Damascus）旧城 C ⅰ，ⅱ，ⅲ，ⅳ，ⅵ

1980　X0502　帕米拉（Palmyra）考古遗址 C ⅰ，ⅱ，ⅳ

1980　X0503　布斯拉（Bosra）旧城 C ⅰ，ⅲ，ⅵ

1986　X0501　阿勒颇（Aleppo）旧城 C ⅲ，ⅳ

2006　X0505　柯拉特切瓦力（Crac de Chevaliers）十字军城堡 C ⅱ，ⅳ

2011　X0506　叙利亚北部建于公元1世纪至7世纪早期的基督教古村落群 ⅲ，ⅳ，ⅴ

**Y0100　亚美尼亚　ARMENIA**

1996/2000　Y0101　哈格帕特（Haghpat）修道院 C ⅱ，ⅳ

2000　Y0102　艾荷米亚琴（Echmiatsin）的大教堂、教会和茨瓦尔托诺茨（Zvartonots）的考古遗迹 C ⅱ，ⅲ

2000　Y0103　基哈尔（Gegharel）的修道院和上阿扎特（Upper Azat）山谷的中世纪建筑 C ⅱ

**Y0200　也门　YEMEN**

1982　Y0202　希巴姆（Shibam）旧城与城墙 C ⅲ，ⅳ，ⅴ

1986　Y0201　萨那（Sana'a）旧城 C ⅳ，ⅴ，ⅵ

1993　Y0203　札比德（Zabid）城伊斯兰区 C ⅱ，ⅳ，ⅵ

2008　Y0204　索科特拉（Socotra）群岛 N ⅳ

283

| | | |
|---|---|---|
| **Y0300** | | **意大利 ITALY** |
| 1979 | Y0316 | 伦巴底的卡莫尼卡谷地（Valcamonica）岩画 C ⅲ，ⅵ |
| 1980 | Y0325 | 绘有达·芬奇《最后的晚餐》油画的圣玛利亚感恩女修道院和教堂 C ⅰ，ⅱ |
| 1980/1990 | Y0315 F0202 | 1/n 罗马历史中心区、城内教廷管辖区和圣保罗大教堂（与梵蒂冈教廷共有）C ⅰ，ⅱ，ⅲ，ⅵ |
| 1982 | Y0311 | 佛罗伦萨历史中心区 C ⅰ，ⅱ，ⅲ，ⅳ，ⅵ |
| 1987 | Y0327 | 威尼斯及其环礁湖 C ⅰ，ⅱ，ⅲ，ⅳ，ⅴ，ⅵ |
| 1987 | Y0305 | 比萨中央教堂广场 C ⅰ，ⅱ，ⅳ，ⅵ |
| 1990 | Y0324 | 圣吉米尼亚诺（Gimignano）城历史中心区 C ⅰ，ⅲ，ⅳ |
| 1993 | Y0323 | 萨西迪马泰拉（Sassi di Matera）的崖壁建筑 C ⅲ，ⅳ，ⅴ |
| 1994 | Y0328 | 维森查（Vicenza）城和维涅提（Veneto）地区的巴拉迪奥（Palladian）式别墅 C ⅰ，ⅱ |
| 1995 | Y0310 | 文艺复兴风格城市费拉拉（Ferrara）及其波河三角洲 C ⅱ，ⅳ，ⅵ |
| 1995 | Y0313 | 克莱斯庇·德·阿达（Crespi d'Adda）城 19 世纪至 20 世纪典型职工住宅区 C ⅳ，ⅴ |
| 1995 | Y0318 | 那不勒斯（Naples）历史中心区 C ⅱ，ⅳ |
| 1995 | Y0330 | 西恩纳（Siena）城历史中心区 C ⅰ，ⅱ，ⅳ |
| 1996 | Y0301 | 阿尔贝罗贝洛（Alberobello）的特卢利圆形建筑 C ⅲ，ⅳ，ⅴ |
| 1996 | Y0308 | 德尔蒙特（del Monte）宫殿 C ⅰ，ⅱ，ⅲ |
| 1996 | Y0314 | 拉文那（Ravenna）的早期基督教建筑和彩石拼画 C ⅰ，ⅱ，ⅲ，ⅳ |
| 1996 | Y0321 | 频札（Pienza）城历史中心区 C ⅰ，ⅱ，ⅳ |
| 1997 | Y0303 | 阿玛尔菲（Amalfitana）海岸人文景观 C ⅱ，ⅳ，ⅴ |
| 1997 | Y0304 | 巴鲁米尼（Barumini）的史前防御工事 C ⅰ，ⅲ，ⅳ |
| 1997 | Y0306 | 戴尔卡赛拉（del Casala）的罗马时期村庄 C ⅰ，ⅱ，ⅲ |
| 1997 | Y0307 | 波托维尼勒（Portovenere）、琴库依（Cinque）和附近三岛的人文与自然景观 C ⅱ，ⅳ，ⅴ |
| 1997 | Y0309 | 都灵的萨伏依（Savoy）皇家居住区 C ⅰ，ⅱ，ⅳ，ⅴ |
| 1997 | Y0312 | 卡塞塔（Caserta）的 18 世纪皇宫、园林、引水渠和圣路西奥式建筑群 C ⅰ，ⅱ，ⅲ，ⅳ |
| 1997 | Y0317 | 摩德纳（Modena）的大教堂、城门和广场 C ⅰ，ⅱ，ⅲ，ⅳ |
| 1997 | Y0319 | 帕多瓦（Padua）植物园（奥尔托植物园）C ⅱ，ⅲ |
| 1997 | Y0320 | 庞培（Pompei）、埃尔科拉诺（Herculaneum）和托莱安奴齐亚塔（Torre Annunziata）考古区 C ⅲ，ⅳ，ⅴ |
| 1997 | Y0331 | 西西里岛阿格里根托（Agrigento）考古区 C ⅰ，ⅱ，ⅲ，ⅳ |
| 1998 | Y0302 | 阿奎利亚（Aquileia）的考古区和帕特利亚（Patriarchal）教堂 C ⅲ，ⅳ，ⅵ |
| 1998 | Y0322 | 奇兰托（Cilento）和瓦洛迪狄安诺（Vallo di Diano）国家公园 C ⅲ，ⅳ |
| 1998 | Y0329 | 乌尔宾诺（Urbino）历史中心区 C ⅱ，ⅳ |
| 1999 | Y0332 | 阿德里亚（Adriana）的罗马时期别墅与古典建筑 C ⅰ，ⅱ，ⅲ |
| 2000 | Y0333 | 艾奥利安（Aeolian）火山岛 N ⅰ |
| 2000 | Y0334 | 阿西西（Assisi）的早期教堂及与圣弗朗西斯科（San Francesco）有关的遗址 C ⅰ，ⅱ，ⅲ，ⅳ |
| 2000 | Y0335 | 维罗纳（Verona）城及其要塞 C ⅱ，ⅳ |
| 2001 | Y0336 | 蒂沃利（Tivoli）的别墅与园林 C ⅰ，ⅱ，ⅲ，ⅳ，ⅵ |

| 2002 | Y0337 | 西西里南部诺托（Noto）及周围地区的8个新巴洛克风格小镇 C ⅰ，ⅱ，ⅳ，ⅴ |
| 2003 | Y0338 | 皮德蒙特（Piedmont）和伦巴第（Lombardy）的圣山 C ⅱ，ⅳ |
| 2004 | Y0339 | 塞尔维托里（Cerveteri）和塔尔奎尼亚（Tarquinia）的伊特鲁里亚（Etruscan）人公墓 C ⅰ，ⅲ，ⅳ |
| 2004 | Y0340 | 瓦尔·迪奥西亚（Val d'Orcia）农牧业文化景观 C ⅳ，ⅵ， |
| Y0326 | 空号 | |
| 2005 | Y0341 | 潘达里卡（pantalica）岩墓 C ⅱ，ⅲ，ⅳ，ⅵ |
| 2006 | Y0342 | 热那亚（Genoa）新街和罗利（Rolli）宫殿群 C ⅱ，ⅳ |
| 2008 | Y0343 | 曼图亚（Mantua）城与萨比奥内塔（Sabbioneta）城 C ⅰ，ⅱ，ⅲ |
| 2008 | Y0344 | R0308 阿尔布拉/伯尔尼纳（Albula/Bernina）文化景观中的雷塔恩（Rhaetian）铁路 C ⅱ，ⅳ |
| 2009 | Y0345 | 阿尔卑斯山脉多洛米蒂（Dolomiten）山群峰 ⅶ，ⅷ |
| 2010 | Y0345 | 1/n 圣乔治（San Giorgio）山三叠纪海洋生物化石产地 ⅷ（2003/2010 R0306 瑞士"圣乔治山"的扩展） |
| 2011 | Y0346 | 1/n 阿尔卑斯地区111处史前湖岸木桩建筑定居点考古遗址（瑞士〔56处〕、奥地利、法国、德国、意大利、斯洛文尼亚共有）ⅲ，ⅴ |
| 2011 | Y0347 | 位于意大利弗留利（Friuli）等7个地方的6世纪至8世纪伦巴第人的城堡、教堂、修道院遗址 ⅱ，ⅲ，ⅵ |
| 2013 | Y0348 | 地中海岛屿群山中最高最活跃的成层火山埃特纳火山（Mount Etna）ⅷ |
| 2013 | Y0349 | 托斯卡纳（Tuscany）地区建于15至17世纪的梅第奇（Medici）家族特殊风格的别墅和花园 ⅱ，ⅳ，ⅵ |

**Y0400 伊拉克 IRAQ**

| 1985 | Y0401 | 哈特拉（Hatra）城址与墓葬区 C ⅱ，ⅲ，ⅳ，ⅵ |
| 2003 | Y0402 | 舍尔恰特（Sherqat）的亚述（Ashur）古城 C ⅲ，ⅳ |
| 2007 | Y0403 | 萨迈拉（Samarra）考古城 C ⅱ，ⅲ，ⅳ |

**Y0500 伊朗 IRAN**

| 1979 | Y0501 | 波斯波利斯（Persepolis）宫城遗址 C ⅰ，ⅲ，ⅵ |
| 1979 | Y0502 | 乔加赞比尔（Tchogha Zanbil）城址 C ⅲ，ⅳ |
| 1979 | Y0503 | 伊斯法罕（Esfahan）皇家广场 C ⅰ，ⅴ，ⅵ |
| 2003 | Y0504 | 塔克特苏莱曼（Takht-e Soleyman）的寺庙考古遗址 C ⅰ，ⅱ，ⅲ，ⅳ，ⅵ |
| 2004 | Y0505 | 帕萨尔加德（Pasargadae）城址 C ⅰ，ⅱ，ⅲ，ⅳ |
| 2004 | Y0506 | 巴姆（Bam）古城及其文化景观 C ⅱ，ⅲ，ⅳ，ⅴ |
| 2005 | Y0507 | 索尔塔尼耶城（Soltaniyeh）C ⅱ，ⅲ，ⅳ |
| 2006 | Y0508 | 贝希斯顿（Bisotun）碑铭遗址区 C ⅱ，ⅲ |
| 2008 | Y0509 | 亚美尼亚（Armenian）人庙宇群 C ⅱ，ⅲ，ⅵ |
| 2009 | Y0510 | 舒什塔尔（Shushtar）的古代至今的桥梁、堤坝、运河、供水和灌溉系统 ⅰ，ⅱ，ⅴ |
| 2010 | Y0511 | 阿尔达比勒（Ardabil）的中世纪谢赫萨菲·丁圣殿与哈内加伊斯兰建筑群 ⅰ，ⅱ，ⅳ |
| 2010 | Y0512 | 大不里士（Tabriz）历史集市区 ⅱ，ⅲ，ⅳ |
| 2011 | Y0513 | 自公元前6世纪以来分布在9个省的9座有精密水流灌溉系统的波斯风格园林 ⅰ，ⅱ，ⅲ，ⅳ，ⅵ |

| 2012 | Y0514 | 伊斯法罕（Isfahan）旧城的主麻日清真寺 ⅱ |
|---|---|---|
| 2012 | Y0515 | 戈尔甘（Gorgan River）河畔卓章（Jorjan）古城旁的拱巴德卡布斯（Gonbad-e Qabus）墓塔 ⅰ，ⅱ，ⅲ，ⅳ |
| 2013 | Y0516 | 德黑兰建于卡扎尔王朝时期的戈勒斯坦（Golestan）宫 ⅰ，ⅱ，ⅲ，ⅳ |

**Y0600　耶路撒冷　JERUSALEM**

| 1981 | Y0601 | 耶路撒冷（Jerusalem）旧城及城墙 C ⅱ，ⅲ，ⅵ |
|---|---|---|

**Y0700　印度　INDIA**

| 1983 | Y0701 | 阿格拉（Agra）城堡 C ⅲ |
|---|---|---|
| 1983 | Y0702 | 阿旃陀（Ajanta）石窟 C ⅰ，ⅱ，ⅲ，ⅵ |
| 1983 | Y0704 | 埃罗拉（Ellora）石窟 C ⅰ，ⅲ，ⅵ |
| 1983 | Y0721 | 泰姬·玛哈尔（Taj Mahal）陵 C ⅰ |
| 1984 | Y0713 | 科纳拉克（Konarak）太阳神庙 C ⅰ，ⅲ，ⅵ |
| 1985 | Y0710 | 卡齐兰加（Kaziranga）国家公园 N ⅱ，ⅳ |
| 1985 | Y0712 | 凯奥拉德奥（Keoladeo）国家公园 N ⅳ |
| 1985 | Y0714 | 马哈巴利普兰（Mahabalipuram）神庙区 C ⅰ，ⅱ，ⅲ，ⅵ |
| **1985** | **Y0715** | **2011年删除：马纳斯（Manas）野生动物禁猎区 N ⅱ，ⅲ，ⅳ** |
| 1986 | Y0707 | 法泰布尔·西格里（Fatehpur Sikri）古城 C ⅰ，ⅲ |
| 1986 | Y0708 | 果阿（Goa）教堂与女修道院 C ⅱ，ⅳ，ⅵ |
| 1986 | Y0709 | 汉皮（Hampi）神庙区 C ⅰ，ⅲ，ⅳ |
| 1986 | Y0711 | 卡尤拉霍（Khajuraho）寺庙区 C ⅰ，ⅲ |
| 1987 | Y0703 | 埃勒凡塔（Elephanta）石窟 C ⅰ，ⅲ |
| 1987 | Y0717 | 帕塔达卡尔（Pattadakal）神庙区 C ⅲ，ⅳ |
| 1987 | Y0719 | 孙德尔本斯（Sundarbans）国家公园 N ⅱ，ⅳ |
| 1987/2004 | Y0722 | 坦贾武尔（Thanjavur）的布里哈迪斯瓦拉（Brihadisvara）神庙、朱罗（Chola）神庙等三处神庙 C ⅱ，ⅲ |
| 1988 | Y0716 | 楠达德维（Nanda Devi）山国家公园 N ⅲ，ⅳ |
| 1989 | Y0718 | 桑志（Sanchi）佛教建筑区 C ⅰ，ⅱ，ⅲ，ⅳ，ⅵ |
| 1993 | Y0705 | 德里胡玛云（Humayun's）皇帝陵 C ⅱ，ⅳ |
| 1993 | Y0706 | 德里库特布米纳尔（Qutb Minar）清真寺与陵园 C ⅳ |
| 1999 | Y0723 | 大吉岭喜马拉雅穿山铁路 C ⅱ，ⅳ |
| 2002 | Y0720 | 佛陀伽耶（Bodh Gaya）的佛陀成道大菩提寺 C ⅰ，ⅱ，ⅲ，ⅳ，ⅵ |
| 2003 | Y0724 | 宾贝特卡（Bhimbetka）岩画 C ⅲ，ⅴ |
| 2004 | Y0725 | 尚庞纳-巴瓦加德（Champaner-Pavagadh）考古公园 C ⅲ，ⅳ，ⅴ，ⅵ |
| 2004 | Y0726 | 孟买贾特拉帕蒂·希瓦吉（Chhatrapati Shivaji）火车站（前维多利亚终点站）C ⅱ，ⅳ |
| 2007 | Y0727 | 新德里红堡建筑群 C ⅱ，ⅲ，ⅵ |
| 2010 | Y0728 | 斋浦尔（Jaipur）18世纪初的简塔·曼塔尔（Jantar Mantar）天文台 ⅲ，ⅳ |
| 2012 | Y0729 | 世界公认的八大最热门生物多样性热点之一的西高止（Western Ghats）山脉 ⅸ，ⅹ |
| 2013 | Y07308 | 8世纪到18世纪拉吉普特人建造的拉贾斯坦（Rajashtan）邦山城和堡垒群 ⅱ，ⅲ |

## Y0800　印度尼西亚　INDONESIA

| | | |
|---|---|---|
| 1991 | Y0801 | 爪哇乌荣格库伦（Ujung Kulon）国家公园 N ⅲ，ⅳ |
| 1991 | Y0802 | 科莫多（Komodo）群岛国家公园 N ⅲ，ⅳ |
| 1991 | Y0805 | 婆罗浮屠（Borobudur）大佛寺 C ⅰ，ⅱ，ⅵ |
| 1991 | Y0806 | 普兰巴南（Prambanan）印度教神庙 C ⅰ，ⅳ |
| 1996 | Y0804 | 桑吉兰（Sangiran）早期人类发掘地点 C ⅲ，ⅵ |
| 1999 | Y0803 | 洛伦茨（Lorentz）高山与热带海滨国家公园 N ⅰ，ⅱ，ⅳ |
| 2004 | Y0807 | 苏门答腊（Sumatra）热带雨林 N ⅱ，ⅲ，ⅳ |
| 2012 | Y0808 | 巴厘（Bali）省水稻梯田群灌溉系统及其水神庙 ⅱ，ⅲ，ⅴ，ⅵ |

## Y0900　英国　UNITED KINGDOM

| | | |
|---|---|---|
| 1986 | Y0909 | 贾恩茨巨人岩路及其海岸 N ⅰ，ⅲ |
| 1986 | Y0904 | 达勒姆（Durham）城堡与大教堂 C ⅱ，ⅳ，ⅵ |
| 1986 | Y0914 | 铁桥谷工业旧址 C ⅰ，ⅱ，ⅳ，ⅵ |
| 1986 | Y0916 | 斯塔德利（Studley）皇家花园及其喷泉修道院遗址 C ⅰ，ⅳ |
| 1986 | Y0907 | 圭内斯郡（Gwynedd）爱德华国王的城堡和要塞 C ⅰ，ⅲ，ⅳ |
| 1986 | Y0917 | 斯通亨厄（Stonehenge）、阿韦伯瑞（Avebury）和附属的史前巨石文化遗址 C ⅰ，ⅱ，ⅲ |
| 1987 | Y0902 | 巴斯（Bath）城 C ⅰ，ⅱ，ⅳ |
| 1987 | Y0903 | 布莱尼姆（Blenheim）宫 C ⅱ，ⅳ |
| 1987 | Y0908 | 哈德良（Hadrian）长城 C ⅱ，ⅲ，ⅳ |
| 1987 | Y0912 | 伦敦威斯敏斯特（Westminster）宫殿与教堂、圣玛格丽特教堂 C ⅰ，ⅱ，ⅳ |
| 1988 | Y0910 | 坎特伯雷（Canterbury）大教堂、前圣奥古斯汀（St. Augustine）修道院和圣马丁（St. Martin）教堂 C ⅰ，ⅱ，ⅵ |
| 1988 | Y0911 | 伦敦塔 C ⅱ，ⅳ |
| 1988 | Y0913 | 太平洋南海亨德森（Henderson）岛 N ⅲ，ⅳ |
| 1995 | Y0901 | 爱丁堡（Edinburgh）旧城与新城 C ⅱ，ⅳ |
| 1995/2004 | Y0905 | 大西洋南端高加（Gough）岛野生动植物保护区与难登（Inaccessible）岛 N ⅲ，ⅳ |
| 1997 | Y0906 | 格林尼治（Greenwich）的近代海事建筑群 C ⅰ，ⅱ，ⅳ，ⅵ |
| 1999 | Y0918 | 苏格兰东北方远海奥克尼（Orkney）群岛新石器遗址区 C ⅱ |
| 1986/2004 | Y0915 | 圣基尔达（St. Kilda）群岛 N ⅲ，ⅳ |
| 2000 | Y0919 | 南威尔士的布莱纳文（Blaenavon）19世纪工业区景观 C ⅲ，ⅳ |
| 2000 | Y0920 | 英属百慕大（Bermuda）群岛圣乔治（St George）早期殖民城市及相关工事 C ⅳ |
| 2001 | Y0921 | 德温特（Derwent）河谷旧工业园区 C ⅱ，ⅳ |
| 2001 | Y0922 | 新兰那克（New Lanark）欧文理想城 C ⅱ，ⅳ，ⅵ |
| 2001 | Y0923 | 萨尔泰尔（Saltaire）旧工业城镇 C ⅱ，ⅳ |
| 2001 | Y0924 | 多塞特（Dorset）至德文（Devon）郡东海岸中生代岩层与化石遗址区 N ⅰ |
| 2003 | Y0925 | 皇家植物园邱园（Kew）C ⅱ，ⅲ，ⅳ |
| 2004 | Y0926 | 利物浦（Liverpool）商港城 C ⅱ，ⅲ，ⅳ |
| 2006 | Y0927 | 康沃尔（Cornwall）郡和西德文（Devon）郡采矿区景观 C ⅱ，ⅲ，ⅳ |
| 2009 | Y0928 | 威尔士的旁特斯沃泰（Pontcysyllte）水道桥与运河 ⅰ，ⅱ，ⅳ |

## Y1000 约旦 JORDAN

| | | |
|---|---|---|
| 1985 | Y1001 | 库赛尔阿姆拉（Quseir Amra）沙漠宫殿 C ⅰ，ⅲ，ⅳ |
| 1985 | Y1002 | 佩特拉（Petra）遗址 C ⅰ，ⅲ，ⅳ |
| 2004 | Y1003 | 乌姆赖萨斯（Um er-Rasas）考古遗址（卡斯特伦梅法）C ⅰ，ⅳ，ⅵ |
| 2011 | Y1004 | 瓦迪拉姆12000年前的沙漠景观和岩刻岩画保护区 ⅲ，ⅳ，ⅴ |

## Y1100 越南 VIETNAM

| | | |
|---|---|---|
| 1993 | Y1104 | 顺化（Hué）皇城 C ⅲ，ⅳ |
| 1994/2000 | Y1101 | 海防下龙（Ha Long）湾 N ⅲ |
| 1999 | Y1102 | 会安（Hoi An）港口古城 C ⅱ，ⅴ |
| 1999 | Y1103 | 美山（My Son）早期寺庙 C ⅱ，ⅲ |
| 2003 | Y1105 | 丰芽-格邦（Phong Nha-Ke Bang）热带雨林国家公园 N ⅰ |
| 2010 | Y1106 | 河内李朝、陈朝和黎朝等3朝升龙（Thang Long）皇城 ⅱ，ⅲ，ⅵ |
| 2011 | Y1107 | 修建于14世纪胡朝时期位于连接长山（Tuong Son）与东山（Don Son）山脉的轴线上的平原城堡 ⅱ，ⅳ |

## Y1200 以色列 ISRAEL

| | | |
|---|---|---|
| 2001 | Y1201 | 玛萨达（Masada）宫殿遗址 C ⅲ，ⅳ，ⅵ |
| 2001 | Y1202 | 阿卡（Acre）港口城址 C ⅱ，ⅲ，ⅴ |
| 2001 | Y1203 | 空地上建起的现代化特拉维夫（Tel Aviv）城 C ⅱ ⅳ |
| 2005 | Y1204 | 圣经诸城玛奇朵（Megiddo）、海洛（Hazor）、比尔·夏霸（Beer Sheba）C ⅱ，ⅲ，ⅳ，ⅵ |
| 2005 | Y1205 | 内盖夫香料贸易路线各城 C ⅲ，ⅴ |
| 2008 | Y1206 | 海法（Haifa）和西加利利（Galilee）的巴哈伊教圣地 C ⅲ，ⅵ |
| 2012 | Y1207 | 迦密山（Carmel）西坡的梅尔瓦特（Nahal Me'arot）河谷与瓦迪·艾玛哈尔（Wadi el-Mughara）山谷早期人类洞穴群 ⅲ，ⅴ |

# Z

## Z0100 赞比亚 ZAMBIA

| | | |
|---|---|---|
| 1989 | Z0101 | J0604 1/n 维多利亚（莫西奥图尼亚）瀑布（与津巴布韦共有）N ⅱ，ⅲ |

## Z0200 扎伊尔（刚果民主共和国） CONGO

| | | |
|---|---|---|
| 1979 | Z0205 | 维龙加（Virunga）国家公园 N ⅱ，ⅲ，ⅳ |
| 1980 | Z0201 | 加兰巴（Garamba）国家公园 N ⅲ，ⅳ |
| 1980 | Z0202 | 卡胡齐·比埃加（Kahuzi Biega）国家公园 N ⅳ |
| 1984 | Z0204 | 萨龙加（Salonga）国家公园 N ⅱ，ⅲ |
| 1996 | Z0203 | 欧卡庇（Okapi）动物保护区 N ⅳ |
| 2012 | Z0206 | 1/n 刚果盆地西北部喀麦隆、刚果共和国和中非共和国三国界河桑加（Sangha）河 ⅸ，ⅹ |

## 附录 世界遗产名录

### Z0300 智利 CHILE

| | | |
|---|---|---|
| 1995 | Z0301 | 拉帕奴伊（Rapa Nui）国家公园（复活节岛）C i，iii，v |
| 2000 | Z0302 | 智罗（Chiloe）的14座木构教堂 C ii，iii |
| 2003 | Z0303 | 瓦尔帕莱索（Valparaiso）海港城19世纪的历史区 C iii |
| 2005 | Z0304 | 亨伯斯通和圣劳拉（Humberstone and Santa Laura）盐矿场 C ii，iii，iv |
| 2006 | Z0305 | 塞维尔（Sewell）采矿城市 C ii |

### Z0400 中非共和国 CENTRAL AFRICAN REPUBLIC

| | | |
|---|---|---|
| 1988 | Z0401 | 圣弗洛里斯的马诺沃贡达（Manovo-Gounda St. Floris）国家公园 N ii，iv |
| 2012 | Z0402 | 1/n 刚果盆地西北部喀麦隆、刚果共和国和中非共和国三国界河桑加（Sangha）河 ix，x |

### Z0500 中国 CHINA

| | | |
|---|---|---|
| 1987/2004 | Z0501 | 北京和沈阳明清皇宫 C iii，iv |
| 1987 | Z0502 | 长城 C i，ii，iii，iv，vi |
| 1987 | Z0505 | 敦煌莫高窟 C i，ii，iii，iv，v，vi |
| 1987 | Z0514 | 秦始皇陵 C i，iii，iv，vi |
| 1987 | Z0517 | 泰山 N iii/C i，ii，iii，iv，v，vi |
| 1987 | Z0523 | 周口店北京人遗址 C iii，vi |
| 1990 | Z0508 | 黄山 N iii，iv/C ii |
| 1992 | Z0507 | 黄龙 N iii |
| 1992 | Z0509 | 九寨沟 N iii |
| 1992 | Z0520 | 武陵源 N iii |
| 1994 | Z0503 | 承德避暑山庄与外八庙 C ii，iv |
| 1994/2000/2001 | Z0510 | 拉萨布达拉宫（包括罗布林卡和大昭寺）C i，iv，vi |
| 1994 | Z0515 | 曲阜孔庙孔林及孔府 C i，iv，vi |
| 1994 | Z0519 | 武当山古建筑群 C i，ii，vi |
| 1996 | Z0506 | 峨眉山和乐山大佛 N iv/C iv，vi |
| 1996 | Z0512 | 庐山国家公园 C ii，iii，iv，vi |
| 1997 | Z0511 | 丽江古城 C ii，iv |
| 1997 | Z0513 | 平遥古城 C ii，iii，iv |
| 1997/2000 | Z0516 | 苏州古典园林 C i，ii，iii，iv，v |
| 1998 | Z0518 | 天坛 C i，ii，iii |
| 1998 | Z0522 | 颐和园 C i，ii，iii |
| 1999 | Z0521 | 武夷山 N iii，iv/C iii，vi |
| 1999 | Z0504 | 大足石刻 C i，ii，iii |
| 2000 | Z0524 | 安徽南部古村落西递和宏村 C ii，iv，v |
| 2000/2003/2004 | Z0525 | 明清皇家陵寝 C i，ii，iii，iv，vi |
| 2000 | Z0526 | 龙门石窟 C i，ii，iii |
| 2000 | Z0527 | 青城山和都江堰水利灌溉工程 C ii，iv |
| 2001 | Z0528 | 云冈石窟 C i，ii，iii，iv |
| 2003 | Z0529 | 云南三江并流区 N i，ii，iii，iv |

| 2001 | Z0530 | 高句丽王城、王陵及贵族墓葬 C ⅰ，ⅱ，ⅲ，ⅳ，ⅴ |
| 2005 | Z0531 | 澳门的历史街区 C ⅱ，ⅲ，ⅳ，ⅵ |
| 2006 | Z0532 | 安阳殷墟 C ⅱ，ⅲ，ⅳ，ⅵ |
| 2006 | Z0533 | 四川大熊猫保护区 N ⅳ |
| 2007 | Z0534 | 南方喀斯特地貌 N ⅰ，ⅱ |
| 2007 | Z0535 | 开平碉楼和村落 C ⅱ，ⅲ，ⅳ |
| 2008 | Z0536 | 福建土楼 C ⅲ，ⅳ，ⅴ |
| 2008 | Z0537 | 三清山国家公园 N ⅰ |
| 2009 | Z0538 | 五台山佛教建筑群 ⅱ，ⅲ，ⅳ，ⅵ |
| 2010 | Z0539 | 登封中岳嵩山历史建筑群 ⅲ，ⅵ |
| 2010 | Z0540 | 西南部亚热带地区的6处丹霞地貌景观 ⅶ，ⅷ |
| 2011 | Z0541 | 杭州西湖文化景观 ⅱ，ⅲ，ⅵ |
| 2012 | Z0542 | 云南澄江寒武纪早期海洋古生物化石群遗址 ⅷ |
| 2012 | Z0543 | 元上都遗址 ⅱ，ⅲ，ⅳ，ⅵ |
| 2013 | Z0544 | 新疆天山 ⅶ，ⅸ |
| 2013 | Z0545 | 建有从森林覆盖的山顶到河边农田的复杂水道系统的云南红河哈尼水稻梯田文化景观 ⅲ，ⅴ |

**Z0600　乍得　CHADE**

| 2012 | Z0601 | 撒哈拉沙漠极度干旱的恩内迪（Ennedi）地区18座连接在一起的乌尼昂加（Ounianga）湖泊群 ⅶ |

# 后 记　开课与编写教材

**和联合国教科文组织驻华代表处的联系**

1994 年，在吐鲁番交河故城申请世界遗产期间出现波折，联合国教科文组织驻华代表处（当时的代表是武井士魂先生）安排考古与建筑设计专家再次评审经修订的故城保护规划，我由国家文物局推荐参与其中。在评审过程中，因为我了解一百年前德国人在新疆的考古调查，中国建筑技术研究院的傅熹年院士举荐我参加后续的现场考察和方案完善工作。这是我和世界遗产申请工作的初次接触。后来几年，教科文组织驻华代表处的文化专员多次就新疆石窟的其他保护工程规划找我咨询。

**在北京大学开设"世界遗产"课程**

1995 年起，我在赴伊朗、德国和美国学术交流期间，多次参观世界遗产，也访问了所在国的教科文组织机构，逐步萌生了在北京大学开设"世界遗产"课程的念头。遂于 1996 年正式提出申请，获得批准。1997 年到 1998 年，我在巴黎联合国教科总部的世界遗产委员会接触到相关专家，他们也鼓励我在北大开设这一课程。

经过两年的准备，我于 1998 年春季学期开始在北大讲授全校选修课"世界遗产"。教科文组织驻华代表野口昇先生得知后，便向中国教科文全国委员会表示，希望到课堂上和同学们见面。后来，中国教科文组织全国委员会的马先生经与北大外联处联系，陪同野口昇先生来到"世界遗产"课堂上发表讲演。野口昇先生介绍了联合国教科文组织世界遗产委员会近年来的工作，并与同学们就教科文组织的工作展开交流。讲演中没有翻译，但同学们仍听得津津有味，最后还有几位同学用英语提问。野口昇先生表示，同学们对世界遗产已经有所了解，提问很有见地，也很有趣。讲演结束时，野口昇先生把介绍世界遗产的书籍和图册分发给同学。教科文组织驻华代表处还和北大教务处商定，在学期课程结束后对优秀学生进行奖励。学期末，北大相关领导带领"世界遗产"课程中 19 名成绩优秀的学生，到位于建国门外外交公寓的教科文组织驻华代表处参加野口昇先生主持的颁奖仪式。师生受到工作人员的热情接待，还参观了办公室，与中外工作人员交流，气氛非常融洽，同学们打开眼界，特别高兴。

此后，野口昇先生或文化专员木卡拉先生每学期都会来"世界遗产"课上发表讲演，带给同学新的书籍和图册，学期结束时仍然有一批批优秀学生去代表处领奖。颁奖虽然年年依旧，但领奖的却次次都是新人。有一年，同学们还到金山岭长城参加了教科文组织驻华代表处组织的、北京外交使团人员参加的"我的垃圾我带走"爱护长城公益活动，在活动中同学们还结识了一些朋友。

中国教科文组织全国委员会的官员马先生曾经告诉我，联合国教科文组织驻华代表有意向在北京大学建立教科文组织的下属机构：亚太世界遗产研究与培训总部。经过多年酝酿考察，这一计划终于在2007年实现。本书文前的照片展示了这一盛事。

2004年，驻华代表处的代表野口昇先生告老还乡，到本国的一所大学任教。新任驻华代表青岛泰之先生到任，特地为本书撰写了序言。在北京任职多年的文化专员木卡拉先生，于2004年1月奉调到巴黎的联合国教科文组织总部任职，临行前嘱我就联合国教科文组织驻华代表处和北大"世界遗产"课程几年来的联系撰写一份正式报告，以便他转交给巴黎的联合国教科文组织总部。

**在北京理工大学、北京外国语大学和香港科技大学讲授"世界遗产"**

经由北大校方安排，我于2001年起先后在北京理工大学和北京外国语大学开设"世界遗产"课程。在北京理工大学，因为是全校选修课，所以选课学生很多，最多时达500人。每学期都上课，直到2009年。

2010年春季学期，我在香港科技大学给本科生讲授"世界遗产"，选课学生人数以阶梯大教室人数容量额满为限，约有300人。

**其他与世界遗产有关的教学活动**

2002年，按照中国和非洲国家的合作计划，以及联合国教科文组织的要求，北大安排我到非洲的贝宁、埃塞俄比亚、坦桑尼亚和纳米比亚四国，培训各国在世界遗产方面的高层管理官员，并协助它们申请世界遗产。

**本教材的编写有许多学生参加**

本书的编写历时数年，以课堂讲授的文稿为基础。编写文稿参考了官方的公共资料，如《世界遗产公约》《世界遗产名录》和世界遗产委员会的会议文件，以及遗产项目的正式申请报告。也参考采用了各国专家学者的论述和观点。在此我特向曾参考过的著作的作者表示感谢。本书只是编著的教材，不是专业著述，笔者无意掠人之美。本书编成之前，先在2003年由高等教育出版社编辑出版了电子版，归入新世纪网络课程建设工程系列，供大学教学使用。

在本书搜集资料、编写文稿和制作图片过程，参与的学生有林立、孙翔、范丽萍、马健、黄慧怡、游富祥、赵永、孟原召、陈喆菲、宋艳波、郑英春、张华琴、闫欣、陈盈盈、李青昕、袁泉、马赛、孙海涛、李净、宿正伯、邬斌、杨晓雨、雷娴、耿丹、张菲菲和杜志玥等人。在此我向他们表示感谢。本书编写期间得到同事、资深编辑、原本系老师李卫东先生的多次指点，编辑出版过程经过了他的精心策划。本课程在学校得到教务部教材办公室的全力扶持，书稿曾被推荐评选为北京市精品教材。书稿撰写过程得到学校通选课项目资助。北大出版社也大力支持本书的编辑出版，2004 年得以初版发行。

2004 年 1 月

# 第二版后记

　　至 2014 年，本书初版已历十年。虽然差不多年年小改增印，但还是需要改版，进行总体更新。这次改版修订，增加了十年来联合国教科文组织世界遗产工作的新进展、中国世界遗产工作的新情况、新趋势，以及对十年来新增遗产的介绍评述，本书纸本中作为插图的遗产照片已经全部更换一新。

　　本书还把十年来新增的约 250 项世界遗产补入《世界遗产名录》。本书所附名录不是世界遗产委员会编制名录的简单翻版，而是本人参考每处遗产项目的内容介绍重新拟定的，定名力求使读者对于该项遗产的类别、特征、时代、内涵、入选条件和价值一目了然，因而颇费周折和斟酌。

　　由于纸质版本容量的限制，这次新版增加的图片和视频放在所附的新编教学材料中，图片增加超过 4500 幅，其中不少是本书初版后的十年间作者在国内外现场拍摄的大像素照片。新遗产其他图片主要选自遗产所在国的宣传出版物，还采用了一些新闻类出版物的图片，本人对上述图片的作者和著作权人深表感谢！另外，这次还新收入视频文件 10 个，是 1990 年代德国旧作的中译版本，其优点是内容简明扼要，但是着眼点与我们有所不同。上述图片和视频总量接近 4G。本次修订，北京交通大学的研究生刘玉菲曾参与搜集新遗产项目的资料并撰写相应文章的初稿。

　　本书初版责任编辑、我原来的同事李卫东先生不幸中年病逝，令人十分痛惜！

　　本书一年多来修订期间，责任编辑张晗先生多次热心关照，在此我深表谢意！

2014 年 6 月

作者信箱 chaohs@pku.edu.cn

（2016 年 8 月补记，为初版撰写序言的驻华代表青岛泰之先生现在依然在任。）

# 《世界遗产》教学材料申请表

尊敬的老师：

您好！我们制作了与《世界遗产》一书配套使用的教学材料电子文件，包括数千幅遗产图片及多个视频，以方便您的教学。在您确认将本书作为指定教材后，请您填好以下表格（可复印），并加盖系办公室公章，回寄给我们进行申请。您也可以联系我们的教学服务人员鲍先生（QQ：907067241），我们将免费向您提供该书的教学材料电子文件。我们愿以真诚的服务回报您对北京大学出版社的关心和支持！

| 您的姓名 | | | |
|---|---|---|---|
| 系 | | 院/校 | |
| 您所讲授的课程名称 | | | |
| 每学期学生人数 | _____人　　_____年级　　_____学时 | | |
| 课程的类型 | □ 全校公选课　　□ 院系专业必修课<br>□ 其他_____ | | |
| 您目前采用的教材 | 作者_____　　书名_____<br>出版社_____ | | |
| 您准备何时采用此书授课 | | | |
| 您的联系地址 | | | |
| 邮政编码 | | | |
| 您的电话（必填） | | | |
| E-mail（必填） | | | |
| 目前主要教学专业、科研方向（必填） | | | |
| 您对本书的建议 | | | |

系办公室

盖　章

**我们的联系方式：**

北京市海淀区成府路 205 号北京大学出版社文史哲事业部　张晗

邮编：100871　电话：010-62767315　邮箱：32091252@qq.com